VERLAG ANTJE
KUNSTMANN

FRED PEARCE

LAND GRABBING

Der globale Kampf um Grund und Boden

Aus dem Englischen von
Gabriele Gockel und Barbara Steckhan,
Kollektiv Druck-Reif, München

Verlag Antje Kunstmann

INHALT

EINLEITUNG

»Kaufen Sie Land. Es wird keins mehr gemacht.«

MARK TWAIN

In die Höhe schießende Getreidepreise und Ängste vor einer Nahrungsmittelknappheit haben weltweit einen Run auf Land ausgelöst. Scheichs vom Golf, chinesische Staatskonzerne, Spekulanten von der Wall Street, russische Oligarchen, indische Mikrochip-Milliardäre, Weltuntergangsfatalisten, Missionare aus dem Mittelwesten und Hedgefonds-Manager aus der Londoner City, sie alle suchen unseren Globus nach billigem Grund und Boden ab, um ihre Landsleute zu ernähren, ihre eigenen Profite zu steigern oder um etwas für ihr gutes Gewissen zu tun. Flächen von der Größe kleiner Staaten wechseln zum Spottpreis die Besitzer. Wer aber sind die Käufer – und wem gehört das Land, das veräußert wird?

Um dies herauszufinden, bin ich ein Jahr lang um die Welt gereist, habe auf allen Kontinenten Landnehmer und die, denen Land genommen wurde, befragt – von Dschidda, London und Chicago bis nach Sumatra, Paraguay und Liberia. Menschen jeglicher Couleur gehen heutzutage auf Land-Grabbing-Tour, auf Landnahme. Zu meinen Protagonisten gehören der Finanzmogul George Soros und der Großindustrielle Richard Branson, kolumbianische Drogenterroristen und italienische Erbinnen, ein irischer Milchbauer in der saudi-arabischen Wüste, ein ehemaliger Kommandeur der britischen Landstreitkräfte, der jetzt in Guinea Boden beackert, Waffenschieber und das Ehepaar, das auf der ganzen Welt unter dem Label Patagonia Topmode verkauft und jetzt in der gleichnamigen Region Wildnis aufkauft.

Ich entdeckte, dass Rodungsgenehmigungen in den Wäldern Zentralafrikas womöglich die Wahl Nicolas Sarkozys zum Präsidenten Frankreichs beförderten; was Lord Rothschild und ein legendärer Heuschreckeninvestor der 1970er-Jahre in der hintersten Provinz Brasiliens machen; wer gerade dabei ist, Laos und Liberia aufzukaufen, und wer bereits der Besitzer von Swasiland ist; dass Goldman Sachs für den Hunger von zig Millionen Menschen auf der Welt verantwortlich ist; den krassen Gegensatz zwischen dem Happy Valley in Kenia und dem Hippo Valley in Simbabwe; wer sich ein Zehntel der neuen Republik Südsudan unter den Nagel gerissen hat, noch bevor sie ihre Flagge hisste; warum man überall auf Katar stößt; was einen schwarzhäutigen saudischen Milliardär mit Bill Clinton verbindet und was Äthiopiens Premierminister, ein ehemaliger Freiheitskämpfer, mit fruchtbaren Viehweiden an der Quelle des Nil zu tun hat.

Ich stieß auf einen bibelfesten ehemaligen Gefängnisdirektor, der an den Ufern des Victoriasees Sümpfe trockenlegte; auf einen smarten englischen Banker, der die brasilianischen Cerrado-Savannen umpflügte; saudische Scheichs im Sudan, die die weltgrößte Zuckerrohrplantage noch größer machten; Mitglieder der Moon-Sekte, die im Dschungel Paraguays das Paradies auf Erden schaffen wollten; und Gaddafis todgeweihte Handlanger, die sich in der Ukraine Schwarzerde- und in Mali gelbe Sandböden aneigneten. Auch die Kidmans, Windsors, Gettys, Khashoggis und Oppenheimers sind dabei – und höchstwahrscheinlich besitzen auch Sie, oder zumindest Ihr Pensionsfonds, ein Stück vom Kuchen.

Manche meinen, der Begriff Land Grabbing/Landnahme sei zu negativ besetzt. Doch er ist inzwischen weit verbreitet und bereits Thema wissenschaftlicher Kongresse. Ich benutze ihn in diesem Buch für alle Formen der umstrittenen Aneignung von Landrechten durch Ausländer oder andere »Außenstehende«, unabhängig davon, ob die Übertragung auf legalem Weg verläuft oder nicht. Nicht jedes dieser Geschäfte ist schlecht, aber alle verdienen Aufmerksamkeit. Diese zu wecken ist der Zweck des vorliegenden Buchs.

Mit welchem Eifer die Landnehmer zu Werke gehen, erfüllt mich mit Staunen; der großherzige Altruismus anderer weckt meine Bewunderung. Manche wollen ihr Land für einen bevorstehenden, durch steigende Bevölkerungszahlen, veränderte Ernährungsweisen und den Klimawandel ausgelösten »großen Sturm« wappnen. Andere spekulieren auf einen enormen Reibach, wenn der Sturm losbricht. Viele glauben, damit Gutes zu tun. Doch was sie oft damit anrichten, beobachte ich mit Entsetzen.

Einen großen Teil der Schuld an solchen Fehlentwicklungen tragen diejenigen, die das Land fortgeben. Afrikanische Regierungen beispielsweise, die jahrelang die Landwirtschaft ihrer Länder vernachlässigt haben, sind nun plötzlich ganz wild auf Investitionen. Weil sie tiefsitzende Probleme rasch lösen wollen, erscheinen ihnen ausländische Anleger mit ihren großen Versprechungen als attraktiver Ausweg, und viele stellen kaum Fragen, wenn solche Investoren Interesse zeigen. Die Regierungen siedeln die ansässigen Bewohner kurzerhand um und verlangen von den neuen Herren oft nicht einmal Pacht. Vielleicht liegt dem eine unausgesprochene Kultur der Unterwürfigkeit zugrunde, in der alles, was aus dem Ausland kommt, als überlegen gilt. Investitionen, so das Kalkül der zuständigen Ministerien, bringen dem Volk Nahrung und Arbeit. Doch aufgrund der sozialen, Umwelt-, wirtschaftlichen, geopolitischen Auswirkungen – und manchmal einer toxischen Mischung aller vier – bewahrheiten sich solche nur allzu gern geglaubten Versprechungen nur selten.

Wie viel Land bisher dem Land Grabbing zum Opfer fiel und wie fest der Griff der Landnehmer ist, lässt sich nicht genau beziffern. Im Jahr 2010 nannte die Weltbank die Zahl von 47 Millionen Hektar. Das Global Land Project, ein internationales Forschungsnetzwerk, warf 63 Millionen Hektar in den Ring. Die Land Deal Politics Initiative, ebenfalls ein Netzwerk von Forschern und Mitorganisator eines Mitte 2011 in Großbritannien abgehaltenen Kongresses zum Thema Land Grabbing, zählte 80 Millionen Hektar. Wenige Wochen später veröffentlichte die Hilfsorganisation Oxfam ihre Schätzung, die sich auf 227 Millionen Hektar belief. Die Wahrheit ist, dass es niemand weiß. Es gibt kein Zentralregister, und die Regierungen lassen sich nicht gern in die Karten schauen. Manche der größten Deals, auf die ich stieß, waren heimlich abgeschlossen worden und auch den intensiv mit dem Thema befassten NGOs nicht bekannt, während andere Schlagzeilen machten, jedoch nie verwirklicht wurden. Ich habe versucht, bei einzelnen Projekten der Wahrheit auf die Spur zu kommen, möchte jedoch keine globale Schätzziffer vorlegen.

Ich hoffe, dass dies ein fairer Bericht ist. Schließlich habe ich Megafarmen mit nachdenklichen Managern gefunden, die ihren Mitarbeitern und deren Familien sichere Arbeitsplätze, Kost und elementare Sozialleistungen bieten. Andere wiederum arbeiteten nach dem System des Vertragsanbaus (outgrower-scheme), das Kleinbauern aus der Umgebung unterstützt und ihnen den Kauf ihrer Produkte garantiert. Ich begegnete Investoren, die langfristig dachten. Aber ich stieß auch auf arme Bauern und Viehhirten, die eines Morgens entdecken mussten, dass sie vom Land ihrer Vorfahren vertrieben wurden; auf mächtige Firmenchefs, die ihre Farmen als eine Art mittelalterliches Lehen betrieben, ohne Blick für das Land jenseits des Zauns; auf Warlords, die nicht in ihrem Besitz befindliche Ländereien an Anleger verkauften, die sie nicht kannten; auf hungernde Länder, die gezwungen waren, ihre Nahrungsmittel an reiche Länder zu exportieren; und auf Spekulanten, die Land aufkauften und sich dann nicht mehr blicken ließen. Immer wieder wurde ich an Bücher wie John Steinbecks *Früchte des Zorns* und Joseph Conrads *Herz der Finsternis* erinnert.

Hier geht es nicht um Ideologie, sondern darum, was hilft: Wie kann die Welt und wie können die Ärmsten der Welt ernährt werden? Für die Antwort spielen die Menschenrechte und der Zugang zu natürlichen Ressourcen eine ebenso große Rolle wie die Maximierung der Erträge. So räumte ein Vertreter der Agrarindustrie namens James Siggs von dem in Toronto ansässigen Unternehmen Feronia bei einem Investmentkongress im Jahre 2011 ein, dass »mit einer ausschließlich industriellen Landwirtschaft Menschen vertrieben und ihrer Existenz beraubt, nur wenige Arbeitsplätze geschaffen und soziale Verwerfungen verursacht werden«.

Doch eine industrielle Landwirtschaft ist genau das, was die meisten Landnehmer im Sinn haben. Laut Graham Davies, einem Berater des britischen Private-Equity-Unternehmens Altima Partners, ist »die überwiegende Mehrheit« der Anleger in Afrika lediglich an einer kommerziellen Landwirtschaft im westlichen Stil interessiert und »ignoriert weitgehend« die 60 Millionen Kleinbauern, die im subsaharischen Afrika 80 Prozent der landwirtschaftlichen Produkte erzeugen.

Wir müssen uns klarmachen, was die industrielle Landwirtschaft leisten kann und was nicht. Zugleich aber müssen wir auf die schreiende Ungerechtigkeit hinweisen, wenn Menschen ihr angestammtes Land buchstäblich unter den Füßen weggezogen wird; wir müssen die Arroganz und Ignoranz anprangern, mit der riesige Gebiete von heimischen

Regierungen wie von westlichen Investoren als »leeres« Land ausgewiesen werden, das nur auf die ausländische Zauberhand und ausländisches Kapital wartet; und wir müssen Umweltschützern das Mäntelchen der moralischen Rechtschaffenheit wegreißen, wenn sie zugunsten des Naturschutzes anderer Menschen Land rauben. Welches Recht haben »grüne Landnehmer«, aus den Feldern und Wiesen von Bauern Anbauflächen für Biokraftstoffpflanzen zu machen, fruchtbare Weideflächen unter Naturschutz zu stellen, Wälder als Kohlenstoffspeicher einzuzäunen und Naturgebiete als exklusive Spielwiese und Jagdrevier für reiche Geldgeber zu deklarieren? All das führt zu einer neuen »Tragik der Allmende«.

Ich glaube, dass Landnahme in den nächsten Jahrzehnten für immer mehr Menschen eine größere Bedeutung haben wird als selbst der Klimawandel. Dieser neue Landrausch scheint sich zunehmend zu einer Vereinnahmung der letzten Naturgebiete dieser Erde, zu einem letzten Angriff auf die Allgemeingüter zu entwickeln. Ist das der unvermeidliche Preis, den wir für die Ernährung der Weltbevölkerung und den Schutz der noch verbliebenen Natur zahlen müssen? Müssen die etwa eine Milliarde Bauern und Hirten dieser Welt ihr Land aufgeben, um uns andere zu ernähren? Oder ist dies ein neuer Kolonialismus, dem man entgegentreten sollte? Sind wir jetzt an einem Punkt angelangt, an dem wir uns wieder auf lokales und kommunales Denken besinnen müssten?

Ich begann und beendete meine Reise um die Welt in der Region, in der die größten Landnahmen der Geschichte stattfinden – auf den freien, weiten Ebenen Afrikas, wo die Regierungen, die Unternehmen und die Bauern dieses Kontinents offenbar bereit sind, um den Boden ihres Kontinents zu kämpfen. Zuerst begegnete ich einem Mann namens Omot.

TEIL EINS

KRIEGE UM LAND

Die Naturgebiete Afrikas – Wälder, Savannen, Feuchtgebiete, Heimat von Millionen – werden mehr und mehr von der industriellen Landwirtschaft erobert. Beginnen wir in einem abgelegenen Winkel Äthiopiens, den zwei der reichsten Männer der Welt, ein Saudi-Araber und ein Inder, den Einwohnern weggenommen haben. Warum? Die finanziellen und geopolitischen Kräfte, die sich hinter den steigenden Preisen für Nahrungsmittel und hinter dem Ausverkauf landwirtschaftlich nutzbarer Flächen verbergen, werden auf dem Parkett der Chicagoer Börse und in den ölreichen Wüsten Arabiens sichtbar, während, wiederum in Afrika, im jüngsten Staat der Welt rücksichtslose Spekulanten statt Mais die Saat der Korruption säen.

1

GAMBELLA, ÄTHIOPIEN

Tragödie auf Gemeindegrund

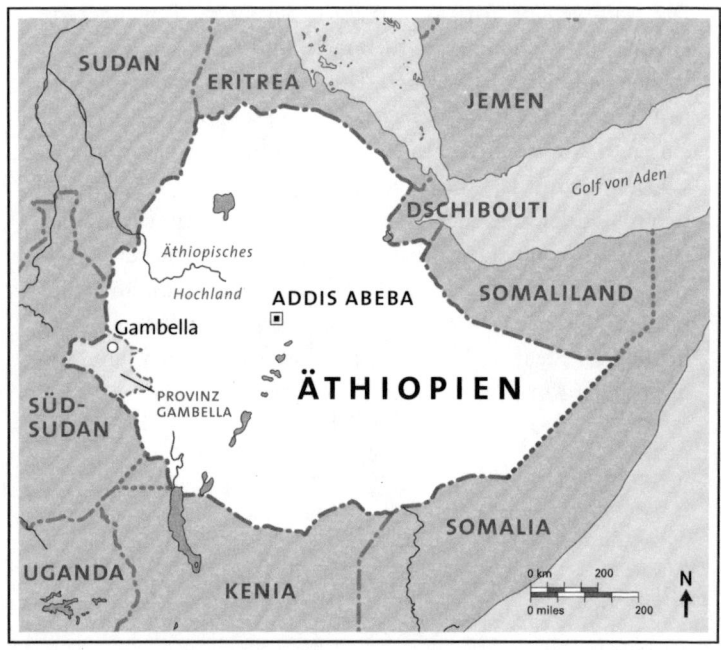

Omot Ochan saß zwischen Baumstümpfen auf der Haut eines Wasser-büffels und aß Mais aus einer Kalebasse. Er war hochgewachsen, schlank und trug lediglich eine Militärhose. Hinter ihm stand die Stroh-hütte, in der barbrüstige Frauen und barfüßige Kinder damit beschäftigt waren, am offenen Feuer Fisch zu braten. Ein Stück entfernt von ihrer Hütte sah man die Ruinen eines einstmals großen Dorfs. Er und seine Familie seien vom Stamm der Anyuak, sagte Omot. Sie hätten seit zehn Generationen in diesem Wald gelebt. »Das Land gehörte schon unserem

Vater. Im Umkreis von zwei Tagesmärschen gehört alles uns.« Er zeigte auf einen Baum in der Ferne, der die Grenze zum Nachbardorf markierte. »Bleibt auf diesem Land, hat uns mein Vater bei seinem Tod gesagt. Wir haben es ihm versprochen. Deshalb dürfen wir es jetzt nicht den Fremden überlassen.«

Während wir uns unterhielten, dröhnten auf der unbefestigten Straße gerade mal 20 Meter entfernt Laster an uns vorbei. Die Staubwolken, die sie aufwirbelten, trieben über die Lichtung und legten sich auf die Blätter der Bäume. Jenseits der Straße hoben riesige Bagger einen Kanal aus. Omots Blick ruhte auf den schweren Geräten. »Vor zwei Jahren hat die Firma damit angefangen, die Bäume zu fällen. Die Bienen flogen fort, denn Bienen brauchen einen dichten Wald. Früher haben wir den Honig verkauft. Wir haben auch mit Hunden gejagt. Aber seit es die Farm gibt, finden wir kein Wild mehr. Nun können wir nur noch Fisch verkaufen.« Aber da das Unternehmen das Feuchtgebiet trockenlegt, wird es wahrscheinlich bald auch keinen Fisch mehr geben.

Gambella ist die ärmste Provinz in einem der ärmsten Länder der Welt – eine Tiefebene, die vom äußersten südwestlichsten Zipfel Äthiopiens in den Südsudan hineinragt. Geografisch und ethnisch würde die heiße, sumpfige Provinz eher in den Nachbarstaat passen als zu den kühleren Hochebenen des restlichen Äthiopien. Tatsächlich war Gambella bis zum Jahr 1956, dem Ende der britischen Kolonialherrschaft in Khartum, Teil des Sudan. In den letzten 50 Jahren wurde die Provinz dann von der Regierung in Addis Abeba verwaltet. Sie investierte kaum, und noch weniger kümmerte sie sich um die dort lebenden nilotischen Stämme, die im Gegensatz zu den hellhäutigeren, kleineren Hochlandbewohnern pechschwarz und von großer, eleganter Gestalt sind. Das Hirtenvolk der Nuer, das regelmäßig die Grenze in den Südsudan überquert, und die Bauern und Fischer der Anyuak existieren für Hochland-Äthiopien in jedem Sinne des Wortes nur am Rande.

Zu der kleinen Verwaltungsstadt der Provinz, die gleichfalls Gambella heißt, gibt es nur drei Flüge in der Woche. Wenn man dort ankommt, findet man kein Taxi, weil dafür kein Bedarf besteht. Die Straße zum Flughafen ist eine ausgefahrene Lehmpiste durch eine leere Landschaft, die Häuser der Stadt sind Hütten, vor denen sich der Müll türmt, da es für die 30.000 Bewohner keine Abfallentsorgung gibt. Die Kanalisation funktioniert nicht, Trinkwasser fließt nur gelegentlich, und auf die Stromversorgung kann man sich nicht verlassen. Öffentliche Latrinen sind rar, die wenigen asphaltierten Straßen sind voller Schlaglöcher und enden oft schon weit vor der Stadtgrenze. Meine Unterkunft, das von Norwegern gebaute Gästehaus der Evangelisch-Lutherischen Kirche Bethel, war wohl das schmutzigste, erbärmlichste und ungepflegteste Gebäude, in dem ich je übernachtet habe. In der Stadt gab es nur ein einziges Auto, das ich mieten konnte, einen etwa 40 Jahre alten Toyota-Minibus von zweifelhafter Straßentauglichkeit mit drei Mann Besatzung. Ich nahm ihn.

Seit kurzem tut die Regierung in Addis Abeba nicht mehr so, als würde die Provinz Gambella nicht existieren, und scheint entschlossen, eine Bevölkerung zu besänftigen, die womöglich die Regierung in Juba, der Hauptstadt der Republik Südsudan, vorziehen würde. Konkret bedeutet das, dass ausländische Agrarunternehmer ins Land geholt werden und die in der Provinz verstreute Bevölkerung in vom Staat gebauten Dörfern angesiedelt wird, während man deren Wälder, Felder und Jagdreviere Fremden überlässt. Im Dienste des Kapitalismus wird bei dem »Umsiedlungsprogramm« von Gambella die ansässige Bevölkerung im Stil von Stalin, Mao und Pol Pot umgesiedelt.

Auf der Suche nach Landnehmern nahm ich die einzige Ausfallstraße aus Gambella-Stadt nach Süden. Wir hatten kaum das Ende der Ausbaustrecke in den Vororten erreicht, da beschlossen meine Fahrer, ein Dutzend Anhalter mitzunehmen. Von da ab fungierten wir als die lokale Busverbindung. Auf einen Außenstehenden wirkte die Landschaft mehr oder weniger verlassen. Die weite Tiefebene mit ihrem Wald und Busch, der Grassavanne und den Sümpfen ist der ideale Lebensraum für wandernde Tierarten, für Viehhirten und hier und dort auch für Wanderbauern. Der einzige Hinweis auf menschliches Wirken über Meilen hinweg war ein einsamer Sendeturm für Mobiltelefonnetze, wie üblich mit einem Stromgenerator, der den Sender und einen nebenan wohnenden einheimischen Wärter versorgte. Doch im Busch verbargen sich Dörfer. Deren Bewohner saßen am Straßenrand und boten Vorbeifahrenden Mangos und andere Früchte an. Die Mangos kosteten weniger als 3 Cent das Stück und am späten Nachmittag nur noch die Hälfte.

Kurz hinter der kleinen Stadt Abobo führte uns die Straße in eine Landschaft aus Asche, Rauch und verkohlten Bäumen. Das Gebiet war erst kurz zuvor von meinem ersten Landnehmer in Besitz genommen worden: Scheich Mohammed Hussein Ali Al Amoudi, ein saudischer Ölmilliardär und Eigentümer riesiger äthiopischer Plantagen, Minen und Immobilien. Die Zeitschrift *Fortune* schätzte sein Privatvermögen im Jahr 2011 auf über 12 Milliarden Dollar, und man bezeichnet den gebürtigen Äthiopier auch oft als den reichsten Schwarzen der Welt. Er spendete der William J. Clinton Foundation Millionen und ist ein enger Vertrauter von Äthiopiens Premierminister Meles Zenawi und seiner Regierungspartei. Sie gewährte Al Amoudis Firma Saudi Star eine 60-jährige Konzession für 10.000 Hektar im Gebiet der Provinz Gambella.

Al Amoudi liebäugelt mit der Landwirtschaft, seit die Weltmarktpreise für Nahrungsmittel im Jahr 2008 in die Höhe schossen und sich in Saudi-Arabien die Furcht breitmachte, ob die Versorgung des Landes auch zukünftig gesichert sei. Er hat vor, einen Großteil seiner Produktion, darunter jährlich mehr als eine Million Tonnen Reis, nach Saudi-Arabien auszuführen. Der saudische König hat Al Amoudi bereits dafür gefeiert, dass er für die Ernährung des Königreichs im Ausland investiert. Um sein Geschäft ins Laufen zu bringen, hat Al Amoudi Haile Assegdie, einen früheren Minister der Regierung Zenawis, abgeworben und als Geschäftsführer von Saudi Star eingesetzt.

Das Konzessionsgebiet des Unternehmens liegt im Umkreis des Alwero-Damms, einem 1980 fertiggestellten Bauwerk zur Bewässerung einer damals geplanten, aber nie verwirklichten staatlichen Baumwollplantage. Das verrostete Schild des Damms wirbt noch heute für die Dienste des sowjetischen Ingenieurbüros Selkhozpromexport. Nun lässt Al Amoudi zur Bewässerung seiner Reisfelder einen 30 Kilometer langen Kanal vom Stausee graben. Sobald die einstige staatliche Plantage mit Wasser versorgt ist, will er sein Gebiet auf 250.000 Hektar ausweiten und Sonnenblumen und Mais anbauen.

Am Tor des Geländes von Saudi Star sah ich Soldaten, die riesige Volvo-LKWs und Massey-Ferguson-Traktoren durchwinkten. Handwerker hatten begonnen, die provisorischen durch dauerhafte Gebäude zu ersetzen. In der Nähe arbeitete man in einer kürzlich in den Wald gehauenen Lichtung an einer Flugzeuglandebahn. Niemand von der Gesellschaft, weder hier draußen noch in Gambella-Stadt, war bereit, mit mir zu sprechen. Vielleicht meinten sie, der kürzlich in den Medien veröffentlichten Erklärung ihres Chefs nichts mehr hinzufügen zu müssen, dass »Landnahmen der Umwelt oder den örtlichen Gemeinden keinen Schaden zufügen«.

Unsere nächsten Anhalter vor den Toren der Firma waren ein paar Schulmädchen, die die zwei Kilometer nach Hause mitgenommen werden wollten. Dort, auf der kleinen Lichtung nahe der Straße, traf ich dann Omot Ochan, der in seinen Kampfhosen auf einer Wasserbüffelhaut saß und mir schilderte, wie Al Amoudi und dessen Firma seinen Lebensraum zerstörten. Als er mir von der Verbundenheit seiner Vorfahren mit diesem Teil des Waldes erzählte und von seiner Entschlossenheit, ihn zu behalten, wurde mir klar, dass die meisten Menschen in der westlichen Welt eine derartige Verbundenheit mit dem Boden, auf dem sie leben, längst verloren haben. Wir ziehen von einem Ort zum anderen, kaufen und verkaufen Häuser, ohne jemals in der Erde Wurzeln zu schlagen. Doch den Menschen in Gambella ist ihr Land ebenso teuer wie ihr Blut. Es bedeutet ihnen alles. Es zu verlieren hieße, ihre Lebensgrundlage zu verlieren.

Omot war der Meinung, Saudi Star habe kein Recht, in seinem Wald zu sein. Die Firma habe den Dorfbewohnern nicht einmal mitgeteilt, dass sie einen Kanal durch ihr Land ziehen wolle. »Niemand ist zu uns gekommen und hat uns erklärt, was hier vorgeht.« Hingegen erinnerte er sich sehr wohl an die Vertreter des »Umsiedlungsprogramms«, die zu einer Stippvisite gekommen waren und ihnen gesagt hatten, sie sollten in das neue Dorf Pokedi auf dem anderen Flussufer des Alwero, jenseits des Geländes von Saudi Star, ziehen. Doch das war alles. Omot hatte keinerlei Zweifel, dass man das neue Dorf allein zu dem Zweck gebaut hatte, damit er und die anderen das Land räumten, das man Saudi Star gegeben hatte. Bislang hatten sich seine Familie und seine Nachbarn geweigert wegzugehen, obwohl ihre Kinder montagmorgens zu Fuß zur Schule nach Pokedi gehen mussten und erst freitagabends wieder heimkamen.

»In unserer Kultur ist es nicht üblich, den Ort zu wechseln. Dann trifft man auf fremde Menschen, und es gibt Streit«, sagte er mir, während sich seine Kinder um ihn scharten und sich über den Rest seiner Maismahlzeit hermachten. »Wir sollten auf unserem eigenen Land bleiben. Deshalb gehen wir nicht fort, es sei denn, man zwingt uns. Gott hat uns dieses Land gegeben.« Als ein weiterer Laster vorbeirumpelte, legte sich eine Staubwolke auf die kleine Gemeinde im Wald – eine Gemeinde, verbannt von der eigenen Regierung und belagert von einem saudischen Milliardär. Als der Laster fort war, sah ich, dass ein toter Marabu auf der Straße lag. Eine der Frauen machte sich mit einem Eimer auf den langen Weg, um Wasser zu holen.

Die Plantage von Saudi Star kam mir riesig vor, sie zog sich über Meilen an der Straße entlang. Doch das war nichts verglichen mit dem, was ich am nächsten Tag zu sehen bekam. Diesmal nahm ich die westliche Ausfallstraße aus Gambella-Stadt, um Karmjeet Sekhon einen Überraschungsbesuch abzustatten, einem kürzlich in Äthiopien eingetroffenen indischen Agrarunternehmer, der nahe der Grenze zur Republik Südsudan residierte. Er schützte sich mit einem Schirm vor der gleißenden Sonne, als er mich am Tor zu seinem Gelände empfing, dann setzten wir uns in seinen klimatisierten mobilen Wohncontainer. Sekhon trug einen Turban, strich sich genüsslich über den langen Bart und betonte, er könne sein Glück noch immer nicht fassen, dieses Land bekommen zu haben. Im Jahr 2009 habe das äthiopische Landwirtschaftsministerium mit seiner in Bangalore ansässigen Gesellschaft Karuturi Global einen 50-jährigen Pachtvertrag für 100.000 Hektar zu beiden Seiten der einzigen durch den Norden der Provinz führenden Straße geschlossen und ihm 200.000 weitere Hektar versprochen, wenn es ihm gelänge, die erste Tranche innerhalb von zwei Jahren zu roden. Er sei auf dem besten Weg dazu.

Sekhon war lange Jahre in der Milchwirtschaft tätig gewesen, doch in Indien waren angesichts einer Bevölkerung von mehr als einer Milliarde Menschen die Expansionsmöglichkeiten begrenzt. In Äthiopien hingegen hatte er ein Gebiet in der 20-fachen Größe Manhattans zur Verfügung und durfte darauf machen, was er wollte – und das mit der Option auf das 60-fache der Fläche von Manhattan. »Der Boden ist hervorragend, völlig unberührt«, erklärte er mir. »Man kann hier alles anbauen, und auch das Klima ist ideal. In Indien haben wir solches Land nicht. Dort können wir froh sein, wenn wir 1 Prozent organische Stoffe im Boden finden. Hier sind es über 5 Prozent. Wir brauchen nicht einmal zu düngen.« Und all das für eine jährliche Pacht von ungefähr 1 Dollar pro Hektar.

Mein Besuch in Gambella fand gegen Ende der Trockenzeit statt, und als ich vor den kühlen Wohncontainer trat, sah ich am Horizont eine ganze Reihe kleiner Rauchwolken. Sekhons Arbeiter setzten das Unterholz in Brand, um die Schlangen zu vertreiben. Er werde bald, sagte er, 600 Kilometer Privatstraßen angelegt haben, also mehr, als die Provinz an öffentlichen Teerstraßen vorzuweisen hat. Eine südafrikanische Fernerkundungsfirma hatte sein Konzessionsgebiet bis auf den halben Meter genau vermessen. Mit 15 gewaltigen 475-PS-John-Deere-Raupen rodete und planierte er täglich 500 Hektar. Er ließ Entwässerungsgräben und Bewässerungskanäle ziehen und aus Israel und Indien Bauteile für die Bewässerungsanlagen schicken. Er besaß Tanks für 50.000 Liter Diesel, hauptsächlich zum Betreiben der Pumpen.

Bald würde Sekhon mit dem Pflanzen beginnen. In einer Baumschule ließ er eine halbe Million Ölpalmensetzlinge ziehen. Innerhalb eines Jahres wollte er auf 20.000 Hektar Ölpalmen stehen haben, des Weiteren auf 15.000 Hektar Zuckerrohr, auf 25.000 Hektar Reis und auf je 10.000 Hektar Mais und Hirse anbauen. Außerdem sollten bald die Verarbeitungsanlagen zum Pressen von Palmöl, zum Verarbeiten von Zuckerrohr und zum Mahlen von Reis hochgezogen werden. Dann würde er sich den Ortschaften widmen und Schulen und Krankenhäuser, Einkaufszentren und Wohnhäuser für bis zu 50.000 Menschen bauen.

Die Firma hatte zwei Schleppschiffe gemietet, die ihre Lastkähne zogen. Mit ihnen wurde die Ernte auf dem durch ihre Megafarm fließenden Baro, einem Nebenfluss des Nil, verschifft und gelangte auf dem großen Strom entweder flussaufwärts nach Uganda und zum Viktoriasee oder flussabwärts nach Khartum und weiter. Die Schiffe würden also letztlich die gleiche Route nehmen wie die britischen Händler ein Jahrhundert zuvor, die den in Gambella-Stadt aufgekauften äthiopischen Kaffee über den Fluss in alle Welt exportierten. Die Anzeichen eines neuen Imperialismus waren unübersehbar.

Ich erkundigte mich bei Sekhon, ob die Einheimischen hier Arbeit finden würden. Die meisten seiner technischen Angestellten würden aus

Indien oder dem äthiopischen Hochland kommen, erwiderte er. Offenbar hatte er die in Äthiopien vorherrschende Überzeugung übernommen, die Stammesangehörigen aus der Tiefebene von Gambella seien faul. »Aber die Arbeiter beziehen wir aus den Dörfern, deren Land uns übertragen wurde. Ungefähr 85 Prozent unserer Fahrer kommen aus hiesigen Stämmen«, versicherte er mir. Wie etwa aus dem nahe gelegenen Dorf Iliya, das im Jahr 2009 plötzlich feststellen musste, dass es inmitten des Konzessionsgebiets von Karuturi lag. Mehrere Dutzend der dort ansässigen Frauen verdienen sich 1 Dollar pro Tag, indem sie die Ölpalmenbaumschule betreuen, anstatt ihre eigenen Felder zu bestellen. Iliya ist der Heimatort von Nyikaw Ochalla, einem Äthiopier, den ich im englischen Reading kennenlernte. »Das gesamte Land im Umfeld des Dorfes ist in Besitz genommen worden«, erklärte er mir. »Die Menschen müssen für die indische Firma arbeiten. Sie haben letztlich keine andere Wahl.«

Karuturi Global gehört Sai Ramakrishna Karuturi, einem indischen Ingenieur in den Vierzigern, der klein angefangen, sich jedoch inzwischen zum weltweit größten Besitzer von Treibhäusern gemausert hat, von denen viele in Äthiopien stehen – für die Rosenzucht. Mit dem Verkauf von 650 Millionen Stielen pro Jahr – oder erstaunlichen 10 Prozent des Weltmarkts – ist er mittlerweile der größte Unternehmer auf diesem Gebiet. Allein in Afrika beschäftigt er 10.000 Menschen. Aber Karuturi sieht im Rosengeschäft kein Wachstumspotenzial mehr. Der Markt ist gesättigt. Deshalb hat er sich den klassischen landwirtschaftlichen Produkten zugewandt. »Mein Unternehmen soll zu den weltbesten vier oder fünf mit diversifizierten Agrarprodukten zählen. Und diese Vision will ich von Afrika aus umsetzen«, sagt er. Dafür will er 1 Million Hektar in Afrika bewirtschaften – ein Drittel davon in Äthiopien und, wie er Ende 2011 andeutete, ein weiteres Drittel in Tansania.

Karuturi verspricht, allein auf dem unberührten Boden der Provinz Gambella eine Milliarde Dollar zu investieren. Ende 2011 wurden Tausende Hektar seiner ersten Maisfelder im Stadium der Reife von einer Sturzflut des Flusses Baro überschwemmt, danach heuerte Karuturi holländische Berater an, um die Wiederholung einer solchen Katastrophe zu verhindern. Er meint es ernst. Seine Investitionen sollen sich in stattlichen Dividenden auszahlen – für ihn selbst und für seine amerikanischen Private-Equity-Anleger, darunter Investmentfirmen wie die in Bethesda ansässige Monsoon Capital und die Sandstone Capital aus Boston. Mit ihren Geldern entsteht aller Voraussicht nach die größte Privatfarm auf afrikanischem Boden, und Karuturi wird zu einem der bedeutendsten Erzeuger einer Reihe von Nahrungsmitteln, der es durchaus mit etablierten amerikanischen und europäischen Nahrungsmittelherstellern wie Cargill Inc., Archer Daniels Midland Company und Louis Dreyfus aufnehmen kann.

Aber können diese Versprechen auch umgesetzt werden? Sekhon und seine indischen Angestellten sind weit von ihrer Heimat entfernt. Sie haben kaum Erfahrung mit Afrika und den Afrikanern, wissen fast gar nichts über die Menschen, deren Land sie bewirtschaften. Und offenbar auch nichts von der Wut, die ihre Landnahme hervorrief, von den Geschichten über Einschüchterungsversuche der Regierung und von Massakern, zerstörten Lebensgrundlagen und aussterbenden Arten. Ebenso wenig kannten sie die Gerüchte, die ich in den Hütten oder auf den Lichtungen dieser Provinz hörte, dass sich die jungen Männer der Stämme bewaffnen sollten, um ihr Land zurückzufordern.

Die Millionen Hektar Land in den Ebenen Afrikas, in den Reisfeldern Südostasiens, in den Wäldern Südamerikas und in den Steppen Russlands werden beim Abschluss der Kauf- oder Pachtverträge meist als unerschlossen und ohne Besitzer ausgewiesen. Doch in Wirklichkeit gibt es heute auf der Welt kaum noch ungenutztes Land ohne Besitzansprüche. Wenn Männer wie Karuturi und Al Amoudi das von ihnen vereinnahmte Land als »leer« oder »unberührt« bezeichnen, gehen sie ebenso fehl wie die kolonialen Abenteurer ein Jahrhundert vor ihnen. Für die Einheimischen ist jeder Zentimeter ihr Besitz.

Am umworbensten ist eine riesige Fläche Grasland halb so groß wie die Vereinigten Staaten, welche die Geografen die Guinea-Savannen-Zone nennen. Sie erstreckt sich in einem weiten Bogen zwischen der Sahara und dem afrikanischen Regenwald über 25 Nationalstaaten – von Westafrika in den Sudan, dann nach Süden durch Kenia und Äthiopien bis nach Sambia und Mosambik. Die Weltbank nennt diese 4 Millionen Quadratkilometer »das weltweit größte Reservoir von Brachland«. Doch diese Gebiete sind auch die Heimat von 600 Millionen afrikanischen Kleinbauern und Hirten, die nahezu ein Zehntel der Weltbevölkerung ausmachen. Zugleich zählen sie zu den Ärmsten der Welt, und was sie dringend brauchen, ist wirtschaftliche Entwicklung. Stellt sich die Frage, ob die neuen Kolonialherren gekommen sind, um Afrika zu entwickeln oder um seine Ressourcen zu plündern. Wollen sie die Ernährung der Weltbevölkerung sichern oder einfach nur Profit machen?

Wie es scheint, neigen die Regierungschefs Afrikas gegenwärtig zu der Überzeugung, ausländisches Kapital, investiert in industrialisierte landwirtschaftliche Großbetriebe, werde ihre Staaten nach vorn bringen. Und wenn sie ihr Buschland in einen zweiten amerikanischen Getreidegürtel verwandeln können, werden sie es auch tun. Denn zu den ehrgeizigen Zielen von Karuturi und Al Amoudi in Gambella gesellen sich die des äthiopischen Premierministers Zenawi, der in den 16 Jahren seiner Amtszeit vom Marxisten zum Kapitalisten geworden ist. Zwar gab es unter seiner Herrschaft keine Wiederkehr von Hungersnöten jenes Ausmaßes wie in den 1970er- und 1980er-Jahren, dennoch verzweifelt er an der Unfähigkeit seines Landes, die rasch wachsende Bevölkerung mit einer kleinbäuerlichen Landwirtschaft ernähren zu können.

So bietet Zenawi Ausländern die Gelegenheit, in den Boden seines Landes zu investieren. Der aktuelle Fünfjahresplan der Regierung sieht vor, bis 2015 3 Millionen Hektar für eine mechanisierte Landwirtschaft im großen Stil zu verpachten, vor allem in dem rebellischem Stammesgebiet Gambella an der Grenze. Paradoxerweise hat gerade Äthiopiens sozialistische Vergangenheit und die Verstaatlichung des gesamten Bodens ermöglicht, dass jetzt ausländische Kapitalisten Fuß fassen können.

Wie in fast allen ländlichen Regionen Afrikas gelten auch in Gambella nach wie vor die überlieferten Landrechte. Die äthiopischen Regierungen aber siedeln schon seit langem Menschen von einer Region in andere um, in Dörfer, die einfach aus dem Boden gestampft wurden. Überall in Gambella findet man Gemeinschaften aus Angehörigen der Volksgruppe der Tigray, aus der auch Zenawi stammt, denen nach der großen Hungersnot in den 1980er-Jahren Land zugewiesen wurde. In der Nähe von Abobo sah ich eine 4000 Hektar große Baumwollplantage, die sich im Besitz von Tigray befand. Entlang der Straße verliefen Überlandleitungen – in Gambella ein seltener Anblick. Aber es sind auch andere Äthiopier aus dem Hochland gekommen und haben Unternehmen gegründet oder Land genommen. Heute stellen die aus dem Hochland stammenden Äthiopier nahezu die Hälfte der 300.000 Einwohner der Provinz Gambella, sind aber höchst unbeliebt, insbesondere bei den Anyuak.

Inzwischen werden auch die Einheimischen von der Regierung umgesiedelt – vom Busch und ihren kleinen Ansiedlungen in größere, zentral verwaltete Dörfer. Der für die bundesstaatliche Organisation zuständige Minister Shiferaw Teklemariam verkündete Ende 2010, dass im Rahmen des »Umsiedlungsprogramms« zwischen 2011 und 2013 180.000 Menschen in 49 Dörfern untergebracht werden sollten. Das ist mehr als die halbe Bevölkerung Gambellas, vor allem aber die große Mehrheit der außerhalb von Gambella-Stadt lebenden Menschen.

Das Dorfbildungsprogramm hatte gerade begonnen, als ich das Land bereiste. Es wurde offenbar in aller Eile durchgeführt, ohne die Einheimischen zurate zu ziehen, und ganz gewiss, ohne die Wünsche der Menschen zu berücksichtigen, die ihr angestammtes Land verlassen müssen. Ein Mitarbeiter einer ausländischen Hilfsorganisation berichtete mir, er sei erst vor kurzem zu einem Treffen mit dem Provinzchef von Gambella, Omod Obong, bestellt worden. Der erklärte »plötzlich, er habe einen Siedlungsplan für die Provinz ausgearbeitet. Es war das erste Mal, dass wir von diesem Projekt hörten. Trotzdem behauptete er, er habe bei den Menschen bereits Überzeugungsarbeit geleistet. Nun sei er bereit für den nächsten Schritt, und er wolle die Hilfsorganisation zur Übernahme der Kosten bewegen. Der reine Wahnsinn.« Die Hilfsorganisation verweigerte zwar ihre Unterstützung, doch der Provinzchef machte trotzdem weiter.

Die öffentlichen Erklärungen zum Siedlungsprogramm sind widersprüchlich. Nach Aussage von Verantwortlichen soll dadurch an zentralen Orten die Grundversorgung mit Brunnen, Krankenhäusern, Hauptschulen und anderem sichergestellt werden – Leistungen, von denen die Menschen wegen der Überschwemmungen in der langen Regenzeit abgeschnitten sind. Laut Plan sollen 19 Schulen, 25 Krankenstationen, 18 Tierkliniken, 41 Getreidemühlen und 195 Kilometer neue Landstraßen entstehen. Doch Gemeinden, die von den Überschwemmungen nicht betroffen sind und die bereits Brunnen, Schulen, Krankenhäuser und Straßen haben, werden gleichfalls umgesiedelt.

Die Betroffenen haben keine Zweifel, dass sie in Wahrheit in ihrer Freiheit eingeschränkt und ihres Landes beraubt werden sollen, um es in die Hände von Landnehmern zu geben. Die Regierung bezeichnete es als »Zufall«, dass die Massenumsiedlung gerade zu dem Zeitpunkt stattfand, als ausländische Megafarmer ins Land kamen. Niemand werde zur Umsiedlung gezwungen. Dorfbewohner und Mitarbeiter von Hilfsorganisationen berichteten mir jedoch, es werde zwar keine Gewalt ausgeübt, doch man habe viele Menschen unter massiven Druck gesetzt, indem man ihnen mit dem Verbrennen ihrer Ernte, dem Schließen von Schulen und Ähnlichem gedroht habe.

Ich hätte derartige Geschichten wohl kaum geglaubt, hätte ich nicht Konzessionsverträge gesehen, die die äthiopische Regierung mit ausländischen Firmen abgeschlossen hatte. Im Vertrag mit Karuturi etwa heißt es, das Land werde »frei von bestehenden Besitzverhältnissen« übergeben. Ferner garantiere die Regierung »während der gesamten Pachtdauer dem Vertragsnehmer [Karuturi] eine friedvolle und ungestörte Nutzung des Grunds [mit] angemessenen Sicherheitsmaßnahmen … gegen Aufstände, Störungen und andere Unruhen, die dem Vertragsnehmer auf Nachfrage kostenfrei zur Verfügung gestellt werden«.

Als ich mir einige der neuen Dörfer ansah, nahm ich immer wieder Anhalter mit und setzte sie irgendwo ab. Allmählich wurde mir klar, dass meine Mitreisenden unterwegs waren, weil sie ihr einstiges Land bestellen wollten, obwohl sie dem Wunsch der Regierung nachgekommen und in die neuen Dörfern gezogen waren. Das Umsiedlungsprogramm wurde unterschiedlich beurteilt. Die Nuer, ursprünglich durch die Tiefebene zwischen Äthiopien und dem Sudan ziehende Halbnomaden und Hirten, kamen damit besser zurecht als die Anyuak. In dem brandneuen Dorf Bildak nahe der Westgrenze der Karuturi-Farm stieß ich auf eine stattliche Zahl von Nuer: Männer mit ihren parallel über die Stirn gezogenen Stammesnarben, Kinder mit geflochtenen Haaren und Frauen in langen, farbenfrohen Sackkleidern, die schlanke Pfeifen mit langem weißen Stiel rauchten.

In den gleichförmigen, im Stil der Nuer gebauten runden Strohhütten mit dem spitz zulaufenden Dach wohnten schätzungsweise 1000 Menschen, doch es kamen immer mehr hinzu. Die Regierung hatte jedem Haushalt »bis zu« 4 Hektar Land in der Umgebung zugesichert und versprochen, die neuen Bewohner bis zu acht Monate lang mit Getreide und Speiseöl zu versorgen. Die Dorfbewohner murrten jedoch, es gebe nur drei Brunnen, keinen Generator zur Stromerzeugung und weder Getreidespeicher noch Schulen. Trotzdem versicherten sie mir, als sie sich für ein Foto aufstellten, »wir sind alle glücklich«. Vielleicht aber kam diese Aussage auch dadurch zustande, dass die 30 im Dorf stationierten Polizisten unsere Gespräche aufmerksam verfolgten. Ich bemerkte auch, dass die Türen der neuen Hütten mit kleinen Vorhängeschlössern gesichert waren, was mir zuvor nur in den neuen Wohnbauten von Gambella-Stadt aufgefallen war – zweifellos Zeichen eines bis dahin ungekannten Sicherheitsproblems.

Die Anyuak drückten ihre Ablehnung deutlicher aus. Als Bauern und Fischer haben sie eine weit engere Bindung an ihr Land, und das Umsiedlungsprogramm und die Landnahme bedrohen ihre Existenz. »Dieses Land gehört unseren Königen und Stammesführern, und durch sie hat die gesamte Gemeinschaft Nutzungsrechte«, sagte Oman Agwa Udola, ein Anyuak und Mitarbeiter des Hilfswerks der Evangelischen Kirchen Schweiz in Gambella. »Die Regierung erklärt, das leere Land erschließen zu wollen, aber unsere Kultur kennt kein leeres Land. Wo immer Sie hinkommen, werden Ihnen die Leute genau sagen können, wem jedes kleinste Fleckchen gehört. Das Land ist unser Supermarkt und unser Wildreservoir.« Das sind nicht nur Behauptungen. Was Karuturi »unberührt« nennt, ist schlichtweg der brachliegende Teil des von den Anyuak traditionell praktizierten Wanderfeldbaus, und die hohe Bodenqualität beweist, wie kenntnisreich sie dabei vorgehen.

Als ich mit den Anyuak durch die Provinz fuhr, hörte ich auch von den oft gewaltsamen Elementen ihrer Kultur. Man berichtete mir von Schlachtfeldern, auf denen sie blutige Kämpfe mit den Hirten der Nuer, den Bauern der Tigray und mit Regierungstruppen ausgetragen hatten, von Rodungen, Entwässerungen und Besetzung ihres Landes durch ausländische Farmer, von dem ihnen heiligen Berg in Gambella-Stadt, auf dem die Äthiopier aus dem Hochland eine orthodoxe Kirche errichtet hatten, und von dem Ahnenfriedhof bei Iliya, der von Karuturi umgepflügt worden war. Doch worüber fast jeder vor allem sprechen wollte, war die persönliche Erfahrung mit dem »Massaker«.

Am 13. Dezember 2003 machten Regierungstruppen aus dem Hochland im wahrsten Sinn des Wortes Jagd auf Angehörige der Anyuak. Aufgrund ihrer oft noch praktizierten Tradition, die unteren Vorderzähne zu entfernen, waren sie leicht zu erkennen. Die Soldaten spürten die Lehrer, Regierungsangestellten oder Kirchenprediger auf und töteten sie. Die Menschenrechtsorganisation Human Rights Watch schätzt, dass an diesem Tag 420 Menschen umgebracht und ihre Häuser zerstört wurden. Viele flüchteten sich in die Keller der Evangelisch-Lutherischen Kirche Bethel in Gambella-Stadt. Als sie ihr Versteck verließen, hatte man ihre Freunde und Verwandten schon größtenteils in Massengräbern verscharrt.

Die Morde waren eine Vergeltungsaktion, da bewaffnete Anyuak eine Gruppe von Äthiopiern aus dem Hochland angegriffen hatten, die für eine Hilfsorganisation nach Land suchten, um Bürgerkriegsflüchtlinge aus dem Sudan unterzubringen. Trotzdem beschuldigt Human Rights Watch die äthiopische Militärregierung, die Anyuak als Stamm einer Kollektivstrafe unterzogen zu haben, um sich für die Taten einiger weniger zu rächen.

Das Massaker hat die Gemeinschaft der Anyuak in alle Richtungen zerstreut. Viele zogen daraufhin nach Addis Abeba oder in die Flüchtlingslager des Sudan oder schlossen sich den Stammesältesten in der kenianischen Hauptstadt Nairobi an. Die Furcht aber lebt weiter. Ein Einheimischer aus Gambella erzählte mir: »Am Freitag haben wir erfahren, dass mein Vetter am Montag verhaftet werden soll. Also haben wir ihn in einen Bus zu einem abgelegenen Dorf an der Grenze gesetzt, und von dort ist er mit dem Fahrrad weiter in den Sudan gefahren. Jetzt lebt er in einem Flüchtlingslager in Pochalla.« Dann fuhr mein Informant fort: »Ich bleibe hier. Wenn wir alle fortgehen, haben wir verloren. Dann können wir nie mehr hierher zurückkommen.« (Nach meiner Rückkehr traf ich in England Anyuak, die sich weigerten, nach London zu fahren, weil sie fürchteten, dort von Agenten der äthiopischen Regierung entdeckt zu werden.)

Die Anyuak halten sich für die Opfer eines langsamen Völkermords, aber es könnte sein, dass ihre Furcht zur sich selbst erfüllenden Wahrheit wird. Der Mitarbeiter einer Hilfsorganisation sagte mir: »In den letzten Jahren haben sie vergessen, wie man den Boden bestellt. Früher haben sie Tomaten und Okra angebaut und auf dem Markt verkauft. Jetzt kommen die meisten auf den Märkten angebotenen Lebensmittel aus dem Hochland.« Bemühungen, die Wirtschaft mithilfe von Kleinkrediten anzukurbeln, schlugen fehl. »Sie sind nicht auf Gewinn bedacht. Eher im Gegenteil. Sie neigen dazu, das Geld unter sich aufzuteilen, anstatt es zu investieren.«

Laut einer von UNICEF 2005 durchgeführten Studie war die Provinz Gambella bereits vor der Landnahme durch Ausländer und dem Umsiedlungsprogramm von einer »Atmosphäre der Angst« beherrscht. »Wir erleben eine extreme Entwurzelung der eingeborenen Stämme in den ländlichen Gebieten Gambellas. Alles deutet darauf hin, dass die Kultur der Anyuak in nicht allzu ferner Zukunft komplett ausgelöscht wird.« Was ich sah, lässt befürchten, dass diese Entwicklung durch die Landnahmen noch beschleunigt wird.

Unsere Suche nach einzelnen Gruppen in den Wäldern südlich der Farm von Saudi Star blieb vergeblich, sie waren bereits fort. So zogen wir weiter zum Stützpunkt eines anderen großen Landnehmers. Ruchi Soya ist ein auf Speiseöl spezialisiertes Milliarden-Dollar-Unternehmen aus Indien, das seine Produkte in ganz Asien verkauft. Nun hat es mit 25.000 Hektar »unberührtem« Boden auch in Gambella Fuß gefasst. Noch war nicht viel zu sehen. Die beiden Geschäftsführer erklärten mir, sie hätten gerade die Ernte ihres ersten Testanbaus von Sojapflanzen eingebracht. Ihr Wächter hatte eine Blume in seinem Gewehrlauf stecken. Aber noch weitere indische Unternehmen bedienen sich am Boden Gambellas, darunter der Teeerzeuger Verdanta Harvests mit einem Pachtvertrag auf 50 Jahre für 3000 Hektar Waldland des Volks der Majangir und Sannati Agro Farm Enterprises mit 10.000 Hektar an den südlichen Grenzen der Provinz, wo die Firma Reis für den Export in die Vereinigten Staaten anbauen will.

Mein nächstes Ziel war eins der neuen Dörfer mit Namen Gok Pipach. Vorbei an einer Verteilungsstelle für Lebensmittel des World Food Programme und an einem Flüchtlingslager gelangten wir in dichter bewachsenes Buschland. Es gab Hinweise, dass in diesem Gebiet noch immer Wanderfeldbau betrieben wurde. Das Dorf selbst aber war ein Produkt des Umsiedlungsprogramms, bewohnt von Menschen, die ihr Land hatten verlassen müssen, weil Landnehmer ihren Boden für sich beanspruchten. Früher waren sie »eine große Gemeinschaft« gewe-

sen, sagte einer der Ältesten, gekleidet in ein amerikanisches Baseball-
shirt, als wir im Schatten eines gewaltigen Mangobaums Tee tranken.
»Wir hatten unsere eigene Mühle, und wir haben gemeinsam gespart,
damit wir den Armen helfen und junge Menschen in die Seminarschu-
len schicken konnten.« Jetzt waren sie nicht mehr so viele wie einst.
»Vor dem Massaker zählten wir tausend Menschen. Nun sind wir noch
ungefähr dreihundert.«

Voller Bitterkeit erzählte mir der Alte, wie die Soldaten bei dem Massaker in ihrem alten Dorf die Schule und das Krankenhaus zerstört hatten. Er lachte auf. Jetzt sollten sie auf Geheiß der Regierung umziehen,
damit ihnen wieder das zur Verfügung stand, was das Militär damals zerstört hatte. »Die Regierung behauptet, die Leute würden gern umsiedeln.
Aber das ist nicht wahr. Es ist Propaganda«, sagte er. Abgesehen davon
hatte die Regierung sie getäuscht. »Sie haben uns einen Brunnen versprochen, aber er ist nicht tief genug und gibt kein Wasser mehr. Sie haben uns Lebensmittel zugesagt, aber sie sind nur einmal gekommen und
haben lediglich Weizen gebracht. Sie haben uns versichert, wir könnten
unsere Felder behalten, aber als wir hier waren, haben sie uns gesagt, wir
dürften nicht wieder zurück.«

Wir kamen noch einmal auf das Land zu sprechen, die Lebensgrundlage der Anyuak. »Wir haben beschlossen, in der Regenzeit zurückzu-
gehen und das Land unserer Vorfahren zu bestellen«, sagte er. »Es ist nur
ein Weg von einer Stunde, und der Boden dort ist besser als hier. Wenn
sie uns aufhalten, wird es Auseinandersetzungen geben. Wir werden um
unser Land kämpfen.« Das war vielleicht nur Prahlerei, doch was er dann
sagte, war zweifellos ernst gemeint: »Wir sind arm. Wenn du arm bist
und ein reicher Mann kommt und will dir helfen, dann nimmst du es an.
Aber wenn er sein Versprechen bricht, wird er dein Feind.«

Die Landnahme hat noch eine weitere Auswirkung. In diesem abgelegenen Winkel Afrikas vollzieht sich eine Umwelttragödie, wie sie mir
auf meinen Reisen leider schon häufig begegnet ist. Bei der traditionellen Nutzung des Bodens etwa durch Wanderfeldbau und Weidewirtschaft bleibt die Wildfauna meist unangetastet, doch sobald die industrielle Landwirtschaft Einzug hält, haben die Wildtiere keinen Platz
mehr. Hier, in Gambella, bedrohen die von Ausländern betriebenen Rie-

senfarmen die zweitgrößte Säugetierwanderung auf dem afrikanischen Kontinent. Die meisten von uns kennen die größte, die in der Serengeti stattfindet, wo Millionen von Wildsäugetieren und die von ihnen lebenden Raubtiere auf der Spur des Wassers Jahr für Jahr die ostafrikanische Tiefebene durchqueren. Hunderte von Fernsehfilmen wurden darüber gedreht. Die zweitgrößte Säugetiermigration hingegen ist weitgehend unbekannt.

Als ich von Karuturis Sitz in Iliya durch den Busch fuhr, wimmelte es auf der Fahrspur vor uns plötzlich von großen Tieren, und bald stellte sich heraus, dass es sich um Antilopen handelte. Es wurden immer mehr, und als wir uns näherten, begannen sie zu rennen. Schließlich waren es mehrere Tausend, und gemeinsam mit Warzenschweinen strömten sie zwischen einer Reihe von Tümpeln durch das hohe feuchte Gras in Richtung des Flusses Baro. Völlig gebannt, bemerkte ich zunächst gar nicht, dass sich vor dem Horizont Bulldozer und Rauchwolken abzeichneten. Karuturi arbeitete sich mit seiner Farm weiter ins Land vor und erhob Anspruch auf das saftige Grasland und das Wasser. Diesen Busch würde es bald nicht mehr geben – und die Zukunft der großen Wanderung war alles andere als sicher.

Die Antilopen waren Wasserböcke, meist aus dem südlichen Sudan, die jedes Jahr gegen Ende der Trockenzeit in einer Zahl von schätzungsweise einer Million auf dem Weg zu Gambellas offenen Wasserstellen und Feuchtgebieten den Busch durchqueren. Neben vereinzelten Elefantenherden und einer weiteren gefährdeten Antilopenart, den Weißnacken-Moorantilopen, und den mächtigen Schuhschnäbeln, einer im Sumpf heimischen Vogelart, waren sie der Hauptgrund, dass dieses Gebiet 1974 zum Nationalpark Gambella erklärt wurde.

In dem weitläufigen Park mit Sümpfen, Wald und Feuchtgebieten, der sich von den Flüssen Baro im Norden zum Gilo im Süden, also über einen Großteil des Kerngebiets von Gambella erstreckt, leben außerdem Hunderte von Pavianen, Buschböcken, Ducker, Kuhantilopen, Moorantilopen, Büffel, Riedböcke und Pferdeantilopen. Doch letztlich ist der Park trotz seiner Handvoll Aufseher kaum mehr als ein Fleck auf der Landkarte. Er wurde bislang weder offiziell als Schutzgebiet ausgewiesen, noch gibt es ein Verwaltungskonzept. An seinen nördlichen Grenzen überschneidet er sich mit weiten Flächen von Karuturis Konzessionsgebiet. Außerdem befinden sich in diesem Gebiet der Alwero-Damm und die einstige, gerade erst Saudi Star überlassene staatliche Plantage sowie ein beträchtlicher Teil des Optionsgebiets der Firma. Keine der beiden Unternehmen hat eine Umweltverträglichkeitsprüfung ihrer Aktivitäten im Nationalpark vorgenommen. Ich sprach Karuturis Geschäftsführer Sekhon auf die Wildfauna an. Ja, sagte er, die Tiere auf seinem Land seien »ein Problem«. Er wisse jedoch von keinen Vorschriften, die Karuturi daran hindern könnten, auf dem Pachtgebiet Landwirtschaft zu betreiben.

Im Gebiet des Nationalparks leben etwa 18.000 Stück Wild und mehr als 25.000 Menschen, vorwiegend an den Flussufern und entlang der Straßen. Die Parkaufseher verfolgen die Jäger der Anyuak gelegentlich durch das Sumpfgras, das hier bis zu 3 Meter hoch werden kann. Unterwegs nach Nyininyang in Richtung der Grenze zum Südsudan stießen wir auf eine kleine Gruppe mit Gewehren, Hunden und einigen erlegten nussbraunen Antilopen, die ihnen über die Schulter hingen. Sie hatten ein Feuer gemacht, dessen dichter Rauch über die Straße waberte. Zurück in Gambella-Stadt sprach ich mit einem Vertreter der Parkverwaltung. Er nahm meinen Bericht über die Jäger zur Kenntnis und wollte gleich am nächsten Morgen seine Leute losschicken, um nach ihnen zu suchen. Doch zum Thema der Landnehmer – der wahren Bedrohung des Wildbestands im Naturschutzgebiet – konnte er nichts sagen. Damit habe er nichts zu tun. Oder wie es ein Sprecher der äthiopischen Aufsichtsbehörde der Nationalparks, der Ethiopian Wildlife Conservation Authority, ausdrückte: »Wir haben einen Konflikt mit dem Landwirtschaftsministerium, denn die wollen etwas anderes als wir. Warten wir ab, was geschieht.«

Das ist eine Tragödie. Durch die richtigen Maßnahmen könnte das wildreiche Gambella über den Tourismus seine Wirtschaft fördern, ohne dass die Stämme ihre traditionelle Lebensweise aufgeben müssten. Sanne van Aarst vom Horn of Africa Regional Environment Centre an der Universität in Addis Abeba meint, angesichts der zweitgrößten Wildwanderung in Afrika habe Gambella das gleiche touristische Potenzial wie die Serengeti. Die Regierung aber setzt für die wirtschaftliche Entwicklung ausschließlich auf die industrielle Landwirtschaft.

So hat sie die Parkbehörde aufgefordert, die Grenzen des Naturschutzgebiets »neu zu ziehen«, weil für die zukünftigen Farmen Raum geschaffen werden muss. Für Cherie Enawgaw, einen Mitarbeiter der Behörde, gibt es drei Optionen, wie die Verschiebung der Grenzen um zig Kilometer nach Süden und Westen durchgeführt werden könnte. Gemäß seiner eigenen Aufzeichnungen über Wildsichtungen, die ihm bei der Grenzziehung helfen sollen, zeigt sich jedoch, dass bei allen drei Konzepten die Migrationspfade blockiert und »Kerngebiete der Wildfauna« umgepflügt würden.

Kurze Zeit nach meiner Reise traf sich der äthiopische Premierminister bei einem Bankett in Addis Abeba mit seinem indischen Amtskollegen. In seiner Lobrede auf Karuturi meinte er: »Man hat mir oft vorgeworfen, ich sei zu pro-indisch. Meine Antwort lautet: Schuldig im Sinne der Anklage.« Und er fuhr fort: »Wir möchten das Land entwickeln und unsere Bevölkerung ernähren, statt die Schönheit der unberührten Landschaft zu bewundern, während wir verhungern.« Berhanu Kebede, sein Botschafter in London, schrieb kürzlich im *Guardian*, Karuturi und die anderen Farmen brächten »viel Nützliches. Nicht nur Arbeitsplätze, Wohnungen, Schulen, Krankenhäuser und weitere Infrastruktur, sondern auch Wissenstransfer, Fortbildung, Steuereinnahmen und andere Vorzüge für die Arbeiter und das ganze Land.«

Ich habe diese Vorzüge nicht gesehen. Doch selbst wenn es sie gibt, bleiben viele Fragen. Ist es vertretbar, dass ein Land wie Äthiopien, das immer wieder von Hungersnöten heimgesucht wird, Tausende Quadratkilometer seines besten Ackerbodens Ausländern überlässt und ihnen zugesteht, die Erzeugnisse in ihr Heimatland zu schicken oder auf der ganzen Welt zu verkaufen? Ist die Konzentration von Anbaugebieten in den Händen einiger weniger tatsächlich notwendig für die wirtschaftliche Entwicklung, die die armen Länder so dringend brauchen? Oder schafft sie eine neue Unterschicht verarmter landloser Ackerbauern?

Zurück in London fiel mir ein Buch über die Hungersnöte in Irland in den 1840er-Jahren in die Hände. Damals hatten britische Großgrundbesitzer, ohne selbst dort zu wohnen, ein ganzes Land vereinnahmt, um Nahrungsmittel für den Bedarf ihrer eigenen Bevölkerung anzubauen – und die Produkte auch dann noch ausgeführt, als Millionen von Iren der Hungertod drohte. Der Markt, so rechtfertigten sie sich, werde schon Nahrung für die Hungernden liefern. Doch dem war schon damals nicht so.

2

CHICAGO, USA

Der Preis der Nahrung

Im Besucherzentrum der Chicago Board of Trade, der Börse von Chicago, darf man Makler spielen und zwei Minuten lang eine bestimmte Ware kaufen und verkaufen. Ich bekam Bauholz, doch genauso gut hätten es Mais, Schweinebäuche oder Soja sein können. Dabei muss man zugleich das Display mit der sich ständig verändernden Preiskurve im Auge behalten wie auch auf die Meldungen reagieren, die aus dem Lautsprecher dringen.

Ich war fasziniert und dachte weder an den Kahlschlag der Landschaft noch an die Vertreibung von Menschen aus ihrer Heimat, die ich mit meinen Käufen und Verkäufen verursachte. Ich achtete nicht einmal auf die Nachrichten von Rekordernten, Nachfragespitzen und Naturkatastrophen. Wie diese Faktoren die Preise beeinflussten, wusste ich ohnehin nur ansatzweise. Mich begeisterte allein die Jagd nach Gewinn. Ich verfolgte die Preiskurve, kaufte, wenn sie ganz unten stand, und sah dann zu, wie sie sich erholte. Sobald sie ihren Höhepunkt erreicht hatte, verkaufte ich wieder. Es funktionierte. Nach meinen zwei Minuten als Händler stand auf meinem Display, dass ich mit 180 Dollar im Plus war. Und ich fühlte mich wie ein erfolgreicher Spekulant.

Das 200 Meter hohe Art-Déco-Gebäude am Fuß der LaSalle Street, in dem sich Chicagos Warenterminbörse befindet, ist mit seinen Fußböden aus Marmor und glänzenden Spiegeln ein Monument der Handelsmärkte und ihres Erfolgs. Ehe ich Börsenmakler spielte, hatte ich die Pressemappe durchgelesen. Für die Landwirtschaft des Mittleren Westens im Jahr 1848 gegründet, wurde die Börse bald zum weltweit führenden Handelshaus für Mais und andere Getreidearten. An der Chicago Board of Trade wurden die Termingeschäfte erfunden und 1851 für 3000 Scheffel Mais der erste »Futureskontrakt« abgeschlossen. Man wollte den Farmern damit die Möglichkeit geben, ihre Erzeugnisse schon vor der Ernte zu verkaufen, und ihnen damit unabhängig vom Wetter feste Einnahmen sichern. Außerdem bekamen sie durch die Futureskontrakte die finanziellen Mittel, um Saatgut, Dünger und Geräte zu kaufen.

Die Chicago Board of Trade wuchs. Mit fast 56.000 Quadratmetern war sie das größte Parkett der Welt. Hier erfand man den Lochstreifentelegrafen, mit dem sich Meldungen über Preisentwicklungen in Windeseile auf der ganzen Welt verbreiten ließen. In der »Schlucht« der LaSalle Street – in den 1880er-Jahren wurden in Chicago die ersten Wolkenkratzer gebaut – fanden Lochstreifenparaden statt. Noch heute thront auf dem Dach des Börsenhauses eine 10 Meter hohe Statue der römischen Getreidegöttin Ceres, in der einen Hand eine schmale Garbe Weizen und in der anderen einen Beutel Mais.

Die Termingeschäfte mit den Rohstoffen Roggen und Kartoffeln gibt es nicht mehr, an ihre Stelle traten Soja und Ethanol. Die Chicagoer Börse hat auch einen Derivatehandel, an dem man Futureskontrakte selbst über das Wetter abschließen kann. Auf dem Parkett wurden die mit Kreide beschriebenen Preistafeln durch elektronische Anzeigetafeln mit rot, gelb und grün flackernden Zahlen ersetzt. Die traditionellen Handzeichen der Händler (die ausgebreitete Handfläche zum Körper gewendet, heißt, ich kaufe, sie vom Körper abwenden heißt, ich will verkaufen) werden durch Kopfhörer und Mikrofon zwar nicht abgeschafft, aber unterstützt.

Die Börse vertritt nach wie vor hehre Ziele: »Die Chicago Board of Trade ist ein globaler Handelsplatz für Risikoabsicherung und Preisfindung«, heißt es in ihrer Unternehmensbeschreibung. Wie auf den Schautafeln im Besucherzentrum zu lesen ist, bedeutet dies, dass sie »Käufer und Verkäufer zusammen[bringt], um gerechte Preise zu sichern, um die Märkte zu stabilisieren und um Ihre morgendliche Schüssel Cornflakes erschwinglich zu machen«. Im Foyer liegen Bücher aus, in denen Kenner über ihr Leben an der Börse berichten.

Stabilere Märkte? Preisgünstigere Produkte für die Verbraucher? Hatte ich das bewirkt, als ich Börsenmakler spielte? Hatte ich durch mein Kaufen und Verkaufen Waren billiger gemacht, das Risiko minimiert und den Preis einer Packung Cornflakes gesenkt? Als ich im Besucherzentrum meine Angebote abgab, hatte ich letztlich der gleichen

Stimmung nachgegeben, wie sie offenbar auch auf dem Parkett herrschte – Spekulationslust, um Gewinn zu machen. So ist es wohl auch in den
letzten fünf Jahren in der realen Börsenwelt zugegangen, als die Marktpreise für Mais und Reis, Pflanzenöl und Kaffee, Weizen und Zucker extrem schwankten wie die Einsätze bei einem verrückten Spiel. Aber vielleicht hatte ich ja die unsichtbare Hand des Marktes – oder meinen
verborgenen Altruismus – nicht begriffen.

Mehr Aufschluss versprach ich mir von der Darstellung der illustren
Geschichte der Chicagoer Börse im Besucherzentrum. Seltsamerweise
aber endete sie unmittelbar vor der Zeit, als sich äußerst bedeutende Ereignisse in der Geschichte dieser Institution abgespielt hatten – die
Preisspitze für Nahrungsmittel im Jahr 2008, der anschließende Zusammenbruch der Preise als Folge der Finanzkrise und der neuerliche Anstieg zum Zeitpunkt meines Besuchs Ende 2010.

Als ich die Börse verließ, war ich verwirrt und beschloss, zu McDo-
nald's zu gehen, denn den Geschäften, die ich gerade beobachtet hatte,
entsprach meinem Gefühl nach weniger eine Schale Getreideflocken als
ein BigMac als Symbol des ultimativen modernen Konsumenten. An einem Zeitungskiosk vor der Börse fiel mein Blick auf das Magazin *Harper's*. Das Titelthema lautete »Die Nahrungsmittelblase – Wie Goldman
Sachs und die Wall Street Millionen zum Hungern verdammen, ohne
dafür belangt zu werden«. Während ich meinen Burger aß, las ich den
Artikel, und der war beste Nahrung fürs Gehirn. Langsam verstand ich
die Zusammenhänge. Was hier beschrieben wurde, war vermutlich genau das, was ich eigentlich gemacht hatte, als ich mit Nahrungsmitteln
zockte.

Zum ersten Mal wurde die Blase der Nahrungsmittelpreise Anfang 2007
in Mexiko bemerkt. Im Zeitraum von zwei Monaten hatte sich der Preis
für Tortillas, das Grundnahrungsmittel der Armen Mexikos, vervier-
facht. Etwa 70.000 Menschen zogen protestierend durch Mexiko-Stadt
und schwenkten dabei die flachen Maisbrote; wütende Hausfrauen belagerten den Präsidenten Felipe Calderón.

In den darauffolgenden Monaten gab es Unruhen wegen der Lage
der Nahrungsmittelversorgung in Nord- und Westafrika – in Kamerun
(wo 40 Menschen ums Leben kamen), in Burkina Faso, Senegal, Guinea,

Mosambik, Mauretanien, Marokko und Elfenbeinküste. Für die Ärmsten in den ärmsten Ländern der Welt sind die Ausgaben für Lebensmittel mit bis zu 80 Prozent der Einnahmen der weitaus größte Haushaltsposten. All jene, die sich vorwiegend von Reis, Weizenbrot oder Maistortillas ernährten, waren gleichermaßen betroffen. Sie hatten Hunger und eine große Wut im Bauch.

In Ägypten, dem Land mit den weltweit höchsten Weizenimporten, verdreifachten sich die Preise für Brot, und vor den Bäckereien standen die Menschen die ganze Nacht Schlange. Wie wir später noch genauer ausführen werden, lag arabischen Beobachtern zufolge hier die Wurzel der Empörung, die drei Jahre später zum Sturz Hosni Mubaraks führen sollte. Und im Land der weltweit größten Reisimporte, auf den Philippinen, verdoppelte sich der Reispreis. In Bangladesch ließen Hunderttausende von Frauen, die für einen Dollar am Tag in den Kleiderfabriken von Dhaka schufteten, ihre Nähmaschinen stehen und gingen protestierend auf die Straße.

In jenen turbulenten Monaten breitete sich zum ersten Mal seit nahezu einem halben Jahrhundert erneut die Angst vor einer anhaltenden Lebensmittelknappheit aus. Den Menschen wurde mit einem Schlag klar, dass ihnen die Märkte womöglich nicht ihr tägliches Brot garantierten. In den Golfstaaten begannen die Behörden, Lebensmittel zu horten. So kaufte der Oman Reisvorräte für zwei Jahre und lagerte sie ein. Selbst reiche Staaten in Europa begannen sich zu fragen, ob sie sich zukünftig weiterhin die für ihre Bevölkerung benötigten Lebensmittel würden leisten können. Der britische Minister für Umwelt und Ernährung, Hilary Benn, stellte fest, dass »wir angesichts steigender Preise und erhöhter Nachfrage auf dem Weltmarkt unsere Nahrungsmittelversorgung nicht unbedingt als gesichert ansehen dürfen«. In einem Aufruf zur Selbstversorgung, wie es ihn seit dem Zweiten Weltkrieg nicht mehr gegeben hatte – als die belagerten Briten aufgerufen waren, für den Sieg den Garten umzugraben –, sprach sich die Regierung für den verstärkten Konsum heimischer Lebensmittel aus.

Die UNO sprach von einer neuen Bedrohung – der städtischen Hungersnot. Wenn in der Vergangenheit eine Ernte ausfiel, starben vor allem die Menschen, die auf dem Land lebten. Doch nun begegnete man in den Städten »mehr Hunger als je zuvor. Die Lebensmittel liegen in den Regalen der Geschäfte, aber die Leute können sie sich nicht leisten«, sagte Josette Sheeran, die Leiterin des Welternährungsprogramms. Wenn die Menschen auf dem Land Hunger leiden, wenden sie sich an die Hilfsorganisationen; die Menschen in den Städten aber gehen auf die Straße und protestieren. Im April 2008 schossen UN-Blauhelme in Port-au-Prince auf Haitianer, die in der Hauptstadt Geschäfte plünderten. Dabei kamen vier Personen ums Leben; einige Tage später wurde der Premierminister gestürzt. Der UN-Nothilfekoordinator John Holmes warnte, der Anstieg der Lebensmittelpreise bedrohe den Weltfrieden.

Was war geschehen? Warum waren zeitgleich die Preise für Mais, Weizen und Reis, die drei wichtigsten Getreidesorten der Welt, in die Höhe geschnellt? Manche meinten, dies sei eine Folge der Bevölkerungsexplosion. In den 1960er-Jahren, als sich die Weltbevölkerung innerhalb einer Generation verdoppelte, schienen gewaltige Hungersnöte unvermeidlich. »Der Kampf um die Ernährung der Menschheit ist verloren«, schrieb Paul Ehrlich in seinem Buch *Die Bevölkerungsbombe.* »In den siebziger-Jahren werden Hunderte von Millionen Menschen verhungern.« Dieser malthusianische Albtraum konnte jedoch durch die grüne Revolution abgewendet werden: Massive Investitionen in die Entwicklung von Hochleistungspflanzen aller wichtigen Getreidesorten führten dazu, dass sich die Nahrungsmittelproduktion schneller verdoppelte als die Weltbevölkerung. Doch leider ruhte man sich dann auf den Erfolgen aus. Angesichts der gut gefüllten Speicher sanken die Getreidepreise über eine ganze Generation hinweg stetig. Man ließ die wissenschaftliche Forschung schleifen, und der Anteil ausländischer Hilfsleistungen, der in die Landwirtschaft ging, sank von insgesamt einem Fünftel der gesamten Zahlungen auf unter 3 Prozent. All diese Versäumnisse schienen sich nun in Form der plötzlichen Preisspitze zu rächen.

Natürlich gab es auch noch andere langfristige Ursachen dieser Entwicklung wie die zunehmende Umstellung auf den Anbau von Futterpflanzen für den ansteigenden Fleischkonsum in Schwellenländern wie China. Um eine Fleischkalorie zu erzeugen, braucht ein Rind acht Getreidekalorien. Zu Beginn des 21. Jahrhunderts wurde mehr als ein Drittel der Weltgetreidebestände an Vieh verfüttert. Durch die erhöhte Nachfrage, niedrige Preise und unterbliebene Investitionen wurden die

Getreidereserven immer weiter aufgezehrt, die Reisvorräte wurden sogar so knapp wie zuletzt im Jahr 1976, Weizen erreichte einen Tiefstand
wie seit 20 Jahren nicht mehr – und die Hälfte der Weltbestände, so stellte sich heraus, lagerte in China.

Zu diesen langfristigen Entwicklungen kamen noch die kurzfristigen
Einflüsse der Märkte hinzu. So wurden Maisvorräte durch den verstärkten Bedarf an Biokraftstoff aufgebraucht. Die Vereinigten Staaten verwandten 2007 mehr als ein Drittel ihrer Maisernte zur Produktion von
Ethanol für die Kraftfahrzeuge des Landes und zogen zudem noch Überschüsse von den Exportmärkten ab. Die Weizenernten litten unter Dürren, womöglich als Folge des Klimawandels. Wie dem auch sei, jedenfalls traf ein gravierender Niederschlagsmangel ausgerechnet die beiden
wichtigsten Exportländer. So sanken die australischen Exporte um 60
Prozent und die der Ukraine um 75, womit insbesondere die Nachfrage
nach Weizen aus den Vereinigten Staaten in die Höhe schoss.

Die Preise für Reis stiegen sogar noch stärker an als die für Mais und
Weizen. Weltweit hatte die Reiserzeugung über ein Jahrzehnt hinweg
stagniert; gleiches galt jedoch auch für den Konsum, da viele Asiaten inzwischen mehr Brot und Fleisch und weniger Reis verzehrten. Als aber
dann Ende 2007 die Brotpreise stiegen, kehrten viele wieder zum Reis
zurück, sodass auf einem ohnehin schon engen Markt plötzlich ein
Nachfragehoch herrschte. Zu allem Überfluss kletterte Mitte 2008 der
Preis für Rohöl auf nahezu 150 Dollar pro Barrel, was sich auf fast die
gesamte Kette der Nahrungsmittelerzeugung auswirkte, angefangen
vom Kunstdünger über Treibstoff für die landwirtschaftlichen Geräte
bis zum Transport der Nahrungsmittel zu den Märkten.

Im Juni 2008 fand bei der Ernährungs- und Landwirtschaftsorganisation der UNO in Rom ein Welternährungsgipfel statt. Zu diesem Zeitpunkt bezifferte der Internationale Währungsfonds den weltweiten
Preisanstieg für Nahrungsmittel seit 2007 auf 80 Prozent. Ebenso wie die
Weltbank machten die Staaten dafür hauptsächlich den Biokraftstoff
verantwortlich, da die Unruhe, die er auf dem Markt für Mais ausgelöst
hatte, auch auf andere Getreidearten übergegriffen habe. Doch es gab
Zweifel an dieser Theorie. Zwar war die internationale Nachfrage nach
Getreide erheblich angestiegen, doch zugleich hatte man im Jahr 2007
bei allen drei wichtigen Getreidesorten weltweit Rekordernten verzeich-

net. Mit 2,1 Milliarden Tonnen waren sie um 5 Prozent höher ausgefallen als die des Vorjahrs.

Deshalb schien es unwahrscheinlich, dass der extreme Preisanstieg allein durch Angebot und Nachfrage ausgelöst worden war. Gab es noch andere Faktoren, die minimale Preisschwankungen zu einer ausgewachsenen Krise aufgebläht hatten?

Robert Zoellick, Präsident der Weltbank, gab einem überholten Protektionismus die Schuld. Mit dem Ansteigen der Preise seien die wichtigsten getreideexportierenden Staaten wie Brasilien, Thailand, Vietnam, Pakistan und Indien verständlicherweise darauf bedacht gewesen, zunächst die eigene Bevölkerung zu versorgen und den Preisanstieg im eigenen Land zu verhindern. So schlossen sie ihre Häfen und stellten einen Teil ihrer Lebensmittelexporte ein, wodurch die Produkte auf dem internationalen Markt noch teurer wurden. In Zoellicks Augen war dies die schlimmstmögliche Reaktion. Die Welt brauche freiere Märkte.

Vorübergehend schien sich Zoellicks Analyse zu bestätigen. Die Getreideproduktion erreichte 2008 einen neuen Rekord, und in der zweiten Hälfte des Jahres sanken die Preise wieder auf ihr einstiges Niveau. Langzeitbeobachter der Rohstoffmärkte schlossen daraus rasch, dass die Entwicklung der Jahre 2007/08 ein Ausreißer gewesen sei, wie er sich nur einmal in einer Generation ereigne. Also bestehe kein Grund zur Sorge. Höhere Preise beförderten einen verstärkten Anbau von Nahrungsmitteln, die Märkte korrigierten sich selbst, und schon sei alles wieder in Ordnung. Auf einer Tagung zur Zukunft der Landwirtschaft im Juni 2010 in London, an der ich teilnahm, trug Ron Trostle vom amerikanischen Landwirtschaftsministerium die unter Experten verbreitete Ansicht vor, »diese Art von Preisspitze erleben wir nur einmal in ungefähr drei Jahrzehnten. Dass sich ein derartiger Anstieg konkret in den nächsten vier, fünf Jahren wiederholen wird, ist höchst unwahrscheinlich.« Etwa zur gleichen Zeit betonte der UN-Experte für den Nahrungsmittelhandel und stellvertretende Generaldirektor der Organisation für Landwirtschaft und Ernährung, Hafez Ghanem: »Die Märkte stehen, anders als in den Jahren 2007–2008, auf einer soliden Basis … Wir glauben nicht, dass wir auf eine neue Nahrungsmittelkrise zusteuern.« Doch gegen Ende des Jahres befanden sich die Preise erneut auf einem Höchststand.

Wenn die Märkte auf »einer soliden Basis« standen, was führte dann diese Krisen herbei? Vielleicht die Märkte selbst? Einige Ökonomen vertraten schon seit längerem die Ansicht, dass die von Zoellick zur Verhinderung von Preissteigerungen propagierten freien Märkte die eigentliche Ursache des Übels seien. Ihrer Meinung nach hatten Spekulationen in bedeutender Weise zu den Preisanstiegen des Jahres 2008 beigetragen. In einem Schreiben an den Kongress erklärte eine Gruppe von 18 führenden amerikanischen Ökonomen, die Deregulierung der Finanzmärkte habe »Marktteilnehmer, die an den gehandelten realen Waren keinerlei Interesse haben, zu extrem spekulativen Platzierungen ermutigt. Dies hat massive Preisausschläge zur Folge gehabt.«

Derartige Aussagen waren ein Sakrileg und sind es in vielerlei Hinsicht bis heute. Doch befragt man anstelle der Wirtschaftstheoretiker die Händler selbst, findet man ausreichend Hinweise, dass es Spekulanten waren, die eine Störung in der Angebot-Nachfrage-Relation in eine ausgewachsene Krise verwandelten – in eine Krise, die, wie der UN-Sonderbeauftragte für das Recht auf Ernährung, Olivier De Schutter, 2011 feststellte, weitere 40 Millionen Menschen zu chronischem Hungern verdammt hat.

Ein Untersuchungsbericht der Investmentbank Goldman Sachs kam im Jahr 2008 zu dem Ergebnis, dass »der verstärkte Kapitalfluss in Warengeschäfte zweifellos die Preise in die Höhe getrieben hat«. Allerdings war sie der Ansicht, dass Spekulanten die Ereignisse in der Realität nur vorwegnehmen. Für viele andere sah es hingegen so aus, dass Spekulanten diese Ereignisse eigentlich herbeiführten. Und für manche war das nicht mehr hinnehmbar. Im Sommer 2008 erklärte der Finanzmogul George Soros dem Magazin *Stern*, der Einfluss der Spekulanten auf die Preisentwicklung sei so, »als ob man in einer Hungerkrise heimlich Lebensmittel hortete, um mit den steigenden Preisen Profite zu machen«. Und vor dem US-Senat sagte der Hedgefonds-Manager Michael Masters etwa zur gleichen Zeit: »Es ist nicht wie bei Immobilien oder Aktien – wenn sich die Nahrungsmittelpreise verdoppeln, müssen Menschen hungern.«

Allmählich setzte sich eine neue Sicht auf die Dinge durch. Demnach waren die Warentermingeschäfte – einstmals ein eher profanes Mittel, um Landwirte mit Kapital auszustatten und die Preise stabil zu halten –

von Spekulanten der Finanzmärkte übernommen worden. Dabei hatten sie sich in eine gefährliche Bestie verwandelt, die Landwirte in den Ruin trieb und immer schlimmere Preisschwankungen auslöste. Dieselben Kräfte, die 2008 überall auf der Welt Banken in den Zusammenbruch getrieben hatten, erschütterten jetzt auch die Nahrungsmittelmärkte. Eins allerdings kam hier noch hinzu. Während sich die Bankenkrise verschärfte, griffen Investoren auf der Suche nach einem sicheren Hafen immer häufiger zu Rohstoffen und trieben 2010 auf diese Weise die Nahrungsmittelpreise noch weiter in die Höhe.

Dabei geht es hauptsächlich um Folgendes: Bis in die 1980er-Jahre basierte das Verhältnis zwischen Landwirten und Börsenhändlern auf gegenseitiger Unterstützung – so wie es sich anhand der Mitte des 19. Jahrhunderts an der Börse von Chicago entwickelten Warenterminkontrakte herausgebildet hatte. Doch die Deregulierung der Finanzgeschäfte höhlte diese Beziehung auf Gegenseitigkeit aus, denn nun wurden neue Finanzprodukte geschaffen, die es Spekulanten ermöglichten, sich ohne jedes Wissen über die Landwirtschaft oder den Nahrungsmittelhandel in das Geschäft mit Lebensmittelfutures zu stürzen. Es entstanden neue Finanzderivate, vergleichbar mit den Derivaten im Subprime-Hypothekengeschäft, dessen Kollaps die Finanzkrise des Jahres 2008 ausgelöst hatte.

Traditionelle Termingeschäfte sind natürlich selbst eine Art von Derivat. Die neuen Derivatformen aber kamen 1991 auf, als Goldman Sachs Rohstofffutures verschiedenster Art (von Kaffee und Mais bis zu Öl und Kupfer) zum Goldman-Sachs-Rohstoffindex zusammenfasste. Dann verkaufte die Bank Beteiligungen an den Indexfonds, womit die Investoren auf den zukünftigen Preis eines Portfolios von Rohstoffen wetteten. Die ersten Indexfonds erregten jahrelang kaum Aufmerksamkeit. Im Jahr 2005 trafen jedoch drei Faktoren zusammen, die sie für Investoren plötzlich äußerst attraktiv machten.

Erstens zogen die Nahrungsmittelpreise nach einer langen Phase des Sinkens plötzlich an. Zweitens dämmerte es den Anlegern, dass Investitionen in die anderen bei Spekulanten beliebten Derivatemärkte wie Subprime-Hypotheken vielleicht doch nicht so schlau waren. Und drittens legten maßgebliche Studien, während auf den Finanzmärkten zunehmend eine Atmosphäre der Unsicherheit herrschte, den Schluss nahe, dass in schlechten Zeiten Rohstoffe die sicherste Anlage seien. Dies war der Augenblick, schreibt der Autor Frederick Kaufman in der Zeitschrift *Harper's*, in dem die Rohstofffonds in die Höhe schnellten und sich die Blase zu bilden begann. Schon bald richtete sich der Preis von Nahrungsmittelterminkontrakten nicht mehr nach dem Verhältnis von Angebot und Nachfrage bei den Produkten selbst, sondern eher nach den Entwicklungen anderswo im Finanzsystem. Jeder, dem es um die Ernährung der Weltbevölkerung ging und nicht um den persönlichen Profit, sah darin eine Gefahr.

Zwischen 2005 und 2008 drängten sich zahllose Spekulanten in Rohstoffindexfonds, und in den wichtigen amerikanischen Märkten für Mais, Weizen und Reis wurden sie schon bald zum bestimmenden Faktor. Nach Schätzungen von Morgan Stanley hatte sich die Zahl der Mais-Termingeschäfte zwischen 2003 und 2008 verfünffacht. Der angesehene indische Wirtschaftswissenschaftler Jayati Gosh sagte später: »Gegen Ende 2006 ist vielen Finanzinstituten klargeworden, dass mit dem Immobilienmarkt der Vereinigten Staaten kein Geld mehr zu machen war.« Sie schwenkten um auf Rohstoffe und begannen so, die Preise in die Höhe zu treiben. Das, »was Ende 2006 noch ein Rinnsal war, wurde Anfang 2007 zu einer Flut«.

Während die Preise für Aktien, Immobilien und andere Arten der Generierung von Gewinn in der Kreditkrise des Jahres 2008 einbrachen, stiegen die der Rohstoffindexfonds weiter an, da immer mehr Investoren hereindrängten. Als die Regierungen der Vereinigten Staaten und Europas versuchten, das Weltbankensystem zu retten, indem sie frisches Geld hineinpumpten – um »Schlimmeres zu vermeiden« –, beschleunigte sich diese Entwicklung noch. Ein Großteil jenes Geldes wurde, wie wir heute wissen, auf direktem Wege in Rohstoffe investiert. 2003 flossen 13 Milliarden Dollar in Agrarrohstofffonds, 2008 schätzten viele Beobachter die Summe auf über 300 Milliarden Dollar.

In jenem Jahr berichtete Michael Masters dem US-Senat, dass zwei Drittel der Termingeschäfte von Spekulanten getätigt würden, die damit das System unterminierten. Lou Munden, dessen Munden Project komplexe Marktsysteme analysiert, sagt: »Preisspitzen sind ein Symptom für Kapitalüberschüsse. Was 2007 und 2008 geschehen ist, hing nur zu einem geringen Teil mit Angebot und Nachfrage auf den Nahrungsmittelmärkten zusammen. Vielmehr beruhte es darauf, dass so viele aus dem Hypothekenmarkt herauswollten und nach anderen Investitionsmöglichkeiten suchten.« Franz Fischler, früher Landwirtschaftskommissar der Europäischen Union, sagte mir später, seiner Schätzung nach habe der Handel mit Agrarderivaten das 15-fache Volumen der realen Agrarwirtschaft erreicht.»Das hat nichts mehr mit dem Futuresmarkt zu tun. Termingeschäfte brauchen wir. Das hier ist reine Spekulation.«

Die von Spekulanten gezahlten Preise für Nahrungsmittelfutures wirkten sich natürlich auf die realen Preise für auf dem Weltmarkt gehandelten Weizen, Reis und Mais aus. Doch noch im Jahr 2011 stritten viele Börsenmakler – zumindest öffentlich – einen derartigen Einfluss hartnäckig ab. Die UNCTAD, die UN-Welthandels- und Entwicklungskonferenz, vertrat allerdings eine andere Position. Im Juni 2011 hieß es dort, »die Finanzialisierung der Rohstoffmärkte« habe »die Preisentwicklung beschleunigt und nach oben getrieben«. Früher seien die Preise der Termingeschäfte an die realen Preise der Produkte gekoppelt gewesen, jetzt gestalte es sich umgekehrt.

Es dauerte nicht lange, da traten Kapitalismuskritiker mit dem Slogan an die Öffentlichkeit, die Wall Street befördere den Hunger auf der Welt. Deborah Doane, Leiterin des World Development Movement, warf der Finanzwelt 2011 bei dem Jahrestreffen der Barclays Bank vor: »Dass die Finanzmärkte auf Hunger spekulieren können, ist gefährlich, moralisch verwerflich und durch nichts zu rechtfertigen. Dem muss Einhalt geboten werden, ehe noch mehr Menschen leiden, damit die Banken ihre Gier befriedigen können.« Man braucht ihre düstere Einschätzung des Kapitalismus nicht unbedingt zu teilen, um zu erkennen, dass das System einer gewissen Regulierung bedarf, soll die Ernährung der Weltbevölkerung gesichert werden.

Doch um Missverständnissen vorzubeugen: Spekulation allein war nicht dafür verantwortlich, dass die Nahrungsmittelpreise in den letzten Jahren anzogen. Die Entwicklung begann mit einem Ungleichgewicht von Angebot und Nachfrage, hervorgerufen durch Dürren sowie den Biokraftstoffboom. Doch sowohl Börsenhändler als auch ihre schärfsten Kritiker sind sich darin einig, dass diese Preistendenz durch Spekulation massiv angeheizt wurde. Am entscheidensten dabei war, dass die neuartigen Terminmärkte für die Grundnahrungsmittel der Welt Instabilität erzeugten, während die Termingeschäfte der Vergangenheit, wie sie die Chicagoer Rohstoffbörse jahrzehntelang ermöglichte, für Stabilität gesorgt hatten.

In den Jahren 2010 und 2011 stiegen die Preise erneut sprunghaft an. Durch Hitzewellen und Flächenbrände in Russlands Getreidegürtel ging die Weizenernte um 40 Prozent zurück. In den USA und Kanada bedrohten Regenfälle und Tornados die Weizenproduktion, in Argentinien und Brasilien wurde sie von La Niña beeinträchtigt. Doch auch diese ohnehin schon prekäre Situation wurde durch zügellose Spekulation noch weiter verschlimmert. Nachdem der Chef der US-Notenbank, Ben Bernanke im November 2010 zur »Vermeidung von Schlimmerem« weitere 600 Milliarden Dollar in die Wirtschaft seines Landes gepumpt hatte, berichtete die Investmentbank Barclays Capital, Investoren würden in der Hoffnung, bei steigenden Preisen größere Profite zu erzielen, Rekordsummen in Indexfonds verschieben. Allein in den USA belief sich die Gesamtsumme dieser Investitionen Berichten zufolge auf über 400 Milliarden Dollar. Die Blase schwoll an. In der realen Welt waren die Preise Mitte 2011 gegenüber dem vorangegangenen Mai deutlich angestiegen, und zwar bei Weizen um 98 Prozent, bei Rindfleisch um 32 Prozent, bei Zucker um 48 Prozent, bei Kakao um 80 Prozent, bei Speiseöl um 53 Prozent und bei Reis um 33 Prozent. Seit 2004 hatten sich die Nahrungsmittelpreise insgesamt verdreifacht.

Zweifellos läuft hier etwas gründlich schief. Das System des Kaufens und Verkaufens von Nahrungsmittelfutures führt nicht mehr dazu, die Preise zu stabilisieren. Vielmehr erzeugt es Preisunsicherheit und die Art von Preisspitzen, die unter den Armen dieser Welt zu Hungersnöten führen. Spekulanten sind nicht länger das Öl im Getriebe der Welternährung, sondern die Ursache dafür, dass eine Entwicklung außer Kontrolle geraten ist. Die weltweite Bankenkrise war schon schlimm genug. Ein vergleichbarer Zusammenbruch der Nahrungsmittelmärkte könnte für die Armen noch weit verheerendere Folgen haben. Hunderte Millionen von Menschen auf der ganzen Welt geben den Großteil ihres Geldes für Lebensmittel aus. Wie Masters sagte: Wenn die Nahrungsmittelmärkte kollabieren, hungern Menschen.

In diesem Buch geht es um Landnahme, nicht um die Mechanismen der Nahrungsmittelmärkte. Doch wie wir sehen werden, führt die Spekulation mit Nahrungsmitteln inzwischen zur Spekulation mit dem urbaren Land, das geeignet ist, die Produktion dieser Nahrungsmittel zu sichern. Welchen Schaden wird die Spekulation hier anrichten?

3

SAUDI-ARABIEN

Petrodollars untergepflügt

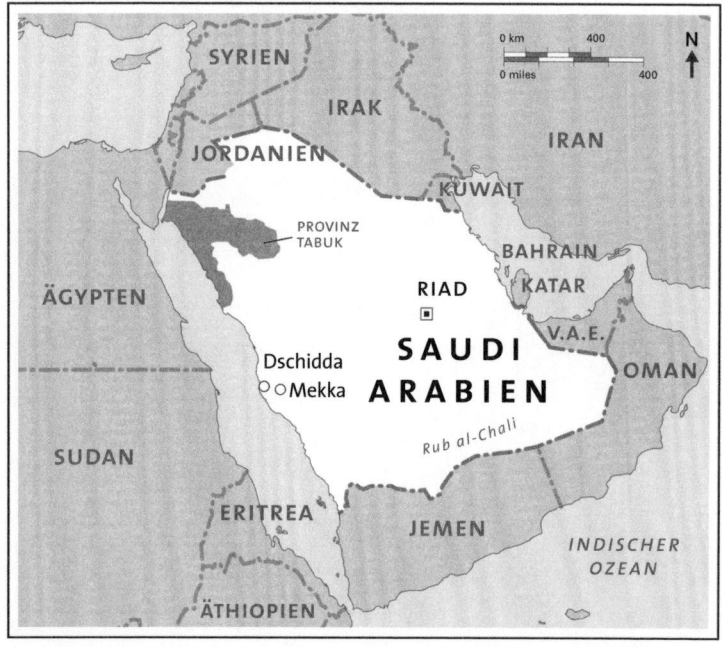

Fliegt man heute über Saudi-Arabien, sieht man im Wüstensand große grüne Kreise, die vor 30 Jahren noch nicht da waren. Diese geometrischen Oasen sind im Rahmen eines 40 Milliarden Dollar teuren staatlichen Programms zur Gründung von Megafarmen für den Anbau von Weizen, Obst und Futterpflanzen von Menschen angelegt worden. Schaut man genauer hin, erkennt man vielleicht auch die überdimensionalen Ställe in der Wüste, in denen Zehntausende Rinder gehalten werden.

Auf der Hochebene im Nordwesten des Landes, die sich von Tabuk aus nach Südosten erstreckt, fallen durchschnittlich nur 6 Zentimeter Regen im Jahr. Dennoch gibt es hier unendlich weite Weizenfelder, die ihre Besitzer richtig reich machen. Die mit 36.000 Hektar – etwa der Fläche Münchens – größte Farm befindet sich im Besitz der Tabuk Agricultural Development Company (TADCO). Deren Bewässerungspumpen holen pro Jahr bis zu 1 Kubikkilometer Wasser aus den Schichten unter dem Sand.

TADCO gehört zum ausgedehnten Wirtschaftsimperium der Brüder al-Rajhi – Sulaiman, Saleh, Abdullah und Mohammed. Wie *The Economist* schrieb, haben sie »ein Vermögen mit Geldgeschäften gemacht und ein weiteres mit Landwirtschaft«. Alle vier wurden Milliardäre, indem sie Wechselstuben für Gastarbeiter in Saudi-Arabien zur größten islamischen Bank der Welt, der Al Rajhi Bank ausbauten. Anschließend profitierten sie von dem Aufschwung im Getreideanbau der 1980er-Jahre, durch den Saudi-Arabien eine Zeit lang von Weizenimporten unabhängig war.

Aber die Saudis leben nicht von Brot allein. Der andere wichtige Zweig ihrer heimischen Landwirtschaft ist die Milchproduktion. In der Wüste Kühe zu halten erscheint noch befremdlicher als der Anbau von Weizen. Doch im Zentrum des Landes, nahe der Hauptstadt Riad, gründete der verstorbene Prinz Abdullah al-Faisal, der älteste Sohn des ehemaligen Königs Faisal, 1979 den größten Milchviehbetrieb der Welt. Im Herzen der Al-Safi-Farm stehen sechs riesige Ställe, in denen 30.000 Holsteinische Kühe aus Europa etwa 160 Millionen Liter Milch pro Jahr liefern. Verkauft wird diese Milch unter der Marke Danone. Um die Produktivität der Tiere zu erhalten, werden sie durch einen ständig zirkulierende Sprühnebelanlage gekühlt. Die Ställe sind umgeben von Feldern mit einer Fläche von 3000 Hektar, auf denen Dutzende jeweils bis zu einem halben Kilometer lange Sprinkleranlagen Luzerne, Hirse und Gras als Futterpflanzen für die Kühe bewässern. Auch hierbei werden ungeheure Mengen Wasser verbraucht, das aus einer Tiefe von 2000 Metern unter dem Sand hochgepumpt wird.

Nicht weit entfernt befinden sich fünf Milchfarmen mit 36.000 Kühen, unterhalten von Almarai, einem Lebensmittelkonzern, der ebenfalls der saudischen Königsfamilie gehört. Dieser Gigant wurde 1976 von dem Rennpferdzüchter Prinz Sultan bin Mohammed bin Saud al Kabeer gemeinsam mit einem schillernden irischen Magnaten der Milchwirtschaft namens Alastair McGuckian gegründet. McGuckian, ein jovialer Mann und Klavierspieler, arbeitet nur noch in Altersteilzeit, lebt wieder in Dublin und schreibt heute Musicals. Er steht aber immer noch an der Spitze eines landwirtschaftlichen Imperiums, das sich von den Sümpfen Irlands über Deutschland, Großbritannien, Rumänien, Russland, Ägypten, Thailand und die USA bis nach China und Sambia erstreckt, wo er Tagetes anbaut. Doch sein Unternehmen mitten im singenden saudischen Sand ist nach wie vor sein größtes.

Landwirtschaft in der Wüste zu betreiben grenzt an Wahnsinn, insbesondere in Regionen, in denen Temperaturen von über 40 Grad herrschen, im Umkreis von Hunderten Kilometern kein Fluss vorhanden und Wasser erst mehr als 1 Kilometer tief unter der Erde zu finden ist. Der technische Wagemut, mit dem dieses Lebenselixier gefördert wird, ist atemberaubend, aber den Saudis wird allmählich bewusst, dass es so nicht weitergehen kann. Der Traum, mithilfe ihrer Petrodollar eine unabhängige Ernährungsversorgung zu etablieren, ist zum Scheitern verurteilt. Sie werden in Zukunft Nahrungsmittel importieren müssen. Dies hörte ich jedenfalls bei einem Kongress über die sich wandelnde Einstellung des Landes zum Wasser, der 2009 im Hilton von Dschidda stattfand. Auf den ersten Blick wirkte dort alles normal – zumindest für die Wirtschaftshauptstadt eines superreichen Öl-Königreichs. Blumen und Brunnen schmückten den Innenhof, Aufzüge im Stil der 1990er-Jahre fuhren in Glasschächten auf und ab, und vor dem Hotel entstiegen den Limousinen Minister und Industrielle. Nicht weit entfernt produzierte eine Entsalzungsanlage aus dem Wasser des Roten Meers Trinkwasser für die Stadt.

Die Saudis sind durch die Ölvorkommen in ihrem Land ungeheuer reich geworden und haben sich an den Gedanken gewöhnt, dass sie mit ihren Petrodollars alles kaufen können. Allerdings wird ihnen allmählich klar, dass all ihr Reichtum ihnen nichts nützt, wenn sie nichts zu essen haben; und dass dies – auch wenn die Tische bei der Konferenz von französischen, persischen, amerikanischen und arabischen Gerichten überquollen – zu einer immer größeren Bedrohung wird. »Wenn wir wollen, dass unsere Enkel so leben können wie wir, müssen wir jetzt etwas ändern, sonst wird es uns in 50 Jahren so gehen wie manchem afrikanischen Land, und wir sind gezwungen, um Hilfe zu bitten«, sagte mir Adil Buschnak, ein ehemaliges Mitglied des Obersten Wirtschaftsrats Saudi-Arabiens, während einer Konferenzsitzung, die ich moderierte.

Die Wüstenfarmen sind eindrucksvolle Monumente der nicht nachhaltigen Landwirtschaft des 20. Jahrhunderts. Sie entstanden nach der Ölkrise des Jahres 1973, als die OPEC-Länder, allen voran Saudi-Arabien, die Abnehmerländer erpressten, was überall auf der Welt zu Treibstoffrationierungen und Schlangen an den Tankstellen führte. In ihrem wachsenden Zorn drohten die Vereinigten Staaten, als Vergeltung die Lebensmittellieferungen einzustellen. Aber die OPEC konnte sich durchsetzen und schränkte die Öllieferungen ein. Seither zahlen wir alle höhere Ölpreise. Später nahmen sich die Saudis die amerikanische Drohung zu Herzen und begannen, sich mithilfe des neuen, aus den Öleinnahmen entstandenen enormen Reichtums gegen jedes zukünftige Lebensmittelembargo zu wappnen, indem sie die Wüste bewirtschafteten. Aber auch die Saudis können die Felder nicht mit Meerwasser bewässern, und so zapfen sie unterirdische Wasserreservoirs unter dem Wüstensand an.

In den 1990er-Jahren war Saudi-Arabien, nachdem es 85 Milliarden Dollar investiert hatte, der größte Weizenexporteur der Welt. Wie die Milchwirtschaft, so war auch der Weizenanbau weitgehend subventioniert. Der finanzielle Profit war gar nicht das Ziel: Der Staat zahlte seinen Farmern das Fünffache des Weltmarktpreises für ihren Weizen, und zwar nicht nur für den Eigenbedarf des Landes, sondern für die gesamte Ernte. Riad verlangte nichts für das Wasser, das aus dem Boden unter der Wüste gepumpt, und fast nichts für den Treibstoff, der für die Pumpen gebraucht wurde. Das Resultat dieses großzügigen Geldregens waren zwar gefüllte Kornspeicher, aber auch eine ungeheure Ineffizienz, nicht zuletzt bei der Bewässerung. Pro Tonne Weizen wurden zwischen 3000 und 6000 Tonnen Wasser verbraucht – drei- bis sechsmal so viel wie im Weltdurchschnitt.

Warum dieser hydrologische Wahnsinn? Die Saudis meinten, verschwenderisch mit dem Wasser umgehen zu können, weil sich unter der arabischen Wüste eins der größten unterirdischen Wasserreservoirs der

Welt befand. Als man Ende der 1970er-Jahre mit dem Anzapfen dieser Quelle begann, enthielten die Poren des Sandsteins etwa 500 Kubikkilometer Wasser, was etwa dem zehnfachen Volumen des Bodensees entspricht. Das Wasser war in der letzten Eiszeit, als es im heutigen Arabien noch häufig regnete, in die unteren Schichten gesickert. Es wird sich also ebenso wenig erneuern wie das saudische Öl und irgendwann zur Neige gehen. Dieser Zeitpunkt wird bald gekommen sein. In den letzten Jahren haben die Saudis etwa 20 Kubikkilometer Wasser pro Jahr aus den unterirdischen Reservoirs gepumpt. Hydrologen schätzen, dass nur noch ein Fünftel der ursprünglichen Reserven übrig ist und dieses noch vor dem Ende des jetzigen Jahrzehnts aufgebraucht sein wird.

Es dauerte Jahre, bis dies erkannt wurde. Erst 2008 kündigte die saudische Regierung an, die Subventionen für Weizen einzustellen und bis 2016 die gesamte Produktion auslaufen zu lassen. Dann werde Weizen für das saudische Brot importiert. Die Kuhställe sollten zwar erhalten bleiben, aber die Tiere würden zur Senkung des Wasserverbrauchs Importfutter bekommen. Doch gerade als die Saudis ihr offizielles Ziel der Nahrungsmittelautarkie aufgegeben hatten, kam es zur ersten Preisspitze an den Nahrungsmittelmärkten. Ein bisschen Teuerung dort konnte die Saudis nicht schrecken. Nahezu jeder Weltmarktpreis für Getreide war günstiger als der Anbau im eigenen Land. Angst bekamen sie erst, als ihre wichtigsten Lieferländer den Export einstellten, um ihre eigenen Verbraucher zu schützen. Schließlich war dies der Albtraum gewesen, der die Saudis vor allem anderen dazu bewogen hatte, sich um Autarkie zu bemühen.

Da sich Saudi-Arabien also nicht selbst ernähren konnte und auch nicht von den internationalen Nahrungsmittelmärkten abhängig sein wollte, zog man Plan C aus der Schublade. Im Rahmen der »King Abdullah Initiative for Saudi Agricultural Investment Abroad«, eines Programms, das nach der weltweiten Lebensmittelkrise im Jahr 2008 aufgelegt wurde, kauften die Scheichs im Ausland Grund und Boden zum Bewirtschaften. Der König berief die Milliardäre seines Landes aus dem Agribusiness ein, darunter auch die Brüder al-Rajhi und eine Anzahl von Prinzen aus dem Königshaus, und bot ihnen die Schaffung einer Reihe gewaltiger Konsortien an, die im Ausland Agrarflächen ausfindig machen und bewirtschaften und die Produkte nach Saudi-Arabien liefern sollten. Bald hatte das Handelsministerium 27 Länder auf der Liste, die möglicherweise saudische Investitionen in ihre Landwirtschaft willkommen heißen würden. Das Ministerium für Landwirtschaft und Wasserwirtschaft ebnete den Weg für diplomatische Kontakte, der Saudi Industrial Development Fund gewährte Kredite, und die Regierung legte 800 Millionen Dollar auf den Tisch.

Für alle, die durch die Ausbeutung der Wasserreserven des Landes reich geworden waren, nun aber mit ihren Farmen auf dem Trockenen saßen, war dies von Allah geschicktes Manna. Indem sie sich an einer subventionierten weltweiten Landnahme beteiligten, konnten sie ihre Profite verdoppeln. Prinz Sultan al Kabeer etwa, der in der Wüste Vieh hielt, schloss mit dem Sudan einen Pachtvertrag für 8900 Hektar bewässerter Fläche an den Ufern des Nil nördlich von Khartum, um dort Weizen anzubauen. Unterdessen übernahm sein Rivale in der Milchwirtschaft und Geschäftsführer von TADCO, Mohammed al-Rajhi, die Leitung zweier vom Königshaus unterstützter Landnahme-Konsortien: die Firma Jannat Agricultural Investment, die in Ägypten und dem Sudan 215.000 Hektar Land für den Weizenanbau suchen und pachten sollte, und für Far East Agricultural Investment, ein Unternehmen, das Ende 2010 in Kambodscha, Vietnam, Pakistan und auf den Philippinen Land für den Reisanbau pachtete.

Saudi-Arabien ist weltweit der zweitgrößte Reisimporteur. Seit Indien und Pakistan im Jahr 2008 die Exporte reduziert haben, steht die Sicherung der Reisvorräte bei den Saudis ganz oben auf der Tagesordnung, und die Mehrzahl ihrer Landnahmen – meist in muslimischen Bruderländern in Asien und Nordafrika – dient dem Anbau dieses Getreides.

Gelegentlich stoßen die Landnahmen vor Ort auf Akzeptanz. Auf den Philippinen mit seiner mehrheitlich katholischen Bevölkerung nistete sich das Unternehmen des Reisjägers al-Rajhi, Far East Agricultural Investment, auf der vorwiegend muslimischen Insel Mindanao ein, die zwar arm, aber reich an fruchtbaren Böden ist – und rebellisch: Ein Teil der Insel wird von der Moro Islamischen Befreiungsfront (Moro Islamic Liberation Front, M.I.L.F) kontrolliert. Al-Rajhi gewann lokale Stammesführer für ein Programm zum Anbau von Reis, Ananas, Bananen und Mais auf bis zu 78.000 Hektar Gemeindeland auf Mindanao. Die entsprechenden Abkommen wurden nicht nur von der Regierung in Manila gebilligt, sondern auch vom Anführer der Befreiungsfront. Weit entfernt davon, sich den Landnahmen durch Ausländer zu widersetzen, unterstützte er den Handel sogar, »weil er mit unseren muslimischen Brüdern geschlossen wurde«.

Aber nicht immer geht es so leicht. Die Bin Laden Group – ein seit 80 Jahren bestehender Familienkonzern mit einem berüchtigten schwarzen Schaf – stand an der Spitze eines Konsortiums, das in der indonesischen Provinz Papua auf einer halben Million Hektar Reis anbauen wollte. Die Provinzverwaltung trat mit einem Schlag ein Drittel des 5 Milliarden Dollar schweren Megaprojekts der indonesischen Regierung mit Namen Merauke Integrated Food and Energy Estate an die Saudis ab. Aber im Gegensatz zum muslimischen Indonesien ist Papua größtenteils andersgläubig. Mitte des Jahres 2010 wurde das Merauke-Projekt von seinem Direktor auf Eis gelegt, weil sich lokale animistische Stämme und Christen dagegen zur Wehr setzten. Sie waren nicht bereit, ihr Land Muslimen zu überlassen, seien sie aus Jakarta oder aus Dschidda.

Auf die Bin Laden Group geht auch der Plan zurück, in Afrika Reis anzubauen. Der andere wichtige Hintermann ist Scheich Saleh Kamel, ein altgedienter saudischer Milliardär und Inhaber einer Satelliten-TV-Kette. Das AgroGlobe-Projekt hat sich zum Ziel gesetzt, innerhalb von sieben Jahren auf 700.000 Hektar bewässertem Land in den westafrikanischen muslimischen Staaten Mali, Senegal, Sudan, Mauretanien und Niger sowie im Norden Nigerias 7 Millionen Tonnen Reis zu produzieren. Es will thailändische Experten für dieses Vorhaben gewinnen, die den Westafrikanern helfen sollen, ihre Reisimporte zu reduzieren und zugleich die Saudis zu beliefern. Doch auch diese Pläne scheinen in den Gastgeberländern zu innenpolitischen Auseinandersetzungen zu führen.

Die senegalesische Regierung ist allerdings höchst angetan: »Wir bieten Saudi-Arabien 400.000 Hektar landwirtschaftlich nutzbare Fläche«, sagte ein höherer Beamter Ende 2010. Der Großteil dieses Lands liegt an den Ufern des Flusses Senegal, der das Wasser für den trockenen Boden liefern wird. Die Verträge sehen vor, dass 70 Prozent der Reisernte für die Saudis bestimmt sind und nur 30 Prozent für die Bewohner vor Ort.

So handelt es sich hier sowohl um eine Wasser- als auch um eine Landnahme. Laut Aussage der Regierung haben die Reisbauern dort »keine
Probleme mit diesen Pachtverträgen«. In Wirklichkeit aber wehren sich
die alteingesessenen Bauern dagegen, und die Viehhalter aus der Gegend werden ihre in der Trockenzeit lebenswichtigen Weidegründe am
Fluss verlieren.

Auch im benachbarten Mauretanien könnten die saudischen Reis-
konzerne, denen der Präsident 40.000 Hektar Land an den nördlichen
Ufern des Senegal zugesagt hat, auf empörte Ablehnung stoßen. Vor
über 20 Jahren gab es, angeführt von den Korangelehrten und Groß-
grundbesitzern, die den unzugänglichen saharischen Staat beherrschten,
ein Progrom gegen die in diesem Gebiet lebenden schwarzen Mauretanier. Zum Zeitpunkt der Verfolgung befand sich das Land im Krieg gegen den Senegal, ausgelöst durch einen Streit über Weiderechte an den
Ufern des gleichnamigen Flusses. Hunderte starben in diesem Krieg,
und etwa 100.000 schwarze Mauretanier flohen in den Senegal. Von denen, die seither nach und nach zurückgekehrt sind, mussten viele feststellen, dass ihr angestammtes Land inzwischen für den Anbau von
Nassreis genutzt wurde. Gegenwärtig sieht es so aus, als würden die
schwarzen Mauretanier weiteres Land an die Saudis verlieren.

Wie groß die Macht der saudischen Landnehmer in muslimischen
Bruderländern ist, konnte man bei einer seltsamen Zeremonie im Palast
König Abdullahs in Mekka im September 2010 sehen, in deren Mittelpunkt der König selbst stand, aber auch der Generaldirektor der Ernäh-
rungs- und Landwirtschaftsorganisation der Vereinten Nationen, der
senegalesische Diplomat Jacques Diouf. Noch ein Jahr zuvor hatte dieser die internationalen Landnahmen als »Neokolonialismus« gebrand-
markt, und jetzt verlieh er dem saudischen König, dem Obersten Landnehmer, in Mekka die Agricola-Medaille der FAO »in Anerkennung
seines Beitrags zur Verbesserung der weltweiten Ernährungssicherung« –
ein schmachvolles Einknicken des höchsten Vertreters der Welternäh-
rungsorganisation.

Saudi-Arabien ist nicht der einzige Petro-Staat am Golf, und die anderen superreichen Ölländer waren von der Preisspitze auf den Nahrungsmittelmärkten genauso entsetzt wie die Saudis. Sie haben alle denselben

dreifachen Schock erlebt: eine sprunghaft angestiegene Nachfrage durch die Millionen ausländischer Arbeitskräfte, die eine Verdoppelung ihrer Bevölkerung bis 2030 erwarten lassen; das Schwinden ihrer Wasserreserven, das eine heimische Nahrungsmittelproduktion unmöglich macht; und den Verlust des Vertrauens in die Fähigkeit der Weltmärkte, die zukünftige Ernährung zu gewährleisten.

So gingen sie wie die saudischen Scheichs auf Einkaufstour, um sich Ackerland zu sichern, und forderten ihre muslimischen Bruderstaaten auf, ihre Grenzen für Landnehmer vom Golf zu öffnen. Ende 2009 wurde geschätzt, dass ein Drittel der Flächen, die von ärmeren Ländern verkauft, verpachtet oder ausländischen Interessenten angeboten wurden, an Saudi-Arabien und die anderen Golfstaaten gingen.

Die Vereinigten Arabischen Emirate (VAE), eine Föderation von sieben Golf-Emiraten mit Abu Dhabi und Dubai an der Spitze, übernahmen die Führung. Laut eigenen Angaben aus dem Jahr 2008 erwarb des größte Private-Equity-Unternehmen am Golf, Abraaj Capital mit Sitz in Dubai, 320.000 Hektar »brachliegendes« Ackerland in den pakistanischen Provinzen Punjab, Sindh und Belutschistan, um Reis und Weizen anzubauen. Im Punjab, der Kornkammer Pakistans, sicherten sich unter anderem auch die Emirates Investment Group, ein Privatunternehmen aus dem Emirat Schardscha, und die Al Qudra Holding mit Sitz in Abu Dhabi Landflächen. Die Umsetzung auch nur eines Bruchteils dieser Vorhaben hätte für die pakistanische Kleinbauern katastrophale Folgen, denn die meisten von ihnen bewirtschaften Pachtland feudaler Familien mit ausgedehntem Grundbesitz, die sowohl die Politik als auch das Militär in Pakistan beherrschen. Die Bauern werden die Kontrolle über ihre Landparzellen verlieren und auf den neuen mechanisierten Farmen wahrscheinlich nicht einmal geregelte Arbeit finden. Laut Aussage von Vertretern der Vereinigten Arabischen Emirate erwarben ihre Unternehmen außerdem 280.000 Hektar im Sudan – praktisch kostenlos und unter der einzigen Bedingung, dass sie dort Investitionen tätigen. Doch wie in Pakistan bleiben die Einzelheiten solcher Vereinbarungen unklar. Es gab viele Versprechen und Zusagen, doch konkrete Projekte werden in den Verlautbarungen nur selten beschrieben, und noch seltener sieht man Aktivitäten vor Ort.

Andere Golfstaaten waren fast ebenso rührig. Dem Beispiel der Saudis folgend schloss die kuwaitische Regierung in südostasiatischen Ländern wie den Philippinen, Burma, Laos und Kambodscha Verträge zum Anbau von Reis. Doch am eifrigsten war der kleine, auf einer Halbinsel liegende Staat Katar. Je mehr ich über dessen Aktivitäten im Landhandel der Welt erfuhr, desto außergewöhnlicher erschienen sie mir. Katar ist einzigartig auf unserem Planeten, und seine Arme reichen überallhin.

Katar ist eine kleine Wüstenhalbinsel, die wie ein Daumen von Saudi-Arabien aus in den Persischen Golf hineinragt. Es ist nur gut halb so groß wie Hessen und hat weniger Einwohner als Hamburg. Bis zum Ausbau der Ölförderung in den 1950er-Jahren war es nur eine arme Gemeinde von Perlentauchern. Dann folgte die Entdeckung ausgedehnter Gasvorkommen unmittelbar vor der Küste, und heute ist Katar der weltweit größte Exporteur von Erdgas (250 Milliarden Kubikmeter pro Jahr). Selbst für Golfstaaten-Verhältnisse ist es ein superreiches Land. Die 800.000 Beschäftigten haben das höchste Durchschnittseinkommen und den größten CO_2-Ausstoß pro Kopf. Die Hauptstadt Doha hat den Ehrgeiz, zu einem zweiten Dubai zu werden.

Katar ist eine absolute Monarchie und wird seit mehr als einem Jahrhundert von der Al-Thani-Familie beherrscht, einem ursprünglich aus Arabien kommenden Beduinenclan. Der gegenwärtige allmächtige Emir, Scheich Hamad bin Chalifa Al Thani, stürzte seinen Vater 1995 durch eine Palastrevolution. Später sicherte er seine Macht, indem er einen Cousin unter dem Vorwurf, mit einer Milliarde Dollar aus der Staatskasse in den Kunstauktionshäusern der Welt auf Einkaufstour gegangen zu sein, hinter Gitter steckte. Der Emir, eine seltsame Mischung aus Modernität und Traditionsbewusstsein, finanziert den TV-Sender Al-Dschasira, der das Feuer des Arabischen Frühlings zu entfachen half, und kaufte sich die Stimmen für die Wahl Katars zum Austragungsort der Fußballweltmeisterschaft im Jahr 2022. Im Augenblick versucht er, Manchester United, den reichsten Fußballklub der Welt, zu übernehmen.

Niemand weiß so recht, wo der Reichtum des Staats endet und der des Emirs beginnt. Vorerst läuft beides auf dasselbe hinaus. Und Katar gibt dieses Geld in einer Weise überall in der Welt aus, wie man es von keinem anderen derart kleinen Land kennt. Im Jahr 2011 tätigte es die weltweit größten Investitionen auf den ausländischen Immobilien-

märkten, vorwiegend in Städten. So kaufte Katar in London das Nobel-
kaufhaus Harrods und das einstige Gebäude der US-Botschaft am Gros-
venor Square, übernahm die milliardenteure Neubebauung des Geländes der ehemaligen Chelsea-Kasernen und baute Europas größten
Wolkenkratzer, den »Shard of Glass« bei der London Bridge. Darüber
hinaus besitzt es fast die Hälfte des Wirtschaftszentrums Canary Wharf
in den ehemaligen Docks von London.

Bei alledem fehlt es nicht an Geld für Ackerland. Für die Landnahme
bedient sich der Emir eines Unternehmens namens Hassad Food, dem
landwirtschaftlichen Zweig der Qatar Investment Authority (Investi-
tionsbehörde) und somit praktisch Eigentum des Emirs. Hassad Food
hat Verträge zur Bodennutzung mit Vietnam, Kambodscha, Usbekistan,
dem Senegal, Kenia, Argentinien, der Ukraine und der Türkei geschlossen, ist an Viehfarmen in Tadschikistan beteiligt und kaufte in drei
australischen Bundesstaaten Schaffarmen mit einer Gesamtfläche von
150.000 Hektar. In Brasilien arbeitet das Unternehmen an einem Programm zur Erzeugung von 25 Millionen Tonnen Zucker pro Jahr sowie
einem Geflügelprojekt, das den Großteil des katarischen Bedarfs an
Hühnern und Eiern decken soll. Nach eigenen Angaben hat sich Hassad
Food 100.000 Hektar Land für den Anbau von Reis auf den Philippinen
gesichert. Eine Zeit lang versprach die katarische Regierung Kenia den
eine Milliarde Dollar teuren Bau eines Frachthafens auf der vor der Küste gelegenen Insel Lamu im Gegenzug für 40.000 Hektar bewässerungs-
fähiges Land im nahegelegenen Delta des Flusses Tana, ein Vorhaben,
das inzwischen jedoch wieder vom Tisch zu sein scheint.

All das geschieht in erstaunlichem Tempo. Ohne es konkret sagen zu
können, ist zu vermuten, dass die Gesamtfläche an Boden, über die Katar im Ausland verfügt, größer ist als das Land selbst. Und obwohl manche Projekte – wie auch etliche der Saudis und der Vereinigten Arabischen Emirate – wahrscheinlich nie umgesetzt werden, scheinen die
Al-Thanis ganz erpicht darauf, für sie ihre Schatzkiste zu öffnen.

Für diese arabische Freigiebigkeit finden sich zahlreiche Abnehmer. So
herrscht ein reger Flugverkehr von führenden Persönlichkeiten aus aller Welt an den Golf, die Land gegen Investitionen bieten. Der indonesische Landwirtschaftsminister Suswono warb 2010 bei den Golfstaaten

mit 7,7 Millionen Hektar »schlafender Böden« für Investitionen in die
Landwirtschaft. Der altgediente Ministerpräsident von Sarawak, dem
malaysischen Bundesstaat auf der Insel Borneo, begab sich auf die Suche
nach Investoren für sein »Halal-Zentrum«, das sind 77.000 Hektar einstigen Regenwalds, die von einem taiwanesischen Unternehmen für ihn
in Farmland umgewandelt wurden. Abdul Taib Mahmud, der so alt ist,
dass er sich noch an die Landung der Japaner auf Borneo im Zweiten
Weltkrieg erinnern kann, ließ sich durch Ängste vor einer neuen Invasion nicht abschrecken. Er flog nach Bahrain und kehrte mit der Zusage von einer Milliarde Dollar von Perigon Advisory zurück, einem Investmentfonds, der seinen Sitz in dem Inselstaat hat.

Im Jahr 2009 hatte es zeitweise den Anschein, als bekämen die Investoren vom Golf kalte Füße. Damals führte die Kreditklemme zu der
Schuldenkrise, die beinahe das sichtbarste Symbol für den Reichtum der
Region mit sich gerissen hätte, die Megastadt Dubai in der Wüste. Manche Geschäfte wurden stillschweigend auf Eis gelegt oder ganz fallenge-
lassen. Im Jahr 2008 hatte Abu Dhabis Al Qudra Holding angekündigt,
in einer Vielzahl von Ländern von Australien bis Eritrea, von Kroatien
bis Thailand und von der Ukraine bis nach Pakistan 400.000 Hektar
Land zu erwerben. Die ersten Erträge würden, so CEO Mahmood Ebra-
him Al Mahmood, 2011 auf den Weg in das arabische Land geschickt
werden. Doch in jenem Jahr sah man weder Land noch Erzeugnisse.
Desgleichen nirgendwo eine Spur von Katars Plan, die riesige Kollurkar-
Farm der pakistanischen Regierung im Punjab zu kaufen, womit laut
Aussagen von Bauernführern die Umsiedlung von 25.000 Menschen
verbunden gewesen wäre.

Eckart Woertz, Chef-Ökonom des Gulf Research Centers, einer privat finanzierten Denkfabrik in Dubai, sagte im Juni 2010: »Im Jahr 2008
waren Investitionen in Ackerland angesagt, aber man ist weit davon entfernt, tatsächlich Land für die Bewirtschaftung zu erschließen und politische Meinungsverschiedenheiten zu überwinden.« Häufig fehlte es an
landwirtschaftlicher Kompetenz. Die Investoren saßen mit ihren Geld-
bündeln in den Büros, hatten aber keinen Agraringenieur auf ihrer Gehaltsliste und keine Ahnung, was sie mit dem Land anfangen sollten.

Aber angesichts der Nahrungsmittelpreise erwachte die Begeisterung für Landnahmen Ende 2010 zu neuem Leben. Es gab weitere voll-

mundige Ankündigungen, allen voran die Abu Dhabi Declaration on Food Security for Gulf Cooperation Council Countries. Und zumindest einige Investoren zückten erneut ihre Scheckbücher. Gleichzeitig sah man Anzeichen für eine ungewohnt realistische Haltung – die Geldgeber bemühten sich um die Fachleute, die nötig waren, sollten ihre Wunschträume Wirklichkeit werden.

So wandte man sich beispielsweise an Ägypten. Im Jahr 2010 floss Geld vom Golf in den Sudan, um Ägypter ins Land zu holen, die das große, aber verwahrloste, von den Briten in den 1920er-Jahren gebaute Dschezira-Bewässerungsprojekt wieder in Schuss bringen sollten. In der Dschezira-Ebene, in der Nähe des Zusammenflusses von Blauem und Weißem Nil, werden nun auf einer Million Hektar fruchtbarem Schwemmland Baumwolle, Hirse, Weizen und Erdnüsse angebaut. Ein paar Wochen später führten Khartum und Islamabad Gespräche über die Entsendung von pakistanischen Landarbeitern zur Bewirtschaftung der neuen Farmen.

Schließlich verhandelten die Investoren auch mit den Amerikanern. Die Pharos Finance Group, ein Hedgefonds mit Sitz in Dubai, bezahlt einem amerikanischen Schweinezüchter an die 100 Millionen Dollar, damit er aus einem Gebiet in Tansania einen Ableger des amerikanischen Mittelwestens macht. Bruce Rastetter will sich mit einem über 99 Jahre laufenden Pachtvertrag drei riesige Flüchtlingscamps im Südwesten des Landes sichern, die während der schrecklichen Konflikte in Zentralafrika wie dem Massaker in Ruanda im Jahr 1994 errichtet worden waren. Ende 2011 räumte die tansanische Regierung das erste Lager, das 25.000 Hektar große Lugufu Camp, in dem 100.000 Menschen untergebracht waren. Rastetters Team, die Firma Agrisol, erklärte mir, man werde dort bald Mais und Soja anbauen und Geflügel züchten, zunächst für den Verkauf in Tansania. Pharos kündigte Fortbildungen für die Arbeitskräfte, Gelder für die Gemeindeentwicklung und ein System zur Abnahme der Produkte von Kleinbauern an, doch im Kern geht es bei diesem Projekt um eine kommerzialisierte Hightech-Landwirtschaft – Iowa in Tansania.

Rastetter, der in seiner Heimat als Philanthrop und treuer Sponsor der Republikaner gilt, sagte gegenüber der Zeitung *Des Moines Register*, das Projekt sei »so weit von einer Landnahme entfernt, wie man sich nur vorstellen kann«. Aber ich würde vermuten, dass ihm von den Menschen, die ihr ganzes Leben in einem Flüchtlingslager in Tansania verbracht haben und nun hören, dass Araber ganze Flotten von John-Deere-Traktoren und LKW-Ladungen Monsanto-Saatgut aus Iowa bezahlen, um ihren Küchengarten zu übernehmen, heftiger Widerspruch entgegenschlagen würde.

Was immer man von derartigen Projekten hält, die Golfstaaten hatten zweifellos recht, als sie sich um die möglichen Auswirkungen steigender Nahrungsmittelpreise auf ihre Bevölkerung sorgten. Anderes konnten sie nicht ahnen. Anfang 2011 brach im Nahen Osten und in Nordafrika der Arabische Frühling an. Während sich die westlichen Medien auf die Reformpolitik konzentrierten, protestierten viele, die auf die Straße gingen, nicht nur gegen die Korruption in ihrem Land, sondern auch gegen die Brotpreise. Sie schwangen Weißbrote, als sie auf den Tahrir-Platz in Kairo und den Platz des 7. November in Tunis marschierten (der inzwischen nach dem Gemüseverkäufer, dessen Selbstmord die Revolution ausgelöst hatte, in Mohamed-Bouazizi-Platz umbenannt wurde). Im Jemen gingen die Menschen mit an die Schläfen gebundenen Chapati-Broten auf ihre Anführer los.

Der einzige Golfstaat, auf den die arabischen Aufstände übergriffen, war Bahrain. Wegen der großen Nähe – der Inselstaat ist durch einen Damm mit Saudi-Arabien verbunden – wurden viele der autokratischen Regierungen in der Region nervös und griffen zu Maßnahmen, die ihre Beliebtheit steigern sollten. So erhöhte Saudi-Arabien zweimal die Lebensmittelzuschüsse. Kuwait versprach für 14 Monate kostenlose Nahrungsmittelrationen. Und in Bahrain selbst verteilte die Regierung schlicht und einfach Geld, als die Menschen gegen die herrschende königliche al-Khalifa-Familie wüteten. Inzwischen ist die Ernährungspolitik für die Ölprinzen ein ernstes Problem geworden, und im Augenblick scheint die Bewirtschaftung von Böden im Ausland die einzige Lösung, die sie anzubieten haben.

4

SÜDSUDAN

Nilaufwärts mit den Chaos-Kapitalisten

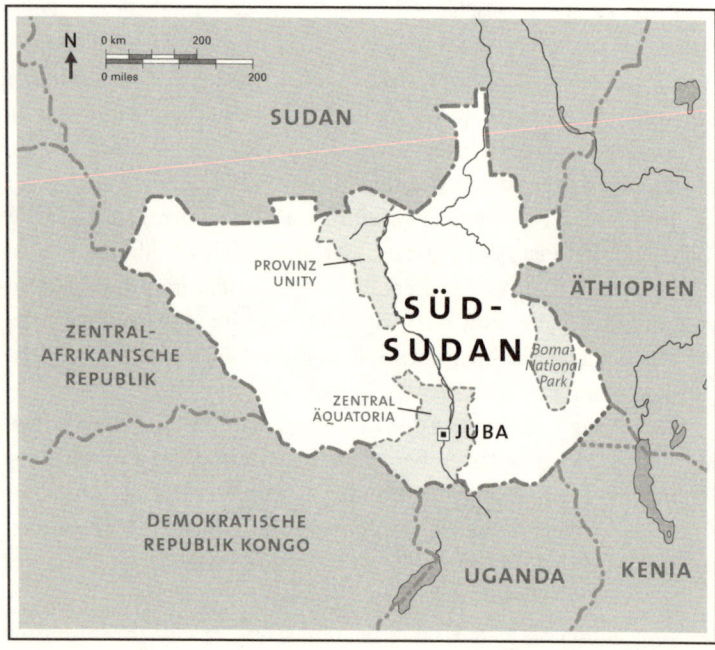

Auf der Startseite der Homepage von Jarch Capital ist eine Weltkarte abgebildet, auf der Afrika in leuchtendem Orange hervorgehoben ist. Darüber steht der Slogan »Weil es IHR Land ist. Und IHRE natürlichen Ressourcen!« Was könnte das bedeuten? Jarch ist als Unternehmen im Südsudan tätig, dem jüngsten Staat auf unserem Globus, und die Website legt den Schluss nahe, dass es seinen Bossen um Zusammenarbeit geht. Zusammenarbeit mit den Menschen auf jenen 800.000 Hektar Land im Südsudan, für die das Unternehmen angeblich einen 50-jährigen Pachtvertrag hat. Jarch »glaubt an die Stärkung der Bevölkerungen, denen die Ressourcen eigentlich gehören«. Weiter ist die Rede von »Selbstbestimmung … Vereinbarungen zum gegenseitigen Nutzen … Sozialprogrammen … strikten Umweltregeln … zehn Prozent Gewinnanteil …«. Aber auch »Vertragsbedingungen, die äußerst aggressiv sein werden«. Rätselhaft.

Vorstandschef von Jarch ist Philippe Heilberg, ein Mann, der sich selbst zu einem Wilden der Wall Street stilisiert hat. Der Sohn eines Kaffeehändlers betreibt sein Geschäft mittlerweile im Zentrum von Manhattan von seinen Büros an der Ecke Park Avenue und Fifty-Seventh Street aus, in unmittelbarer Nachbarschaft zu Niederlassungen von Tiffany's, Chanel und Gucci. Doch die einzig bekannten Vermögenswerte des Unternehmens befinden sich in der Provinz Unity, einst Western Upper Nile, im Südsudan, einer entlegenen, häufig überschwemmten Grassavanne mit ein paar nichtssagenden Städten und einer Menge Öl, das über eine Pipeline für den Export zum Roten Meer fließt.

Dort hat Heilberg in einem lokalen Warlord namens General Paulino Matip und dessen Sohn Gabriel zwei gute Kumpel, auch wenn Vater und Sohn Matip vielleicht nicht zu den angenehmsten und vertrauenswürdigsten Zeitgenossen zählen. Im Jahr 1999 berichtete Amnesty International, die Privatmiliz des Generals habe Dörfer niedergebrannt, Frauen vergewaltigt und Männer hingerichtet, um in der Provinz Unity Gebiete für Ölbohrungen zu räumen. In dem langen Krieg Südsudans um die Unabhängigkeit von Khartum war der General keineswegs ein zuverlässiger Verbündeter, denn zeitweise unterstützte er die Truppen der Zentralregierung. Im Jahr 2006 wechselte er dann die Seiten, schloss sich mit seiner Miliz der Südsudanesischen Volksbefreiungsarmee (SPLA) an und wurde ihr stellvertretender Befehlshaber. Die Regierung der Republik Südsudan, die Mitte 2011 gebildet wurde, rekrutierte sich zum Großteil aus Kommandeuren der SPLA.

Gabriel Matip behauptete, im Besitz von 400.000 Hektar Land im Verwaltungsgebiet Mayom zu sein, inmitten der Ölfelder der Provinz Unity, nah am Nil und an der Grenze zum Sudan. Im Jahr 2008, zu einer Zeit, als in dem verheißungsvollen neuen Land alle möglichen unternehmerischen Freibeuter versuchten, Deals mit der Interimsregierung abzuschließen, taten sich er und Heilberg zusammen. Durch den

Kauf von Mehrheitsanteilen an Matips Firma LEAC konnte sich Jarch den 50-jährigen Pachtvertrag für sein Land sichern. Im Gegenzug wurden Matip und ein paar seiner Spezis aus seinem Stamm, den Nuer, in den Beirat von Jarch aufgenommen. Im Jahr 2009 erklärte Heilberg, er stehe in Verhandlungen, um seinen Landanteil in der Republik Südsudan zu verdoppeln. Wenn dies gelingt, kontrolliert sein Unternehmen, zumindest theoretisch, eine Fläche, die 170-mal so groß ist wie Manhattan.

Doch welchen Wert wird dieses Land haben? Der Verwaltungsbezirk Mayom liegt quasi am Ende der Welt in einer straßenlosen flachen Savanne, wo Grenzstreitigkeiten häufig in tödliche Konflikte ausarten. Anfang 2010 überfielen Matips Nuer aus Mayom Viehfarmen im benachbarten Verwaltungsbezirk Koch, dem Gebiet der Dinka, ihrer Erzrivalen im Kampf um die Vorherrschaft in dem neuen Staat. Berichten zufolge töteten sie dabei über hundert Menschen, und es kam zu Vergeltungsschlägen und Kämpfen, die sich über das ganze Jahr 2011 hinzogen. Außerdem etablierte sich dort eine Rebellengruppe, die gegen die Regierung in der Hauptstadt Juba kämpfte.

Aber das ist nicht das einzige Problem, vor dem Heilberg mit seinem gigantischen Landdeal steht. Bislang hat noch niemand einen tragfähigen Beweis dafür vorgelegt, dass Matip der rechtmäßige Besitzer des Landes war, das er verpachtet hat. Laut David Deng, einem Wissenschaftler der New York University, der sich vorübergehend bei der South Sudan Law Society aufhielt, bestritt der Gouverneur der Provinz Unity, dass Matip das Land gehöre. Ja, er sagte, er habe noch nie von Jarch gehört, obwohl das Unternehmen angeblich der größte Landpächter in seiner Provinz war. Ein wie auch immer geartetes Abkommen sei daher auf keinen Fall rechtmäßig.

Im Jahr 2009 lieferten sich der Provinzgouverneur Taban Deng Gai und seine Privatarmee Gefechte mit den Truppen General Matips. Laut David Deng wusste aber auch der Leiter der Bezirksverwaltung von Mayom zur Zeit des Vertragsschlusses nichts von einem Abkommen. Dasselbe gilt für die Menschen, die auf dem betreffenden Land leben. Mag sein, dass es irgendwo einen Rechtstitel gibt. Doch der Vorsitzende der Southern Sudan Land Commission, Roberto Lado, sagte 2009 gegenüber *Reuters*: »Unser Land ist in Gemeinschaftsbesitz. Ein Einzelner kann nur Land verkaufen, wenn unter den Mitgliedern der jeweiligen Gemeinschaft darüber Einigkeit herrscht.« Im neuen Bodengesetz des Landes heißt es, dass »traditionelle Bodenrechte ... vor dem Gesetz dieselbe Bedeutung und Kraft haben sollen wie Eigentums- und Pachtansprüche«.

Deng meint, es lasse sich »trotz der medialen Aufmerksamkeit, die dieser Investition zuteil wird, nicht nachweisen, dass der Pachtvertrag zwischen Heilberg und Matip mehr ist als eine Übereinkunft zwischen zwei Unternehmen, von denen keins der rechtmäßige Eigentümer des Landes zu sein scheint«. Doch in der Abgeschiedenheit des Verwaltungsbezirks Mayom zählt womöglich die Macht des Generals mehr als die Feinheiten des Gesetzes. So jedenfalls scheint es Heilberg zu sehen. Gegenüber der Zeitschrift *Fortune* erklärte er 2009: »Solange General Matip lebt, ist mein Vertrag gültig.« Wahrscheinlich aber wird letztlich die Entwicklung des anhaltenden Konflikts zwischen den Stämmen – der womöglich durch das Ende des Bürgerkriegs entflammt ist – darüber entscheiden, ob Heilberg das Land, auf das er Anspruch erhebt, tatsächlich bekommt.

Heilberg ist der Landnehmer *par excellence*. Folgt man seiner eigenen Rhetorik, so bewegt er sich in einer Welt, in der das Recht aus dem Gewehrlauf kommt. »Das hier ist Afrika. Alles ist wie eine riesige Mafia – und ich bin gewissermaßen deren Kopf«, sagte er gegenüber der Zeitschrift *Rolling Stone*. Seiner Meinung nach leben wir in einer poststaatlichen Welt, in einem Albtraum des Chaos, wie ihn Robert Kaplan in seinem berühmten Aufsatz *The Coming Anarchy* gezeichnet hat. »Wenn die Nahrungsmittel knapp werden, braucht der Investor einen schwachen Staat, der ihn nicht zwingt, sich an irgendwelche Regeln zu halten«, sagt Heilberg. Offenbar wäre diese Situation ganz nach seinem Geschmack – und die Realität scheint davon inzwischen gar nicht mehr so weit entfernt. Der *Rolling Stone* bezeichnete ihn als »Chaos-Kapitalisten«.

Unser Chaos-Kapitalist hat in den USA einflussreiche Freunde. Sein stellvertretender Vorstandschef und Ratgeber in Fragen afrikanischer Politik war Joseph C. Wilson, ehemals Botschafter Präsident Clintons in sechs afrikanischen Ländern. Er überwarf sich mit der CIA, nachdem er deren Behauptung, Saddam Hussein habe von Nigeria Uran bekommen, angeprangert hatte. Andere Mitglieder des Jarch-Vorstands waren Gwyneth Todd, eine Beraterin des Pentagon für diese Region unter Clinton, Larry Johnson, ein ehemaliger CIA-Agent, der auf seiner Internetseite *NoQuarterUSA* fleißig über Sicherheitsfragen und seine Abneigung gegen Barack Obama schreibt, sowie J. Peter Pham, ein prominenter neokonservativer Kommentator internationaler Themen, der bei der Geburt des Südsudan verkündete, der neue Staat sei »bereits dabei zu scheitern«.

Heilberg ist der Überzeugung, dass »wir gerade das letzte Stündlein der Finanzmittel – der Welt der Aktien – erleben. Stattdessen werden wir den Aufstieg der Rohstoffe sehen.« Aber hinter welchem Rohstoff ist er eigentlich her? Er spricht von der Einführung einer maschinellen Landwirtschaft im Stil der amerikanischen Großfarmen auf seinem Territorium im Südsudan. Vielleicht wird er technische Berater aus Israel hinzuziehen. Doch noch 2008 war bei Jarch die Rede von Plänen, das schwefelarme »Rohöl der Sorte Light Sweet Crude zu fördern ... sobald sich der Südsudan von Khartum abgespalten hat«. Manche meinen, dies sei von Anfang an sein eigentliches Ziel gewesen. Auf jeden Fall gibt es in Mayom keinerlei Anzeichen für irgendwelche Bodenbearbeitung, geschweige denn für Landwirtschaft.

Ich versuchte, noch mehr in Erfahrung zu bringen, aber in seinem Büro hieß es, Heilberg gebe, weil »zu viele Journalisten und Redakteure ihre künstlerische Freiheit ausnutzen«, keine Interviews mehr. Das ist schade, denn ich wollte ihn gern noch fragen, wen er meint, wenn er von »*Ihrem* Land« und »*Ihren* natürlichen Ressourcen« spricht.

Viele unter uns, die nur rudimentäre geografische Kenntnisse besitzen, sehen bei dem Namen Sudan ein trockenes Land in glühender Hitze mit endlosen Sanddünen, Dürrekatastrophen und gelegentlichen Hungersnöten vor sich. Auf den Großteil des Nordsudan trifft dieses Bild auch tatsächlich zu. Der Süden hingegen – der im Jahr 2011 ein eigenständiger Staat wurde, nachdem sich die schwarzen Christen und Animisten offiziell von den arabischen Muslimen getrennt hatten – ist anders, sowohl geografisch als auch kulturell und ethnisch. Er ist durchzogen von zahllosen Nebenflüssen des Weißen Nil, von denen viele im äthiopischen Hochland entspringen. Am Hauptarm des Nil entlang zieht sich der Sudd, eins der letzten großen Sumpfgebiete der Welt, die noch nicht trockengelegt wurden. Bei einem Flug über den Südsudan eröffnet sich ein riesiges Gebiet fruchtbarer, gut bewässerter Weideflächen. Es ähnelt sehr der äthiopischen Tieflandprovinz Gambella, an die das Land unmittelbar angrenzt.

Angesichts von so viel Grün überrascht, wie dünn das Land besiedelt ist. Etwa so groß wie Frankreich, hat es doch bloß ein Achtel von dessen Bevölkerung. Die Bewohner sind zum größten Teil äußerst arm. Nur ein Viertel der Erwachsenen ist des Lesens und Schreibens mächtig. Daher muss manchen die Landnahme im Südsudan so leicht erscheinen, wie einem kleinen Kind ein Bonbon wegzunehmen. Sicher ist, dass die Regierung bereits gewaltige Landflächen mit langfristigen Pachtverträgen an Leute mit zwielichtiger Vergangenheit und ohne Erfahrung in der Landwirtschaft vergeben hat. Eine Studie der Nichtregierungsorganisation Norwegian People's Aid hat gezeigt, dass sie zum Zeitpunkt der Unabhängigkeit schon 5,7 Millionen Hektar Land für ausländische Investoren aufgeteilt hatte – das sind 9 Prozent des neuen Staats. Ein Viertel des »grünen Gürtels« um die Hauptstadt Juba – hier befinden sich die fruchtbarsten Böden und hier regnet es am meisten – ist bereits vergeben.

Ebenso dubios wie die Cowboys von Jarch sind zwei Weiße aus dem amerikanischen Westen, beide bereits jenseits der siebzig: Leonard Henry Thatcher und Howard Eugene Douglas, Vorstandsvorsitzender von Nile Trading and Development beziehungsweise Verwaltungsmanager von deren Tochtergesellschaft Kinyeti Development, benannt nach dem höchsten Berg im Südsudan an der Grenze zu Uganda. Beide Unternehmen haben ihren Sitz in Texas. Douglas war in den 1980er-Jahren »Sonderbotschafter« und Koordinator für Flüchtlingsangelegenheiten unter Präsident Ronald Reagan, zu einer Zeit also, als viele Menschen aus dem Sudan flohen. Thatcher ist ein britischer Investmentbanker, der sich »besonderer Vertrautheit mit dem Sudan und vieler Kontakte in dem Land« rühmt. Im Jahr 2008 handelte er einen 49-jährigen Pachtvertrag für 600.000 Hektar Land im heute südsudanesischen Bundesstaat Central Equatoria aus. Wegen einer Erkrankung übertrug er seinem Freund Douglas die Aufgabe, den Vertrag in irgendeiner Form umzusetzen.

Warum sind diese beiden Männer an der riesigen Landfläche inte-

ressiert, die mehr als doppelt so groß ist wie Rhode Island? Nun, es ist
seine strategisch günstige Lage. Central Equatoria befindet sich im
hochgeschätzten grünen Gürtel des Südsudan. Thatcher versprach dem
dortigen Gouverneur, Ölpalmen, Hartholzbäume und Jatropha anzubauen, das zu Treibstoff verarbeitet werden kann. Und Douglas sagt, sie
stünden beide für die philantropische Überzeugung, Südsudan werde
erst dann frei, stabil und frei von Korruption sein, wenn sich eine besit-
zende Mittelschicht von »unabhängigen Bauern« gebildet habe. Dies zu
erreichen, sei seine eigentliche Absicht. Deshalb empfand er es auch als
höchst ärgerlich, als ihnen Mitglieder der südsudanesischen Diaspora in
den Vereinigten Staaten und deren Freunde in den NGOs eigennützige
Motive unterstellten.

In ihrem Fall herrscht allerdings noch weit mehr Verwirrung darüber, auf welches Land sie denn nun tatsächlich Anspruch erheben können, als bei Heilbergs Ölfeldern in Mayom. Erstens befinden sich laut
Vertrag die 600.000 Hektar Pachtland allesamt im Verwaltungsbezirk
Lainya. Das aber dürfte problematisch sein. Lainya hat nämlich insgesamt nur eine Fläche von 340.000 Hektar. Als ich Douglas darauf an-
sprach, meinte er, dies sei eine technische Frage, die man lösen könne.
»Die Flächenangabe zu dem an uns verpachteten Land kam von sudane-
sischer Seite. Sie war nicht wissenschaftlich exakt, also nicht ganz genau.
Für mich ist es nicht wichtig, ob es wirklich 600.000 Hektar sind oder
nur 200.000. Notfalls verhandeln wir nach.« Der ganze Vertrag werde
»gutachterlich geprüft«, und die dazu notwendigen Luftbildvermessun-
gen und Kartierungen stünden noch aus.

Das ist sonderbar. Wem genau haben die Sudanesen Land überlassen, ohne dass auch nur eine Karte existierte, aus der hervorging, um
welches Land es sich handelte? Und was hielten die 90.000 Bewohner
von Lainya davon, ihren gesamten Verwaltungsbezirk zwei grauhaari-
gen Männern aus dem Westen zu überlassen? Der Vertrag, sagt Douglas,
sei mit einer Organisation namens Mukaya Payam Cooperative geschlossen worden. Doch NGOs, die der Sache nachgegangen sind, behaupten, die Kooperative sei frei erfunden, und der Vertrag sei von drei
Personen unterzeichnet worden: von Scopas Loduo, dem Leiter des Un-
terbezirks Mukaya, der etwa ein Sechstel der Fläche von Lainya einnimmt, sowie von zwei Mitgliedern seiner Familie.

Als ich Douglas mit der Möglichkeit konfrontierte, einen Vertrag mit einer Scheinorganisation unterschrieben zu haben, räumte er ein, dass die Rechte der drei oder überhaupt einer Kooperative an dem Land nicht 100-prozentig geklärt seien. Es habe ein Treffen gegeben, bei dem die andere Seite mit vielen Leuten erschienen sei.»Wir konnten ja nicht fragen, ob uns die Richtigen gegenübersäßen. Uns wurde es immer so dargestellt, als hätten sie die notwendige Vollmacht. Niemand hat in den zweieinhalb Jahren seit der Unterzeichnung die Frage aufgeworfen oder die Vertrauenswürdigkeit der Mukaya Payam bezweifelt – weder der Beauftragte des Verwaltungsbezirks, noch die Polizei oder die Generäle und auch nicht die Unterzeichner selbst.«

Zweifellos zeigt dies, dass es Thatcher und Douglas an dem fehlte, was Anwälte als»Sorgfaltspflicht« bezeichnen würden. In Lainya gibt es vier Bezirksleiter, die alle hätten unterschreiben müssen, um den Vertrag wirksam werden zu lassen.

Die Verwirrung wurde noch größer, als Bezirksleiter Scopas im Juli 2011 in einem Interview des Senders BBC behauptete, auch er sei hinters Licht geführt worden. Provinzialbeamte »kamen und sagten, ich sollte hier unterschreiben. Ich tat es, wusste aber nicht, was darin stand.« Erst später habe er erfahren, dass er einen 49-jährigen Pachtvertrag für Gemeindeland unterzeichnet hatte. »Ich wurde getäuscht.« Douglas zeigte sich irritiert angesichts dieser Reaktion des Bezirkschefs.»Wir haben uns mehrmals mit ihm getroffen. Ich verstehe seine Bedenken nicht.«

Vielleicht spielt aber bei alledem auch Geld eine Rolle. Douglas behauptet, abgesehen von den Gebühren für die Eintragung der Pacht ins Grundbuchregister sei kein Geld geflossen. Verwaltungsbeamte des Bezirks hingegen sagen, sie erwarteten von Nile Trading die Zahlung von bis zu einer Million Dollar an die Kommunen für die Abtretung des Landes. Die Mukaya Payam Cooperative wird einen Anteil an allen Gewinnen verlangen, Gewinnen, die ihnen verlockend erscheinen mögen. Douglas behauptet hartnäckig, sobald die Geschäfte liefen, werde er ein richtiges Gremium für die Verwaltung der Finanzen einrichten, welches auch gewährleisten soll, dass die Gemeinden ihr Geld erhalten. Aber bis dahin werden wahrscheinlich noch viele andere kommen, die glauben, Kapital aus der Sache schlagen zu können.

Ende 2011 unterhielt ich mich noch einmal mit Douglas. Es war kurz nach einer hitzigen Versammlung in Mukaya, bei der Abgeordnete, Bezirksleiter und Beamte den Pachtvertrag mit der Begründung zurückgewiesen hatten, er sei von »einflussreichen Einheimischen«, jedoch »unter Ausschluss der Gemeinschaft« ausgehandelt worden. Es war nicht klar, ob sie aus Prinzip gegen den Vertrag waren oder einen Anteil an den zu erwartenden Gewinnen wollten. Douglas war quasi auf dem Sprung in den Südsudan, um den Deal zu retten, fürchtete jedoch um seine Sicherheit in »einem zunehmend feindlichen Umfeld. In Afrika ist man nie vor Schüssen aus dem Hinterhalt sicher.« Er warf NGOs vor, auf unverantwortliche Weise »in einem aufgeladenen Stammeskonflikt Unruhe zu stiften« und Gier und Neid zu erregen. Wenn sie so weitermachten, sagte er, würden Thatchers Geldgeber ihre Aktivitäten einstellen, und dann bekäme niemand etwas.

Genauso gut könnte man aber sagen, dass reiche Leute aus dem Westen, die in einem gerade erst unabhängig gewordenen Land ohne klares Bodenrecht riesige Flächen an Gemeindeland pachten, Unruhestifter sind. Es ist unwahrscheinlich, dass dieser Zusammenprall von Kulturen ein gutes Ende findet.

Ein weiterer merkwürdiger Aspekt des Deals besteht darin, dass sich die Flächen, die Nile Trading zur Nutzung überlassen wurden, mit zwei anderen Konzessionen in Lainya überschneiden. Die größte umfasst 50.000 Hektar in Lainya und dem angrenzenden Bezirk Yei und gehört der Plantagenfirma Central Equatoria Teak, die sich auf das hochgeschätzte Hartholz spezialisiert hat, das seit den 1940er-Jahren in der Region angebaut wird. Central Equatoria Teak ist ein Joint Venture des britischen Ministeriums für internationale Entwicklungszusammenarbeit, allerdings über dessen kommerzielle Investment-Organisation, die CDC Group, und Finnfund, dem finnischen Fonds für industrielle Kooperation. Ihr Pachtvertrag wurde 2008 unterzeichnet und umfasst 50.000 Hektar natürlicher Waldgebiete in den zwei Verwaltungsbezirken.

So beanspruchen also Nile Trading und Central Equatoria Teak zusammen Konzessionen für 650.000 Hektar in Lainya für sich – in einem Bezirk mit einer Fläche von lediglich 340.000 Hektar. Als ich bei CDC nachfragte, räumte deren Sprecher ein, das Abkommen von Central

Equatoria Teak mit der südsudanesischen Regierung enthalte »keine Karten oder Pläne« des Konzessionsgebiets. Wie bei Nile Trading wurden auch hier noch keine Vermessungen vorgenommen. »Das natürliche Waldgebiet, das zu den 50.000 Hektar Land gehören soll, wird zu einem späteren Zeitpunkt ausgewählt«, erklärte der Sprecher. Wirklich seltsame Verträge.

Sämtliche Landverträge im Südsudan, über die ich Nachforschungen angestellt habe, erwiesen sich bei genauerem Hinsehen als ausgesprochen dubios. Wer was an wen verkauft hatte, war selten klar. Und es gibt ein weiteres Rätsel, bei dem es ebenfalls um riesige Gebiete des neuen Staats geht. Ein Unternehmen aus Abu Dhabi namens Al Ain National Wildlife hat eine 30-jährige Konzession erworben, um im Boma National Park, einem der größten und am wenigsten verschandelten Naturschutzgebiete Afrikas und ökologischem Kleinod, einen intensiven Tourismus aufzubauen. Der Park an der Grenze zu Äthiopien hat eine Fläche von 2,3 Millionen Hektar und ist damit etwas größer als Hessen.

In dem langen Bürgerkrieg des Sudan geriet Boma bei Umweltschützern weitgehend in Vergessenheit. Um was für einen Schatz es sich hier handelte, wurde ihnen jedoch 2007 wieder klar, als die in New York ansässige Wildlife Conservation Society eine Luftbildvermessung vornahm. Laut dem Bericht der Gesellschaft beherbergten die Wälder, Sümpfe und Grassavannen einige der größten Giraffen-, Elefanten- und Büffelherden Afrikas. Außerdem war Boma ein Knotenpunkt der Wildwanderung. Von hier aus zogen Wasserböcke und Weißnacken-Moorantilopen nach Gambella in Äthiopien und andere Tiere Richtung Westen in das riesige Feuchtgebiet des Sudd am Nil.

Naturgemäß ist der Südsudan sowohl am Erhalt dieser einzigartigen Ressource als auch an der Nutzung ihres wirtschaftlichen Potenzials interessiert. Al Ain National Wildlife versprach beides. Und so übertrug der 2009 geschlossene Vertrag mit dem provisorischen südsudanesischen Naturschutzministerium dem Unternehmen die Kontrolle über den größten Teil des Naturparks. Aber das Jahr war noch nicht zu Ende, da verhielt es sich, als wäre es dessen Eigentümer. Unentwegt flogen Mitarbeiter mit in den Vereinigten Arabischen Emiraten registrierten Maschinen ein und aus, bauten eine Ferienanlage und legten ein Straßennetz an – und all das augenscheinlich ohne Genehmigung der Regierung.

Bislang gibt es wegen der bestenfalls heiklen Sicherheitslage im Südsudan noch keine Touristen. Doch das große Rätsel ist, wem Al Ain National Wildlife gehört. Ich fragte mehrere Naturschützer, Verwaltungsbeamte, Anwälte und andere Menschen sowohl in der Republik Südsudan als auch in Abu Dhabi, aber alle gaben vor, es nicht zu wissen. Der im Besitz der königlichen Familie des Landes befindliche Al Ain Wildlife Park and Resort am Stadtrand von Abu Dhabi bestreitet jede Verbindung. »Dahinter stehen viele wohlhabende Leute, aber die ganze Sache ist sehr komplex«, war noch das Aussagekräftigste, was ich zu hören bekam. Der einzige bekannte Vertreter des Unternehmens ist der Vorsitzende Falah al Ahbabi, ein Regierungsbeamter, der gleichzeitig Generaldirektor des Abu Dhabi Urban Planning Council ist. Sein täglich Brot ist die »Begrünung« der Stadt, und dabei vor allem die Ausweitung des bestehenden Naturparks zu einem 900 Hektar großen Gelände mit Tausenden weiterer Tiere und »afrikanischen, arabischen und asiatischen Safari-Erlebnisresorts«. Nach dem, was mit anderen von zwielichtigen Leuten aus den Golf-Emiraten betriebenen Naturreservaten in Afrika passiert ist, fürchten manche, Tiere aus Boma könnten in dem neuen Naturpark landen. Offen gesagt, teile ich diese Ängste. Meiner Meinung nach sollte Al Ain National Wildlife aus der Deckung kommen und seine Pläne offenlegen.

Zu denen, die im Südsudan in Land investieren, gehört auch eine kanadische gemeinnützige Hilfsorganisation, die auf einer ehemaligen staatlichen Plantage am Stadtrand von Juba Gemüse anbaut und »den Sudanesen zeigt, wie man bei Nutzpflanzen bessere Erträge erzielt, um ihre Familien ernähren zu können«. Der südafrikanische Getränkehersteller SAB Miller, der weltweit zweitgrößte Brauereikonzern, möchte 2000 Kleinbauern beibringen, wie man Maniok anbaut, den er für seine Produktion des beliebten White Bull in Juba braucht. Und das norwegische Forstwirtschaftsunternehmen Green Resources verfolgt Pläne, auf 179.000 Hektar Land in Central Equatoria Teakbäume zu pflanzen.

Doch der wahrscheinlich größte Akteur in diesem Land ist Ägypten. Ein Private-Equity-Unternehmen namens Citadel Capital, einer der prominentesten Landinvestoren Ägyptens, hat in der Provinz Unity in der Nähe von deren Hauptstadt Bentiu 100.000 Hektar urbaren Boden gepachtet. Sobald sich die Lage im Südsudan stabilisiert hat, wird dies ein erstklassiger landwirtschaftlich nutzbarer Grundbesitz am Nil sein, mit Wasserrechten und mit einem Flusshafen, von dem aus die Ernte flussabwärts nach Ägypten transportiert werden kann. Citadel Capital plant den Anbau von Zucker, Mais, Sorghum und Gemüse. Der Chef der Firma vor Ort, der Australier Peter Schuurs, sagte gegenüber der *Financial Times*, er erwarte eine Rendite von 40 bis 50 Prozent: »Bei dem Spiel geht es darum, der Erste zu sein und es als Erster zu machen.«

Der Plan ist Teil einer ägyptischen Strategie, seine Nahrungsmittelversorgung durch den Zugang zu gut bewässertem Boden in Nachbarländern zu sichern. Aber Ägypten benötigt auch die Hilfe des Südsudan, um dem Nil selbst mehr Wasser entnehmen zu können. Gedacht wird dabei an die Wiederbelebung eines technischen Megaprojekts, bei dem ein riesiger Kanal ausgehoben werden soll, um den Nil an den weiten Sümpfen des Sudd im Südsudan vorbeizuführen. Der Nil braucht fast ein ganzes Jahr, um sich durch das Feuchtgebiet zu winden. In dieser Zeit verdunstet ungefähr die Hälfte des Wassers. Die Ägypter schätzen, dass der Nil durch die Umgehung der Sümpfe ihrem Land zusätzlich 5 Kubikkilometer Wasser liefern könnte.

Doch der Sudd ist einer der Naturschätze Afrikas und das zweitgrößte Sumpfgebiet der Welt. In manchen Jahren schwillt er auf die Größe Englands an. Auf seinen unzähligen Wasserläufen befindet sich ein stets in Wandlung begriffenes Gewirr von Papyrus-Inseln, die zum Teil eine Dicke erreichen, dass sie ganze Herden von Elefanten und Nilpferden beherbergen können. Im Sudd lebt die weltweit größte Population von Wildkrokodilen. Von hier aus wandern Wasserböcke nach Gambella. Außerdem ist es eins der schönsten Vogelschutzgebiete Afrikas. Der Kanal würde es und mit ihm den Großteil der Fauna zerstören – eine ökologische Katastrophe. Zugleich würde er Weideland der Dinka vernichten.

Der Kanal ist kein Hirngespinst von Ingenieuren. In den 1980er-Jahren waren bereits zwei Drittel fertiggestellt. Die Arbeiten wurden erst nach einem bewaffneten Überfall unter der Führung von John Garang eingestellt. Garang ist einer der Gründer der südsudanesischen Unabhängigkeitsbewegung, hat in den USA studiert und seine Doktorarbeit über den Sudd geschrieben. Die riesige Maschine, die den Kanal aushob, ein Schaufelradbagger, steht noch da, ein wenig verrostet, aber bereit, seine Arbeit wieder aufzunehmen. Garang, der 2005 bei einem Flugzeugunglück ums Leben kam, war vehement gegen den Kanal, weil er seiner Meinung nach dem Südsudan Wasser stehle. Doch nun, da der Krieg vorbei ist, wird die Regierung des neuen Staats vielleicht ihren Preis für die Genehmigung verlangen, nach seinem Wasser zu greifen.

Was für eine Tragödie. Die Tinte auf dem Dokument für die Aufnahme in die Vereinten Nationen als 193. Mitglied ist noch nicht ganz trocken, da überlässt der Südsudan bereits Nachbarn und eloquenten »Investoren« seine wichtigsten Ressourcen. Die fruchtbaren Böden des grünen Gürtels, das kostbare Wasser des Nil, das reiche Naturerbe im Boma National Park und das einzigartige Sumpfland des Sudd – sie alle drohen, in ausländische Hände zu gelangen. Gleich am ersten Tag ein Zehntel des Landes herzugeben scheint kein vielversprechender Start für eine neue Nation.

TEIL ZWEI

DIE WEISSEN IN AFRIKA

Der afrikanische Kontinent erlebt einen enormen Aufschwung. Manche Landnehmer haben eine Mission. Calvin Burgess aus Oklahoma ist einer von ihnen. Unter einem großen weißen Kreuz gräbt er einen kenianischen Sumpf um. Andere sind politische Abenteurer, die von den Folgen der Bürgerkriege profitieren wollen. Sind die reichen Waldbestände Liberias in den Händen von Ausländern eine zukünftige Quelle des Wohlstands oder ein Ressourcenfluch? Hier und anderswo wollen asiatische Agrarkonzerne das Land mit Ölpalmen überziehen. Unterdessen fliehen Investoren am Finanzplatz London aus den faulen Konstruktionen des Finanzkapitalismus und greifen nach etwas Reellem: Land.

5

DER YALA-SUMPF, KENIA

Dominion – das Herrschaftsgebiet eines Einzelkämpfers

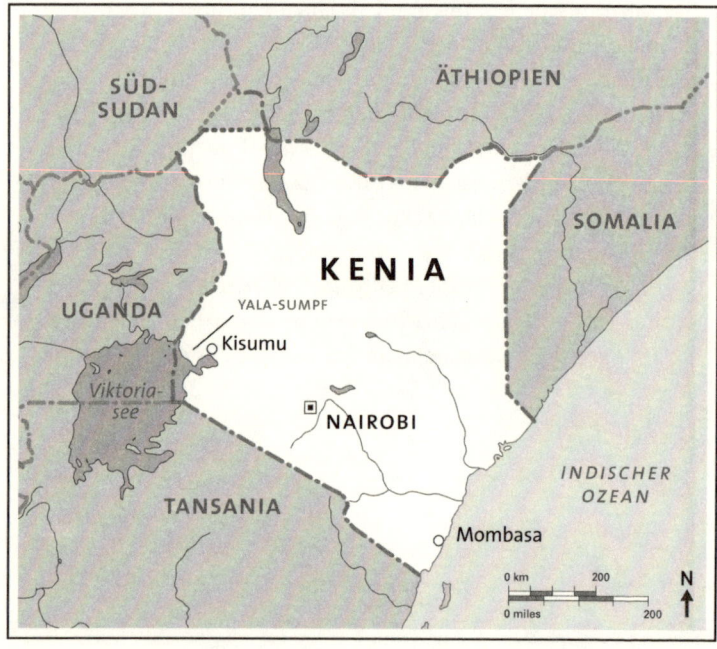

Oben auf der kleinen grünen Anhöhe, inmitten des Gebiets, das einst Kenias größter Papyrus-Sumpf war, steht ein großes weißes Kreuz. Mit seiner Höhe von 10 Metern kann man es meilenweit aus allen Richtungen sehen. Calvin Burgess, der amerikanische Agrarunternehmer, der es errichtet hat, ist ein evangelikaler Prediger. Er ist nach Afrika gekommen, um Seelen zu retten und im Sumpf Reis anzubauen.

Die einheimische Bevölkerung sieht von der anderen Seite des Zauns aus verwundert zu, wenn er mit seiner Armada grüner John-Deere-Maschinen Papyrus herausreißt, Gräben aushebt, um den vollgesogenen Boden zu entwässern, und den Fluss eindeicht. Die Menschen kratzen sich am Kopf und wedeln den Staub weg, wenn die LKWs mit Tausenden Tonnen von Burgess' Reis fortfahren. Und wenn sie über das auf einer Anhöhe errichtete Kreuz nachdenken, auf der sie einst ihre animistischen Rituale vollzogen, sprechen sie düster von einem Leben unter einer Kreuzigungsstätte. Handelt es sich hier um eine Landnahme im Namen Gottes?

Burgess wurde zum Millionär, indem seine Firma für Regierungen verschiedener US-Bundesstaaten Privatgefängnisse baute und leitete. Dann kam er nach Afrika, um den Sumpf trockenzulegen und seine Bewohner von ihren heidnischen Ritualen abzubringen. An einem Ort, wo »Verzweiflung, Hunger und Korruption herrschten und das Leben ohne Hoffnung war«, wie er in der Lokalzeitung *Kenya Monitor* schrieb, sollte etwas völlig Neues entstehen. »Ich war gesegnet worden, und jetzt war es an mir, diesen Segen weiterzugeben. Aber hatte ich auch das Zeug dazu? Ich wusste nicht, was mich erwartete, als ich mich entschloss, mich in Afrika zu engagieren.«

In seiner Firmenzentrale in Guthrie, Oklahoma, erklärte mir Burgess, er wolle dazu beitragen, »in der schlimmsten Region Kenias das Los der Ärmsten der Armen deutlich zu verbessern. Wenn wir fertig sind, möchte ich eine Million Menschen aus der Armut befreit haben.« In sehr emotional gefärbten Blogeinträgen schildert er seine Leidenschaft für die Arbeit und beschreibt, wie sehr die Einheimischen ihn lieben und seine Pflanzung schätzen. Ende 2010 etwa hielt er am letzten Morgen eines Afrika-Aufenthalts fest: »Als ich durch das Dorf ging, liefen alle Kinder hinter mir her. Ihre Hoffnung ruht auf Dominion Farms, auf einer Zukunft ohne Hunger.«

Burgess nannte seine Plantage Dominion und vermittelte damit die Vorstellung eines Christen, der die Natur zähmt und Ordnung in die Welt bringt. Manche betrachteten ihn als Vertreter des Dominionismus, der den Glauben propagiert, alles öffentliche Handeln müsse christlichen Werten folgen. Aber er selbst bezeichnete weder sich selbst so, noch wollte er den Begriff auf seine Farm angewendet wissen. Wie viele Missionare vor ihm musste Burgess jedoch feststellen, dass seine Menschenliebe nicht von allen positiv aufgenommen wurde. Viele Einheimische, mit denen ich sprach, empfanden den Namen »Dominion« als Ausdruck von Herrschsucht. Auch für seine Entwässerungsgräben, seine Bulldozer und seine Zäune hatten sie nichts übrig, noch für das Wasserreservoir, mit dem er ihre Weideflächen überflutet. Am wenigsten gefällt ihnen jedoch, dass er ihnen den Sumpf fortnimmt. Für Burgess ist er nutzloses morastiges Brachland, für sie ist er eine wichtige Ressource. Diese entgegengesetzten Sichtweisen illustrieren deutlich, was schiefläuft, wenn Menschen wie Burgess nach Afrika gehen.

Burgess hatte dafür gesorgt, dass mich seine zwei Stellvertreter auf der Farm herumführten: Chris Abir, zuständig für die Beziehungen zur Kommune, und Ronald Boone, ein Farmmanager aus den Südstaaten der USA. Die beiden sind völlig verschieden. Abir, jung und smart, trägt einen Business-Anzug und spricht leise und ruhig. Er gehört zum Stamm der Luo, der die Mehrheit der Bewohner an den Ufern des Viktoriasees stellt, und war früher Lehrer und Missionar in der Großstadt Kisumu, dem Zentrum der Luo. Auf seinem Schreibtisch lagen ein Buch mit Psalmen und eine DVD des Films *The Cross: The Story of Arthur Blessitt*, eine Filmbiografie über einen Mann, der zwölf Jahre lang mit einem vier Meter hohen Kreuz auf dem Rücken durch die Welt zog. Hinter Abir stand ein Sack mit Reis der ersten Ernte, dem wichtigsten Erzeugnis von Dominion Farms.

Boone war lauter und weniger smart, ein Freibeuter des Lebens, der offenbar lieber Cowboystiefel trug als weiche Slipper. »Ich habe schon in meiner Heimat Louisiana Sümpfe trockengelegt und Reis angebaut, und nichts anderes mache ich hier in Afrika«, sagte er mir, als wir in seinen Jeep stiegen, um die Farm zu besichtigen. »2004 habe ich bei Calvin angefangen. Damals war ich pleite und brauchte einen Job. Irgendwann habe ich gekündigt, aber dann hat er mich zurückgeholt, und deshalb bin ich jetzt wieder hier.«

Auf den ersten Blick wirkte die Farm eher chaotisch. Irgendwann war plötzlich unser Tank leer, und wir mussten per Funk jemanden bitten, zu kommen und Benzin mitzubringen. Andererseits winkte Boone ständig seinen Arbeitern zu, sah sich ihre Arbeit an, nahm sie ein Stück mit und fragte dabei nach ihren Familien. Es war sicher Routine, aber er machte es gut. Einmal hielt uns ein Arbeiter an und bat »Mr. Ronald«, ihm 200 Kenianische Schilling (ein paar Dollar, etwa ein Tageslohn) zu leihen. Nur für eine Woche, bis er seinen Lohn bekam. Ohne zu zögern, gab Boone ihm das Geld und notierte sich die Transaktion in einem kleinen schwarzen Buch.

Offenbar kam so etwas öfter vor, und offenbar war Boone wegen der kleinen Kredite und seiner Gutmütigkeit beliebt. Doch einen Tag nach meinem Besuch war er plötzlich fort. Nach Louisiana zurückgekehrt. Burgess sagte, er habe aus eigenem Entschluss gekündigt. Die Arbeiter behaupteten, man habe ihn rausgeworfen. Bei unserer Tour durch die Plantage hatte ich nicht den Eindruck einer aufziehenden Krise gewonnen, nicht einmal, als wir über seine Zukunft und die der Farm sprachen. Vielleicht hatte er plötzlich Streit mit dem Boss gehabt, denn dass die beiden nicht immer einer Meinung waren, war offensichtlich. Jedenfalls versammelten sich am nächsten Tag 150 Arbeiterinnen zu einer Demonstration vor den Büros und verlangten seine Rückkehr. Der Lokalzeitung war das sogar eine Meldung wert.

Der Yala-Sumpf ist – oder war – eine riesige, 17.000 Hektar große Fläche sumpfigen Bodens an der Mündung des Yala in den Viktoriasee, Afrikas größten See, und mit dichtem, 4 Meter hohem Papyrus bewachsen. Nur mit dem Boot über seine mäandernden Wasserwege erreichbar, ist – oder war – der Sumpf ein Paradies für Wildtiere. Es gab dort Flusspferde, Krokodile, Leoparden, Hyänen, verschiedene Arten von Antilopen und seltene Vögel wie den Gelbbauch-Rohrsänger. In Sumpf verbergen sich noch immer eine Reihe von Inseln und ein kleinerer See mit Namen Kanyaboli. Naturschützer nennen den See ein »lebendes Museum«, denn seine Riedwasser sind der letzte Zufluchtsort für Fischarten, die in dem gewaltigen Viktoriasee inzwischen ausgerottet sind. Farmarbeiter berichten hin und wieder von einer Sitatonga-Antilope, die zu den vom Aussterben bedrohten Arten gehört. Irgendwo dort draußen auf einer Insel von zig Hektar Fläche gibt es auch ein Dorf mit etwa tausend Bewohnern. Doch Burgess' Entwässerungsingenieure dringen immer weiter in den Sumpf vor. Aktivisten vor Ort zufolge wollen die zurückgezogen lebenden Dorfbewohner einen Kampf auf Leben und Tod führen, sollten die Eroberer zu ihrer Siedlung vordringen.

Seit Burgess hier ist, wurde über den Sumpf viel Unsinn verbreitet. Eine Hilfsorganisation behauptet, er beherberge »eine Bevölkerung von etwa einer halben Million« – was nicht der Wahrheit entspricht. Burgess wiederum erklärt, vorher habe niemand dort gelebt oder von den Ressourcen Gebrauch gemacht:»Was immer die Bewohner dieser Gegend sagen, sie haben den Sumpf nicht genutzt. Die Leute sind da gar nicht hineingekommen. Jetzt, wo wir ihn austrocknen, möchten sie natürlich hin. Aber das war früher nicht so.« Das ist ebenso unwahr. In einem Umkreis von 15 Kilometern um den Sumpf leben 700.000 Menschen, und bis vor kurzem haben viele von ihnen dort Fische gefangen, Wild gejagt und Papyrus geerntet und in den trockeneren Regionen Vieh geweidet und Gemüse angebaut.

Ingenieure und Agrarunternehmer hatten den Sumpf schon seit Jahren im Visier. Dreimal hatte man versucht, ihn trockenzulegen und den Papyrus zu roden, um den Boden landwirtschaftlich zu nutzen. In den 1970er-Jahren rodete und entwässerte man eine Fläche von etwa 2300 Hektar und baute ein Wehr in den Fluss. Holländische Ingenieure entwickelten Pläne, um weitere 9200 Hektar trockenzulegen. Doch nach einem Deichbruch wurden die Felder überschwemmt und die Pläne zu den Akten gelegt.

Aber dann kam Burgess. Nachdem er sein Gefängnisunternehmen verkauft hatte, suchte er als ehrgeiziger Geschäftsmann nach einer neuen gottgefälligen Aufgabe. Auf den Vorschlag eines Missionspriesters hin, der in die USA zurückgekehrt war, begab er sich an die Ufer des Viktoriasees. Mehrere Geschäftsleute und engagierte Christen aus dem Umkreis baten ihn, das fehlgeschlagene Plantagenprojekt zu übernehmen. Am Weihnachtstag des Jahres 1999 habe er, so sagt er, seine Entscheidung getroffen und einen 25-jährigen Pachtvertrag mit zwei örtlichen Bezirksräten unterzeichnet. Seitdem ist der Kontrakt auf 45 Jahre verlängert worden und umfasst nicht nur das Gebiet des gescheiterten Projekts, sondern einen weit größeren Teil des Sumpfs. Er habe, sagt Burgess, die Genehmigung, einen Großteil des Sumpfs trockenzulegen und 70 Prozent des vom Yala geführten Wassers für die Bewässerung der Reisfelder abzuzweigen.

Er hat schon immer lieber geklotzt als gekleckert. Sein Ziel ist »die Umwandlung von 17.050 Hektar Sumpfland in eine moderne Plantage mit Bewässerungssystem zum Anbau von Reis und Wechselfrüchten sowie für die Tilapia-Fischzucht und eine Reihe von Nebenprodukten in einem vertikal integrierten, unabhängigen Verfahren«. Außerdem will er Bananen pflanzen, Sojabohnen anbauen und sogar Ausbildungszentren und einen Rundfunksender einrichten.

Die Bewohner der Gegend sagen, sie seien froh, dass er das gescheiterte Projekt übernommen habe, lehnten aber sein weiteres Vordringen in den Sumpf ab. Er hingegen konnte es kaum abwarten. Noch bevor er alle bürokratischen Hürden genommen hatte, erhöhte er das Wehr um fast 2 Meter, zog weitere Entwässerungsgräben und Kanäle, planierte das Land und teilte den Kanyaboli durch einen Damm in zwei Seen. Als 2005 Naturschützer des Kenya Wetlands Forum das Projekt besuchten, forderten sie, das Unternehmen müsse »gezwungen werden, alle seine Aktivitäten unverzüglich einzustellen ... da sie unzweifelhaft einen Gesetzesbruch darstellen«. Dominion erhielt jedoch 2006 für seine Pläne die Umweltgenehmigung und pflügte weiter.

Boone fuhr mit mir zur Sumpfgrenze, wo Papyrus und die für den Reisanbau gerodeten Flächen aneinanderstoßen. »Wir schneiden den Papyrus und verbrennen ihn«, sagte er. »Auf diese Weise gewinnen wir 400 Hektar im Jahr.« Was bedeutete, dass bis Ende 2011 eine Fläche von 1600 Hektar urbar gemacht sein würde. Aber das reichte noch nicht. »Damit sich der Reisanbau wirklich lohnt, muss Calvin noch weitere 3500 Hektar hinzubekommen«, meinte Boone. Abgesehen von den wirtschaftlichen und Umweltfragen scheinen jedoch die sozialen Probleme besonders schwerwiegend. Die Inspektoren vom Wetlands Forum berichteten, die Menschen hätten »das starke Gefühl, betrogen worden zu sein ... Das Unternehmen handelt, ohne die Belange der örtlichen Gemeinschaft zu berücksichtigen.« Mit anderen Worten, Burgess ignoriert die Interessen der Menschen, denen, wie er sagt, seine ganze Sorge gilt.

Nach meiner Rundfahrt über das Farmgelände besuchte ich die Nachbarn jenseits des Zauns. In der Nähe von Gendro, einem schäbigen Dorf mit Lehm- und Wellblechhütten, sprach ich mit zwei Frauen, die Wäsche wuschen. Eine handbetriebene Pumpe führte Wasser aus dem schmutzigen Kanal im Innern des Farmgeländes über eine 3 Meter lange Rinne zu ihrem Waschbecken unmittelbar hinter dem Zaun. Jennifer Acheng, eine kräftige Frau in einem zerrissenen rosa T-Shirt mit der Aufschrift »Mighty Mom«, erinnerte sich: »Als sie anfingen, hat Calvin uns besucht. Wir waren so glücklich. Wir haben damals für ihn gesungen, und wir nannten ihn ›Regen – der Vater, der uns Nahrung schenkt‹. Aber am Ende hat er uns nur Hunger gebracht.«

Die Frauen schauten durch den Zaun auf ein Schild, auf dem in den Sprachen Englisch, Suaheli und Luo »Durchgang verboten« stand. Dahinter erhob sich inmitten der Reisfelder von Dominion die Reisverarbeitungsanlage. »Dies war das Weideland für unsere Rinder«, sagte Acheng. »Selbst die ärmsten Familien hatten mindestens zwanzig Stück Vieh, um sich mit Milch und Fleisch zu versorgen. Über dieses Stück Land sind wir immer zum Sumpf gegangen. Dort haben wir Papyrus geschnitten und daraus Matten und Körbe und Dächer für unsere Hütten gemacht.« Dann wies sie auf einen Mangobaum auf der anderen Seite des Zauns. »Der gehörte uns früher auch. Die Farm hat uns das Land genommen. Die meisten haben jetzt keine Rinder mehr. Und das Wasser ist schmutzig. Die Firma hatte uns sauberes Wasser versprochen, doch aus unseren Pumpen kommt nur dieses schmutzige Kanalwasser.« Damit wandte sie sich wieder ihrer Wäsche zu.

Der 74-jährige Dalmas, der in einem gelben Hemd und mit einer Baseballkappe unter einem Baum im Dorf saß, sagte zu mir: »Wir haben früher direkt im Sumpf gelebt. Meine siebzehn Geschwister und ich wurden dort geboren. Mein Großvater ist dort gestorben. Damals hatten wir hundert Rinder.« Die meisten erwachsenen Dorfbewohner sagten, sie seien im Sumpfgebiet geboren. Jetzt drängten sich 1500 von ihnen um die Farm wie Landbesetzer.

Dalmas erinnert sich auch noch daran, wie Burgess sie in der Anfangszeit besuchte. Er kam damals in Begleitung seiner amerikanischen Vorstandskollegin Barbara Waterson und eines jungen, aus der Gegend stammenden Predigers namens Ken Nyagudi. Dieser hatte Dominion Farms darin bestärkt, sich hier niederzulassen, und wurde später Abgeordneter in Kisumu. »Sie haben uns gesagt, Gott würde die Antwort auf unsere Probleme bringen«, berichtete Dalmas. »Wir sollten jeder einenhalb Hektar bekommen und einen Arbeitsplatz. Aber es gibt keine Arbeit. Sie sind jetzt sogar dabei, Leute zu entlassen.«

Anfangs waren auf der Farm viele Menschen beschäftigt. Ganze Scharen rodeten das Land und hoben Gräben aus, eine Knochenarbeit. Boone erzählte mir, dass er Burgess nach seiner Ankunft geraten habe, den Kurs zu ändern. »Es gab mehr als 700 Arbeiter, die jedoch nicht richtig beaufsichtigt wurden. Maschinen waren kaum vorhanden. Ich habe ihm empfohlen, die Mitarbeiterzahl zu senken und statt dessen geeignetes Gerät einzufliegen, mit dem man das Land anständig roden, entwässern und planieren konnte.« So gibt es inzwischen nur noch 150 Festangestellte auf der Farm. Hinzu kommt eine wechselnde Zahl von Frauen als Saisonarbeiterinnen, die meist auf den Feldern stehen und Vögel verjagen müssen oder Unkraut jäten.

Burgess ist überzeugt, dass die Frauen froh sind, für ihn arbeiten zu können. In seinem Blog heißt es im Dezember 2010: »Täglich zieren 450 Frauen unsere Felder … Sie sind dankbar für die Arbeit und den Lohn, den sie erhalten. Wenn sie morgens früh zur Arbeit kommen, stimmen sie zunächst ihre Gebete und Gesänge an, dann nehmen sie sich die Felder vor. In gebückter Haltung schinden sie sich neun Stunden lang, dann gehen sie mit einem strahlenden Lächeln nach Hause … Manche müssen einen Weg von zwei Stunden zurücklegen, um zur Arbeit zu kommen, und das Gleiche dann wieder am Abend heimwärts.« Als sich Barbara Waterson zu den Frauen auf dem Feld gesellte, »nahmen sie sie in die Arme und hielten sie fest, glücklich und dankbar, dass sich ihr Leben geändert hatte«. Eine anwesende deutsche Filmcrew war davon »so tief bewegt, dass sie kaum die Fassung bewahren konnte«.

Außerhalb des Zauns hörte sich das alles jedoch anders an. Einige waren wütend, dass Frauen, vor allem viele Alleinerziehende, derart schwere Arbeit verrichten mussten. Wie ich selbst sehen konnte, waren die Arbeitsbedingungen für die Frauen miserabel. Es gab weder Busse zur Arbeit noch Unterstellmöglichkeiten bei Regen, weder Kantine noch Toiletten. Zur Mittagszeit setzten sie sich, egal ob es regnete oder die Sonne schien, auf die Deiche und aßen, was sie selbst mitgebracht hatten.

Burgess zahlte seinen Arbeiterinnen 2 Dollar am Tag – also nicht einmal den Durchschnittslohn der Sträflinge in seinen früheren US-Haftanstalten. Boone wehrte sich gegen die Vorwürfe. »Wir stellen die Frauen zum Unkrautjäten an, weil es billiger ist, als Herbizide zu sprühen. Wenn wir ihnen mehr zahlen müssten, hätten wir keinen Vorteil mehr davon. Darüber müssen sie sich im Klaren sein.«

In Gendro trat eine Gruppe von Männern an uns heran, allen voran ein schmaler Mann in einem weißen Regenmantel und mit einer dünnen Brieftasche mit der Aufschrift »Manchester United« an einer Schnur um den Hals. John Akieno Ongwek war Vorsitzender des Kontaktkomitees, das sich einmal im Monat mit Chris Abir von Dominion traf. Wütend blickte er über den Zaun. »Sie nehmen nur Frauen«, sagte er. »Ich möchte, dass sie auch unsere Jungs einstellen, damit sie nicht faul herumhängen. Aber sie haben nein gesagt.« Er zeigte auf einen jungen Mann in seiner Gruppe. »Die Farm hat ihn entlassen. Er hat eine Frau und drei Kinder, aber sie haben ihn ohne Grund vor die Tür gesetzt.« Ein anderer Mann, den er herausgriff, hatte einen verstümmelten Daumen. »Er wurde abgehackt, als er für Dominion Papyrus schnitt. Sie haben jedoch gesagt, das wäre ein Unfall gewesen, und deshalb bekommt er jetzt keine Entschädigung.« John sah plötzlich eingefallen und verstört aus. »Wir wollen, dass sie uns freundlich behandeln und nicht so.«

Auf der anderen Seite der Farm, jenseits des großen, von Burgess ausgehobenen Wasserreservoirs, kochten die Leute vor Wut über den Verlust von mehreren Hundert Hektar Weide- und Ackerland. Als Dominion das Wehr errichtete, um das Reservoir anzustauen, hatte das Unternehmen rund 90 Familien Entschädigung und Umsiedlung angeboten. Die Bewohner des Dorfes, das überflutet wurde, nahmen die Gelder an. Die Farmer in höheren Lagen aber weigerten sich. Sie wollen auch weiterhin ihre Felder bestellen und ihr Vieh grasen lassen, wie und wann immer es ihnen möglich ist, und nehmen das Risiko in Kauf, dass der Wasserstand im Reservoir plötzlich ansteigt oder abfällt.

Im Jahr 2007 gab es eine Überschwemmung, die das gesamte Weideland unter Wasser setzte. Einige Häuser wurden fortgespült. Es war eine schlimme Zeit. Die Bewohner machen Dominion für die Flut verantwortlich. Dominion aber begründet sie mit den Regenfällen und beteuert hartnäckig, die Plantage treffe »nicht die geringste Schuld«. Doch in Wahrheit können das Wehr und die Schleusentore nur eine Fließgeschwindigkeit bis zu 300 Kubikmeter pro Sekunde bewältigen, die aber während der schweren Regenfälle überstiegen wurde. Da sich das Wasser nicht im Sumpf ausbreiten konnte, staute es sich und überflutete Weiden und Felder.

»Ehe das Wehr gebaut wurde, hatten wir jede Menge Weideland.

Außerdem konnten wir im Sumpf Holzkohle machen und Papyrus für unsere Matten schneiden«, erklärte mir Jackson Oware, als wir vor seiner Hütte standen. Er hatte noch einen Streifen Land, auf dem er Mais und Bohnen anbaute, musste aber stets mit einer Flut rechnen. In einem Verschlag hielt er Ziegen, und er weidete seine stark geschrumpfte Herde mit nur noch 32 Rindern wenn möglich im Sumpf.

Aber wegen der nahen Plantage mit dem Wasserreservoir kommen inzwischen Flusspferde und Krokodile fast bis vor seine Haustür. »Das Wehr versperrt ihnen den Zugang zum See. Deshalb bleiben sie im Unterholz hier ganz in der Nähe«, sagte er. »Einer meiner Freunde ist beim Fischen von einem Krokodil angefallen worden.« Seine Frau, seine alte Mutter und seine kleine Tochter, die sich an seine Hand klammerte, bleiben jetzt abends immer in der Hütte. »Ich habe nichts gegen Dominion, und wenn sie sich an den ursprünglichen Plan gehalten hätten, gäbe es jetzt auch keine Probleme. Wir wollten mit ihnen verhandeln, aber sie haben einfach behauptet, die NGOs würden uns zum Widerstand aufhetzen. Dominion entwickelt das Land nicht, es macht uns arm. Wir haben nichts gewonnen und sehr viel Vieh verloren.« Trotzdem erklärte er: »Ich will keine Entschädigung. Ich will mein Land. Und ich werde nicht weichen.«

Weiter oben auf der Anhöhe, wo keine Überschwemmungen drohen, traf ich Erasto Odindo, der schon seit vielen Jahren dort lebt. Mit einem Satellitenfernseher, einem Stromgenerator, einem Stall voller Milchziegen und einem eigenen Brunnen ist er verhältnismäßig wohlhabend. Doch er war ebenso wütend wie die anderen. »Als Dominion die Plantage übernahm, hielten wir das für eine gute Sache. Doch 2005 griffen sie auch auf den Privatgrund der Leute über. Sie beanspruchten unsere gemeinschaftlich genutzten Weideflächen und nahmen den Fluss in Besitz. Wir müssten unser Leben ändern, sagten sie, und aufhören, Rinder zu halten. Ihre Traktoren walzten über unsere Pflanzen hinweg. Wir sind vor Gericht gegangen. Aber die Farm hat uns gesagt, sie bräuchten nicht mit uns zu verhandeln, weil wir nicht als Landbesitzer eingetragen sind.« Mir fiel wieder ein, was Boone am Tag zuvor zu mir gesagt hatte: »Ich habe Calvin erklärt, wir bräuchten nicht mit ihnen zu verhandeln, wenn sie keine eingetragenen Besitzrechte haben. Wir sollten einfach weitermachen.«

Ein anderer Streitpunkt ist der Einsatz von Chemikalien durch die Plantagenbetreiber. Burgess hat wiederholt und entschieden abgestritten, dass seine Firma irgendwelche gefährlichen Pestizide einsetzt. Er räumt allerdings ein, dass die Sprühflugzeuge der Regierung seine Startbahn benutzen, wenn sie gegen den Blutschnabelweber vorgehen, einen unersättlichen Getreidefresser. Und Burgess selbst versprüht Unkrautvernichtungsmittel. Als er 2009 in seinem Blog seinen neuen Piloten vorstellte, schrieb er: »Beim Sprühen müssen wir Vorsicht walten lassen, besonders im Grenzbereich der Farm und im Umfeld der Gärten, der Fischfarm und der Wasserteiche auf unserem Gelände.« Stimmt. Die Einheimischen machen die Winddrift von Chemikalien dafür verantwortlich, dass auf 60 Hektar der ganze Futterkohl eingegangen ist, aber auch, dass mehrere Menschen starben, nachdem in der Folge von Sprühaktionen ihre Bäuche angeschwollen waren. So etwas hatte es noch nie gegeben. Natürlich ist nicht bewiesen, dass die Todesfälle mit Dominion in Zusammenhang stehen, doch die Anwohner sind davon überzeugt. Odino sagte: »Wenn du krank wirst und dann zu Dominion läufst, geben sie dir tausend Schilling, damit du den Mund hältst.«

*

Inzwischen gibt es einen weiteren Konkurrenten im Kampf um den Yala-Sumpf. Als der Kenya Wildlife Service, eine mächtige Regierungsorganisation, einen Teil des Sumpfs zum Naturschutzgebiet erklärte, hoffte man, die weitere Ausdehnung der Farm damit aufhalten zu können. So hätte es zumindest sein müssen. Es gab den Entwurf zu einem Naturschutzplan, den Wissenschaftler der Darwin Initiative entwickelt hatten, mit der die britische Regierung Kenia dabei unterstützt, ihren Verpflichtungen entsprechend den internationalen Bestimmungen für den Sumpf nachzukommen. Dieser Plan verlangte die Beendigung aller Entwässerungsmaßnahmen zu landwirtschaftlichen Zwecken. Die Austrocknung habe »den ökologischen und sozioökonomischen Wert und Nutzen des Yala-Sumpfs untergraben«. Die Forscher forderten stattdessen eine »Renaturierung und Wiederherstellung« und hoben hervor, dass »die traditionellen Nutzungen, die weniger zerstörerisch sind, ein Gedeihen des Feuchtlands ermöglichten, was bei einer mechanisierten Landwirtschaft ausgeschlossen ist«.

Bislang hat der Kenya Wildlife Service diese Vorschläge jedoch nicht beachtet und entwirft stattdessen gemeinsam mit Dominion einen eigenen Naturschutzplan. »Sie wollen die Hälfte des Sumpfs trockenlegen und den Rest zu einem Wildpark machen«, sagte Ongwek. Für die lokale Bevölkerung wäre das der endgültige Schlag. Der Raub des Sumpfs wäre perfekt.

Anstatt die Annexion des Sumpfs durch Dominion aufzuhalten, schickte der Wildlife Service Polizisten, die Anwohner festnahmen. Wie Charles Nyango, der wenige Tage vor meinem Besuch verhaftet worden war, weil er in der Nähe der Dammstraße durch den Kanyaboli-See ein Stück Sumpfland gerodet hatte. Ongwek fuhr mit mir an den Tatort, um dort Nyango zu treffen. »Man hat uns geschlagen und zur Polizeiwache gebracht. Die Anklage lautet, dass wir Papyrus niedergebrannt und uns unserer Festnahme widersetzt haben«, sagte er. »Ja, sicher haben wir im Schutzgebiet Land urbar gemacht«, gab er zu. Aber dann wies er zu einer Stelle weiter hinten an der Straße. Wir befanden uns nur wenige Hundert Meter von dem Ort entfernt, wo Dominion in diesem Augenblick mit schwerem Gerät der Firma John Deere, alles in schönem Grün, Land rodete. Nichts wies darauf hin, dass Angestellte von Dominion Farms festgenommen wurden. Das sei einfach ungerecht, meinte Nyango. »Wir haben hier viele Jahre unsere Felder bestellt. Wer richtet hier den eigentlichen Schaden an? Wer brennt zig Hektar Papyrus ab? Dominion.«

Es gab noch etwas anderes, was mir Ongwek vor unserer Abreise zeigen wollte. Er zog ein Blatt Papier mit einem amtlich wirkenden Stempel unter seinem Regenmantel hervor. Es war ein Berechtigungsschein, den ihm am Tag zuvor der für Dominion arbeitende Yaswa-Sicherheitsdienst ausgestellt hatte. Auf dem Dokument stand: »Bescheinigung: John Atieno (Ongwek), Gemeindevorsitzender im Bezirk Siaya, wird gestattet, mit Besuchern heute, am 15. Februar 2011, nach Daraja und zurück zu fahren. Die Genehmigung hierfür wurde vom Farmmanager Mr. Ronald erteilt.« Die Straße, auf der wir uns befanden, war meiner Ansicht nach eine öffentliche und führte außerhalb der Farm am Zaun vorbei. Ich hatte sie ungehindert benutzen können. Ongwek aber sagte, dass die Dorfbewohner der Gegend eine Erlaubnis dafür brauchten. Das kam mir vor, als befänden wir uns statt auf dem flachen Land in Afrika in einem von Burgess' einstigen Gefängnissen.

Bei der christlichen Landnahme des Amerikaners gibt es natürlich Gewinner und Verlierer. Burgess brennt darauf, Gutes zu tun. Seine Blogs strotzen nur so von edlen Taten, die er täglich begeht, ob er nun mildtätige Gaben auf seine Mitarbeiter regnen lässt, Waisenkindern Essen spendet oder Prostituierte in Nairobi und Kampala als Reisverkäuferinnen anstellt. Sein Unternehmen kann für sich in Anspruch nehmen, mit seinen Investitionen bis zu einem gewissen Grad zu dem neuen, in den Städten der Umgebung zu beobachtenden Wohlstand beizutragen. Man sieht mehr Fahrräder und Blechdächer. Siaya-Stadt hat nun Banken und eine Ladenstraße. Einigen Bewohnern der Gegend hat die Farm die Möglichkeit eröffnet, ihre Erzeugnisse zu verkaufen. »Die Armutsrate ist heruntergegangen – von 85 auf 60 Prozent, und das liegt an dem Geld, mit dem wir die Wirtschaft ankurbeln«, sagt Burgess.

Zweifellos aber sind gleichzeitig andere Einnahmen durch die einstige Nutzung der natürlichen Ressourcen des Sumpfs verloren gegangen. Die Menschen brauchen jetzt Geld, um all die Dinge zu kaufen, die ihnen der Sumpf nicht mehr liefern kann. Aber es geht hier nicht nur um Geld, sondern auch um Land, um Identität und Würde. Enos Were, einer von Burgess' Büroangestellten aus der Gegend, sagte zu mir, manche Menschen, die wegen der Überflutung ihres Landes weggezogen seien, hätten ihre Seele dort gelassen. »Aber wir haben ihnen eine Entschädigung gezahlt. Die Leute sind jetzt bessergestellt. Bevor Calvin kam, gingen sie barfuß.«

Auf Chris Owalla, einen Soziologen aus Kisumu, machte das keinen großen Eindruck. Er hatte kürzlich Friends of Yala Swamp mitbegründet, ein Netzwerk von NGOs, das die Bewohner dieses Gebiets auffordert, das Land ihrer Vorfahren zu definieren und einzufordern. »Wie kann man den Wert bestimmen, den Land für Menschen hat?«, fragte er. »Jedenfalls kann man nicht einfach zu den Leuten sagen, wenn ihr die Entschädigung nicht annehmt, kommen wir mit der Polizei und überfluten euer Land. Die Menschen haben Rechte, ob sie nun als Besitzer eingetragen sind oder nicht. Sie sollten eigene Pläne für den Sumpf entwerfen, mit oder ohne Dominion.«

Rein rechtlich wird der Sumpf für die Gemeinden der dortigen Bevölkerung von den Bezirksregierungen jener Region treuhänderisch verwaltet, den beiden Distrikten Siaya und Bondo. Doch soweit ich sehen konnte, fragten die Behörden die örtlichen Bewohner nicht nach ihren Bedürfnissen und waren nur an den Pachtzahlungen der Farm interessiert. In den ersten 25 Jahren dürften sie sich auf 15 Millionen Kenianische Schilling oder 175.000 Dollar belaufen. Doch aufgrund von Grenzstreitigkeiten können sich die Distriktsverwaltungen nicht einigen, wer welchen Anteil davon erhält. Vielleicht war seine Verbitterung über diesen Umstand daran schuld, dass Silas Odhiambo, ein Verwaltungsangestellter in Bondo, kaum dass ich mich in seinem Büro gesetzt hatte, herausplatzte: »Dominion sollte geschlossen werden. Die Leute dort ziehen uns nicht zurate. Sie machen einfach, was sie wollen.«

Die Bezirksregierung von Bondo behauptet außerdem, dass ein Teil der für Siaya bestimmten Pacht auf ein Bankkonto in Kisumu gezahlt worden sei, das dann auf rätselhafte Weise geleert wurde. Schwer zu sagen, inwieweit dies der Wahrheit entspricht. Dominion jedenfalls beharrt darauf, das Geld gezahlt zu haben, während die Verwaltung in Siaya sagt, sie habe es nicht bekommen.

In Siaya ließ sich niemand finden, der mit mir sprechen wollte, doch ich traf den Bezirksrat Leonard Orario, zuständig für einen Großteil des Sumpfs und damit auch das Sumpfgebiet, das zur Dominion-Farm gehört. Er war noch neu im Amt und verlor gerade seine Illusionen. Seine Kollegen vom Bezirksrat nähmen ihre Aufgabe als Treuhänder des Sumpfs nicht ernst, sagte er. »Sie sind Räuber. Und da ich selbst keiner bin, legen sie mir nur Steine in den Weg. Jetzt regen sich meine Wähler über mich auf, weil es mir nicht gelingt, etwas zu verändern. Ich glaube nicht, dass man mich wiederwählt.«

Am Yala-Sumpf zeigt sich, dass Außenstehende, selbst wenn sie mit den besten Absichten kommen, große Probleme herbeiführen können. Dominion Farms ist im Gegensatz zur Ansicht mancher NGOs kein Unternehmen, das sich das Land auf brutale Weise unter den Nagel reißt. Es ist zwar kompromisslos, will aber grundsätzlich den Menschen helfen. Anfangs bekam Burgess von seinem christlichen Netzwerk und von seinen Regierungskontakten jede Menge Vorschusslorbeeren. Auch von den lokalen NGOs schlug ihm keine Feindschaft entgegen. Wegen der extremen Armut in dieser Region fühlten sich insbesondere Frauen aufgefordert, bei ihm zu arbeiten, auch wenn die Bedingungen manchmal wirklich miserabel waren. Man könnte fast fragen, wenn nicht Burgess kraft seiner Persönlichkeit und unter Berufung auf den Willen Gottes diese Art von Entwicklungsarbeit leisten kann, wer dann?

Die Weitsichtigen in der Bevölkerung erkennen, dass die Farm wahrscheinlich nur dann Erfolg haben kann, wenn Burgess und seine weißen Verwalter abziehen und sie als rein afrikanisches Projekt zurückbleibt. »In Afrika gibt es so viele Erfahrungen aus der Kolonialzeit«, sagte mir Burgess' schwarzer Statthalter Abir eher besorgt als wütend beim Mittagessen, bevor ich die Farm verließ. »Wenn ein Weißer kommt, denken sie, er will ihnen wie damals das Land wegnehmen. Die Leute sind misstrauisch. Aber auch voll großer Erwartungen. Und sie rechnen mit Geschenken: einen zusätzlichen Dollar vom weißen Mann. Wenn dann etwas schiefgeht – was natürlich vorkommt –, dann sagen sie, er ist genauso wie die anderen, und sein Projekt wird scheitern.«

Abir sagte zu mir, er sehne die Zeit herbei, in der die Chefs der Farm nicht mehr aus Amerika kämen, sondern Kenianer seien. Ein paar Wochen später schickte er mir eine E-Mail und berichtete stolz, dass jetzt ein schwarzer Afrikaner Boones Stelle als Farmmanager übernehme, der mehrere Jahre auf der Farm gearbeitet habe. Vielleicht führt das zum Erfolg. Vielleicht bestätigt sich Burgess' Vision, und sein Dominion kann sich dauerhaft etablieren. Aber dann fasste ein nachdenklicher Dorfbewohner von außerhalb des Farmzauns die herrschende Skepsis in einem Satz zusammen, den ich bei der Recherche zu diesem Buch immer wieder hörte: »Wenn das alles schiefgeht oder wenn sie kein Interesse mehr haben, fahren sie einfach wieder nach Hause. Wir aber müssen hierbleiben, denn es ist unser Land.«

Ein paar Monate später verschlechterte sich die Lage noch weiter. Die Polizei hatte Dorfbewohner von einem umstrittenen Streifen Land der Farm verwiesen, und Bezirksrat Leonard Orario war wegen Aufhetzung festgenommen worden, nachdem er sich auf die Seite der Dorfbewohner gestellt hatte. Und als Burgess kam, verjagten aufgebrachte Dorbewohner ihn mit Messern in der Hand. Er beschwerte sich bei der Polizei und sagte, er fürchte um sein Leben.

Allerdings hatte ich schon zuvor den Eindruck gehabt, dass Burgess von seiner Mission, die Menschen im Yala-Sumpf zu retten, gar nicht mehr so begeistert war, wie er behauptet hatte. Als ich ihn interviewte, stand er kurz vor der Abreise in den neuen Staat Südsudan, wo er auf Landsuche gehen wollte. Davon habe ich später jedoch nichts mehr gehört. Aber kurz nachdem er von den Dorfbewohnern in Yala verjagt worden war, tauchte er plötzlich in Nigeria auf. Er stehe kurz vor dem Abschluss eines Pachtvertrags für 30.000 Hektar Sumpfland im Bundesstaat Taraba, den der ehemalige nigerianische Staatspräsident Olusegun Obasanjo unterstütze, sagte er. Er plane dort eine Reisplantage, die um ein Vielfaches größer sein werde als sein Unternehmen in Yala.

Auch hier handelt es sich wieder um eine heruntergekommene einstige Staatsfarm. Nach Berichten einheimischer Reporter habe er gesagt, das Land sehe weit »attraktiver« aus als sein Dominion in Kenia. Und das Oberhaupt der dort lebenden Gemeinschaft vom Stamm der Gassol meinte, das Projekt sei für seine Leute »ein Segen«. Jetzt fehlt nur noch ein weißes Kreuz.

6

LIBERIA

Der Ressourcenfluch

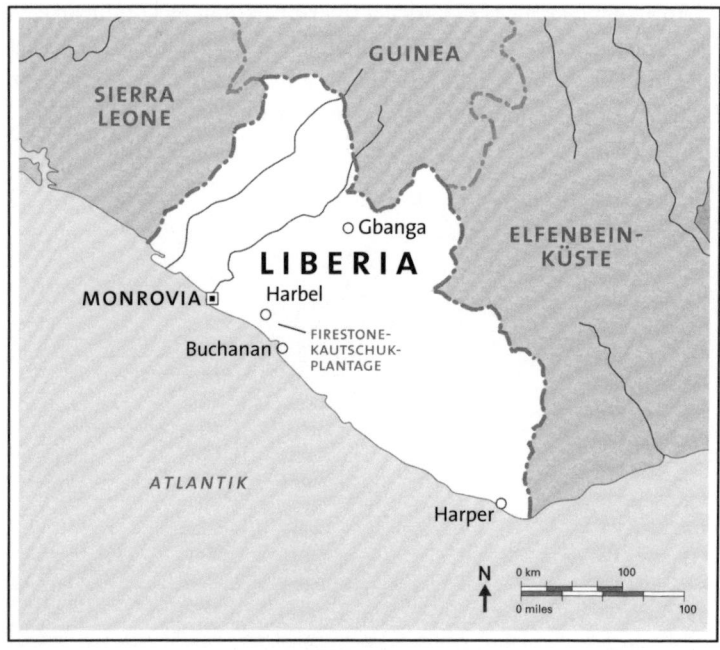

Auf der höchsten Erhebung Monrovias steht ein großes Denkmal mit einer Statue von Joseph Jenkins Roberts, dem ersten Präsidenten Liberias. Der westafrikanische Staat wurde vor fast zwei Jahrhunderten gegründet, um befreiten amerikanischen Sklaven eine Heimat zu geben. Unter der Figur ist eine schwarze Reliefplatte mit einer Darstellung der Neuankömmlinge in diesem afrikanischen Staat der Freiheit angebracht. Sie sind prächtig gekleidet und werden von den einheimischen Häuptlingen in Stammestracht mit Handschlag begrüßt. Die Szene ist von Bäumen eingerahmt, als stünden sie auf einer grünen Lichtung im Busch. Das ist der Gründungsmythos Liberias: zwei Gruppen edler Schwarzer mit unterschiedlicher Vergangenheit, aber einer gemeinsamen Zukunft, die friedlich in einem afrikanischen Garten Eden aufeinandertreffen. Leider lief es ganz anders.

Heute blickt Roberts auf eine gespaltene Nation. Jenseits der Anhöhe, hinter einem ausgebombten Wasserreservoir, zieht sich der »UN Drive« entlang. Hier versucht eine Armada internationaler Organisationen, darunter 15.000 Soldaten der UN-Friedenstruppen, Liberia bei der Bewältigung eines 14-jährigen Bürgerkriegs zu helfen, einem Krieg, der seine fragile Infrastruktur zerstört und seine Menschen traumatisiert hat.

In diesem Krieg standen die indigenen Einwohner und die aus Nachkommen der Zuwanderer gebildete Elite – noch immer Ameriko-Liberianer genannt – oft auf verschiedenen Seiten. Und der Krieg wurde nicht zuletzt dadurch befeuert, dass man viele der Bäume fällte, die dem ersten Treffen der beiden Gruppen vor fast zwei Jahrhunderten Schatten spendeten. Der Garten Eden, von dem sich die befreiten Sklaven Wohlstand erhofft hatten, hat stattdessen zu großen Konflikten geführt. Liberias jüngste Geschichte ist, so könnte man sagen, ein hervorragendes Beispiel für den »Ressourcenfluch«, bei dem die Ausschöpfung der natürlichen Reichtümer statt Wohlstand Streitigkeiten, Plünderung und Armut bringt. Zugleich ist sie eine heilsame Warnung an all die, die meinen, ausländische Investitionen böten notleidenden afrikanischen Staaten einen sicheren Entwicklungsweg.

Liberia ist einzigartig in Afrika. Es ist keine Schöpfung europäischer Kolonialmächte, sondern amerikanischer Philanthropen, die die American Colonization Society gründeten, um für befreite Sklaven auf dem Kontinent ihrer Vorfahren den »idealen Staat« zu errichten. Die ersten 86 ehemaligen Sklaven landeten 1820 an der dünn besiedelten »Pfefferküste« Westafrikas. Mit der Androhung von Waffengewalt gelang es ihnen, von einem Stammeshäuptling 50 Kilometer Küste zu »kaufen«. Innerhalb weniger Jahre hatten etwa 3000 von ihnen den Küstenstreifen kolonisiert und vier Siedlungen gegründet. 1847 riefen sie den Staat Liberia aus, der von der Küste 300 Kilometer weit ins Land hineinreichte.

Die einheimische Bevölkerung wurde nicht zurate gezogen und von der Staatsbürgerschaft der jungen Republik ausgeschlossen. Nach den ersten Bodengesetzen durften sie erst dann Land besitzen, wenn sie zivilisiert seien. Doch das gelang nur den Wenigsten. Die meisten lebten weiterhin im Urwald und rodeten kleine Landflecken für Obst- und Gemüsegärten und den Wanderfeldbau. Ihre Aufstände gegen die Eroberer waren kurzlebig, auch deshalb, weil sie aus Dutzenden rivalisierender Ethnien stammten. Die Grebo rebellierten 1893, die Kru 1915.

Zahlenmäßig waren die Kolonialisten stets nur eine kleine Minderheit. Heute stellen ihre Nachkommen gerade mal 3 Prozent der liberianischen Bevölkerung. Doch über mehr als ein Jahrhundert hinweg regierten sie das Land und behandelten die Eingeborenen oft mit Geringschätzung. Der Völkerbund stellte fest, dass die Regierung Angehörige der indigenen Bevölkerung in den 1920er-Jahren gewaltsam auf die in spanischem Besitz befindlichen Plantagen der westafrikanischen Insel Fernando Po verschleppte. Es mutet seltsam an, dass befreite Sklaven andere Menschen mit der gleichen Grausamkeit behandeln, die sie selbst erfahren haben. Doch die USA unterstützten sie finanziell und ermutigten sie, das Landesinnere und seine Ressourcen an ausländische Unternehmen zu übertragen, um dort Holz zu schlagen, Bodenschätze zu schürfen und Plantagen anzulegen. Das Husarenstück dieses Systems war die Millionen-Hektar-Landnahme durch Firestone, das dort 1926 eine Kautschukplantage schuf. In den 1950er-Jahren betrug der Anteil Firestones an der Wirtschaftsleistung des Landes etwa 40 Prozent.

Das Jahr 1980 brachte das Ende der ameriko-liberianischen Vorherrschaft. Samuel Doe, ein Angehöriger des im Landesinneren lebenden Stammes der Krahn, aber ausgebildet bei den Special Forces der US-Armee, ergriff in einem Staatsstreich die Macht. Er ließ Präsident William Tolbert hinrichten, Hunderte von Ameriko-Liberianern festnehmen und erklärte sich zum ersten indigenen Präsidenten des Landes. Seine Herrschaft war verheerend. Zusammen mit seinen Offizieren, wie er aus dem Stamm der Krahn, machte er sich daran, die kostbaren Rohstoffe ihres Landes selbst zu plündern. Zum Schluss hatte Doe alle außer den Krahn gegen sich aufgebracht und wurde von seinem früheren Mitstreiter Charles Taylor abgesetzt.

Taylor jedoch erwies sich als noch schlimmer. 1983 war er von Doe entlassen worden, weil er eine Million Dollar veruntreut hatte. Damals floh er in die USA, wo er seine Beute bei einer Bank deponiert hatte. Er wurde festgenommen, konnte aber vor seiner Auslieferung nach Liberia fliehen. Bei seiner Flucht habe ihm die US-Regierung geholfen, behauptete er. Er rettete sich nach Libyen und erhielt dort bei den Streitkräften Oberst Gaddafis eine Guerillaausbildung, ehe er eine Rebellenarmee rekrutierte, die 1989 in Liberia einmarschierte. Taylors Machtergreifung führte zu einer Ausweitung des Konflikts, der über 14 Jahre anhielt und in dessen Verlauf fast die Hälfte der Bevölkerung aus Liberia floh. Zu Warlords gewordene Stammesfürsten kämpften ebenso um die Rohstoffe des Landes wie um den Präsidentenpalast.

Unter Taylor gingen Holzschlag und Terror Hand in Hand. Anfangs vergab der Präsident Abholzungskonzessionen in den von ihm kontrollierten Gebieten gegen Geld für Waffenkäufe. Als er an der Regierung war, setzte sein Bruder Demetrius (»Bob«) Taylor als Chef der Forestry Development Authority diese Politik fort. Eine Untersuchung der UNO kam zu dem Ergebnis, dass 86 Prozent der rasch ansteigenden Holzerzeugung des Landes von Waffenhändlern kontrolliert wurde. Aus Waffenschiebern wurden Landnehmer.

Einer dieser merkwürdigen Herren über den Wald war ein berüchtigter Mafiaboss aus der Ukraine, Leonid Minin, dessen Firma Exotic Tropical Timber Enterprise auch mit Waffen und Diamanten handelte. Ein anderer war Guus van Kouwenhoven, ein holländischer Abenteurer, der in seiner schillernden Vergangenheit unter anderem 1970 in Los Angeles wegen Hehlerei eines gestohlenen Rembrandts verurteilt worden war. Er zog anschließend nach Liberia, verkaufte dort Luxuslimousinen und betrieb das protzige Hotel Africa mit seinem berühmten Kasino. Dort nannten ihn alle »Mr. Gus«. In den 1990er-Jahren gehörte Mr. Gus zu Taylors Vertrauten. Und 1998 wurde er unter rätselhaften Umständen Präsident einer Holzgesellschaft mit dem Namen Oriental Timber.

Bis Mr. Gus kam, hatte die Firma kein Interesse an Liberia gezeigt. Zweifellos mithilfe seines Postens in der Forestry Development Authority konnte er es zu Liberias mit Abstand größtes Holzunternehmen ausbauen, das Abholzungsrechte für mehr als 1 Million Hektar oder ein Viertel der Waldfläche Liberias besaß. Das Unternehmen, das sich

zu jener Zeit als malaysisch bezeichnete, ließ aus Asien etwa 600 Holzfäller und alle zwei Monate ein frisches Team von Prostituierten ein-
fliegen.

Oriental Timber verschiffte sein Holz im Hafen von Buchanan, mit
30.000 Einwohnern Liberias drittgrößte Stadt. Damals in den Boomjah-
ren nahmen die Docks, zu denen auch ein Exportterminal für die Eisen-
minen im Landesinneren gehörte, mehrere Quadratkilometer ein. Heute gleichen sie einer Geisterstadt, und die Anlagen mitsamt Oriental
Timbers einstigem Sägewerk rosten vor sich hin. Mr. Gus schickte sein
Holz nach Frankreich und China, und bei ihrer Rückkehr waren die
Schiffe mit Waffen beladen. Nachdem er vom Vorwurf der Kriegsver-
brechen und in einem Berufungsverfahren auch von dem Vorwurf,
Waffen an Taylor geliefert zu haben, freigesprochen wurde, erwartet van
Kouwenhoven gegenwärtig ein Wiederaufnahmeverfahren.

Männer wie Mr. Gus und Minin sind durch die Ausplünderung der
kostbaren Holzreserven Liberias zu großem Reichtum gelangt. Aber das
Gleiche gilt auch für Taylor, der unerwartet auf die Möglichkeit gesto-
ßen war, über die Holzgesellschaften seine Warlord-Ökonomie zu finanzieren. Nach dem Bürgerkrieg entdeckten Ermittler einen auf den
Juli 2000 datierten Scheck über nahezu 2 Milliarden Dollar, ausgestellt
von Natural Holdings, einer Tochterfirma von Oriental Timber, auf das
private Bankkonto von Charles Taylor.

Die Nichtregierungsorganisation Global Witness, die die Machenschaften untersuchte, listete auch andere Unternehmen auf, die in jener
Zeit liberianische Abholzungskonzessionen besaßen. Unter anderem
waren das die Royal Timber Company unter der Leitung von Mr. Gus;
die Inland Logging Company, geführt von Taylors Kampfgenossen
Maurice und Oscar Cooper; die Mohammed Group of Companies im
Besitz von Mohammed Salame, Taylors Sonderbotschafter in Elfenbeinküste; und Maryland Wood Processing Industries, die dem libanesi-
schen Geschäftsmann Abbas Fawaz gehörte. Fawaz musste für seine »Sicherheit« an einen örtlichen Anführer Geldzahlungen leisten, während
eben dieser Kommandeur mehr als 300 andere Zivilisten verschleppte
und ermordete.

Tragischerweise sah die internationale Gemeinschaft diesem Treiben über Jahre hinweg tatenlos zu. Doch im Land selbst konnte jeder se-

hen, was vor sich ging. 2001 erklärte ein britischer Diplomat Journalisten in Monrovia: »Es ist der Holzhandel, der Taylor an der Macht hält.« Doch die Welt war nicht bereit, liberianisches Holz zu ächten. Daher war auch die UNO nicht in der Lage, in einem Bürgerkrieg, der inzwischen vielfach von Kindersoldaten ausgetragen wurde, einen Frieden auszuhandeln.

Erst im Mai 2003 belegte der UN-Sicherheitsrat Liberia mit einem Handelsembargo für sein »Kriegsholz«. Das zeitigte unverzüglich Wirkung, und im August war der Bürgerkrieg beigelegt. Das Regime brach zusammen, als ihm Taylors Holzeinnahmen fehlten; die Landnehmer reisten ab, und Taylor floh nach Nigeria. Unter dem Schutz von UN-Friedenstruppen fanden 2005 Neuwahlen statt. Siegerin war die von den USA gestützte Harvardabsolventin Ellen Johnson Sirleaf, die seitdem auch ihre Wiederwahl sichern konnte und dem Land nicht nur die so dringend benötigte Sicherheit und Stabilität brachte, sondern auch die Ausplünderung seiner Ressourcen eindämmte. Doch immer noch war das Land von extremer Armut und wirtschaftlicher Stagnation gekennzeichnet. Da Einnahmen fehlten, waren die Kassen der Regierung leer. Und Sirleaf stand vor dem Dilemma, dass sie, um die Wirtschaft wieder in Schwung zu bringen, die begehrteste Ressource ihres Landes anzapfen müsste – eben jenen Urwald, der einen blutigen 14-jährigen Bürgerkrieg genährt hatte, dem 150.000 Menschen zum Opfer gefallen waren. Konnte der Ressourcenfluch gebrochen werden?

Trotz der Verwüstungen durch den Bürgerkrieg sind noch immer 45 Prozent der Fläche Liberias von Wald bedeckt. Er beherbergt eine der letzten lebensfähigen Populationen von Zwergflusspferden auf der Welt, außerdem die heimische Liberia-Manguste, Diana-Meerkatzen, Jentinks-Ducker und Westafrikas größte Population von Waldelefanten. Die neue Regierung hat versprochen, eine Million Hektar als Naturschutzgebiet auszuweisen, möchte jedoch, dass sich der Rest selbst trägt.

So begann Sirleaf vorsichtig, neue Abholzungskonzessionen zu vergeben. Die alten waren natürlich null und nichtig. 2011 unterzeichnete sie ein Abkommen mit der Europäischen Union, dem größten Markt für liberianisches Holz, um die Holzverkäufe dauerhaft auf eine gesetzliche Basis zu stellen. Danach müssen ab 2013 alle Firmen, die Holz aus welchem Land auch immer importieren, den Nachweis erbringen, dass es legal erzeugt wurde. Hierzu will Liberia ein bislang einzigartiges Tracking-System verwenden. Jeder Baum, der gefällt werden darf, und jeder Holzstamm wird mit einem Barcode versehen, damit man seinen Weg vom ursprünglichen Standort über den Hafen und weiter nachvollziehen kann.

Das System ist ebenso einfach und sicher wie das Einscannen der Preise an der Supermarktkasse, sagt Ivan Muir, ein südafrikanischer Forstfachwirt, der mit der Einführung beauftragt und Chef der Filiale von SGS ist, einem auf Waldzerfikationssysteme spezialisierten Schweizer Unternehmen. Als ich Ende 2010 Liberia besuchte, wurden gerade 220.000 Bäume für die erste Exportwelle nach Europa mit dem Barcode versehen. Muir meinte jedoch, man müsse abwarten, ob man auf diese Weise auch die Schmuggler davon abhält, illegal geschlagenes Holz durch die notorisch durchlässigen Grenzen zu schleusen und außerhalb der EU zu verkaufen.

Viel hängt auch davon ab, wie sich die neuen Konzessionäre verhalten. Liberianische NGOs vermuten, dass nicht alle den Anforderungen der Regierung genügen und offenlegen, wer ihre Hintermänner und Geschäftspartner sind. So ging eine Firma etwa kurz nach Erhalt der Konzession von koreanischen in malaysische Hände über. Einer anderen wirft man Verbindungen zur North Eastern Logging Company vor, die unter Taylor die Wälder plünderte. Und eine dritte befindet sich zum Teil im Besitz von Wael Charafeddine, dem Sirleaf eine Konzession verweigert hat.

Doch trotz aller Anfangsschwierigkeiten ist Liberia wieder offen für Geschäfte. Die Hauptstadt Monrovia füllt sich mit internationalen Investoren, die sich ihren Anteil an den Ressourcen des Landes sichern wollen. Einige sind gar nicht erst fortgegangen. Ich sah mir an, was über weite Strecken hinweg im vergangenen Jahrhundert die größte Kautschukplantage der Welt gewesen war: Firestones 400.000 Hektar umfassende Welt der Gummibäume.

Firestones wichtigste Plantage liegt bei Harbel, ungefähr eine Stunde Fahrt von Monrovia. In alle Himmelsrichtungen erstrecken sich zig Kilometer weit die Gummibäume. Nicht weit entfernt liegt der von den

Amerikanern gebaute Roberts International Airport, der von Firestones Kraftwerk mit Strom versorgt wird. Während des Bürgerkriegs wurde die Plantage aufgegeben und Landbesetzern, Milizen und Köhlern überlassen, doch inzwischen ist sie wieder in Betrieb. Tritt man durch das Tor, kommt man sich vor wie in einer anderen Welt. Nach dem Chaos von baufälligen Hütten und dem Buschland ist es fast ein Schock, wenn man plötzlich Straßen ohne Schlaglöcher, gepflegte Rasenflächen und Kreuzungen mit Verkehrsschildern vorfindet.

Das Vermögen des Unternehmens, das diese Enklave besitzt, übersteigt den Staatshaushalt seines Gastlands um ein Mehrfaches. Offiziell ist Liberia zwar frei, doch Harbel wirkt wie eine Kolonie der USA. LKWs fahren den getrockneten Kautschuk der ungefähr acht Millionen Gummibäume über die Straßen zu dem firmeneigenen Hafen vor den Toren Monrovias, von wo er auf Firestone-Schiffen nach Amerika gebracht wird. Die Manager stammen meist aus den USA, und der Firmenzeitschrift *The Pepper Bird* nach zu urteilen werden die meisten Verträge mit liberianischen Firmen erst dann unterzeichnet, wenn der amerikanische Generalmanager aus Nashville angereist ist.

In seinem Firmenbüro inmitten eines umzäunten Geländes traf ich Rufus Karmorh, den Pressesprecher des Unternehmens, der das Buch Mormon auf seinem Schreibtisch liegen hatte. Vor der Anlage gab es eine Königreichhalle der Zeugen Jehovas und mehrere methodistische Kirchen sowie das große säkulare Heiligtum der amerikanischen Managerkultur, einen Golfplatz. Das vertraute Bild wurde noch durch die alten gelben amerikanischen Schulbusse vervollständigt, die die Arbeiter der Plantage von einem Ort zum anderen brachten.

Das Firestone-Lehen reicht zurück bis ins Jahr 1926 und wurde von dem US-amerikanischen Kautschukbaron Harvey S. Firestone gegründet, um den Rohstoffnachschub für seine Reifenfabriken zu sichern. Diese expandierten in raschem Tempo, weil sich das Autofahren in den USA zunehmender Beliebtheit erfreute. Der damalige britische Schatzkanzler Winston Churchill hatte versucht, ein Preiskartell durchzusetzen, um Englands Kontrolle über die großen Kautschukplantagen Malaysias auszunutzen, die damals 75 Prozent der weltweiten Produktion lieferten. Firestones Freund Henry Ford versuchte, das Kartell mit seinem Fordlandia-Projekt zu durchbrechen, das die Pflanzung von Kautschukbäumen im brasilianischen Amazonasgebiet vorsah. Diese Pläne scheiterten, doch Firestone konnte in den Wäldern Liberias Fuß fassen.

Ein Abkommen mit der liberianischen Regierung sicherte Firestone damals 4 Prozent der Landfläche Liberias für einen Zeitraum von 99 Jahren. Dadurch wurde es zum größten privaten Arbeitgeber und hatte in den 1950er-Jahren einen Anteil von 40 Prozent an der liberianischen Wirtschaftsleistung. Aber Firestone verhielt sich oft anmaßend, eignete sich Wälder aus Gemeindebesitz an, entweihte Grabstätten und heilige Orte, zerstörte Wasserquellen und Jagdgründe und machte ganze Dörfer und Farmen platt. Die Spannungen zwischen Ameriko-Liberianern und der indigenen Bevölkerung verschärften sich.

Auf eigenem Territorium leistete Firestone in sozialer Hinsicht durchaus Gutes, doch gemessen an seinen Gewinnen war sein Beitrag an die Staatskasse notorisch gering. 1926 war die Pacht auf lächerliche 5 Cent pro Morgen festgelegt worden, und das Abkommen enthielt die berüchtigte »Klausel K«, die die liberianische Regierung verpflichtete, bei Firestone einen gewaltigen Kredit aufzunehmen. »Auf diese Weise«, sagte ein Kenner Liberias zu mir, »hatte das Unternehmen das ganze Land in der Hand.«

2008 verlängerte die Regierung Sirleaf Firestones Konzession bis zum Jahr 2041, reduzierte jedoch den Umfang, der nun eher der tatsächlich genutzten Fläche entsprach. Firestone verfügt jetzt über 48.000 Hektar und bezahlt pro Hektar 5 Dollar Pacht. Mancherorts auf dem Firmengelände hausen noch immer Mitglieder jener Milizen, die die Plantage während Liberias langem Bürgerkrieg besetzt hatten. »Die meisten konnten wir vertreiben«, sagt Karmorh. »Aber die Straßen durch unser Gebiet gehören zum öffentlichen Verkehrsnetz, und deshalb haben wir ein Sicherheitsproblem.« Bewohner der Ortschaften berichteten mir, Firestone habe alte, als »Gravel Ants« (Fleischameisen) bekannte Soldaten angestellt, die den Frieden wahren sollen.

Ungeachtet der Sicherheitsprobleme beschäftigt Firestone jetzt wieder 7000 Mitarbeiter. Die meisten verdienen nur etwas mehr als 3 Dollar am Tag, aber immer noch knapp das Doppelte des landesweiten Mindestlohns. Hunderte von Frauen arbeiten in den beiden größeren Baumschulen und veredeln junge Bäume, die die alten, unproduktiven ersetzen sollen. Auf der Plantage selbst machen Tausende von Männern täglich ihre Runde als Kautschukzapfer, um die weiße Flüssigkeit von jeweils 750 Bäumen aus den an der Rinde befestigten roten Bechern ein-zusammeln. Anschließend tragen sie den Kautschuk in über den Schul-tern hängenden Eimern zu den Wiegestationen. In der zentralen Verar-beitungsanlage wird ihm dann in einer Zentrifuge das Wasser entzogen, und übrig bleiben riesige Berge der getrockneten Masse, die verschifft werden können. An diesem Ablauf hat sich seit der Gründung der Plan-tage nur wenig geändert.

Firestone ist paternalistisch; es vertritt seine Ziele nach außen mit großem Nachdruck und versucht, jede Kritik mit einem Berg von Statis-tiken zu zerstreuen. »Wir leisten einen größeren Beitrag zum Lebens-standard Liberias als jede andere private Organisation«, sagte Karmorh. »Wir haben 26 Schulen mit 16.000 Schülern, und keiner unserer Mitar-beiter muss für seine Kinder Schulgeld zahlen. Ungefähr 500 haben die Möglichkeit, in die Oberstufe zu kommen und die zwölfte Klasse zu er-reichen. Wir bauen oder renovieren 1900 Häuser. Außerdem wurde un-ser Krankenhaus mit 300 Betten wieder eröffnet und versorgt 9000 Pa-tienten im Monat.« Die Firma hat auch einen eigenen Rundfunksender. Ich gab ihm ein Interview.

Die Wohnanlagen, die ich sah, sind primitiv: Reihen einstöckiger Be-hausungen mit vier Räumen, aber ohne Toiletten. Draußen gab es Ge-meinschaftslatrinen sowie Handpumpen für Wasser – in der Regel zwei für 500 Menschen. Im Krankenhaus wurden, außer bei Notfällen, nur die Angestellten der Firma und ihre Familien behandelt, obwohl der me-dizinische Leiter Lyndon Mabande stolz darauf hinwies, dass jede Frau aus den umliegenden Orten zur Geburt ihres Kindes zu ihnen kommen könne. Die Rate der Müttersterblichkeit in der Gegend habe er einfach nicht mehr ertragen können. Die medizinische Hygiene könnte besser sein, dachte ich. Auf den Operationstischen lagen blutige Laken. In ei-nem Raum stand dreckiger Abfall direkt neben dem Becken, in dem die Operationsinstrumente gereinigt wurden. Versehentlich öffneten wir die Tür zu einem Operationssaal, in dem gerade eine Amputation durchgeführt wurde. Doch für die Verhältnisse Liberias war dies ein gut ausgestattetes und gut organisiertes Krankenhaus.

Man hat Firestone vorgeworfen, das örtliche Wassernetz zu verun-reinigen und seine Mitarbeiter schändlich zu behandeln. Solche Vorwürfe lassen sich immer nur schwer erhärten. Ich sah die neue Kläranlage, die als Reaktion auf die Vorwürfe gebaut worden war und das Abwasser reinigte. Das dabei erzeugte Endprodukt rann sanft einen Kanal entlang und wurde von einem Bauern zur Bewässerung seiner Maispflanzen genutzt. Dass es so sauber wirkt, führte jedoch zu Problemen. »Manche Leute halten es für Trinkwasser, obwohl es das nicht ist«, sagte Karmorh. Außerdem verbirgt sich in den umliegenden Sumpfgebieten immer noch das unbehandelte Abwasser aus vielen Jahrzehnten.

Was mich bei meiner Besichtigungstour am traurigsten machte, war jedoch etwas, was man Firestone nicht unbedingt vorwerfen konnte. Als ich mir die Bibliothek der Oberschule ansah, erkundigte ich mich nach Büchern über Liberia. Es gab keine. Ich fand lediglich einen Stapel alter Ausgaben der *Glencoe World Geography*. Darin wurde Liberia mit einem einzigen Satz als »Kolonie ehemaliger Sklaven« beschrieben. Die indigene Bevölkerung, die die überwiegende Mehrheit und einen Großteil der Schüler stellt, wurde nicht erwähnt.

Ich ließ die makellosen Rasenflächen, das Clubhaus des Golfplatzes und die gelben Busse von Firestone zurück und fuhr ins liberianische Hinterland. Wenn die Enklave von Firestone positive Auswirkungen auf die gesamte Gemeinschaft hat, dachte ich, dann müsste es hier zu sehen sein. Ich kam an einem der neuen Mobilfunk-Sendemasten von Lonestar vorbei, die zu Hunderten in der Landschaft stehen, während es kein funktionierendes Festnetz gibt. Ansonsten aber konnte ich kaum etwas entdecken, was auf ausländische Investitionen schließen ließ. Das nahegelegene Dorf Glarkon wirkte besonders verloren mit seiner verfallenen Schule, dem unbrauchbaren Fußballfeld, der aufgegebenen Kirche und der ausgeweideten Industrieanlage.

Goll's Town war nicht besser. Dieser Ort war vor langer Zeit entstanden, als die Gemeinde Korweleh wegen der Errichtung der Firestone-Plantage aufgelöst worden war und die Menschen hierher zogen. Doch auch Goll's Town, benannt nach dem ersten Siedler an diesem Platz, hatte inzwischen den größten Teil seiner Waldgebiete an Firestone abtreten müssen. Das Dorf besaß eine baptistische Kirche und eine Handpumpe, aber weder Latrinen noch ein Badehaus. Die nächste Schule war zwei Stunden Fußmarsch entfernt, das nächste Krankenhaus das auf der Firestone-Plantage. Bei der Aufnahme, sagten die Dorfbewohner, müssten sie 25 Dollar »nicht zu erstattendes Pfortengeld« zahlen und für jede Behandlung noch einmal eine zusätzliche Gebühr. Einige Familien in Goll's Town leben vom Kautschuk der Bäume auf ihren eigenen Parzellen, andere machen aus alten Bäumen Holzkohle. Viele schicken ihre jungen Leute nach Monrovia, damit sie sich Arbeit suchen.

Firestone ist eine große, weithin sichtbare amerikanische Zielscheibe für politische Aktivisten. Das ist verständlich. Doch auf anderen Kautschukplantagen sind die Bedingungen oft noch schlimmer. Weiter unten an der Straße, Richtung Buchanan, kam ich an der 12.000 Hektar großen Pflanzung der Liberian Agriculture Company (LAC) vorbei. 1959 hatte man mit dem Land die Firma bezahlt, die die Straße von Monrovia nach Harbel und Buchanan gebaut hatte. Dann kam LAC vorübergehend unter die Fittiche zweier US-Gesellschaften: Uniroyal aus Greenville, South Carolina, und Keene Industries aus dem kalifornischen Ukiah. Inzwischen gehört es der belgisch-luxemburgischen Socfin-Gruppe, die sich auf den Anbau von Kautschuk und Palmöl spezialisiert hat.

Das LAC-Gebiet hat sich inzwischen bis in das Stammesgebiet der Bassa ausgebreitet. Laut einem UN-Bericht von 2006 hat das Unternehmen im Zuge dieser Ausdehnung 75 Dörfer zerstört und dabei Felder niedergebrannt und Häuser niedergerissen. Erst später konnte die Regierung mit den Plantagenbetreibern Entschädigungszahlungen für die Betroffenen aushandeln. Die UNO sprach in ihrem Bericht von »schwerwiegenden Menschenrechtsverletzungen«.

Nach kurzer Zeit hing mein Fahrer hinter einem Laster fest, von dem kleine Holzschnitzel herunterrieselten. Offenbar gehörte er zu der Firma Buchanan Renewables aus der Stadt, die wir ansteuerten: Mr. Gus' einstiger Feste Buchanan. Das Unternehmen hatte den Auftrag, auf der Firestone-Plantage alte, nicht mehr produktive Kautschukbäume zu schlagen, zu zerkleinern und nach Europa zu exportieren, wo sie dann in Holzhackschnitzel-Heizkraftwerken zur Stromerzeugung verwendet wurden.

Buchanan Renewables war von dem kanadischen Hedgefonds-Investor Joel Strickland gegründet worden, der 2006, nach dem Ende des Bürgerkriegs, Liberia auf der Suche nach neuen Geschäftsmöglichkeiten durchforstete. Er schätzte, dass es 200.000 Hektar Kautschukbäume geben müsse, die während des Bürgerkriegs unproduktiv geworden waren und von denen man, wie er meinte, zumindest das Holz nutzen konnte. Daraufhin tat er sich mit John McCall MacBain zusammen, einem kanadischen Milliardär und Begründer des *Auto Trader*-Verlagsimperiums.

Zunächst hatten sie den Plan, im kriegsgeschundenen Liberia wieder die Lichter angehen zu lassen. Dazu wollten sie auf kleineren Pflanzungen alte Kautschukbäume fällen und die Holzschnitzel in Elektrizitätswerken im ganzen Land verbrennen. Die Farmer sollten als Entschädigung junge Bäume bekommen. Doch seither haben sie ihr Konzept geändert.

Zur Zeit meines Besuchs stammten die meisten Bäume, die zerkleinert wurden, von Firestone und LAC und nicht von kleineren Plantagen. Das ging rascher und war kostengünstiger. Und der Zeiteffekt spielte eine wichtige Rolle, denn inzwischen gab es einen neuen großen Anteilseigner im Unternehmen. Vattenfall, der staatliche schwedische Energiekonzern, hatte ein Fünftel von Buchanan Renewables gekauft und wollte die Holzschnitzel in seinen Kraftwerken in Europa verbrennen. Ab 2017 sollten jährlich 2 Millionen Tonnen geliefert werden. Vattenfalls Geschäftsführer in Liberia, der Ire Liam Hickey, sagte mir, dazu müssten sie pro Jahr bis zu 12.000 Hektar Kautschukbäume roden. Aber selbst bei dieser Menge, versicherte er mir, würde der Bestand im Land für mehr als 20 Jahre reichen.

Doch was ist mit der versprochenen Stromversorgung in Liberia selbst? In Monrovia sah man noch immer unzählige Werbetafeln für Buchanan Renewables mit dem Slogan »Licht für Liberia«. In den drei Jahren seit Beginn des Geschäfts mit den Holzschnitzeln ist jedoch keins der versprochenen Elektrizitätswerke gebaut worden. Hickey machte die Bürokratie in Liberia dafür verantwortlich und meinte, dass im September 2011 mit dem Projekt begonnen werden könne. Als auch dieser Termin verstrich, ohne dass etwas geschah, äußerten Kritiker, nach Holz und Kautschuk würden Holzschnitzel die nächste natürliche Ressource Liberias sein, die von Ausländern kassiert und bei der erstbesten Gelegenheit außer Landes gebracht würde.

Einige Umweltschützer sehen die Zukunft Liberias erstaunlich optimistisch und glauben, dass das Land den Ressourcenfluch brechen kann. Frank Hawkins, der Leiter des afrikanischen Zweigs der Umweltorganisation Conservation International, meinte, mit der Wiedergeburt des Landes biete sich Liberia die Chance, zum Modellstaat für eine neue grüne Wirtschaftspolitik in Afrika zu werden.»In Liberia fangen sie wieder ganz bei null an. So haben sie die Gelegenheit, der Welt zu zeigen, wie man es macht.« Seine Lobbyarbeit in Liberia wird unter anderem von einer Stiftung unterstützt, die auf die Initiative von MacBain, dem Teilhaber von Buchanan Renewables, zurückgeht. Hawkins' Meinung nach könnten sich ausländische Konzessionäre so einbringen, dass es sowohl der liberianischen Bevölkerung als auch der Umwelt nutzt.»Sie haben das Geld und das Land, um gute Sachen zu machen.«

Doch selbst Hawkins räumt ein, dass der Ressourcenfluch nach wie vor eine Bedrohung darstellt.»In Liberia gibt es eine ganze Reihe von Leuten, die nur darauf warten, zu einem günstigen Preis an unrentable Firmen im Privatsektor zu kommen. Es sind Leute mit sehr dickem Scheckbuch«, bereit und in der Lage, Regierungsvertreter zu bestechen, um das Land auszuplündern.»Die Verlockung schneller Gewinne ist groß, und die Beteiligten haben keine Skrupel.«

All das ist augenfällig. Im Jahr 2011 kam heraus, dass ein Drittel der Lebensmittelhilfe aus den USA von korrupten Mitarbeitern im liberianischen Büro von World Vision gestohlen worden war. Sie hatten ganze Container an Städte verschickt, die nicht existierten, und den Inhalt auf dem Weg ins Nirgendwo entwendet. Ähnlich verhielt es sich mit den 100 Autos, die der Stahlriese ArcelorMittall gestiftet hatte, damit Regierungsvertreter im Land herumreisen konnten. Es war allgemein bekannt, dass die Kraftfahrzeuge in den Garagen jener Abgeordneter landeten, die mit dem Unternehmen dessen Schürfrechte im Norden des Landes ausgehandelt hatten. Und das war nicht die Schuld von ArcellorMittall.

Selbst nach afrikanischen Maßstäben herrschen in Liberia erbärmliche Zustände. Über 80 Prozent der Bevölkerung stehen pro Tag nicht einmal 1,25 Dollar zur Verfügung. Nur ein Viertel hat Zugang zu sauberem Trinkwasser. Und von 1000 im Land geborenen Babys sterben 76 im ersten Lebensjahr. Eine ganze Generation hat nie eine Schule besucht, und fast die Hälfte aller Erwachsenen sind Analphabeten. Pro Jahr machen nicht einmal 40 Landwirtschaftsfachwirte, 80 Mediziner und 60 Lehrer ihren Hochschulabschluss. Es gibt praktisch keine ausgebildeten Lehrer für weiterführende Schulen und auf 25.000 Menschen kommt nur ein Arzt. »Selbst Mechaniker sind kaum zu finden«, sagte Hickey in Buchanan. »Als ich dem Leiter einer Plantage berichtete, dass ich einen zuverlässigen Fahrer gefunden hatte, rief er ihn auf der Stelle an und buchte ihn für eine Woche, um prominente Besucher im Land herumzufahren.«

Der Großteil der ohnehin dürftigen Infrastruktur Liberias wurde in dem langen Bürgerkrieg zerstört. Nur zwei Fabriken hätten überlebt, sagen die Landesbewohner – die von Coca Cola und die von Club Beer. Und bislang hat der Wiederaufbau kaum begonnen. Monrovias Feuerwehr besaß drei Fahrzeuge, von denen eins nicht einsatzfähig war, weil die Motorhaube über den Boden schleift. Das wichtigste Elektrizitätswerk am Mount-Coffee-Staudamm wurde 1990 von Charles Taylor zerstört und ist immer noch nicht wieder in Betrieb.

»Hier Geschäfte zu machen ist schwer«, sagte Hickey. »Man hat nicht 20 Prozent, sondern 150 Prozent höhere Unkosten.« Und das, was funktioniert, ist in erschreckendem Maße Ausländern zu verdanken. Die UNO und die internationale Gemeinschaft im weiteren Sinne dominieren die Wirtschaft Monrovias – die Bars, die neuen Wohnblocks, die Restaurants und die Prostituierten. Durch die UNO ist alles teurer geworden, von Immobilien bis zu Avocados. Die bedeutendsten Bauvorhaben sind Botschaftsgebäude, wobei China und Amerika miteinander wetteifern, wer das größte errichtet.

Das Kommunikationssystem ist störungsanfällig. Selbst die wichtigste, relativ sichere Küstentrasse des Landes endet quasi bei dem Gelände von Firestone. Für die Geschäfte in Monravia ist es so schwer, frische Lebensmittel vom Land herbeizuschaffen, dass trotz der fruchtbaren Böden meist Reis aus Niger, Paprika aus Guinea und Mali und Kohl aus den Niederlanden verkauft wird. Liberia ist das einzige Land der Welt ohne ein funktionierendes Telefonfestnetz. Während meines Aufenthalts dort gab es gerade mal zwei an das ATM-Netz angeschlossene Apparate, die internationale Telefonkarten akzeptierten.

Liberia braucht dringend Projekte, die nicht von ausländischen Organisationen, Regierungen und Konzessionären abhängig sind, und eine bürgernahe Entwicklungsstrategie. Hilfsorganisationen fördern Kleinbetriebe, um den dringendsten Bedürfnissen nachzukommen. In Monrovias Slumviertel Westpoint hat Oxfam Schneiderinnen mit Nähmaschinen ausgestattet, die jetzt Schuluniformen nähen. Außerdem hat es nördlich von Monrovia 30 Hektar Land bekommen, wo nun Kriegswitwen Gurken, Kohl und Wassermelonen anbauen.

Die ausgebildete Computerspezialistin und Vorsitzende der 50-köpfigen Kooperative Gbalin, Rebecca Sumo, lernte ich kennen, als sie gerade in einem kleinen Beet Reihen von Kohlpflänzchen goss. »Das hier war früher Brachland«, sagte sie. »Niemand hat es genutzt, bis Oxfam es für uns den Dorfbewohnern abgekauft hat.« Für die schweren Arbeiten holen sich die meist aus Monrovia stammenden Witwen Männer aus dem Dorf. Beim Mittagessen sahen sie anerkennend zu, wie die Männer mit nacktem Oberkörper das Feld hackten und dann eine Pause einlegten, um einen Haufen gerade gefangener Rohrratten und eine Schlange zu grillen.

Das wies in meinen Augen eher den Weg zu einer nachhaltigen Zukunft Liberias als Kautschukplantagen in amerikanischem Besitz oder Holzfällerunternehmen aus Malaysia. Und ganz gewiss war es nachhaltiger als die 10.000 Hektar große libysche Reisfarm nahe der Grenze zu Guinea, die gerade noch Gelegenheit hatte, die bestehenden Reisfelder eines Dorfes zu vernichten, ehe sie wegen Kapitalmangels Ende 2010 geschlossen wurde.

Doch es wird schwer werden, das Gbalin-Projekt zum Erfolg zu führen. Die Frauen berichteten mir, in den umliegenden Ortschaften gebe es nicht genügend Käufer für ihre Produkte, und ohne Kühlung würde das frische Gemüse rasch verderben. Außerdem hätten sich manche Mitglieder der Kooperative in letzter Zeit nicht um ihre Parzellen gekümmert. Aber Rebecca war fest davon überzeugt, dass es eine starke Nachfrage nach ihren Peperoni gibt. Als wir uns einen Unterstand suchten, um uns vor dem Regen zu schützen, zeigte sie mir einen Stapel dieser Früchte, der im Farmhaus trocknete. »In Liberia verwendet man jeden Tag scharfe Peperoni zum Kochen«, sagte sie. Eine gute Voraussetzung.

Ich fand es erstaunlich, wie friedlich es 2011 in Liberia zuging. Man konnte durch die Straßen gehen, ohne um seine Sicherheit fürchten zu müssen. Doch die Dinge konnten sich rasch wieder ändern. Liberianer aus der indigenen Bevölkerung erklärten mir, dass unter Sirleaf und ihrer Einheitspartei wieder die ameriko-liberianische Elite das Land und seine natürlichen Ressourcen an sich gerissen hätte. In ihren Augen war der Bürgerkrieg, zumindest im Rückblick, ein Aufstand gegen deren Herrschaft. So verheerend die Regierungen Doe und Taylor auch gewesen sein mochten, die indigene Bevölkerung hatte mit der herrschenden Kaste noch ein Hühnchen zu rupfen.

Das war es sicher auch, was mir Alfred Brownell sagen wollte, der streng blickende, bullig wirkende Leiter von Green Advocates, einer NGO im Stadtzentrum Monrovias, die sich mit dem Umweltrecht befasst. Wegen eines Stromausfalls führten wir unser Gespräch im Halbdunkel seines vollgestopften Büros im zweiten Stock gegenüber dem Crown Hill Cinema. Seine Angestellten saßen schwitzend da und warteten, dass ihre Computerbildschirme wieder zum Leben erwachten.

Brownell sagte mir, für die ameriko-liberianische Elite sei »der Bürgerkrieg nichts weiter als eine tragische Entgleisung gewesen. Sie sehen die Rückkehr zum Frieden einfach nur als Gelegenheit, um so weiterzumachen wie immer. Die Regierung verpachtet riesige Landstriche und wirft der Bevölkerung ein paar Krumen hin.« Er schätzte, dass in Liberia seit 2005 ausländische Investitionen im Wert von 16 Milliarden Dollar getätigt wurden, die jedoch meist in die Ausbeutung der natürlichen Ressourcen geflossen seien – also in Landnahmen. »Die Minister berauschen sich an der Vorstellung, dass multinationale Investitionen unsere Wirtschaft sanieren. Aber das werden sie nicht. Die Multis nehmen sich einfach nur unsere Rohstoffe.«

Die Verpachtung von Land an ausländische Investoren habe »der Regierung einen kleinen, verlässlichen Strom an Einnahmen und eine große Zahl schlecht entlohnter Arbeitplätze gebracht und praktisch keinen Beitrag zur Entwicklung unseres Landes geleistet«. Firestone baue seit acht Jahrzehnten in Liberia Kautschuk an und habe »hier noch nie auch nur ein Gummiband produziert«. In dem dämmrigen Raum sah er mich durchdringend an. »Aber wenn man die Prioritäten der Regierung infrage stellt, heißt es, man stemme sich gegen den Fortschritt. Doch das ist falsch. Diese Art von Geschäften im großen Stil ist einfach nicht nachhaltig.«

Um Land dreht sich alles, und Landstreitigkeiten sind die größte Bedrohung der Stabilität. Jede Woche berichten die Zeitungen über einen neuen Konflikt. Dabei ist eine Konzentration des Bodens in immer weniger Händen festzustellen. Brownell setzt sich dafür ein, dass das Land und die Wälder Liberias wieder von den Gemeinden verwaltet werden – was die Regierung gelegentlich zu unterstützen scheint. Doch bislang hat sie nichts unternommen. Als Kompromiss gab sie Gemeinden die Möglichkeit, den Grund und Boden als ihren Besitz zu beanspruchen, nicht aber die darauf wachsenden Bäume oder die darin verborgenen Bodenschätze. Was nützt ihnen das?

Die Multis sehen das natürlich anders. Karmorh bei Firestone sagte schlicht: »Ich verstehe die Bedeutung von Gemeindeland. Doch um Investoren zu finden, muss der Grund in Privathand sein.« Hickey von Buchanan Renewables ging sogar noch weiter. Seiner Meinung nach hat Land in Gemeinschaftsbesitz den Menschen nichts gebracht. »Der Boden ist so fruchtbar und das Klima ist so gut, dass auf diesem Boden alles wachsen kann. Hier gib es nicht einmal Naturkatastrophen wie Wirbelstürme oder Dürren. Sie haben die besten Bedingungen. Und trotzdem hungern sie und sind arm. Irgendwann muss sich der Staat mit dem Problem der Stammesgebiete befassen«, sagt er. Mit »befassen« meinte er »es ihnen entziehen«. Es den Landnehmern geben. Doch wenn das geschieht, meint Brownell, »wird hier wieder alles in die Luft fliegen. Der Frieden ist immer noch brüchig, bedroht von der ungelösten Frage, wer Liberias natürliche Ressourcen ausschöpfen kann und wem sie zugute kommen.« Der Ressourcenfluch ist also nicht gebannt, er wird von der sozialen Kluft zwischen indigener Bevölkerung und Ameriko-Liberianern noch verschärft.

Möglicherweise wird diese Kluft überbewertet. Weder gab es im Bürgerkrieg solche scharfen Trennungslinien, noch gibt es sie im Frieden. Gewiss, Doe stammte aus dem indigenen Stamm der Krahn. Doch Taylors Vater war Ameriko-Liberianer. Sirleaf ist zu einer Hälfte Gola, zu einem Viertel deutsch und zu einem Viertel Krahn. Der Bürgerkrieg hat manches verändert. Ein Drittel der Landbevölkerung zog nach Monrovia. Zwar kamen die Menschen als Flüchtlinge, doch jetzt möchten sie bleiben, arbeiten, sich ein Mobiltelefon kaufen und fernsehen. Sie sind begeisterte Fans europäischer Fußballclubs, die einer Handvoll schwarzer Westafrikaner zu Wohlleben verholfen haben, insbesondere George Weah, der seinen als Spieler für Chelsea, Manchester United und dem AC Mailand erworbenen Prominentenstatus gegen eine politische Karriere eintauschte und im Jahr 2005 beinahe die liberianische Präsidentschaftswahl gewonnen hätte.

Bedeutete diese kulturelle Zerrissenheit – zwischen der ameriko-liberianischen Elite und dem Rest der Bevölkerung, zwischen der alten Loyalität gegenüber dem Stamm und der fußballbegeisterten, frechen, gewieften Modernität –, dass dem Land in naher Zukunft Probleme bevorstehen? Mir kam es immer mehr so vor. Ein führender Kandidat bei den Präsidentschaftswahlen des Jahres 2011 war ein Senator namens Prince Yormie Johnson. Im Bürgerkrieg war er wegen seiner Brutalität und seines Sadismus berüchtigt gewesen. Ein bekanntes Video aus dem Jahr 1990 zeigt ihn beim Trinken eines Budweiser-Biers, während seine Männer Doe ein Ohr abschneiden, ehe sie ihn umbringen. 2011 behauptete er, ein wiedergeborener Christ zu sein, und stellte sich im zweiten Wahlgang hinter Sirleaf, um ihr den Sieg zu sichern. Trotzdem war es verstörend, ihn an so prominenter Stelle zu sehen.

In Liberia zeigt sich meiner Meinung nach, welche Entwicklung afrikanische Staaten nehmen könnten, wenn sie den Landnehmern freie Hand lassen. Ausländische Unternehmen betreiben hier eine Enklavenwirtschaft, die ihren Angestellten und deren Familien zwar ein Mindestmaß an Ordnung und Grundversorgung sichert, den Rest des Landes aber aussaugt. Die Unternehmen streichen dicke Gewinne ein, zahlen jedoch so wenig Steuern, dass die breite Bevölkerung von ihrer Anwesenheit nicht profitiert. Sie kaufen keine einheimischen Dienstleistungen oder Produkte und bringen ihre eigenen Erzeugnisse so rasch wie möglich außer Landes.

Das ist sogar verständlich. Das Chaos vor den Toren dieser ausländischen Enklaven verstärkt ihr Bedürfnis, sich abzuschotten. Und während man die Zäune erhöht und sich immer mehr schützt, wird das Chaos draußen immer schlimmer. Die Unternehmen machen ihre Gewinne unter den Bedingungen eines Belagerungszustands. Sie sind die

alleinigen Nutznießer der natürlichen Ressourcen und ein Hindernis für
die gesellschaftliche, wirtschaftliche und politische Entwicklung des
Landes. Möglicherweise muss das nicht so sein. Doch wer behauptet,
dass ausländische Investitionen – sprich Landnehmer – die lokale Wirtschaft mehr oder weniger von selbst ankurbeln, sollte sich die Situation
im heutigen Liberia einmal genauer ansehen.

Am Flughafen, nicht weit von Firestones Firmenzentrale entfernt,
stand ein Privatjet auf dem Rollfeld. Er wartete auf Tony Blair, der sich
im Zuge seiner Africa Governance Initiative in Monrovia aufhielt.
Glaubt man dem *Daily Observer*, war er gekommen, um erneut »sein Engagement für den Fortschritt des Landes unter Beweis zu stellen«. Als
mein Flugzeug abhob, sahen wir unter uns eine weitläufige Militäranla-
ge mit nicht weniger als zwölf Hubschraubern der UNO. Ihre Besat-
zungsmitglieder waren gleichfalls Ausländer, die den Frieden wahren
und dem Land Wohlstand bringen wollten. Doch in meinen Ohren
klangen noch Brownells Worte. Welchen Preis muss Liberia für den
Wohlstand zahlen, wenn in den acht Jahrzehnten ausländischer Präsenz
kein einziges Gummiband produziert worden ist? Kein einziges Kon-
dom, kein einziger Reifen und kein anderes Gummiprodukt mit dem
Aufdruck »Made in Liberia«.

7

PALM BAY, LIBERIA

Die Rückkehr der Ölpalme

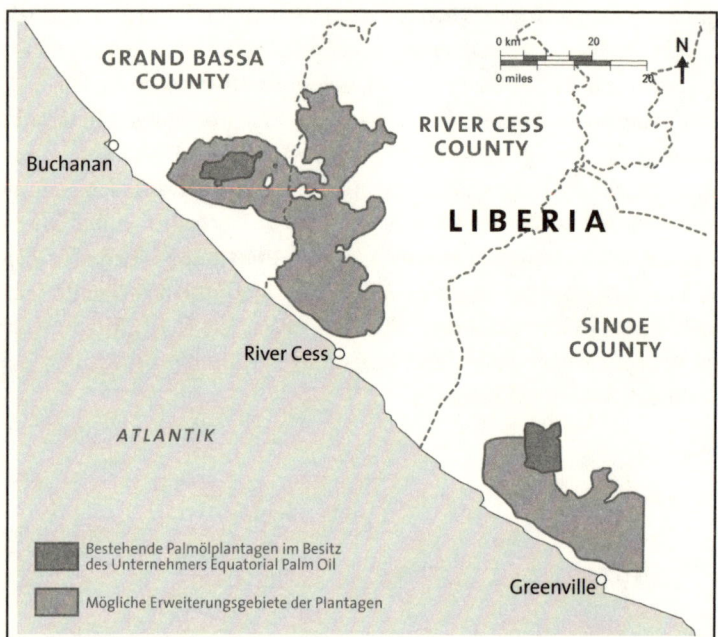

Ich traf Peter Bayliss in der Bar des Sparks Hotel in der Innenstadt von Buchanan. Der kahlköpfige, sehr britisch wirkende, redselige Mann ließ zunächst einmal ein paar große Namen fallen. Gleich im ersten Satz erwähnte er die Gettys und die Rockefellers. Sein Arbeitgeber, die Equatorial Palm Oil (EPO) mit Sitz in London, hatte einen Pachtvertrag für 169.000 Hektar Land in Liberia erhalten, um Ölpalmen anzubauen. Ein Großteil dieses Bodens war schon zuvor in ausländischer Hand gewesen. Die Rockefellers unterhielten hier eine Viehfarm, sagte er, und die Fami-

lie Getty besaß eine alte Ölpalmenplantage, die Bayliss nach zwei Jahrzehnten Bürgerkrieg nun wieder in Schuss bringen und erweitern sollte.
Bayliss gefiel mir. Und im Gegensatz zu den meisten anderen auch
seine Plantage. »Besser geht's nicht«, schrieb ich am nächsten Tag in
mein Notizbuch, nachdem ich seine größte Pflanzung bei Buchanan in
Palm Bay besichtigt hatte. Bayliss ist im Palmölgeschäft ein alter Hase.
Er arbeitete etliche Jahre für das Unternehmen New Britain Palm Oil,
das in malaysischem Besitz ist und über Plantagen von insgesamt 77.000
Hektar verfügt, die sich größtenteils auf der Insel Neubritannien vor Papua-Neuguinea befinden. Nach der Rückkehr in seine Heimat leitete er
eine Viehzüchtergenossenschaft in Cornwall, wo ihn jedoch Michael
Frayne, der Londoner Vorstandsvorsitzende von EPO, als Verwaltungs-
direktor für Liberia abwarb. »Das konnte ich nicht ablehnen. Es bot mir
die Chance, eine Plantage nach meinen Vorstellungen aufzubauen«,
sagte Bayliss, währen wir ein zweites Club Beer bestellten.

Wie konnte ein Start-up-Unternehmen in London zwei große Landstriche in Westafrika in die Hände bekommen? Bis zu einem gewissen
Grad war es eine Folge des Bürgerkriegs. Die Familie Getty zog sich 1990
aus Palm Bay zurück, als bewaffnete Banden Einzug hielten. Sie verkaufte ihr Land an LIBINCO, ein von dem in Liberia ansässigen Libane-
sen Joseph Jaoudi gegründetes Unternehmen. Jaoudi hatte zuvor in den
USA als Ingenieur beim Apollo-Mondprogramm mitgearbeitet und die
Supermarktkette seiner Familie in Liberia geleitet. Er wiederum verkaufte an EPO, blieb dort aber Anteilseigner und Direktor des Unternehmens.

EPOs zweites Stück von Liberia, die Butaw Concession, befindet sich
weiter südlich an der Küste in der Nähe von Greenville und war einst
eine staatliche Palmölplantage. Während des Bürgerkriegs wurde sie
von illegalen Diamantschürfern besetzt. Im Jahr 2005 verkaufte die Regierung Sirleaf das Land an Liberian Forest Products, die Neugründung
eines Konsortiums britischer Investoren. Zu ihnen gehörte auch Daniel
Betts, der als Goldsucher nach Liberia gekommen war. Als die Regierung Sirleaf nach ihrer Wiederwahl in den ursprünglichen Verträgen
»schwerwiegende Unregelmäßigkeiten und die Nichteinhaltung von
Gesetzen« festgestellt hatte, wurde Liberian Forest Products von Nardi-
na Resources aufgekauft, aus dem dann Equatorial Biofuels und schließ-

lich Equatorial Palm Oil wurde. Die Bedingungen wurden neu ausgehandelt, und von dem ursprünglichen Konsortium ist niemand mehr beteiligt.

In der Kreditkrise ging EPO kurzzeitig das Geld aus. Aber im September 2010 meldete sich ein indischer Industrieller namens Chinnakannan Sivasankaran, der in den 1980er- und 1990er-Jahren billige PCs und Mobiltelefone in seiner Heimat eingeführt und damit eine Milliarde Dollar verdient hatte. Er kaufte einen großen Anteil von EPO und verpasste dem Unternehmen eine Geldspritze. Seine Siva Group »investiert weltweit in die Palmölindustrie«, erklärte mir der australische Geologe Frayne aus dem Vorstand von EPO ein paar Wochen vor meiner Reise, als wir uns in seinem bescheidenen Londoner Büro im zweiten Stock hinter Fortnum & Mason auf der Piccadilly Street trafen. »Siva kann auf Banken zugreifen, wie wir es nicht können.« Zu den Geldgebern, auf die bisher »zugegriffen« wurde, gehören auch J. P. Morgan, Henderson und Blackrock. Das Geld von Siva eröffnet Bayliss die Möglichkeit, von jetzt an jedes Jahr auf einer Fläche von bis zu 10.000 Hektar neue Bäume anzupflanzen.

Aber es gibt noch viel zu tun, um die Produktion der Plantage wieder in Gang zu bringen. Am 21. April 1990 erlosch das Feuer in Gettys Palmölkocher. Während sich der Bürgerkrieg dahinschleppte, kamen und gingen Rebellen, plünderten und marodierten, zerstörten Gettys Gebäude und schlachteten Rockefellers Vieh. Als ich mir die Anlage ansah, befand sich noch ein Rest Asche in dem rostenden Ölkocher, und das Haus des Getty-Betriebsleiters war ein ausgebranntes Gerippe ohne Dach.

Aber ein Großteil der Arbeitskräfte war geblieben, erntete und verarbeitete die Früchte auf eigene Rechnung, kochte das Rohprodukt in kleinen Fässern, schöpfte das Öl ab und verkaufte es in der Stadt. »Sie wussten nicht, dass es zwanzig Jahre dauern würde, bis die Plantage ihren Betrieb wieder aufnehmen sollte. Aber sie haben gewartet. Diese Loyalität macht einen demütig«, sagte Bayliss. »Als wir vor kurzem den Frauen in der Baumschule die ersten Löhne auszahlten, sagten manche, sie hätten zwanzig Jahre lang kein Geld in die Hand bekommen.«

Bayliss möchte sich für diese Loyalität erkenntlich zeigen. Der Vertrag verlangt, dass das Unternehmen Schulen und Krankenhäuser baut.

Als er 2008 in einer alten Baracke eine Klinik eröffnete, bekam Palm Bay seit 19 Jahren erstmals wieder eine Krankenstation. Der Arzt dort, der einen Vertrauen erweckenden weißen Kittel trug und mit einem Stethoskop herumlief, erzählte mir, im vergangenen Monat habe er 900 Patienten versorgt. Er verabreiche einfache Medikamente, verteile Verhütungsmittel, verbinde Wunden, behandle verbreitete Krankheiten wie Malaria und Durchfall und hole Kinder auf die Welt. Die Klinik stehe praktisch jedem offen, nicht nur den Mitarbeitern der Plantage.

Als wir die Grundschule besichtigten, einen rohen Bau aus Porenbetonstein mit einem Blechdach, wurden wir von Kindern umringt. Sie zeigten mir stolz die Ananasbäume, Kochbananen und Manioksträucher in ihrem Schulgarten und betonten, dass die neuen Bänke von Schreinern aus der Umgebung getischlert worden waren. Die neun Lehrer hielten morgens und nachmittags mit jeweils 230 Schülern Unterricht. Bayliss versprach, dass bald alle Kinder von Mitarbeitern einen Schulplatz bekämen.

Es war Work in progress. Bislang fuhren noch keine Taxis nach Palm Bay, weil die Straße zu schlecht war. Aber die israelische Telekommunikationsgesellschaft Cellcom errichtete bereits einen Handymast. Bayliss' Personal hatte ein paar Fußballmannschaften zusammengestellt, und es gab Basket- und Volleyball. »Das schweißt uns zusammen. Es ist sehr wichtig, eine stabile Gemeinschaft zu bilden«, erklärte mir Bayliss. Der Gegensatz zwischen seiner sachlichen Menschlichkeit und der missionarischen Ignoranz von Calvin Burgess' Dominion-Projekt im kenianischen Yala-Sumpf war augenfällig.

Außerdem schritten die Arbeiten zum Wiederaufbau hier rasch voran. Während wir uns unterhielten, fuhr ein LKW-Besitzer aus der Gegend vor, um ein paar verrostete Teile der alten Mühle wegzufahren. Den alten deutschen Panzer aus dem Zweiten Weltkrieg, der irgendwie auf dem großen Hof gelandet war, sollte er aber stehen lassen, meinte Bayliss. Unterdessen waren malaysische Firmen dabei, eine neue Mühle zu errichten. Die 3 Millionen Dollar teuren Teile der Anlage waren über Dubai nach Monrovia gebracht, dann auf Dutzende von Laster verladen, auf holprigen, von Schlaglöchern zerfurchten Straßen und schließlich über die Sandpiste zur Plantage gefahren worden.

Die Mühle, die bereits vier Stockwerke hatte, konnte pro Stunde

5 Tonnen der pflaumengroßen Früchte verarbeiten und so 1 Tonne Öl erzeugen. Bald schon würde man die Produktion auf 15 Tonnen pro Stunde steigern. Dabei werden die Früchte zunächst mittels Dampf sterilisiert und dann gepresst, um das Öl zu extrahieren. Bayliss sagte, das Öl werde ausschließlich in Westafrika verkauft, da es dort einen großen Markt für lokale, aus Palmöl hergestellte Produkte wie Seife, Shampoo und Gebäck gebe. Die Abfälle würden als Brennmaterial für den Ölkocher oder als Mulch für die Felder verwendet.

Die neue Edelstahlmühle war auf dem neuesten technischen Stand und hoch automatisiert. Sonst aber wurde noch ein überraschend großer Teil der Arbeit mit der Hand verrichtet. Die Abwasserbecken waren mit Schaufeln ausgehoben worden. Und in der Baumschule – geleitet von Ian Horton, einem wettergegerbten älteren Herrn aus Südrhodesien, der sein Land verlassen hatte, als es zu Simbabwe wurde – gossen Dutzende Frauen etliche Morgen Setzlinge sorgfältig mit Eimern. Die Setzlinge bleiben dort ein Jahr, bevor sie ausgepflanzt werden.

Bayliss wollte mit der Plantage auch eine Initialzündung zur Wiederbelebung der lokalen Wirtschaft geben. Zu seiner Konzession gehörte eine größere Anbaufläche um das alte Getty-Gelände. Es sollte Pachtbauern vorbehalten bleiben, denen Bayliss ihre Palmölfrüchte abkaufen will. »Aber ich möchte nicht, dass sie nur Ölpalmen anbauen. Im Moment sind die Preise gut, aber sie können auch stark schwanken. Deshalb müssen die Bauern noch etwas anderes produzieren.« Schon Frayne hatte mir in London gesagt: »Wir können gute Renditen erwirtschaften, aber man muss es auf die richtige Art und Weise machen.«

Die »richtige Art und Weise« besteht zweifellos darin, Klein- und Vertragsbauern miteinzubeziehen. Politisch gesehen ist das ein Prüfstein für den Erfolg des Projekts, da der Wohlstand auf diese Weise breiter gestreut werden kann und das Enklavensystem, das Firestone dem Land so lange aufoktroyiert hatte, aufgebrochen wird. Doch es birgt auch Risiken. Die Frucht der Ölpalme wird schnell faul und muss innerhalb von höchstens 24 Stunden zu Öl verarbeitet werden, erklärte mir Bayliss. Damit aber kann die Mühle den Vertragsbauern nur eine begrenzte Menge an Früchten abnehmen. Und es birgt noch eine andere Gefahr. Bayliss fürchtete, wie er mir sagte, dass Hunderte von Bauern vor den Toren der Plantage auftauchen und verfaulende Fruchtdolden abladen könnten. »Unsere Palmölfabrik wird die einzige im Land sein. Aber wir wollen nicht, dass von überall her Laster zu uns kommen, besonders dann nicht, wenn wir sie wieder wegschicken müssen. Sonst könnten wir rasch zum öffentlichen Feind Nummer eins werden – obwohl wir eigentlich etwas Gutes tun.«

Viele Einheimische, die ich in Palm Bay kennenlernte, freuten sich, dass die Plantage wieder in Betrieb genommen wurde. Als ich zusah, wie Arbeiter mit an langen Stöcken befestigten scharfen Messern die Schlingpflanzen aus den alten Ölpalmen herausschnitten, lernte ich John Fon kennen. Er war 65, hatte ein breites, ansteckendes Lächeln und hatte während der Kriegswirren viele Jahre im Ausland gelebt. »Ich war in London. Ich habe bei Cadbury's in Shepherd's Bush gearbeitet. Der Kakao, den sie kauften, kam von hier. Danach war ich in Nigeria. Aber dann bin ich hierher zurückgekehrt.« John hatte eine neue Frau, und er zeigte mir seinen liebevoll gepflegten Garten voller Kakaosträucher im Schatten der Plantage. Doch wie viele ältere Männer hielt er nicht viel von der jüngeren Generation. »Die Kinder hier haben keinen guten Charakter, weil sie an Waffen gewöhnt sind und nie gearbeitet haben. Sie meinen, im Leben müsse alles leicht gehen.«

Während die älteren Arbeiter zum Teil voller Begeisterung das Plantagenleben wieder aufnahmen, wollten andere ihre Unabhängigkeit bewahren und das Land behalten, das der Staat an die neuen Plantagenbesitzer übertragen hat. Sie gelten als Landbesetzer. »Die Regierung hat uns gesagt, sie würde diese Leute umsiedeln, aber wir wollen keinen Streit«, meinte Bayliss. Er hoffte, die Mehrheit davon überzeugen zu können, entweder fortzuziehen oder für ihn zu arbeiten. Dennoch räumte er ein, am Ende werde er gegen jeden vorgehen, der bleibe. Ob sich dieser Umgang mit den »Landbesetzern« mit seinen Idealen und dem Wunsch vereinbaren lässt, eine harmonische Gemeinschaft zu schaffen, bleibt abzuwarten.

Bayliss' Methode ist zwar pragmatisch, zielt aber nicht auf schnellen Profit. Meiner Meinung nach hatte er mehr Aussicht auf Erfolg als zwei asiatische Riesen, die sich ebenfalls in Liberia niedergelassen hatten. Beide übernehmen alte Ölpalmenplantagen und wandeln Kautschukpflanzungen um. Die indonesische Golden Agri, die zur Sinar Mas Group gehört, verfügt über fast eine Viertel Million Hektar im äußersten Süd-

osten des Landes, und die malaysische Sime Darby, die als das weltgrößte Palmölunternehmen gilt, hat fast ebenso viel gepachtet. Wenn
alle drei ausländischen Projekte wie geplant verwirklicht werden, könnten innerhalb kurzer Zeit insgesamt 629.000 Hektar liberianischer Boden mit Ölpalmen bepflanzt sein, also über 6 Prozent des Landes.

Aber insbesondere Sime Darby stieß 2011 auf Schwierigkeiten, weil
sich Bewohner weigerten, ihr Land aufzugeben, und dem Unternehmen
vorwarfen, an illegalen Rodungen beteiligt zu sein. Schließlich zogen sie
den »grünen« Anwalt Alfred Brownell hinzu. Im Oktober 2011 verkündete der Roundtable on Sustainable Palm Oil, ein Kontrollgremium der
Branche, Sime Darby werde »seine Unternehmungen« auf 25.000 Hektar von den Dorfbewohnern beanspruchtem Land »umgehend einstellen« und »bilaterale Gespräche eröffnen«. Ein Erfolg.

Bevor ich aus Palm Bay abreiste, spazierte ich noch einmal durch die
Baumschule und fragte beiläufig, woher die Setzlinge kämen. Sie
stammten aus der Demokratischen Republik Kongo, erklärte mir Horton. Woher genau, wollte ich wissen. »Dort, wo früher Unilever war«,
sagte er. Wow! Also direkt aus Joseph Conrads *Herz der Finsternis*. Wie
sich herausstellte, waren die Setzlinge auf einer Forschungsstation in Yaligimba im äußersten Norden des riesigen Landes gezüchtet worden.
Dann hatte man sie mit einem Frachtkahn auf dem Kongo über tausend
Kilometer weit nach Kinshasa transportiert und von dort erst Richtung
Osten nach Nairobi und schließlich Richtung Westen nach Monrovia
geflogen. Yaligimba war fast genau hundert Jahre zuvor als Teil einer riesigen Palmölplantage von William und James Lever gegründet worden,
den beiden aus dem englischen Warrington stammenden Vorvätern
von Unilever.

Die Ölpalme ist eine einheimische Pflanze Afrikas, die im Dschungel
wild wächst. Das wertvolle Öl aus ihren Früchten wurde schon in Gefä-
ßen in ägyptischen Gräbern gefunden. Mit den Sklaven gelangte es nach
Amerika, und im 19. Jahrhundert verkaufte man es für die Herstellung
von Kerzen und als Maschinenschmiermittel nach Europa. Die Brüder
Lever benötigten ungeheure Mengen Palmöl zur Herstellung ihrer welt-
berühmten Sunlicht-Seife (Sunlight), einer der ersten globalen Marken-
namen. Anfangs kauften sie das Öl von Kleinbauern in den britischen

Kolonien Westafrikas, vor allem im Nigerdelta, wo schon Palmöl hergestellt wurde, als Erdöl noch keine Rolle spielte. Doch als die Brüder
vorschlugen, dort selbst Plantagen anzulegen, verweigerten ihnen die
Kolonialbehörden die Genehmigung, weil sie ihre im Allgemeinen guten Beziehungen zu den westafrikanischen Bauern nicht aufs Spiel setzen wollten.

So machten sich die Brüder in den Kongo auf, wo der belgische König Leopold II. bereits in großem Maßstab Abholzungskonzessionen
verteilte. Der König behandelte die gesamte Kongoregion wie sein persönliches Lehen und leitete damit die finsterste Ära des Kolonialismus
ein: Elefanten wurden um des Elfenbeins willen abgeschlachtet, wilde
Kautschukwälder ausgeplündert und die im Urwald lebende Bevölkerung brutal ausgebeutet oder ausgerottet. Als die internationale Empörung über die Privatunternehmungen des Königs immer lauter wurde,
stellte die belgische Regierung das Gebiet im Jahr 1908 unter staatliche
Verwaltung. Drei Jahre später unterzeichneten die Brüder Lever ein Abkommen mit der Kolonialbehörde, mit dem sie das Exklusivrecht zum
Anbau von Ölpalmen in den kongolesischen Wäldern im Umkreis von
fünf Handelsstationen erhielten.

Die Brüder hatten Konzessionen für sagenhafte 6,8 Millionen Hektar, eine Fläche mehr als doppelt so groß wie Belgien. Doch in der Praxis
konzentrierten sich ihre Aktivitäten auf das Gebiet um den Handelspos-
ten Lusanga, den sie in Leverville umbenannten. 1930 fusionierten die
Brüder Lever mit ihrem holländischen Rivalen Margarine Unie zu Unilever. Trotz einer immer breiteren Palette von Produkten aus Palmöl
hielt das neue Unternehmen an Leverville fest. Jahrzehntelang war Bel-
gisch-Kongo das Palmölzentrum der Welt. Doch nach der Unabhängig-
keitserklärung Kongos im Jahr 1960 – und besonders nach der Macht-
übernahme durch Mobutu Sese Seko 1965, dessen Gewaltherrschaft der
Leopolds von Belgien fast in nichts nachstand – wurden die meisten ausländischen Unternehmen verstaatlicht und ihr Vermögen enteignet.

Das Land – unter Mobutu in Zaire umbenannt – versank bald im
Chaos. Fabriken, Eisenbahnen und LKW-Flotten wurden als Schrott
verkauft, viele Plantagen aufgegeben. Als Einzige überlebten die Firmen,
die im Besitz von Unilever und einer amerikanischen Familie waren, die
über gute Beziehungen verfügte: James, Elwyn, Daniel und David Blatt-

ner. In Leverville, das wieder seinen vorkolonialen Namen Lusanga annahm, kamen die Investitionen in Maschinen fast zum Erliegen, während Erntearbeit und Neupflanzungen fortgesetzt wurden. Yaligimba lebte weiter.

Der große Palmölboom begann in den 1960er-Jahren mit technischen Durchbrüchen, die die Verwendung von Öl in Lebensmitteln leichter machten. Doch gerade zu diesem Zeitpunkt brach die Produktion in Afrika zusammen. Zwischen 1962 und 1990, als der Welthandel auf das Siebzehnfache anstieg, verlagerte sich der Anbau nach Asien. Schätzungen zufolge ist das Wunderöl in einem von drei Produkten enthalten, die sich in den Regalen der Supermärkte finden. Aber es ist auch ein wertvoller Rohstoff für Biodiesel. Inzwischen werden weltweit nahezu 50 Millionen Tonnen Palmöl im Jahr erzeugt, auf einer Landfläche von 14 Millionen Hektar – einem Gebiet von der Größe Englands.

Ende des 20. Jahrhunderts kamen über 85 Prozent des Palmöls auf der Welt aus zwei asiatischen Ländern: Malaysia und Indonesien. Für den Großteil davon wurden Regenwälder gerodet. Die Verteidiger der Branche behaupten, Palmöl sei ein Umweltsegen. Der Mensch könne auf Pflanzenöle nicht verzichten, und der Ertrag der Ölpalme sei doppelt so hoch wie der von Soja und dreimal so hoch wie der der Purgiernuss. Alles andere wäre also schlimmer, betonte Darrel Webber, Generalsekretär des Roundtable on Sustainable Palm Oil, als wir uns 2011 in den Pausen der Jahresversammlung der Organisation in London trafen.

Außerdem meinte er, die Ölpalme sei eine tropische Pflanze, die über das große Potenzial verfüge, einige der ärmsten Nationen der Welt und ihre Wirtschaft zu mehr Wohlstand zu führen. »Als eine der wenigen Nutzpflanzen kann die Ölpalme auch Kleinbauern dabei helfen, aus der Armut herauszukommen. Ich kenne kleine Palmölbauern, die einen Mercedes fahren.« Palmöl bringt Indonesien jährlich 12 Milliarden Dollar Devisen ein und verschafft 14 Millionen Menschen Arbeit, darunter 3 Millionen Kleinbauern. Und zur Versorgung dieser Arbeitskräfte über die durchschnittlich 25-jährige Lebenszeit einer Pflanzung hinweg muss in den Bau von Häusern, Straßen, Schulen und andere Infrastruktur investiert werden.

Aber in Malaysia und Indonesien wird das Land knapp. Der Großteil der Regenwälder ist verschwunden. Der CEO von Sime Darby,

Ahmad Zubir Murshid, sagte 2009 in der malaysischen Hauptstadt Kuala Lumpur: »Es wird immer schwieriger, in Asien Anbauflächen zu erwerben, deshalb müssen wir zwangsläufig zu neuen Ufern aufbrechen, um dem steigenden Bedarf gerecht zu werden.« Frayne hält in seinem Piccadilly-Büro die Zahlen bereit, um sie möglichen Investoren für EPO bei Verkaufsgesprächen vorlegen zu können. »Bei einem gegenwärtigen Ertrag von etwa 5 Tonnen Öl pro Hektar wird der weltweite Bedarf an Land in 6 Jahren um weitere 4 Millionen Hektar steigen.« Das ist eine Fläche von der Größe Dänemarks. Im Jahr 2020 wird die Welt 6 Millionen Hektar benötigen. Selbst wenn der Ertrag steigt, wird es wahrscheinlich Landnahmen in riesigen Dimensionen geben.

So kehrt die Ölpalme jetzt also auf ihren heimischen Kontinent zurück. Frayne sagt, nur Afrika verfüge über die Flächen, die für die Plantagen benötigt werden. Bayliss erklärt voller Stolz, er werde 80.000 Hektar Ölpalmenpflanzungen anlegen, »die alle nicht weiter als 40 Kilometer von einem Tiefseehafen entfernt« sind. Es gibt, meint er, »in Südostasien keine vergleichbaren neuen Anbauflächen«.

An dem neuen Ölpalmengeschäft wollen alle teilhaben. Sime Darby und Golden Agri haben sich auf Liberia konzentriert, Wilmar und Olam, Unternehmen mit Sitz in Singapur, auf Elfenbeinküste. Im Jahr 2016 will Olam darüber hinaus 150.000 Hektar konzessioniertes Land in Gabun bewirtschaften, wo katholische Missionare in den 1870er-Jahren einige der ersten Palmölplantagen anlegten. Wilmar verfügt außerdem über 10.000 Hektar in Uganda.

Im Dezember 2010 verkündete die Regierung der Republik Kongo, sie habe dem malaysischen Unternehmen Atama Plantation 180.000 Hektar Land verpachtet. Atama sei »einer der weltweit führenden Palmölhersteller«. Das muss allerdings bezweifelt werden. Auf den Listen der Palmölproduzenten, zu denen ich Zugang hatte, tauchte Atama nirgendwo auf, auf E-Mails bekam ich keine Antwort, und seine Website war »im Aufbau«. Aber die beiden Manager, die von kongolesischen Ministern als Unterzeichner des Vertrags genannt wurden, Chua Seng Yong und Robert Tan, sind die geschäftsführenden Direktoren von IGB Corporation, einem Unternehmen mit dem größten gewerblichen Immobilienbesitz Malaysias. Atama hat seinen Sitz im Gebäudekomplex von IGB in der Mid Valley City von Kuala Lumpur. Ein weiterer Direk-

tor ist Reuban Ratnasingam, Chef des etablierten Holz- und Transport-
unternehmens Asia Congo Industries in der Republik Kongo.

Zhongxing Telecommunications Equipment (ZTE), ein chinesisches Staatsunternehmen mit Sitz in Shenzhen, weitet seinen Tätigkeits-
bereich auf das Agribusiness aus – wenn auch nicht in dem Umfang, wie
oft behauptet wird. Im Jahr 2009 erklärte sein Manager in Afrika, Zhang
Peng, für Ölpalmenpflanzungen eine Million Hektar aufgegebener
Plantagen in der Demokratischen Republik Kongo zur Verfügung und
auf weitere 3 Millionen eine Option zu haben. Die tatsächlichen Zahlen
belaufen sich nur auf ein Zehntel dessen, und die Firma will nicht nur
Ölpalmen, sondern auch Mais und Soja anbauen. Ende 2011 brachte
ZTE auf einer 250 Hektar großen Farm bei Kinshasa die Ernte ein, doch
der Rest des gelobten Landes war von der Regierung der Demokratischen Republik Kongo noch nicht zugeteilt worden. Unterdessen
tauchte im Juli 2011 eine chinesische Delegation in Cotonou, der Wirtschaftshauptstadt Benins, auf und versprach, als Gegenleistung für
Land 1 Milliarde Dollar in Ölpalmenpflanzungen zu investieren.

Auch europäische Unternehmen sind begeistert dabei. Die französische Bolloré Group – die, wie wir später sehen werden, eine gewaltige
Wirtschaftsmacht in Zentralafrika ist – hat 40.000 Hektar Ölpalmen in
Kamerun und weitere Plantagen in São Tomé und Príncipe. Die ebenfalls französische Firma SIFCA betätigt sich in Elfenbeinküste. Der italienische Ölriese ENI hat 70.000 Hektar in der Republik Kongo und weitere in Angola. Der Konzern Fri-El Green, ein weiteres Unternehmen
aus Italien, erhielt 40.000 Hektar einst staatlicher Plantagen in der Republik Kongo und darüber hinaus Land in Nigeria. Unilever, die belgische SITA und Norwegens NORPALM betreiben Ölpflanzungen in
Ghana. SITA verfügt darüber hinaus auch über 10.000 Hektar in Nigeria. Nicht weniger als sieben europäische Firmen haben Konzessionen
für große Ländereien in Tansania. Und Herakles Farms aus New York
hat einen 99-jährigen Pachtvertrag für 60.000 Hektar degradierten
Wald, der unmittelbar an Kameruns Korup National Park angrenzt.

Vielleicht am hellsten aber brennt die Palmölflamme beim westafrikanischen Nachbarn Liberias, in Sierra Leone. Dort haben sich bereits
einige Firmen niedergelassen: die portugiesische Quifel Group; die britische Sierra Leone Agriculture mit einem Pachtvertrag zum Wieder-

aufbau alter 31.000 Hektar umfassender Palmölplantagen in der Nähe des Küstenorts Mattru; die amerikanischen Gold Tree Holdings mit einem ähnlichen Vertrag für ein Gebiet an der Grenze zu Liberia; und das belgisch-luxemburgische Unternehmen SOCFIN, das mit seinen Plantagen in Nigeria, Kamerun und Elfenbeinküste über insgesamt 30.000 Hektar verfügt.

Aber in Sierra Leone ist man damit noch nicht zufrieden. Wie Liberia ist das Land nach dem brutalen Bürgerkrieg bestrebt, möglichst rasch einen wirtschaftlichen Aufschwung einzuleiten. Ende 2011 bot Patrick Caulker, der CEO von Sierra Leones Investment and Export Promotion Agency, drei große Flächen an. Er versprach den Landnehmern Arbeiter für 25 Cent in der Stunde, wobei er hervorhob, das sei weniger als die Hälfte des Durchschnittslohns in Indonesien, ein Siebtel des Lohns in Malaysia und ein Zehntel von dem in Brasilien. Die Landpacht betrage lediglich 5 Dollar pro Hektar im Jahr. Wasser sei kostenlos, und Steuern würden praktisch nicht erhoben. Sierra Leone garantiere »keine Einschränkungen bei Devisen, keine Begrenzung der Zahl ausländischer Mitarbeiter sowie die volle Rückführung der Gewinne, Dividenden und Lizenzgebühren in das Mutterland der Firma, und außerdem die Erlaubnis hundertprozentiger Eignerschaft durch Ausländer«. Damit hat Sierra Leone als Gastgeberland für Ölpalmenpflanzungen im »Abwärts-Wettlauf« eindeutig die Nase vorn.

Aufgrund seiner weiten Waldflächen, seiner guten Böden und der ganzjährigen Niederschläge könnte auch die Demokratische Republik Kongo zu einem wahren Honigtopf werden – wie zu Zeiten der Brüder Lever. Elwyn Blattner aus New Jersey, Erbe des Landvermögens der Blattner Group, pflegt mit den neuen Herrschern des Landes einen ebenso freundlichen Umgang wie einst mit Mobutu und bewirtschaftet immer noch eine Kautschukplantage und mehrere Tausend Hektar Ölpalmenfelder im ganzen Land. Unilever hingegen verkaufte 2009 nach 98 Jahren seinen gesamten Besitz im Lande. Die Geschäfte liefen nicht mehr gut genug. Es hatte entlang des Kongo-Flusses nur noch auf 15.000 Hektar Palmöl erzeugt. Die Yaligimba-Mühle schloss 2008, obwohl die Saatzucht in der Forschungsstation von Yaligimba noch gut lief und unter anderem EPO in Liberia belieferte.

Unilever verkaufte an Feronia Inc., ein auf den Kaimaninseln registriertes Unternehmen, das an afrikanischem Land interessiert ist. Es wurde 2008 von Ravi Sood, einem Risikokapitalanleger aus Toronto, und James Siggs gegründet, einem britischen Landwirt, der wie Bayliss von Equatorial Palm Oil zuvor bei New Britain Palm Oil in Papua-Neuguinea gearbeitet hatte. Feronia Inc. möchte »Großplantagen in Afrika, die verfallen sind«, zu neuem Leben erwecken und den Kontinent vor »der von Familien betriebenen Subsistenzwirtschaft mit traditionellen Methoden [bewahren], die zu einer chronischen Nahrungsmittelknappheit geführt hat … Wir wählen die besten Böden aus und verbinden die modernste Technologie mit den neuesten Verfahren der Branche, um hocheffiziente Landwirtschaft zu betreiben. So können wir die Erträge maximieren und Gewinne generieren.«

Neben dem Anbau von Ölpalmen steigt Feronia auch in die Feldwirtschaft ein. Das Unternehmen verspricht, insbesondere in der Demokratischen Republik Kongo zum Wandel beizutragen, indem es 20.000 Hektar »erstklassiges Land« für ein »Landwirtschaftssystem im großen Stil« verwendet, »das brasilianische und amerikanische Methoden miteinander verbindet, um größtmögliche Effizienz zu erzielen und die Massenproduktionsvorteile zu nutzen«. Ich frage mich allerdings, wie sich das mit Siggs' in der Einleitung zu diesem Buch zitierten Bemerkung verträgt, dass »mit einer ausschließlich industriellen Landwirtschaft Menschen vertrieben und ihrer Existenz beraubt, nur wenige Arbeitsplätze geschaffen und soziale Verwerfungen verursacht werden«.

Man wird sehen. Doch nach den vielen bis heute herausgegebenen Presseerklärungen zu urteilen, stehen bei Feronia Profit und Unternehmensstruktur an erster Stelle. Seit dem Kauf von Unilever war die Firma an einer verblüffenden Reihe von Finanz- und Aktiengeschäften mit ihrer ursprünglichen Besitzerin, der kanadischen Investmentgesellschaft TriNorth Capital, und mit GTM Capital beteiligt, einem »privaten Kapitalanlageunternehmen« mit Sitz in Atlanta, hinter dem mehrere Hedgefonds stehen.

So wurde die Fackel der Landnahme in Zentralafrika durch westliche Unternehmen vom mächtigsten der einstigen kolonialen Ressourcenausbeuter an eine neue Generation Senkrechtstarter in der Finanzindustrie weitergereicht. Was das für Afrika bedeutet, ist alles andere als klar. Ich kehrte nach Europa zurück, um mehr über diese neuen Investoren in Erfahrung zu bringen, und begab mich nach London, dem weltweit größten Finanzzentrum für Landnahmen.

8

LONDON, ENGLAND

Nadelstreifen und Mistgabeln

Die rothaarige Susan Payne ist das Pretty-Girl der in Nadelstreifen gekleideten Landnehmer in der Londoner City. Sie hängen an ihren Lippen. Ihr Investmentfonds Emergent Asset Management hat es im Lauf von fünf Jahren geschafft, eine der größten »Land Banks« in Südafrika aufzubauen. Aber was ihre Firma so besonders macht, ist der Sternenstaub, der sie und ihre ehemaligen Arbeitgeber bei Goldman Sachs umgibt. Sie verwandelt das undurchsichtige, nur von wenigen beherrschte Geschäft des Landkaufs im Ausland scheinbar in etwas, an dem wir uns alle beteiligen können – so, wie es Goldman Sachs mit den Rohstoffen gemacht hat.

Payne nimmt regelmäßig an Investmentkongressen teil und trägt lieber Geschäftskleidung und wohnt in schicken Hotels, als in Gummistiefeln auf afrikanischen Äckern herumzulaufen. Sie leitet Emergent zusammen mit David Murrin, früher ein altgedienter Mitarbeiter von J. P. Morgan. Payne ist eine Anwältin aus Vancouver, während Murrin, Chef der Investmentabteilung, eine schillerndere Vergangenheit hat. Bevor er ins Finanzgeschäft einstieg, arbeitete er als Geologe für Ölfirmen. Er führte im Dschungel von Papua-Neuguinea seismische Untersuchungen durch und, so heißt es in Veröffentlichungen des Unternehmens, »arbeitete im Sepik-Becken mit den dort lebenden Stämmen zusammen. In dieser Zeit begann er, seine Theorien über kollektive Verhaltensmuster im Umgang mit Emotionen zu entwickeln.«

Seine Theorien, so behaupten die beiden, untermauern ihre Investmentstrategien. Man möchte eigentlich meinen, die Welt von Goldman Sachs mit ihren verrückten Finanzderivaten sei uns fremder als alles, was die Stämme Papua-Neuguineas uns je bieten könnten. Doch in jedem Fall bringen Payne und Murrin etwas von dem Glanz und der Rücksichtslosigkeit der Spekulation mit Rohstoffen in das Geschäft mit Ackerland.

Payne ist eine überzeugende Rednerin. Ich habe sie mehrmals gehört. Ihr Hauptargument lautet, dass es heute ein Leichtes ist, mit afrikanischem Boden Geld zu machen. Das Bruttosozialprodukt auf dem Kontinent steigt seit zehn Jahren um 5 Prozent im Jahr, und die Finanzkrise wirkte sich kaum darauf aus. Die Urbanisierung findet in einem schnelleren Tempo statt als in Asien, was heißt, dass mehr Supermarktregale gefüllt werden müssen. Payne kann mit Statistiken spielen, hat jederzeit Zahlen bereit und geht ziemlich locker damit um. Bei einem afrikanischen Investmentgipfel in London sagte sie: »2040 wird Afrika weltweit die meisten Arbeitskräfte haben.« Nun, das stimmt nur zu einem gewissen Grad, Susan. Afrika ist ein Kontinent. Vergleicht man es mit einzelnen Ländern, trifft das sicher zu, nicht jedoch, wenn man es einem anderen Kontinent wie Asien gegenüberstellt.

Ihr Fazit aber ist, dass der Kontinent Land im Überfluss hat: »60 Prozent der weltweiten nicht bewirtschafteten Flächen« befinden sich dort. Meist mit Zugang zu reichen Wasservorräten. Um hohe Profite zu erzielen, braucht man kaum mehr als Düngemittel. Und die Bodenpreise sind im Moment so niedrig, dass »wir Idioten wären, wenn wir dort nichts anbauen würden. Wir glauben, dass wir [auch] im nächsten Jahrzehnt noch Gewinne machen.«

Wie alle guten Spekulanten beherrscht sie die Kunst, billig einzukaufen und dann den Preis ihrer Investition hochzureden. Im Jahr 2010 sagte ihr Unternehmen voraus, dass in Südafrika »der Wert des Bodens in den nächsten fünf Jahren um 300 Prozent steigen wird«. Und es möchte 3 Milliarden Euro aufbringen, damit sein African Agricultural Land Fund von dieser Entwicklung profitieren kann.

Das Geld von AgriLand stammt größtenteils von institutionellen Kunden wie Pensionsfonds und Universitätsstiftungen, die sich von dem Versprechen einer 25-prozentigen Rendite locken lassen. Jedenfalls heißt es offiziell so. Aber es gibt auch jede Menge Gerüchte. Ein Mitbewerber dieser Fonds sagte mir: »Susan Payne hatte einen finanzkräftigen Investor. Wir glauben, es war eine große amerikanische Universitätsstiftung, vielleicht Harvard. Aber die hat einen Rückzieher gemacht, und deshalb ist sie wieder auf der Suche, um Geld aufzutreiben.« Ich kann das nicht bestätigen, aber ich bin vielen solcher Kritiker begegnet. Paynes Clique schwinge nur große Reden, nörgeln sie. Und in der Tat scheint Emergent überall und nirgends zu sein. AgriLand ist in Luxemburg registriert, während sich die Geschäftsleitung in London befindet. Seine Landkäufe tätigt es über EmVest, das seinen Sitz in Pretoria hat. EmVest ist ein Joint Venture mit Grainvest, einer Tochter der Russell Stone Group. Russell Stone wiederum ist ein südafrikanisches Unternehmen, das sowohl in landwirtschaftliche Projekte investiert, als auch Finanzdienstleistungen anbietet. Seine Bankgeschäfte tätigt es in Mauritius, einem Steuerparadies.

In seiner Werbung verspricht Emergent, »neue Wege in Afrika zu beschreiten« und dem Kontinent Fortschritt zu bringen. »Die lokalen Kleinbauern profitieren, weil wir ihnen Arbeit geben und ihnen neue landwirtschaftliche Methoden zeigen«, sagt Payne. »Viele werden diese Methoden auch auf ihren eigenen Parzellen anwenden wollen.« Theoretisch vielleicht. Doch der Großteil der Unternehmensaktivitäten ist viel prosaischer. Seine Geschäftspartner in Pretoria »haben viele Mitarbeiter burischer Herkunft, Menschen, die auf dem Land aufgewachsen und sehr fähige und fleißige Bauern sind«, sagte Murrin gegenüber Reuters.

Beim Großteil ihrer Aktiva handelt es sich um riesige, etablierte Industriefarmen in Südafrika und den Nachbarländern: einen rote Zahlen schreibenden Tee-, Obst- und Gemüsehersteller in Simbabwe namens Ariston Holdings; Bananen- und andere Plantagen auf dem Kalonga Estate in der Nähe der Viktoriafälle in Sambia; ein Grundstück in Matuba im Limpopo-Tal im Süden Mosambiks mit einem 50-jährigen Pachtvertrag, dessen Größe das Unternehmen mal mit 1000, mal mit 1500 oder 2000 Hektar angibt. Auf jeden Fall aber ist mit der Pacht das Recht auf unbegrenzte Wasserentnahme aus dem Fluss verbunden; außerdem liegt die Farm in unmittelbarer Nähe der Eisenbahnlinie. Das ist kaum als »innovativ« zu bezeichnen. Andererseits stellt sie entgegen der Behauptung von Kritikern keine Bedrohung für die afrikanischen Subsistenzbauern dar.

Das Kundengespräch mit potenziellen Investoren würzt Emergent mit der Behauptung, Einblick in die großen geopolitischen Kräfte zu haben, die die Welt gestalten. Insbesondere Murrin warnt vor einem zukünftigen Krieg zwischen dem Westen und China, der durch den weiter wachsenden Rohstoffhunger Chinas ausgelöst werden könnte, wie er sich insbesondere in Afrika manifestiert. Diese apokalyptische Vorstellung müsste eigentlich eine Bedrohung für Emergents Besitz in Afrika darstellen, doch Murrin meint, dass im Vorfeld dieses Kriegs eine Menge Gewinn zu machen sei, da die Rohstoffknappheit die Preise in die Höhe schnellen lassen werde. Auch von anderen Risiken will Murrin profitieren. »Durch den Klimawandel werden manche Regionen Afrikas trockener, andere feuchter werden. Wir gedenken, daraus Nutzen zu ziehen«, sagt er.

Außerdem behauptet Murrin, er sei der Konkurrenz schon deshalb voraus, weil er die langen Zyklen ausnutze, in denen nach der Wellentheorie von Elliott die öffentliche Stimmung zwischen Optimismus und Pessimismus hin- und herpendele. Während seines Aufenthalts in Papua-Neuguinea beschäftigte er sich eingehender mit der Theorie, und in seinem Buch *Breaking the Code of History*, in dem er dieses Phänomen ausführlich darlegt, heißt es: »Im Allgemeinen nimmt man an, dass es in der Geschichte um einzelne Ereignisse geht, aber ich bin schon lange der Meinung, dass sie in hohem Maß durch bestimmte Dynamiken bestimmt wird. Gerade das Zufällige darin ist nur eine Illusion: Wenn man zeigen kann, dass eine Folge von Ereignissen, die wir als ›Geschichte‹ bezeichnen, von bestimmten Verhaltensalgorithmen beherrscht wird, können wir deutlich erkennen, in welchem Maße unser Leben in mannigfaltigen Wechselbeziehungen steht.« Puh!

Payne hingegen verwendet bei ihren Präsentationen häufig ein erschreckendes Schaubild, das den sogenannten Kondratjew-Zyklus zeigt, benannt nach seinem Entdecker, dem russischen Ökonomen Nikolai Kondratjew. Mir ist nicht klar, wie die Elliott-Welle und der Kondratjew-Zyklus, wenn überhaupt, in Zusammenhang stehen. Aber die Grafik bildet die Entwicklung der Rohstoffpreise in den USA seit 1800 ab, die in weiten Kurven steigen und fallen und etwa alle 50 Jahre eine Spitze aufweisen. Manche meinen, der vorgebliche Zyklus entstehe durch technische Innovationen, andere erklären ihn mit Kreditzyklen oder demografischen Entwicklungen. Payne aber unterstellt einen Zusammenhang mit Konflikten. Die Spitzen in ihrem Diagramm sind mit Beschriftungen versehen wie »napoleonische Kriege in Europa«, »amerikanischer Bürgerkrieg«, »Erster Weltkrieg« und »Vietnamkrieg«. »Es besteht eine Wechselwirkung zwischen Rohstoffpreisen und Kriegen«, erklärt sie. Es wurde nicht klar, ob die kriegerischen Konflikte durch die Preisspitzen verursacht waren oder umgekehrt. Jedenfalls vertrat Payne die Ansicht, dass »wir uns in einer Aufwärtsbewegung der Rohstoffpreise befinden und um das Jahr 2020 mit Konflikten um Ressourcen rechnen müssen«.

Die Sache mit den angeblich die Geschichte bestimmenden Wellen und Zyklen klingt ziemlich an den Haaren herbeigezogen. Und Emergent neigt dazu, seine Theorien über den grünen Klee zu loben. Die Website des Unternehmens rühmt Murrins und Paynes Blick in ihre geopolitischen Kristallkugeln, der ihnen einen Vorsprung gegenüber den Konkurrenten verschafft habe. So hätten sie »schon Ende 2007 gesehen, dass … die Nahrungsmittelsicherheit die nächste Energiesicherheit sein werde«. Der Satz hat was, vermittelt aber keine neuen Einsichten, sondern schürt eher eine vorhandene Panik. Im Juli 2007 tönten die Propheten der BBC bereits: »Kurse für Nahrungsmittel steigen und steigen«, und es war dort von »apokalyptischen Voraussagen für die Preise von Grundnahrungsmitteln« die Rede. Zyniker würden vielleicht sagen, dass die Herren (und Damen) der Welt nun einmal so vorgehen. Sie haben keine profunden Einblicke, sondern schwimmen auf der jeweiligen Welle mit.

Abgesehen von solchem Hokuspokus ist klar, was die Investoren bewegt, die hinter dem gegenwärtigen Landnahmerausch stecken. Angesichts einer weiter wachsenden Weltbevölkerung, der Verknappung von Land und Wasser und einer Milliarde Menschen der Mittelschicht in den ärmeren Teilen der Welt, die sich von Fleisch ernähren wollen wie der Westen, sehen sie in der Nahrungsmittelsicherheit das nächste große die Menschheit bewegende Problem. Doch um mehr Nahrungsmittel zu erzeugen, benötigt man mehr landwirtschaftliche Flächen. »Ich bin mir sicher, dass Ackerland gegenwärtig eine der besten Kapitalanlagen darstellt«, erklärt der Hedgefonds-Guru George Soros. »Ackerland ist Gold mit Kapitalfluss«, meint auch Jeffrey Conrad, der Präsident der Hancock Agricultural Investment Group, die in Boston sitzt. Reuters nennt das »eine Lustpartie für Banker«.

Die Investoren geben zu, dass Landkäufe nach den Verlusten bei den Finanzderivaten etwas Beruhigendes haben. Der Direktor eines Investmentfonds in London, Edward Ho, sagte gegenüber Reuters, sein neuer 625 Millionen Dollar schwerer Altima One World Agricultural Development Fund sei auch deshalb so attraktiv, weil »man zur Farm hingehen und den Boden berühren kann«.

Ob man einen Kick bekommt, wenn man den Boden berührt, oder nicht, Afrika ist angesagt. McKinseys Management-Gurus verkünden lauthals, dass die afrikanische Landwirtschaft in den letzten Jahren mehr als doppelt so stark gewachsen sei wie Afrikas Volkswirtschaften generell – um die 12 Prozent per annum. Regierungen hätten ihre Haushalte in Ordnung gebracht und die Märkte »belebt«, indem sie staatliche Farmen und Marketinggesellschaften privatisiert, Steuern gesenkt und die Infrastruktur verbessert hätten. Das Potenzial für weiteres Wachstum sei nach wie vor enorm, da sich in Afrika ein Viertel der weltweit landwirtschaftlich nutzbaren Flächen befinde, es jedoch nur 10 Prozent der landwirtschaftlichen Produktion der Welt liefere. Afrika könnte, erklärt McKinsey, »den zunehmenden Nahrungsmittelbedarf der Welt befriedigen«. Ihm dabei zu helfen, ist potenziell eine Goldmine.

Wer Soros ein bisschen arrivistisch und McKinseys Schaubilder zu abgehoben findet, sucht vielleicht Rat bei Lord Rothschild. Der Spross der berühmten europäischen Bankiersfamilie besitzt in den englischen Chiltern Hills ein so riesiges Gebiet, dass die Anwohner es Rothschildshire nennen. Im Keller seines größten Anwesens Waddesdon Manor liegen 15.000 Flaschen Bordeaux (ein Château Mouton Rothschild gefällig?). Dem Mann vertrauen die reichsten Leute der Welt. Als der russische Oligarch Michail Chodorkowski 2003 von Wladimir Putins Polizei verhaftet wurde, übertrug er Rothschild die Stimmrechte für Anteile an seinem Unternehmen Yukos im Wert von 13 Milliarden Dollar, weil er sie dort in guten Händen wusste.

Als daher Rothschild im Jahr 2009 sagte: »Im Augenblick ist der Zeitpunkt ausgesprochen günstig, langfristig in die Landwirtschaft einzusteigen«, war die Wahrscheinlichkeit groß, dass man ihm glaubte. Insbesondere, weil er selbst tat, was er predigte. Mit seinen 72 Jahren hatte Rothschild soeben sein Portfolio von Vorstandsposten um den Vorsitz bei Agrifirma erweitert, einem in Jersey ansässigen Unternehmen, gegründet von Jim Slater, in den 1970er-Jahren ein Senkrechtstarter in der Londoner City. Agrifirma besitzt 42.000 Hektar erstklassiger Landwirtschaftsflächen im Westen des brasilianischen Bundesstaats Bahia (siehe Kapitel 10).

Nicola Horlick, eine prominente Investorin der Londoner City, die von den britischen Medien als »Superfrau« gefeiert wird, folgte Rothschild nach Brasilien. Über ihre in Mayfair beheimatete Firma Bramdean Asset Management kaufte sie für Hunderte Millionen Ackerland im Westen Bahias. Zu ihren leistungsstarken Investoren gehörten die Bezirkspensionsfonds von Hampshire und Merseyside und der iranische Playboy, Immobilientycoon und »böse Junge« Vincent Tchenguiz.

Londons Landnehmer sind im Großen und Ganzen ein exotischer Haufen. Weitere böse (Gold-)Jungs, die sich am Bodenrausch beteiligen, sind Anthony »Chocfinger« Ward, dessen Armajaro Holdings die Kakao-Futures der Welt aufkaufte, wodurch er wegen des raschen Preisanstiegs innerhalb von zwei Monaten 40 Millionen Dollar einsackte; Guy Hands, ein ehemaliger Bondtrader von Goldman Sachs und Vorstandschef von Terra Firma; der prozessfreudige Dan Gold und sein Hedgefonds QVT Financial; und der in Sambia geborene Phil Edmonds, ein ehemaliges Mitglied der englischen Cricket-Nationalmannschaft, und Spin Bowler, von dem wir später noch hören werden. Das *Wall Street Journal* konnte 45 Private-Equity-Unternehmen auflisten, die im Jahr 2010 mehr als 2 Milliarden Dollar in die afrikanische Landwirtschaft investieren wollten. Und dies von London aus als ihrem operativem Zentrum. Oder besser gesagt: London und die Steuerparadiese, die das britische Empire der Welt hinterlassen hat: die Kaimaninseln, die Britischen Jungferninseln, die Isle of Man und die Kanalinseln.

Die nächste Etappe meiner Besuchsrunde bei den Londoner Bodeninvestoren führte mich in eine kleine Seitenstraße hinter dem Rugby-Stadion in Twickenham, wo ich mich mit den »Togo Boys« traf. Die Gruppe smarter Großstädter mit schicken Autos und Dreitagebart hatte ihr Glück mit der Regierung des kleinen westafrikanischen Staates Togo gemacht. Togo ist insgesamt ein friedliches Land mit so etwas wie einer Wahldynastie. Als Präsident Gnassingbé Eyadéma, der in den 1960er-Jahren durch einen Militärputsch an die Macht gekommen war, 2005 nach 38 Jahren im Amt starb, staunten seine Untertanen nicht schlecht, als ihnen erklärt wurde, sie hätten seinen Sohn zum Nachfolger gewählt.

Der Eyadéma-Clan schloss in der Folge mit Philip Peters und Lawrie Smith einen 99-jährigen Pachtvertrag für 2700 Hektar landwirtschaftlich nutzbarer Fläche in der Nähe der Stadt Agbélouvé, eine Stunde Fahrt mit dem Auto nördlich der Hauptstadt Lomé gelegen. Peters und Smith sind die Gründer eines ethisch ausgerichteten Anlageinstruments namens Greenleaf Global. Sie haben eine Vereinbarung mit einem russischen Agronomen – Vladimir Matichenkov von der russischen Akademie der Wissenschaften –, der ihre Farm in Togo detailliert kartiert hat und sie mit Jatrophasamen beliefert. Das Öl der Jatrophafrüchte soll zu Biodiesel für europäische Autos verarbeitet werden. Angesichts der steigenden Nachfrage und des hohen Preises für Jatropha könnten die beiden mit ihrer Investition gute Gewinne erzielen.

Besser gesagt, mit *Ihrem* Anlagekapital. Die Togo Boys wetten nicht für Großinvestoren aus der City. Sie wollen, dass Menschen wie Sie und ich Land pachten. Legen Sie 6000 Pfund auf den Tisch, und die Dorfbewohner werden auf Ihrer 2 Hektar großen Parzelle 5000 Setzlinge pflanzen. In ein paar Jahren werden sie die Früchte ernten und sie durch eine Schneckenpresse jagen. Greenleaf wird das dabei entstehende Öl verkaufen. Wenn alles gut läuft und der versprochene Ertrag von 10 Tonnen pro Hektar erreicht wird, können Sie zusehen, wie sich Ihr Geld vermehrt. Die Rendite dürfte bei 12 Prozent im Jahr liege, meint Peters. »Investmentbanker kommen persönlich, um Parzellen zu kaufen«, sagte er. Doch Ende 2011 waren erst 1200 Hektar verkauft – weniger als die Hälfte der zur Verfügung stehenden Fläche. Deshalb wird es noch eine Weile dauern, bevor Greenleaf von seiner Option auf weitere 12.000 Hektar in der Nähe Gebrauch macht.

Die Jungs von Greenleaf betonen, das alles sei für die Einheimischen von Vorteil. »Sie können ihr Glück nicht fassen, dass wir dort sind. Da wuchs vorher gar nichts. Das Land ist nie bewirtschaftet worden.« Greenleaf unterstützt sechs Waisenkinder einer Schule und verspricht, sie später, sofern das Unternehmen dann noch dort ist, auf der Plantage einzustellen. Aber dort stehen weniger Arbeitsplätze zur Verfügung als angekündigt. Ende 2011 hieß es auf der Website von Greenleaf noch, sie hätten 600 Jobs, obwohl dort nur halb so viele Menschen beschäftigt waren. Peters sagte, aufgrund der Mechanisierung würden es maximal 400 werden.

Westafrika ist auch bei anderen britischen »Boutique«-Investmentfirmen beliebt, die es jedermann ermöglichen, aus einem Flecken afrikanischen Bodens einen persönlichen Profit zu generieren. Im Jahr 2011 bot GreenWorld BVI, handelsgerichtlich eingetragen auf den Britischen Jungferninseln, Online-Spielern für 1950 Pfund 1 Hektar »erstklassiges Ackerland« in Sierra Leone zum Anbau von Reis an. Die Investition war »eigens so gestaltet, dass sie sowohl Gewinn bringt, als auch sozial verantwortlich ist … und Ihnen ermöglicht, wie ein großer institutioneller Investor, jedoch mit einem Bruchteil der Einstandskosten Kapital anzulegen«. Unterdessen bot Agri Capital, das seinen Sitz in Alderley Edge in Cheshire hat, offenbar dasselbe Land zum selben Preis mit dem Versprechen an: »Unser Ziel ist es, Gewinn für Sie einzufahren.«

Oder wie wäre es mit Sierra Leones unmittelbarem Nachbarn Guinea? Mark Fitzpatrick Keegan, Besitzer einer großen Schaffarm in Nordengland, hat mehrere Jahre sein Geld mit der Umwandlung argentinischer Rinderfarmen in Sojaplantagen verdient. Seine Trägergesellschaft war eine in Las Vegas eingetragene Firma mit dem unglaublich klingenden Namen Kryptic Entertainment. Jetzt nimmt er Afrika in Angriff, und aus Kryptic Entertainment ist Farm Lands of Guinea geworden, das über eine Tochtergesellschaft agiert, registriert auf – Sie haben es erraten – den Britischen Jungferninseln.

Farm Lands of Guinea hat einen anfänglichen Pachtvertrag für 9000 Hektar »nicht ausreichend genutztes« Ackerland an einer der Hauptstraßen durch das Land, das von mehreren Staaten umschlossen ist. Der Pachtvertrag mit den »äußerst großzügigen« Bedingungen wurde mit der Regierung Guineas geschlossen, die zu 10 Prozent an dem Projekt beteiligt ist. Das Unternehmen hat außerdem eine Option auf weitere 98.000 Hektar und prüft nach eigenen Angaben weitere 1,5 Millionen Hektar nicht ausreichend genutztes Land, das es »für die Entwicklung durch Drittunternehmen mit 99-jährigen Pachtverträgen bereitstellen« will. Anscheinend steht ein Großteil Guineas zum Verkauf.

Zweifellos handelt Keegan nach dem Motto »Nicht kleckern, sondern klotzen« und hat eine illustre Truppe von Vorstandskollegen und Investoren um sich geschart. Sein Vorstandsvorsitzender ist General Sir Redmont Watt, der bis 2008 die britischen Landstreitkräfte befehligte

und Zeremonienmeister bei der Beerdigung der englischen Königin-
mutter ware. Buchhalter der Firma ist der Vorstandsvorsitzende eines
Goldbergbauunternehmens in Guinea. Der wichtigste Investmentpart-
ner ist eine kaum in Erscheinung tretende, in Hongkong ansässige Investmentfirma namens Desmond Holdings, die ihre Geschäfte über das
britische Unternehmen AIM Investments tätigt. Zum Zeitpunkt des
Vertragsabschlusses war dessen geschäftsführender Vorsitzender der
Direktor von Desmond, Mark Pajak. Das Farmprojekt wurde von dem
Vorstandsmitglied und Landwirtschaftsberater Nigel Woodhouse entwickelt, der eine biologische Forellenzucht in der englischen Grafschaft
Cumbria unterhält und Treuhänder der britischen Soil Association ist.
      All das könnte für die Menschen in den guineischen Dörfern N'De-
ma und Konindou von Interesse sein. Schließlich wollte dieses Multita-
lent im Jahr 2012 auf den ersten 300 Hektar Mais und Soja anbauen.
Woodhouse erzählte mir, er habe die Dörfer besucht und sei bei zwei
einstündigen Zusammenkünften gewesen, in denen die Stammeshäupt-
linge und andere übereingekommen seien, das Land an Regierungsvertreter zu übergeben. Der Grund und Boden befinde sich außerhalb der
Dörfer und sei »nicht von Menschen bewohnt«. Das Einverständnis unter den Dorfbewohnern war »völlig einhellig. Dem Häuptling wurde der
Kaufpreis in Form eines Symbols überreicht, dessen Wert ich auf etwa
drei Pfund geschätzt habe«, sagte er. Das klingt nicht nach viel.

Bis jetzt geht ein Großteil der mit westlichem Geld finanzierten Landnahme auf das Konto von Hedgefonds und anonym bleibenden Invest-
menthäusern beziehungsweise Anlagemanagern. Doch noch größer als
die Hedgefonds sind die Pensionsfonds mit ihren Vermögenswerten in
der Größenordnung von Billionen Dollar. Beobachter der Branche sagen, sie gäben sich jetzt nicht mehr mit den Rohstoff-Indexfonds zufrieden, die enorm zur Destabilisierung der Nahrungsmittelmärkte beigetragen haben, sondern dehnten ihr Engagement nun auch auf Boden
zur landwirtschaftlichen Nutzung aus.
      Der riesige Pensionsfonds für die öffentlichen Angestellten Kalifor-
niens etwa hat 50 Millionen Dollar in Black Earth Farming investiert,
das über etwa 320.000 Hektar russischer Getreidefelder verfügt (siehe
Kapitel 9), sowie in eine Reihe von großen Unternehmen mit Palmöl-

plantagen in Fernost, wie Sime Darby, Olam und Wilmar. Die Teachers Insurance and Annuity Association of America (TIAA-CREF) hat landwirtschaftliche Flächen in Brasilien, Mittel- und Osteuropa, in Australien und den USA im Wert von 2 Milliarden Dollar und ist dabei, noch weitere Ländereien zu kaufen. Der Swedish National Pension Fund hat eine halbe Milliarde Dollar in Farmen in Brasilien, Australien und den USA gesteckt, und sein Pensionsfonds AP3 gräbt tief in den fruchtbaren Schwarzerdeboden Russlands.

Oh, und ehe ich es vergesse, die Dänen geben ihre Pensionsgelder Gary Vaughan-Smith.

Nachdem ich so viele Leute aufgesucht hatte, die zwar eine ganze Menge von Geld verstanden, aber keine Ahnung von afrikanischer Landwirtschaft und auch kaum Interesse daran hatten – Leute, die einfach glaubten, die Kleinbauern sollten durch eine moderne, »effiziente« und mit ihren Mitteln finanzierte Agrarindustrie ersetzt werden –, war es ein Vergnügen, Vaughan-Smith kennenzulernen, der sich offenbar sowohl mit Pensionsfonds als auch mit Afrika auskannte.

Wir trafen uns in seinem Büro in der Nähe von Stanfords, der legendären Buchhandlung für Reiseliteratur in Covent Garden. Ich hatte Kartenmaterial für ziemlich entlegene Teile Westafrikas gesucht. Vaughan-Smith erzählte mir, seine lang anhaltende Begeisterung für Investitionen in Afrika habe ihn in Schwierigkeiten gebracht. Einmal habe er Geld von Gartmore Investments dazu verwendet. »Es lief nicht gut, und man gab mir die Schuld daran.« Doch an jenem Tag empfand er einen Hauch von Schadenfreude. Wenige Stunden zuvor war Gartmore wegen unüberlegter Investitionen in Konkurs gegangen.

Auch in seiner neuen Stellung als Gründungspartner von SilverStreet Capital hielt er an seiner Afrika-Begeisterung fest. Er war gerade dabei, in diesem Unternehmen einen Anlagefonds mit einem Kapital von 500 Millionen Dollar aufzulegen, um dort Landwirtschaftsflächen zu kaufen. »Afrikanisches Ackerland ist momentan der Renner«, sagte er. »Gegenwärtig wollen Investoren reale Anlagegüter, keine Derivate.« Während der Kreditkrise tat sich SilverStreet schwer, Geld aufzutreiben. Aber dann stieß Vaughan-Smith auf eine Goldader und bekam 200 Millionen Dollar von der dänischen Investmentfirma PKA, die Pensionsfonds verwaltet, sowie von Overseas Private Investment Corporation, einer von der amerikanischen Regierung gegründeten Gesellschaft für Entwicklungsfinanzierung. »Ich finde es wirklich aufregend, diese Art von Anlagekapital nach Afrika zu bringen«, sagte er. An jenem Tag flog er nach New York, um weiteres Geld einzutreiben.

Vaughan-Smith, ein ausgebildeter Versicherungsexperte aus Simbabwe, ist ein kleiner, adretter Mann mit Bart. Neben ihm saß Tim Denton, ein großer simbabwischer Farmer mit zerfurchtem Gesicht, der ein bisschen mehr Sonne abbekommen hatte. Denton hatte sieben Jahre auf einer großen Kaffeeplantage in Mpongwe verbracht, die damals der Commonwealth Development Corporation gehörte, einer britischen Regierungsorganisation für Entwicklungszusammenarbeit. Dann arbeitete er für den von George Soros finanzierten Tee- und Kaffeeerzeuger African Plantations, der später mit Rift Valley Holdings fusionierte, einem Teegiganten im Besitz einer norwegischen Reederfamilie. Gegenwärtig stellt er ein Team simbabwischer Farmer zusammen, die für SilverStreet die »vier großen« landwirtschaftlichen Produkte – Weizen, Reis, Mais und Soja – anbauen sollen. »Wir planen fünf 10.000 Hektar umfassende Farmen in fünf Ländern: Sambia, Malawi, Tansania, Mosambik und Südafrika.«

Mir gefielen die Jungs. Sie meinten es ernst mit Afrika und den Afrikanern. Denton hatte mit Landnehmern, die Kleinbauern aus dem Drehbuch für den Kontinent streichen wollten, nichts am Hut. Bei ihm standen Letztere im Mittelpunkt. Eine seiner ersten Farmen in der Provinz Tete in Mosambik hat die Aufgabe, ihre Produkte zu kaufen. Und alle fünf Farmen bekommen ein Ausbildungszentrum für Kleinbauern, versprach er. Diese Zentren sollen von der Hilfsorganisation Foundations for Farming aus Harare geleitet werden, die ursprünglich Farming God's Way hieß. Sie wurde von Brian Oldreive, einem wiedergeborenen Christen und Pionier der umweltfreundlichen Direktsaatmethode gegründet. So merkwürdig es klingen mag, aber Oldreive, einst Spieler der simbabwischen Cricket-Nationalmannschaft, ist angeblich der Beste in dieser Branche.

Denton schätzte die Chancen, die Erträge von Kleinbauern in Afrika zu steigern, optimistisch ein. »Es geht hier ja nicht um Raketentechnik, sondern darum, Dinge zur richtigen Zeit zu tun. Wir wollen Bauern dazu bringen, dass sie ihre Felder vorbereiten, Brunnen graben, Saatgut und Dünger vorrätig haben, wenn der Regen kommt, und nicht alles Hals über Kopf machen. Auf diese Weise ist es ganz leicht, den Ertrag von einer Tonne pro Hektar auf drei Tonnen zu steigern.« Doch auch die besten Erträge nützen nichts ohne sichere Märkte. Warum sollte man mehr produzieren, wenn man damit nur erreicht, dass die Preise einbrechen? Zentralfarmen sind nach Dentons Meinung wichtig, weil sie den Kleinbauern der Umgebung die Abnahme garantieren. »Wir können so viel tun, um positiv auf die soziale Situation einzuwirken«, sagte Vaughan-Smith, als ich mich verabschiedete.

Man wird sehen. Ich glaube, ihm war es ernst. Das Problem ist nur, dass ziemlich klar ist, wer den Sieg davonträgt, wenn die Versprechen und Ideale der Betriebsleiter der Farmen nicht mit den Forderungen der Investoren und ihrer Gewinnerwartungen vereinbar sind. Sicherlich nicht die Versprechen und Ideale. Letztendlich wird Denton seine Anweisungen von den Dänen und Amerikanern bekommen.

Für nahezu jedes Unternehmen, das Anlagekapital erhält, gilt die Regel, dass die Interessen des Investors an erster Stelle stehen. Viele Firmen, die in Entwicklungsländern investieren, werden die ethischen Richtlinien unterschreiben, wie sie beispielsweise in den »Equator principles on social and environmental issues« formuliert sind. Und wahrscheinlich auch ihre Banken und Geldgeber. Aber die Regeln sind sehr allgemein gehalten, und wenn es hart auf hart kommt, zählt nur der Gewinn. Das ist Kapitalismus.

Manche Menschen meinen, ausländischen Landnehmern könnten durch Gesetze des Gastgeberlandes Zügel angelegt werden. Glauben Sie das nicht. Viele nationale Gesetze mit Bestimmungen für Bodentransaktionen ins Ausland werden durch internationale Vereinbarungen für Investitionsgeschäfte (IIAs – International Investment Agreements) ausgehebelt. Ein im Jahr 2011 von der Standard Bank in Johannesburg – ein wichtiger Kapitalgeber für Landnahmen – veröffentlichter Bericht machte mir deutlich, wie wichtig diese Vereinbarungen sind. Verfasst von dem Direktor für Bankgeschäfte auf dem Agrarsektor, Jacques Taylor, und der Nachhaltigkeitsbeauftragten Karin Ireton, beschreibt der Bericht den rechtlichen Rahmen mit brutaler Offenheit:

»Die IIAs haben den Zweck, Investoren zu schützen, und enthalten kaum Regelungen, die einem Investor Pflichten auferlegen oder die

Rechte von Staaten zum Ausdruck bringen und anerkennen, im öffentlichen Interesse regulierend einzugreifen«, hieß es bei Taylor und Ireton.
Und während die Investoren kaum Verpflichtungen haben, sind es aufseiten der Gastgeberländer umso mehr. »Die Vereinbarungen enthalten
minimale internationale Standards, die die Gastgeberländer einhalten
müssen … Allgemein akzeptieren die Regierungen dieser Länder, dass
sie die Mittel zur Verfügung stellen müssen, damit die Investoren tätig
werden können – zum Beispiel den Zugang zu Wasser für landwirtschaftliche Zwecke.« Dieses Recht, so die Autoren, »kann zu einer legi-
timen Erwartung des ausländischen Investors und somit zu einem
gesetzlichen Anspruch gemäß internationalem Recht werden … auch
wenn es mit dem bestehenden oder zukünftigen Trinkwasserbedarf lokaler Gemeinschaften, der traditionellen Landwirtschaft auf kleineren
Parzellen, der Kleinbetriebe oder der Subsistenzwirtschaft in Konflikt
gerät«.

Autsch. Ich las jeden Satz mehrmals, um sicherzugehen, dass ich den
Text nicht falsch verstanden hatte. Aber nein. Selbst wenn die Einheimischen hungern oder vor Durst schmachten, haben die Rechte des ausländischen Investors dem Gesetz nach Vorrang. Wenn Regierungen
Land an Ausländer verkaufen oder verpachten, riskieren sie unter anderem, dass »bettelarme Menschen nicht nur ihre Häuser verlieren, sondern auch die Quelle ihrer Nahrung und zukünftiger Einnahmen, da
sich die Käufer das volle Recht auf die Erträge und das Land sichern«.
Wenn beispielsweise einem Investor aufgrund einer Dürre nicht die
Menge an Wasser zur Verfügung steht, die in seinem Vertrag festgelegt
wurde, würde ein internationales Schiedsgericht wahrscheinlich zu dem
Schluss kommen, dies sei »eine Enteignung des Rechts, die Farm zu betreiben«, durch das Gastgeberland. Und damit wären zumindest hohe
Entschädigungszahlungen fällig.

Wer immer meint, Regierungen seien berechtigt, während einer
Hungersnot Nahrungsmittelexporte ausländischer Investoren zu ver-
bieten, sollte noch einmal darüber nachdenken. »In den Anlageverträ-
gen werden die Investoren im Allgemeinen in die Lage versetzt, ihr
Investitionsobjekt entsprechend den eigenen Bedürfnissen zu verwenden«, heißt es in dem Bericht. »Im Falle von Investitionen in landwirtschaftlich nutzbare Flächen enthalten die meisten Verträge eine Garan-

tie auf das Recht, den gesamten oder fast gesamten Ertrag zu exportieren.« Exportverbote »können einen Bruch der internationalen Investitionsgesetze bedeuten, wenn sie die an ausländische Investoren erteilten Rechte beeinträchtigen«. Allem Anschein nach ist das internationale Recht ein Freibrief für Landnehmer.

Während ausländische Investoren die internationalen Gesetze kaum fürchten müssen, bedeutet ihre Unkenntnis der Verhältnisse in Afrika, des Landes und der Menschen ein großes Risiko für sie. Älteren britischen Lesern muss man vielleicht nur zwei Wörter nennen, die an eine schmerzliche Episode ihrer Kolonialgeschichte erinnern: der Erdnussplan. Erdnüsse für Sie und für mich. Der anmaßende Landnehmer, der vor einem halben Jahrhundert dieses Projekt begann, war Frank Samuel von dem transnationalen Fettproduzenten Unilever. Im Jahr 1946 legte er der britischen Regierung den ehrgeizigen Plan vor, in Tansania, dem damaligen britischen Protektorat Tanganjika, Erdnüsse anzubauen. Die Nüsse sollten einen wachsenden Pflanzenölmarkt bedienen und unter anderem auch Unilevers Bedarf für seine Margarineproduktion decken. Samuel hoffte, das Projekt werde mit französischen Plänen, im Sahel, damals meist als Französisch Westafrika bezeichnet, Erdnüsse zu erzeugen, konkurrieren können.

Kolonialbeamte in Daressalam waren begeistert. Sie glaubten, der weitläufige Busch im Landeszentrum liege deshalb »brach«, weil die Einheimischen miserable Bauern seien, und fürchteten Nahrungsmittelknappheit und einen Exodus in die Städte. Was hier gebraucht werde, so meinten sie, sei westliches landwirtschaftliches Know-how. In Whitehall blickte man auf die Karten von Afrika, auf denen das britische Herrschaftsgebiet in der Farbe Rot prangte, und plante, eine riesige Erdnussplantage anzulegen, die von Kenia bis Rhodesien reichen sollte.

Zunächst aber wurden dafür 60.000 Hektar im Herzen Tanganjikas abgesteckt – ein Gebiet, das der viktorianische Forscher Henry Morton Stanley als »unendlichen Dschungel von Dornbüschen« bezeichnet hatte. 100.000 einheimische Soldaten, die meisten gerade nach Ende des Zweiten Weltkriegs demobilisiert, wurden als Farmarbeiter angeworben und eine Siedlung für sie errichtet: Kongwa. Chef der Gesellschaft, die für das Projekt gegründet wurde, der Overseas Food Corporation, wurde

Leslie Plummer, ein englischer Teilzeitbauer, politischer Aktivist und leitender Angestellter der angesagten Tageszeitung jener Zeit, Lord Beaverbrooks *Daily Express*. Mit solch einem Medienriesen an der Seite, was konnte da schon schiefgehen? Die Antwort lautete: eine Menge.

Zunächst einmal musste das Land gerodet werden. Plummer kaufte auf den Philippinen überflüssig gewordene Traktoren der US-Armee. Nachdem sie um die halbe Welt nach Daressalam geschifft worden waren, mussten sie auf einem Feldweg nach Kongwa gezogen werden, nachdem schwere Regenfälle die Eisenbahnlinie weggespült hatten. Endlich vor Ort, vermochten nicht einmal die stärksten Maschinen die vorhandenen Baobabbäume zu roden. Bei dem Versuch ruinierten die Fahrer einen Großteil der Ausrüstung. Elefanten und Killerbienen, Nashörner und Skorpione attackierten die demoralisierten Arbeitskräfte. Wasser musste erst herbeigeschafft werden. Dabei war noch keine einzige Erdnuss im Boden.

In der Heimat wurden die Schlagzeilen, die zunächst ein Loblied auf das Projekt gesungen hatten, immer hässlicher. Als es in England zur Zielscheibe des Spotts wurde, gab Plummer auf. Die Regierung schickte einen Generalmajor, der die Sache in Ordnung bringen sollte. Schließlich pflanzte die Overseas Food Corporation tatsächlich Erdnüsse. Der Regen brachte die Saat zum Keimen, aber dann wurde der Boden durch eine Dürre hart wie Beton, sodass es schier unmöglich war, die Nüsse auszugraben. Man strich die für den Anbau vorgesehene Fläche auf 20.000 Hektar zusammen. Doch nach weiteren zwei Jahren – der Generalmajor war wegen Krankheit auf Heimaturlaub – hatte man lediglich 2000 Tonnen Nüsse geerntet, und die Böden waren verdichtet und unbrauchbar.

Fünf Jahre nach dem genialen Geistesblitz gab die Regierung unter lautem Hohngelächter der Öffentlichkeit den Plan auf. Kongwa verfiel. Die Schule schloss 1958, eröffnete aber bald darauf wieder als Trainingslager für südafrikanische Freiheitskämpfer des ANC. In England wurde der Erdnussplan zum Witz, zur Metapher für eine dummköpfige britische Verwaltung auch andernorts. Minister drohten ihren Beamten damit, sie zum »Erdnussplan« zu schicken. Bis heute wird er als Negativbeispiel an amerikanischen Universitäten gelehrt. Er sollte allen heutigen Landnehmern als Warnung dienen. Und nicht nur ihnen, sondern auch Afrika. Die Felder im Umkreis von Kongwa sind immer noch unbrauchbar, und mit Ausnahme der Dornenbäume, die allmählich zurückkehren, wächst hier nichts mehr. Die Briten haben sich übrigens immer noch nicht offiziell für das entschuldigt, was sie dem Land angetan haben.

TEIL DREI

RUND UM DEN GLOBUS

Der Landrausch ist ein weltweites Phänomen. In der ehemaligen Sowjetunion warten einstige Staatsgüter auf neue Besitzer. In Brasilien werden die Grassteppen der Stämme von Neureichen in Hightech-Prärien verwandelt, um Soja für China anzubauen. Brasilianische Rancher ziehen in die sengende Hitze des paraguayischen Gran Chaco und entfachen im Rest Lateinamerikas neue Kriege um Land. Unten im Süden reißen sich die Superreichen der Welt, von Ted Turner bis zu den Benettons, das magische, naturbelassene Land Patagoniens unter den Nagel. Und jenseits des Pazifiks, in Australien, betreiben die alten Viehzüchterfamilien einen Ausverkauf an ausländische Landbarone. Selbst die Kidmans verkleinern sich.

9

UKRAINE

Lebensraum

Richard Spinks war ein englischer Abenteurer, der mit sechzehn die Schule verließ, eine Zeit lang bei der Royal Air Force diente und sich dann zehn Jahre in Europa durchschlug, indem er Werbung an den Mann brachte und in den Häfen von Gdansk bis Archangelsk Fisch aufkaufte. Schließlich heiratete er eine Ukrainerin. Im Jahr 2005 aber – einer Intuition folgend und ohne Kenntnisse in der Landwirtschaft – verkaufte er seinen Fischverarbeitungsbetrieb in Polen, siedelte in die Ukraine über und begann, einstiges Staatsland zu kaufen. Er wollte an dem bevorstehenden Biokraftstoffboom teilhaben und Raps anbauen, aus dem sich Biodiesel erzeugen lässt.

Anfangs zog er in Dörfern der Westukraine von Haus zu Haus und bot armen Kleinbauern an, ihre Felder zu pachten. Oft im Zelt übernachtend, fuhr er kreuz und quer durchs Land und pachtete mit von Freunden geliehenem Geld Land für 35 Dollar pro Hektar und Jahr. Sein Traum war, in der ehemaligen Sowjetrepublik als Grundbesitzer ein eigenes Reich aufzubauen. Dazu gründete er die Firma Landkom International und richtete im Dorf Bilji Kamin, östlich der mittelalterlichen Stadt Lwiw, seine Zentrale ein. Die Geschäfte liefen gut. Er konnte ausländische Investoren hinzugewinnen. Nach wenigen Jahren verfügte er über mehr als 100.000 Hektar erstklassigen, fruchtbaren Boden. Mit der vielversprechenden Aussicht, seine »Land Bank« auf 300.000 Hektar auszubauen, brachte er sein Unternehmen an die Londoner Börse. Eine Zeit lang war er der drittgrößte Agrarunternehmer in der Ukraine.

Doch Spinks hatte sich übernommen und weit mehr Land gekauft, als er bewirtschaften konnte. Seine Geldgeber übernahmen das Ruder, setzten Spinks vor die Tür, beschnitten die »Land Bank« um 40 Prozent und forcierten die Bepflanzung. 2011 beackerte der neue Geschäftsführer, ein ukrainischer Traktorenhändler namens Vitali Skotsyk, 48.000 Hektar, zumeist mit Raps. Die Zeiten von Spinks' Einkaufsreisen im Campingstil waren lange vorbei. Ähnliches geschieht oft mit Start-up-Unternehmen: Der Visionär wird von den Leuten mit Geld an die Wand gedrängt. Doch hier gerieten im gleichen Jahr auch die Finanzleute in Schwierigkeiten, denn Regenfälle zerstörten die Ernte, und die Aktienpreise des Unternehmens brachen ein. Zu Jahresende empfahl das Management den Verkauf an die schwedische Investmentfirma Alpcot Agro.

Trotz des Regens ist die Ukraine potenziell die Kornkammer Europas. Schon jetzt ist sie Europas größter Erzeuger von Gerste und einer der wichtigsten Weizenanbauer. Zwei Drittel ihrer 600.000 Quadratkilometer bestehen aus fruchtbaren Humusböden, auch als Schwarzerde bekannt. Doch wegen der politischen Instabilität und der Erblast der Bürokratie wurden diese Böden nie richtig genutzt. In den 1930er-Jahren litt die Ukraine unter der verheerenden Kollektivierungspolitik Stalins. 1941 marschierten die Deutschen ein und plünderten die Ukraine rücksichtslos aus; Hitlers »Lebensraum«-Politik sah die Requirierung aller Agarerzeugnisse und Böden, aber auch die spätere Ansiedlung von Millionen Deutschen vor. Und als Hitler 1945 endlich besiegt war, konsolidierte sich erneut die starre sowjetische Hegemonie. Doch die sozialistisch verwalteten Felder der Ukraine konnten Stalins Traum eines ähnlich reichen Getreidesegens wie im kapitalistischen Mittleren Westen der USA nicht erfüllen.

Nach dem Zusammenbruch der Sowjetunion 1991 wurden die Kollektive und Staatsgüter nach und nach aufgelöst und das Land an arme Bauern gegeben. Die aber hatten keine Möglichkeit, Kapital aufzunehmen, ein Zustand, an dem sich bis heute nichts geändert hat. Das Schicksal der einstigen Kolchose Dniester ist typisch für viele andere. Als der Betrieb 2001 aufgeteilt wurde, erhielten die wenigen Hundert armen älteren Bewohner des Dörfchens Stinka südöstlich von Lwiw am Ufer des Dniester die ihnen zustehenden 750 Hektar. Doch sie hatten kein Geld, um das Land zu unterhalten, geschweige denn zu investieren.

Wie in Hunderten anderer Kommunen auch wirtschafteten sie deshalb für den Eigenbedarf und ließen den Rest des Bodens verwildern. Die 50.0000 kleinen Bauernhöfe der Ukraine haben in den letzten Jahren geschätzte 200.000 Quadratkilometer oder ein Drittel des Landes brachliegen lassen. Und auf den bewirtschafteten Flächen wird nicht einmal die Hälfte der Erträge erreicht, die die weniger fruchtbaren Böden in der Europäischen Union erbringen. Da die Ukraine jedoch die zweitgrößte Landfläche Europas besitzt, ist ihr Erntevolumen immer noch beträchtlich. Dennoch liegt der Landwirtschaftsriese des europäischen Kontinents weiterhin im Schlummer.

Hier kommen die Landnehmer ins Spiel. Ukrainische Firmen, die Zugang zu Kapital haben, kaufen von Gemeinden wie Stinka Land. Die in der westlichen Provinzstadt Ternopil ansässige Mriya Agro Holding ist mithilfe von Darlehen der Weltbank von 50 Hektar im Jahr 1992 auf heutige 220.000 Hektar angewachsen. Das 1992 von dem Arzt Jurij Churawlow ursprünglich zur Honigproduktion gegründete Agroton aus Lugansk verfügt heute über 150.000 Hektar im Osten der Ukraine und ist der größte Erzeuger von Sonnenblumensamen des Landes.

Doch in letzter Zeit klopfen immer mehr Ausländer an die Tür. Von 2008 bis 2010 haben sie etwa 8 Milliarden Dollar für Pachtland ausge-

geben. Zum Teil waren es Unternehmer wie Spinks, aber auch Hedgefonds und Investmentbanken wie Morgan Stanley. Sie alle hofften be-
gierig auf kräftige Gewinne, wenn der Schwarzerdeboden endlich mit
westlicher Erfahrung und westlichem Kapital beackert würde. Die Ge-
treideerträge könnten verdoppelt und damit auf EU-Niveau gehoben
werden, meinen sie. Die Exporte würden sich verdreifachen. Da der
Kaufpreis für Land nach wie vor kaum mehr als 15 Prozent des Durch-
schnittspreises in der EU beträgt, wären die zu erwartenden Profite
enorm.

Charles Beigbeder, ein umstrittener französischer Investor und On-
line-Unternehmer, verfügt mit seiner jüngsten Firma AgroGeneration
über 50.000 Hektar. Er plant, seinen Bestand zu verdoppeln, indem er
marode ukrainische Höfe aufkauft. Der serbische Zuckertycoon Mio-
drag Kostić besitzt in der Umgebung von Kiew 40.000 Hektar. Im Auftrag des ukrainischen Stahlmagnaten und Medienmoguls Viktor Pinchuk, eines Milliardärs und Biofreaks, der sich rühmt, mit Bill Clinton
und Elton John befreundet zu sein, betreiben Anhänger des Maharishi
Yogi auf rund 50.000 Hektar biologische Landwirtschaft. Und Oberst
Gaddafi hatte mit der Regierung der früheren ukrainischen Präsidentin
Julia Timoschenko einen Deal über die Pacht von 100.000 Hektar ausgehandelt, auf denen Weizen für Tripolis angebaut und mit Öl und Rüs-
tungsgütern bezahlt werden sollte. Mit dem Sturz Gaddafis Mitte 2011
wurde dieser Vertrag jedoch hinfällig. Auch aus den Vereinigten Arabischen Emiraten waren Broker angereist, darunter der Bruder des Präsidenten, um sich einen Teil an der Schwarzerde zu sichern. Die China
Exim-Bank sprach Ende 2011 von einer Investition von 10 Milliarden
Dollar in ukrainische Landwirtschaft, doch dabei war nicht klar, inwieweit es sich um Landnahme handelte.

Die ukrainische Regierung hat den Verkauf von landwirtschaftlichen
Nutzflächen an Ausländer definitiv untersagt. Zugleich aber halten sich
Gerüchte, dass offizielle Stellen insgeheim Schwarzverkäufe früherer
Staatsbetriebe abgesegnet haben. Ein 2010 in der *Kyiv Post* erschienener
Artikel des Journalisten Mark Rachkevych zitiert einen führenden An-
walt der Ukrainian Agrarian Federation, eines Verbands, der sich für
ausländische Investitionen einsetzt. Laut Aussage dieses Mannes ist die
politische Führung »nicht bereit, Transparenz im Landbesitzsystem

herzustellen. Viele sind selbst Großgrundbesitzer«, sagte er. Und wenn manche Abkommen bekannt würden, »müssten sie erklären, wie sie an solch große Landflächen gekommen sind«.

Sicherlich wird die Ukraine wegen ihrer Böden hoch geschätzt, doch letztlich stellt sie nur einen Bruchteil des einst von Moskau kontrollierten Osteuropas dar. Andere ausländische Landnehmer breiten ihre Netze im ehemaligen kommunistischen Block noch viel weiter aus, um ein Schnäppchen zu machen. Trigon Agri, eine Unternehmensgruppe im Besitz reicher Dänen und Finnen, baut auf 170.000 Hektar Schwarzerde Weizen und Sonnenblumen an. Ihre Farmen erstrecken sich von Kirowograd im Zentrum der Ukraine bis nach Samara am Kaspischen Meer in Russland, vom baltischen Estland bis nach Stawropol im russischen Kaukasus. Bis 2015 will das Unternehmen über 300.000 Hektar verfügen. Der riesige amerikanische Getreidehändler Cargill kauft Land in Bulgarien, der dänische Schinkenhersteller Erik Jantzen besitzt mit seiner Firma Jantzen Development Zehntausende Hektar Land in der Tschechischen Republik, der Slowakei und Rumänien, wo bereits etwa ein Zehntel des Ackerlands in ausländischer Hand ist.

Einige Projekte sind gescheitert. Das irische Unternehmen Greenfield Project Management hatte ein Konzept entwickelt, um in Weißrussland im Fallout-Gebiet des ukrainischen Kernreaktors Tschernobyl auf Brachen in der Sperrzone Zuckerrüben zu ziehen. Sie meinten, dass der Boden zwar nicht für den Nahrungsmittelanbau geeignet war, wohl aber für den Anbau von Pflanzen für Biokraftstoff. Im Destillationsprozess, bei dem die Pflanze in Ethanol umgewandelt wird, würde sich das radioaktive Cäsium und Strontium mit den Rückständen am Boden absondern, behauptete die Firma. Der Treibstoff würde keine Radioaktivität mehr enthalten, und die Rückstände könnte man mit dem Atommüll einlagern. Da sie diese Behauptung jedoch nicht beweisen konnten, mussten sie das Projekt abbrechen, als ihnen die weißrussische Regierung die Unterstützung entzog.

Die größten drei ehemaligen Sowjetstaaten sind die Ukraine, Russland und Kasachstan. Gemeinsam könnten sie »die Hälfte der Getreideexporte für den Weltverbrauch einschließlich 60 Prozent des Weizenbedarfs produzieren«, sagt Gilles Mettetal, Direktor für Agribusiness der

Europäischen Bank für Wiederaufbau und Entwicklung, die westliche Investitionen in der ehemaligen Sowjetunion fördern will.

Im Gegensatz zur Ukraine hat Kasachstan viele seiner großen Staatsbetriebe erhalten und privatisiert, ohne sie aufzuspalten. Meist werden sie als Unternehmen von ihren einstigen Leitern weitergeführt. In Kasachstan befinden sich die zwei größten Privatfarmen der Welt. Nurlan Tleubajew, Präsident des kasachischen Getreideverbands, besitzt 800.000 Hektar, und ein Russe namens Wasilij Rosinow 600.000, aufgeteilt auf kasachisches und russisches Gebiet. Aber auch andere haben die Möglichkeiten erkannt. China hat mit dem kasachischen Präsidenten Nursultan Nasarbajew, der bereits zu Sowjetzeiten Führungspositionen bekleidete, ein Abkommen über eine Million Hektar zum Anbau von Soja und Raps unterzeichnet. Organisationen der Saudis und aus den Golfstaaten konnten gleichfalls Deals aushandeln. Der Schweizer Fonds GAIA World Agri und der britische, von dem einstigen Goldman-Sachs-Trader Robin Bowie gegründete Global Farming Fund des britischen Hedgefonds Dexion Capital haben bereits mit führenden Persönlichkeiten des flächenmäßig neuntgrößten Landes der Welt Gespräche geführt.

Der bedeutendste Mitspieler in diesem Teil der Welt ist aber immer noch Russland. Wladimir Putins Landwirtschaftsminister Alexeij Gordejew sagte 2008: »Allgemein hält der Rest der Welt Russland für eine große Militärmacht. Aber Russland ist vor allem und in viel stärkerem Maße eine Agrarmacht.« Meist figuriert Russland in den Jahresstatistiken nach den USA und Kanada als der drittgrößte Weizenexporteur. Pro Hektar sind seine Erträge vielleicht mittelmäßig, doch Russland verfügt über 7 Prozent der weltweiten Anbaufläche.

Die russische Landwirtschaft hat allerdings noch eine zweite Seite. Nur 6 Prozent der Agrarfläche werden von Farmen in Familienbesitz kultiviert, doch sie erzeugen die Hälfte aller russischen Agrarprodukte – die Hälfte der Milch, 90 Prozent der Kartoffeln, 80 Prozent des Gemüses – und halten die Hälfte des Viehs. Ein Großteil der Getreideexporte hingegen stammt von jenen einstigen Staatsbetrieben, die nicht stillgelegt wurden. Allerdings warten Schätzungen zufolge Millionen von Hektar aufgegebener Sowchosen und Kolchosen auf ihre Wiedernutzung. Russische Oligarchen, satt von ihren Profiten aus Öl und Erz, sehen in diesen Farmen jetzt eine neue Quelle für mühelose Profite. Besonders bemühen sie sich um die Schwarzerdegebiete an der Grenze zur Ukraine.

Einer von diesen Pionieren ist Michel Orlov. Er stammt aus dem weißrussischen Adel, der während der Revolution vor einem Jahrhundert emigrierte. Seine Großeltern hatten eine Reihe von riesigen Gütern besessen. Orlov ist zwar in der Schweiz geboren, doch nach dem Zusammenbruch der Sowjetunion 1991 ging er nach Russland und wurde Leiter des Moskauer Büros der Carlyle Group, einer in den USA ansässigen, weltweit tätigen Investmentfirma, die in puncto Vermögen gleich nach Goldman Sachs rangiert. »Ich bin ein moderner Geschäftsmann. Mir kommt es nicht darauf an, Getreide einzufahren, sondern Geld«, sagte er der *Financial Times*. Unter Putin begann er, in eigener Regie Staatsgüter aufzukaufen. Als ihm die potente, von Adolf Lundin gegründete schwedische Lundin Group das Startkapital zur Verfügung stellte, gründete er 2005 die Firma Black Earth Farming.

Der 2006 gestorbene Adolf Lundin war in Schweden eine Legende. Eigentlich Ölingenieur, entwickelte er sich zu einem erfolgreichen Bergwerksgenie mit dem Ruf, sich auf Terrain vorzuwagen, das von den meisten gemieden wurde. In den 1970er-Jahren entdeckte er vor den Küsten Katars das noch immer größte natürliche Gasvorkommen der Welt und machte das winzige Emirat so mit einem Schlag zu einem der reichsten Staaten der Welt. In den 1980er-Jahren bekam er in Mobutus Zaire, der heutigen Demokratischen Republik Kongo, einige der größten Kupfer- und Kobaltminen der Welt unter seine Kontrolle. Und in den chaotischen Tagen von Präsident Jelzins Regierung in den 1990er-Jahren, als man Staatsbesitz fast schon nachgeworfen bekam, kaufte er sich Anteile an russischem Gas und Öl. Dann kaufte er Land im Schwarzerdegürtel. Lundins Familie besitzt ein Viertel von Black Earth Farming, das durch sein russisches Tochterunternehmen Agro-Invest über 320.000 Hektar besten Ackerlands verfügt. Das von dem englischen Landwirt Richard Warburton geführte Black Earth Farming beschreibt sein Geschäftsziel als Erwerb von »billigem, brachliegendem, aber fruchtbarem Ackerland im Schwarzerdegürtel in Südwestrussland«.

Die »schwedische Connection« wächst immer weiter. Alpcot Agro, das gerade Landkom aufgekauft hat, kontrolliert 170.000 Hektar, vor allem in Woronesch und Kursk in Südwestrussland. Finanziert wird es von dem schwedischen Rentenfonds AP3. Und im fernen Osten Russlands hat Hyundai Heavy Industries in der Nähe von Wladiwostock 50.000 Hektar einstiger Staatsgüter übernommen: Südkorea ist daran interessiert, seine Nahrungsmittelversorgung zu sichern. Der im US-Staat Minnesota ansässige Getreide- und Lebensmittelproduzent CHS Inc., Resultat einer Reihe von Fusionen landwirtschaftlicher Betriebe, hat Agromarket Trade, den zweitgrößten Weizenexporteur Russlands, und seine 100.000 Hektar Ackerland in der Umgebung von Stawropol im Kaukasus gekauft. Die rasch wachsende RAV Agro-Pro, kontrolliert von dem verschwiegenen israelischen Immobilien- und Getreidemogul Roni Yitzhaki, besaß im Schwarzerdegebiet 160.000 Hektar. Im Juli 2011 wurde sie jedoch an die PPF-Group verkauft, die größte Investmentgesellschaft in der Tschechischen Republik.

Jeder, so scheint es, möchte ein Stück vom Schwarzerdegürtel haben, sein eigenes Stück Lebensraum. Doch wenn es eine Region gibt, nach der sich die Getreidehändler dieser Welt noch mehr die Finger lecken, dann sind es die brasilianischen Cerrados. Dorthin begab ich mich als Nächstes.

10

WEST-BAHIA, BRASILIEN
Sojaland

Als ich am Pool saß, ein Glas Wein trank und mir ein saftiges Steak schmecken ließ, während hinter mir auf der Piste der Farm ein Leichtflugzeug landete, konnte ich es immer noch nicht recht fassen. Vor gerade mal einem Viertel Jahrhundert war all der brasilianische Boden, der mich umgab, noch Brache gewesen. Ein wilder Westen, wo sich berittene Männer auf dem leerem Grasland, das man für den Gegenwert einer Schachtel Zigaretten kaufen konnte, mit Feuerwaffen bekämpften.

Aber die Zeiten ändern sich. Bei meinem Lunch auf Campo Aberto leistete mir ein geschniegelter britischer Finanzmensch mit Blazer und Panamahut Gesellschaft. Er war ein hohes Tier bei Rolls-Royce gewesen und gerade mit seiner Frau eingeflogen, weil er überlegte, in die Farm zu investieren. Campo Aberto gehörte zu einem 42.000 Hektar großen Landwirtschaftsimperium mit Namen Agrifirma, das Lord Rothschild, das Oberhaupt der berühmten Bankiersfamilie, und Jim Slater, in den 1970er-Jahren eine berüchtigte »Heuschrecke«, aufgebaut hatten. Das unverbesserliche Paar, beide jenseits der 75, war dabei, ihre mit erfolgreichen Spekulationen in Gold und Uran erzielten Gewinne in die brasilianische Landwirtschaft zu stecken.

Wir befanden uns im Herzen der Cerrados, der biologisch vielfältigsten Grassavanne der Welt im einstigen Hinterland Brasiliens. Doch die Tage der Gesetzlosigkeit neigen sich dem Ende zu, und mit ihnen die Biodiversität. Denn diese Region wird gegenwärtig in eine der am unerbittlichsten kommerzialisierten Monokulturen der Welt umgewandelt. Es ist die erste Tropenregion, auf die man erfolgreich und in großem Rahmen die erstmals im amerikanischen Mittleren Westen entstandene hochtechnologisierte, betriebsmittel- und investitionsintensive Landwirtschaft übertragen hat. In den letzten Jahren haben die Cerrados dem Mittleren Westen mit seinen endlosen Genmais-, Soja-, Baumwoll- und Kaffeeplantagen in puncto Investitionen sogar den Rang abgelaufen. Noch mehr als im osteuropäischen Schwarzerdegürtel liegt die Zukunft der Landwirtschaft hier, sagen die Investoren.

Die Cerrados waren ein unermesslich großes Mosaik aus hohem, wehendem Grasland, durchsetzt von Trockenwäldern. Sie nahmen nahezu ein Viertel der Fläche Brasiliens ein – 2 Millionen Quadratkilometer der Hochebene auf der Atlantikseite des Amazonasbeckens. Hier wimmelt es von ungewöhnlichen Säugern wie Gürteltieren, Ameisenbären, Tapiren und Mähnenwölfen. Es gab Tausende endemische Pflanzen, die sich in einzigartiger Weise an die Trockenheit und die Feuersbrünste angepasst hatten. Dieser ökologische Reichtum wurde von den Indios genutzt und nur selten zerstört.

Die Europäer brauchten lange, bis sie in das leere Herz Brasiliens vordrangen. Die Böden der Cerrados reichten tief, wurden gut entwässert und lagen über ergiebigen Wasservorräten. Aber sie waren für die meisten Nutzpflanzen zu sauer. So ließ man das Land entweder brachliegen

oder betrieb darauf extensive Landwirtschaft und weidete auf dem natürlichen Grasboden Rinder. An dem langsamen Vordringen der Landwirtschaft in die Cerrados änderte sich auch nicht viel, als in den 1960er-
Jahren in ihrem Zentrum die leuchtende, moderne Hauptstadt Brasilia
gebaut wurde. Doch in den vergangenen 30 Jahren wurde plötzlich alles
anders. Mehr als 60 Prozent der Cerrados – eine Fläche so groß wie
Frankreich, Großbritannien und Deutschland zusammen – ist unter
den Pflug gekommen. Die ökologischen Auswirkungen sind gewaltig.

Brasilien ist zu Recht stolz darauf, dass es die Abholzung am Amazonas stark eindämmen konnte. Das Schwinden des Regenwalds hat
zwischen 2004 und 2010 um 70 Prozent abgenommen. Hersteller von
Produkten aus Raubbau im Amazonasgebiet werden geächtet. Der
größte Fleischverarbeitungsbetrieb JBS Friboi hat erklärt, kein Rindfleisch mehr von Farmen zu kaufen, die dort illegal roden. Die größte
Bank des Landes, die Banco de Brasil, ist von der Staatsanwaltschaft in
Pará verklagt worden, weil sie Kredite vergab, die gegen Naturschutz-
gesetze verstießen. Doch für die Rettung des Amazonasgebiets wurde
ein hoher Preis gezahlt – das Überschreiten einer neuen ökologischen
Grenze von fast ebenso großem Stellenwert.

Während sich die Pflüge nach Süden und nach Osten vorarbeiteten,
litten die Cerrados Schaden. In den letzten Jahren sind die Gras- und
Waldflächen doppelt so schnell planiert worden wie der Regenwald am
Amazonas. Bislang aber hat das nur selten Proteste ausgelöst. Fachpu-
blikationen für Investoren in London und New York stellen voller Vor-
freude fest, dass es in Brasilien noch mehr unkultiviertes Land gibt als
bewirtschaftete Böden in der Europäischen Union. Seit nicht mehr der
Amazonas das Ziel ist, erklären die Verfasser, kann man Brachland um-
pflügen, ohne dass Umweltkosten entstehen. Und die Hälfte davon liegt
in den Cerrados.

Wie konnten die Cerrados vom Brachland zu einer landwirtschaftlichen Goldgrube werden? Mithilfe der Wissenschaft. In den 1970er-
Jahren fanden Forscher der brasilianischen Regierung heraus, wie man
die Böden der Cerrados bewirtschaften konnte: Der Einsatz industrieller Mengen von Kalk – gewöhnlich 5 Tonnen pro Hektar – neutralisiert
die Säure. Anfang der 1980er-Jahre wurde mit diesem Verfahren begonnen, und die ersten Pioniere kamen. Doch es waren oft Banditen.

Schließlich schlug die Regierung deren Landkriege nieder und brachte mit günstigen Krediten und anderen Anreizen Farmer dazu, sich hier niederzulassen. Die meisten kamen aus dem tiefen Süden des Landes und waren deutscher, italienischer oder japanischer Abstammung. Vor allem der günstige Preis des Landes zog sie an. Für jeden Hektar, den sie im Süden verkauften, konnten diese »Gauchos« in den Cerrados zwischen 10 und 40 Hektar erwerben. Die brasilianischen Forscher ermunterten sie zum Anbau von Soja, einer in Korea und Japan heimischen Pflanze, die sie erfolgreich zum Überleben in den Tropen weitergezüchtet hatten. Mit der Zeit wurden die kleinen Farmen jedoch entweder zusammengelegt oder von größeren Landwirtschaftsbetrieben aufgekauft.

»Ich bin in Mato Grosso aufgewachsen«, sagt Valmir Ortega vom Umweltverband Conservation International, Leiter der Gruppe für die Cerrados, die sich für den Schutz des verwüsteten Graslands einsetzt. »Und ich weiß noch, wie ich als Kind zum ersten Mal Soja gesehen habe. Früher war das hier Weideland für Rinder. Anfangs gab es eine Vielzahl von kleinen Farmern. Aber inzwischen werden diese Siedler zum Fortgehen gezwungen. Jetzt gehört das alles ein paar Großen.«

Doch es wurden noch andere zum Fortgehen gezwungen, als die landwirtschaftlichen Großbetriebe ihre Herrschaft über die Cerrados festigten. Die indigene Bevölkerung dieser Region – die Tupi, Botocudos, Cariri und Xavante – wurde nach und nach in eine Handvoll kleiner Reservate gedrängt, die heute »wie Inseln in einem Meer von Soja wirken«, sagt Laura Graham, eine Anthropologin an der University of Iowa. Abgeschnitten von ihren Jagdgründen, sind sie auf die Gnade der Arbeitsvermittler der großen Farmen angewiesen. Sie sind die Vergessenen Brasiliens. Die meisten Brasilianer kennen den Begriff Cariris nur noch als Flipflop-Marke.

Viele Jahre lang stand der Bundesstaat Mato Grosso bei der Invasion der Cerrados an vorderster Front. Zwischen 1985 und 1995 stieg dort die Sojaproduktion um das Fünffache. Zwei Vettern wurden die größten Sojaproduzenten der Welt. Blairo Maggi, Chef der Grupo Amaggi, und Erai Maggi Scheffer von der Grupo Bom Futuro bewirtschaften inzwischen insgesamt über eine halbe Million Hektar. Ihr Eroberungszug wurde unter anderem von der Internationalen Finanz-Corporation finanziert, einer Gesellschaft der Weltbank zur Förderung der Privatwirtschaft, sowie mit einem 230-Millionen-Dollar-Kredit von europäischen Banken, darunter die niederländische Rabobank und die britische HSBC.

Blairo Maggi war von 2003 bis 2010 Gouverneur des Bundesstaats Mato Grosso und ist inzwischen dessen Senator in Brasilia. Nach seinem Amtsantritt als Gouverneur erreichte die Rodung von Wald- und Grasland einen Höhepunkt. Mit Unterstützung von Verbrauchsgüterkonzernen wie Cargill und Bunge drückte er einen Plan durch, eine 1600 Kilometer lange Autobahn von Mato Grosso zu dem Amazonas-Flusshafen Santarém zu bauen. Cargill hat im Hafen inzwischen einen eigenen Kai zum Verladen von Soja. Entlang der Autobahn haben sich überall Sojafarmen ausgebreitet. Die Familie Maggi hat massiv davon profitiert. Gab es Interessenkonflikte? Aus seinem Amtssitz antwortete Maggi: »Dass ich Straßen bauen und die landwirtschaftliche Produktion steigern will, ist kein Geheimnis. Dafür haben die Menschen gestimmt, also sehe ich darin kein Problem.« Und der *New York Times* sagte er: »Eine Steigerung der Waldrodung um 40 Prozent ist doch gar nichts. Und ich empfinde nicht die geringsten Schuldgefühle bei dem, was wir hier tun. Wir sprechen hier von einem Gebiet größer als Europa, das fast unberührt ist. Also braucht man sich auch keine Sorgen zu machen.« Einige meinen, er sei in letzter Zeit umweltbewusster geworden. Die Grupo Amaggi sitzt an prominenter Stelle in der neuen, international besetzten Zertifizierungsorganisation Roundtable on Responsible Soy. Für Mato Grosso aber ist es zu spät.

Durch die Sojarevolution des Maggi-Clans hat Mato Grosso ausländische Investoren angezogen wie kein anderer Bundesstaat Brasiliens. Ein Fünftel seiner Fläche befindet sich mittlerweile in ausländischem Besitz. Doch was dort geschehen ist, vollzieht sich inzwischen auch in den übrigen Cerrados. In den vergangenen 20 Jahren hat es nichts Vergleichbares auf der Welt gegeben. Das brasilianische Agribusiness ist der weltgrößte Markt für Landmaschinen, und der Großteil dieser Gerätschaften wandert in die Cerrados. Dort werden 70 Prozent der landwirtschaftlichen Produkte Brasiliens erzeugt. Ein Großteil des dort angebauten Mais wird in Brasilien verbraucht, und das Zuckerrohr dient vornehmlich dazu, die Tanks der ethanolbetriebenen Fahrzeuge des Landes zu füllen. Doch Soja, Baumwolle, Kaffee und andere Erzeugnisse gehen hauptsächlich in den Export. Die Cerrados haben Brasilien zum weltweit größten Lieferanten von Soja, Rindfleisch, Hühnerfleisch, Zucker, Ethanol, Tabak und Orangensaft gemacht. Das ist Sojaland, wie die einstige Savanne oft genannt wird.

Aber lassen wir uns nicht täuschen. Von den Brasilianern werden diese durch die Plünderung der Cerrados erzeugten Produkte nicht konsumiert. Wie Paulo Gustavo Prado, der umweltpolitische Leiter von Conservation International, sagt, stammen »etwa sechzig Prozent der Grundnahrungsmittel Brasiliens immer noch von Höfen der *Campesinos* mit weniger als zwanzig Hektar. Die Großbetriebe arbeiten für den Export.« Da viele die Industrialisierung der Cerrados als Vorbild für die Umwandlung der weiten, nicht bestellten und zaunlosen Grassavannen Afrikas sehen, erheben sich wichtige Fragen. Denn dieses Modell wird die hungernden Afrikaner nicht ernähren. Wie in ganz Brasilien klafft auch in den Cerrados die Schere zwischen Arm und Reich extrem auseinander und scheint noch größer zu werden, während die Agrarwirtschaft boomt. Doch in Afrika könnte das Ungleichgewicht noch viel dramatischer sein.

Mato Grosso ist verloren. Daher bereiste ich eine Woche lang riesige, industriell geführte Farmen entlang der neuen Agribusiness-Autobahn durch West-Bahia im Nordosten Brasiliens. Die Entfernungen sind enorm, und so auch die Betriebe. Und die Landschaft ist alles andere als bukolisch. Bäume sieht man kaum. Stattdessen fährt man an einem konstanten Strom von Schildern vorbei, die an den Feldern für die neuesten Sorten von Agrochemikalien, die hier versprüht wurden, oder für das Saatgut werben: (Gen-)Soja von Bayer, Mais von Syngenta oder BT-Baumwolle von DuPonts Unternehmensgesellschaft Pioneer Hi-Bred.

Campo Aberto von Agrifirma ist der größte von drei Landwirtschaftsbetrieben in den Cerrados, die Rothschild und seinen Partnern gehören. Um dorthin zu kommen, musste ich von Barreiras, der geschäftigen Metropole des Agribusiness in West-Bahia, drei Stunden über Landstraßen fahren und dann noch einmal 40 Kilometer über einen holprigen Fahrweg, der auch von vielen Farmern benutzt wurde, die nicht zum Campo Aberto gehörten. Ich wurde von Rodrigo Rodrigues empfangen, dem Betriebsleiter von Agrifirma und verantwortlich für die Farm, einem einnehmenden und selbstbewussten Mann in den Dreißigern. Aber ich hatte auch nicht erwartet, dass 70-jährige Financiers so eine Farm selbst leiten.

Rodrigues stammt aus einer Familie von gut situierten Landwirten. Sein Vater Roberto besaß im Bundesstaat São Paulo Zuckerrohrplantagen und war einer der Pioniere, die Zuckerrohr zum Zweck der Ethanolerzeugung für Biotreibstoff anbauten. Im Jahr 2003 wurde er der erste Landwirtschaftsminister unter Präsident Lula de Silva. Rodrigo wohnt in São Paulo und führt nicht nur die Aufsicht über die britischen Investitionen, sondern betreibt in drei verschiedenen Bundesstaaten auch eigene Farmen. Agrifirma hatte Campo Aberto von einer Unternehmensgruppe gekauft, der auch Milton da Silva angehörte, ein wohlhabender Landbesitzer und Vater des Formel-Eins-Champions Ayrton Senna. Nach der Umstrukturierung hatte Rodrigo die Farm im Jahr 2008 an die britischen Großinvestoren verkauft. Mit einem satten Profit, nehme ich an.

»Ein Landwirtschaftsbetrieb ist eine Fabrik ohne Dach«, stellte Rodrigues stolz fest, als wir nach dem Mittagessen aufbrachen, um uns die Felder anzusehen. Er baut in strenger Fruchtfolge Soja, Mais und Baumwolle an. Das ist hier so üblich. Doch er ist auch stolz auf sein Feintuning: Unentwegt testet er verschiedene Zusammenstellungen von Saatgut, chemischen Zusätzen und Anbaumethoden. Daten schüttelt er aus dem Ärmel: den pH-Wert dieses Fleckens Boden, die tägliche Niederschlagsmenge seit der Aussaat, Verwendung von Dünger und Pflanzenschutzmitteln und ihre Auswirkung auf die chemische Zusammensetzung des Bodens.

Wie die meisten Farmer in den Cerrados baute er – etwa bei Soja und Mais – gentechnisch veränderte Pflanzen an. Und er war stolz auf seine Erträge. Seine 10,5 Tonnen pro Hektar entsprachen fast dem amerikanischen Standard. »Als ich 1997 meinen College-Abschluss machte, fanden wir fünf Tonnen schon gut«, sagte er. Viel größere Sorgen bereitet ihm sein Profit. »Im letzten Jahr haben wir Geld zugesetzt. Deshalb versuchen wir jetzt, denselben Ertrag mit weniger Einsatz von Material und Maschinen zu erzielen. Mir geht es nicht um Ertragssteigerung, sondern um Einsparungen.«

War er ein Landnehmer? Er selbst sah es nicht so. Denn was immer die Cowboys in der Vergangenheit auch anstellten, als sie den Indios das Land stahlen und die Wildnis unterpflügten – Agrifirma hatte die Farmen ihren rechtmäßigen Besitzern abgekauft und bewirtschaftete sie nach den geltenden Gesetzen des Landes. Sicher, räumte er ein, in der Nähe der Farm lebten indigene Gruppen. Ja, sie waren die früheren Bewohner des Landes. Aber er hatte einen Ethnologen engagiert, der ihn über ihre Bedürfnisse aufklärte. Zu Weihnachten gab er ein Fest für ihre Kinder, obwohl es ihn ärgerte, dass einige »die Geschenke stahlen«. Als er ihnen anbot, Gemüse für die Betriebskantine anzupflanzen, bekam er »keine Antwort«.

Er stellte sie auch als Arbeiter auf der Farm an, »wenn es möglich ist, wenn sie qualifiziert sind«. Doch die Zahl der Arbeitsplätze ist begrenzt. Die Hightech-Farmen von Agrifirma kommen mit 180 Mitarbeitern aus, um 42.000 Hektar zu bewirtschaften. Das ist nicht mal ein Angestellter auf 200 Hektar. Rodrigues hat, wie er sagt, den Clans dabei geholfen, das offizielle Besitzrecht für das Land zu erwerben, auf dem sie gegenwärtig leben. Wie viel? Ungefähr 500 Hektar – für 300 Menschen. Das sollte, wie er meinte, eigentlich »reichen, damit sie ihre eigenen Lebensmittel anbauen«. Aber es war nur ein winziger Bruchteil der Farm und gewiss auch von dem, was sie früher gehabt haben. Er hofft, meinte er, den drei P zu dienen: »people, profit and the planet«. Prima, dass er an die Bevölkerung und den Planeten denkt, aber der Profit kommt sicher an erster Stelle. Etwas anderes werden Rothschild und Slater auch nicht von ihm erwarten.

Beim Mittagessen saß mir Rodrigues' neuer potenzieller Investor gegenüber, der gerade seine Gewinnspannen überschlagen hatte. Und neben mir saß ein europäischer Lotteriebetreiber, der die Millionenprofite aus den Einsätzen seiner Kunden in eine andere Farm weiter die Straße hinunter stecken wollte. Rothschild habe ihn in diese Gegend gebracht, sagte er. Als ich den Lehmweg zur Hauptstraße zurückfuhr, kam ich an dem Betrieb vorbei, der 2007 von George Soros' Adecoagro gekauft worden war. Adecoagro ist in Luxemburg registriert, betreibt aber Farmen in Brasilien, Argentinien und Uruguay. Eigener Aussage nach ist es »eins der führenden Unternehmen Südamerikas in der Produktion von Nahrungsmitteln und erneuerbarer Energie«. Anfang 2011 beschaffte sich die Firma 300 Millionen Dollar, um mehr Land zu kaufen und eine

Zuckerfabrik zu bauen. Die Qatar Investment Authority beteiligte sich an diesem Vorhaben.

Als Nächstes fuhr ich zurück nach Barreiras, dem Planungszentrum der gegenwärtigen Eroberung der Cerrados. Ich wollte mich mit dem ortsansässigen Biologieprofessor Fernando Lutz über die ökologische Bedeutung der Region unterhalten. Wir saßen in einem kahlen Hörsaal auf dem neuen Campus der Universität von Bahia. Für die Natur ist die Globalisierung der Cerrados eine Tragödie, sagte er. Die ganze Welt hat mit Leidenschaft dafür gekämpft, das Amazonasgebiet zu retten, das Schicksal der Cerrados aber ignoriert. Sie beherbergen ein Drittel der zahllosen biologischen Arten Brasiliens, darunter etwa 10.000 Pflanzenspezies, von denen es 4000 nirgendwo sonst gibt.

Wenigstens war es früher so. Denn gerade die Hochebenen der Cerrados, die Flächen mit der größten Biodiversität, sind für die Farmer am verlockendsten. Die besten Landstücke sind bereits vergeben.

Lutz plante eine dreijährige Expedition, um im Bezirk Formosa do Rio Preto unmittelbar nördlich von Barreiras eine metergenaue 75-Kilometer-Kreuzschnittstudie durchzuführen und den Bestand zu prüfen. Da müsse er sich aber beeilen, meinte Flavio Marques, ein Umweltberater des Bundesstaatsanwalts von Bahia, den ich später am Nachmittag am anderen Ende der Stadt traf. Marques saß vor einem riesigen raumhohen Satellitenbild West-Bahias. Grüne Streifen der natürlichen Vegetation der Cerrados zogen sich an einigen Flüssen entlang. Doch anderswo, besonders in der Ebene nahe der Grenze zum benachbarten Tocantins sowie in Formosa do Rio Preto, war die Farbe meist rosa. Und rosa stand für Ackerbau.

Am raschesten geht die Zerstörung der Cerrados dieser Tage in Formosa do Rio Preto vonstatten, sagte er. Zwischen 2002 und 2008 wurden allein in diesem Bezirk über 200.000 Hektar von der Landwirtschaft verschlungen. Zu welchem Zweck, war offensichtlich. Während wir uns unterhielten, kamen aus allen Richtungen LKWs herangefahren und stellten sich ganz in der Nähe in eine Schlange, um die jüngsten Erträge in Cargills Sojasilos zu kippen.

Marques erklärte mir, es sei seine Aufgabe, in West-Bahia ein Mindestmaß an Umweltrichtlinien durchzusetzen, die schon vor langer Zeit in die brasilianische Waldgesetzgebung aufgenommen worden waren.

Demnach müssten die Erschließer der Cerrados 20 Prozent des Landes als »Reserva legal« (gesetzliche Reserve) unberührt lassen. Doch es war zum Verzweifeln. Vor drei Jahren hatte er ein Schreiben an alle Landwirte mit mehr als 5000 Hektar geschickt und sie gebeten, ihm genauere Informationen über ihre gesetzlichen Reserven zu geben. Bislang, so sagte er, habe sich nur ein Zehntel die Mühe gemacht, ihm zu antworten. »Die Mehrzahl von ihnen haben diese Reserve gar nicht, aber sie denken, sie können damit durchkommen«, sagte er. Wahrscheinlich haben sie damit sogar recht. »Der Bundesstaat Bahia gewährt oft Amnestien. Und die privaten Landbesitzer haben hier schon immer getan, was sie wollten.«

Brasilianische Farmer bekennen freimütig, dass sie sich noch nie an Gesetze gehalten haben. Als sie im Jahr 2011 in einer viel beachteten Kampagne gegen das Waldgesetz zu Felde zogen, war dieses Eingeständnis sogar Teil ihrer Argumentation. »Uns geht es darum, dass 90 Prozent der brasilianischen Landwirte nicht länger als Gesetzesbrecher angesehen werden«, hieß es beim Brasilianischen Verband für Ackerbau und Viehzucht. »Wenn sich die ländlichen Produzenten samt und sonders nicht in der Lage sehen, die Auflagen zu erfüllen, dann liegt das Problem nicht bei ihnen.« Und sie setzten sich durch. Im Mai 2011 stimmte die brasilianische Abgeordnetenkammer mit überwältigender Mehrheit für einen deutlich abgemilderten Gesetzestext. Präsidentin Dilma Rousseff hatte die alte Verordnung unterstützt und schien unsicher, ob sie das Gesetz unterzeichnen sollte. Solange das nicht geklärt ist, ignorieren die brasilianischen Farmer die Vorschriften auch weiterhin.

Sollte das Gesetz aufgeweicht werden, sagte Lutz, »wird das für die Cerrados schwerwiegende Konsequenzen haben«. Aber dann überraschte er mich. Es gebe an dem Gesetz noch etwas anderes, was ihm Sorgen mache, sagte er. Wenn Landbesitzer überhaupt solche Reserven vorhielten, nähmen sie dafür oft Gebiete, auf die sie die traditionellen Gemeinschaften verbannt oder wo sie die Wohnstätten für die Farmarbeiter errichtet hätten. Häufig waren das dann die einzigen Flächen, die diese an den Rand gedrängten Menschen selbst bewirtschaften konnten, um ihre Familien zu ernähren. Und er räumte ein: »Eine strikte Einhaltung der Umweltgesetze würde in der Praxis bedeuten, dass das Leben der Ärmsten erschwert wird – der Bewohner der gesetzlichen Reserve.«

Es war eine Geschichte, die ich in den verschiedensten Ländern im-

mer wieder hörte: Die Armen werden zwischen den kommerziellen Interessen der Großbauern und den Forderungen der Umweltschützer
aufgerieben. Aber manchmal ist »aufgerieben« nicht das richtige Wort.
Es sei viel schlimmer, meinte Marques. Er verwies auf den besorgnis-
erregenden Fall der riesigen, 295.000 Hektar großen Farm Condomínio
Cachoeira do Estrondo, an vorderster Front im Sojaanbau im Bezirk
Formosa do Rio Preto tätig. Es sei der größte Landbesitz in Bahia, sagte
er, und liege, fernab der Kontrolle der Behörden, an der Grenze zum
Bundesstaat Tocantins.

Das von der Farm belegte Land gehörte ursprünglich drei traditionellen Gemeinschaften mit Hunderten von Menschen. »Sie besaßen das
gesamte Gebiet.« Einige gehörten zur indigenen Bevölkerung, andere
lebten in *Quilimbos*, den einstigen Niederlassungen entflohener afrikanischer Sklaven. In den 1970er-Jahren aber wurde das Land von dem
aus Rio de Janeiro stammenden Geschäftsmann und Grundbesitzer Ronald Levinsohn aufgekauft, der später zu trauriger Berühmtheit gelangte, als die in seinem Besitz befindliche Sparkasse zusammenbrach. Er
gründete das Condomínio Cachoeira do Estrondo, das eher ein kleiner
Staat als eine Farm ist. Levinsohn »drängte die früheren Bewohner nach
und nach hinaus, sodass ihnen schließlich nurmehr ein paar Flecken der
Waldreserve blieben«, sagte Marques. Dann zerteilte Levinsohn seinen
riesigen Landbesitz in über 30 einzelne landwirtschaftliche Betriebe –
Kondominien nannte er sie –, die er zum Verkauf stellte.

Seit in den letzten Jahren die Strafverfolgungsbehörden begonnen
haben, sich mit diesen »Kondominien« zu befassen, sind schreckliche
Dinge über die Art und Weise bekannt geworden, wie die einzelnen Farmer ihre Arbeiter und die in ihrer Nachbarschaft lebenden Menschen
behandeln. Im Jahr 2009 berichteten die Lokalzeitungen von nahezu
sklavenähnlichen Verhältnissen. »Am Eingang der weitläufigen Farm«,
hieß es dort, »stehen Wachtürme mit bewaffneten Posten.« Den ursprünglichen Bewohnern sei nur das Flussufer geblieben, und sie litten
unter Gewalt und Einschüchterungsversuchen.

Die Regierungsstellen prüften die Vorwürfe und warfen Aufsehern
mehrerer Betriebe vor, so etwas wie Sklavenlager zu betreiben. Diese
Leute griffen in den nahegelegenen Ortschaften und Siedlungen Frauen
und Jugendliche auf, die oft kaum 16 Jahre alt waren, und brachten sie

zu den Farmen, wo sie zum Unkrautjäten auf den Feldern eingesetzt wurden. Sie waren in provisorischen Zeltbehausungen ohne Matratzen, Wasser und Sanitäranlagen untergebracht und durften erst gehen, wenn der Lohn fällig war, von dem noch die Kosten für die überteuerten Lebensmittel und Toilettenartikel abgezogen wurden, die sie im Lager bekommen hatten – offenbar eine Art der Schuldhaft. Unterdessen hatten die Farmbetreiber nach Schätzungen des staatlichen Instituts für Umwelt und erneuerbare natürliche Ressourcen IBAMA zwischen 2004 und 2006 insgesamt 77.000 Hektar Wald gerodet.

Levinsohn schlug zurück. Er behauptete, der erste Geschäftsmann gewesen zu sein, der an »die Cerrados geglaubt« und das Land von »Besetzern und Gesetzlosen befreit« habe. Und er verglich seine Investitionen in diesem Gebiet mit Deng Xiaopings Umwandlung Chinas nach Maos Tod. Er fühle sich durch eine »Medienkampagne« verfolgt, sagte er.

Noch am selben Abend sah ich mir eine DVD an: *Früchte des Zorns*, die Geschichte von Kleinbauern in den Great Plains, dem »Dust Bowl«, die in den 1930er-Jahren Opfer einer anhaltenden Dürre wurden. Sie wurden in der Folge von ihrem Land vertrieben, um Großbetrieben Platz zu machen, die den Boden mit einem einzigen Arbeiter und einer Caterpillar-Landmaschine beackern wollten. Irgendwann begehrt Tom Joad, gespielt von Henry Fonda, gegen die Ungerechtigkeit eines Systems auf, in dem »ein Kerl eine Million Morgen besitzt, während hunderttausend Bauern hungern müssen«. So sehr ändern sich die Zeiten doch nicht.

Zwei Stunden Fahrt von Barreiras Richtung Westen liegt Luis Eduardo Magalhães (LEM), eine noch jüngere Boomtown des Agribusiness. Der Legende nach bestand sie zu Beginn der 1990er-Jahre lediglich aus einer Tankstelle, deren Besitzer die fast mannshohen Nandus jagte, eine flugunfähige Vogelart, die auf dem Grasland lebt. Sicher ist jedenfalls, dass die Stadt im vergangenen Jahrzehnt von quasi null auf die Einwohnerzahl von 60.000 Menschen angewachsen ist. Sie scharen sich um Brasiliens größte Sojaverarbeitungsanlage des Grundnahrungsmittelherstellers Bunge und um einen John-Deere-Händler, der jährlich Erntemaschinen im Wert von zig Millionen Dollar verkauft. Inzwischen hat auch Cargill in dem Ort eine Niederlassung. Ebenso Massey Ferguson und Mitsubishi sowie der Saatgutriese Syngenta und der Pflanzenschutzhersteller Dow AgroSciences. Auf einer Seite der Autobahn führen von den LKW-Raststätten ausgefahrene Wege zu stinkenden Stadtvierteln voller Kneipen und Stundenhotels. Auf der anderen findet man geteerte Bürgersteige, Sternehotels und bewachte Anwesen. In der Mitte befindet sich ein riesiger Busbahnhof, von dem aus man praktisch an jeden Ort dieses riesigen Landes reisen kann.

Der Verwaltungsbezirk, für den LEM zuständig ist, umfasst 400.000 Hektar. Er verfügt auch über eine Umweltbeauftragte, die allerdings nur für ein Jahr eingestellt ist. Fernanda Aguiar, die dieses Amt bekleidet, ist eine kluge junge Anwältin, die zuvor ihren Lebensunterhalt damit verdiente, dass sie Farmer bei Umweltprozessen vertrat. Sie habe gegenwärtig nur fünf Mitarbeiter, sagte sie. »Als diese Stadt zu wachsen begann, wollte man nur, dass die Leute kommen und schnell reich werden. Es gab keinerlei Dienstleistungen und keine Planung. Und all das geschah ohne Rücksicht auf die Gesetzeslage.« Auch nach einem Jahrzehnt, fährt sie fort, »hat niemand das Gefühl, hierherzugehören, weil niemand hier geboren ist. Die Leute denken gar nicht daran, sich um ihre Stadt zu kümmern. Und erst recht nicht um die Cerrados.«

In ihrem Reich wird das Gesamtbild heute von großen Farmen, den *fazendas*, beherrscht. Einige tragen Namen aus der Fernsehmythologie des amerikanischen Westens wie Fazenda Chaparral oder Fazenda Bonanza. Andere verweisen auf die erstaunlich kosmopolitische Herkunft ihrer Besitzer, wie Fazenda Oriental (Eigentümer: ein Herr Ming Quan), Facenda New Holland, Fazenda Hoshino und Fazenda Warpol, ein riesiger Besitz mit Baumwollfeldern, die sich über Meilen erstrecken.

Die schießwütigen Pioniere, die das Land urbar machten, sind zum größten Teil fort und haben ihren Besitz an eine neue Generation finanzstarker Unternehmer und Agribusiness-Firmen verkauft. Doch diejenigen, die blieben, haben ein Vermögen gemacht. Männer wie der in Formosa do Rio Preto lebende Levinsohn und sein Kumpel Walter Horita, ein Brasilianer japanischer Herkunft, der 1984 rasch zugriff, nachdem Banditen seinen Nachbarn ermordet hatten. Heute bauen er und seine zwei Brüder auf ihren 45.000 Hektar vorwiegend Baumwolle an.

Südlich von LEM, auf der Straße nach Brasilia, hielt ich an der Farm São Sebastião. Ein rotes Sprühflugzeug zog summend über die Felder, während mir Anildo Kurek, ein Brasilianer holländischer Herkunft, erzählte, wie er 1989 als 35-Jähriger hier angefangen hatte. »Damals war das alles noch natürlicher Cerrado«, sagte er. Seine ersten 1000 Hektar kaufte er einem der »frühen Pioniere ab, die das Land vom Busch befreit hatten« – und von Menschen, nehme ich an –, und bezahlte mit Säcken voll Soja, damals die bevorzugte Währung. Kurek kam mit seinem Schwiegervater und seinem Schwager. »Es war ein Abenteuer. Es gab keine Straßen und kein Wasser, und Dünger aufzutreiben war schwer. Gesetze existierten nicht. Oder besser gesagt, sie wurden nicht angewandt. Und Behörden gab es auch nicht.«

Die Zeiten hätten sich geändert, sagte er. Die drei hätten nach und nach 20 einzelne Farmen in der Nachbarschaft aufgekauft und daraus einen einzigen Betrieb mit 23.000 Hektar gemacht, die Kurek inzwischen mit 130 Vollzeitmitarbeitern bewirtschaftete. »Heutzutage müssen wir uns an die Vorschriften halten. Zumindest meistens«, sagte er, als wir in einem seiner Maisfelder standen. Inmitten der hoch aufgeschossenen Pflanzen wirkte er irgendwie koboldhaft und selbst verwundert über das Glück, das er im Leben gehabt hatte, über die riesige Landfläche, die er beherrschte, und die gewaltigen Erntemaschinen, die ihm zur Verfügung standen.

São Sebastião ähnelte eher einer Farm im traditionellen Stil als alle anderen, die ich in den Cerrados besuchte. Als wir zum Mittagessen auf die Veranda von Kureks Fazenda gingen, kamen wir an Hühnern vorbei, einem Gemüsegarten, einem Spielplatz mit Schaukel, einem der hier heimischen Guavenbäume und einem Wachhund, der im Schatten döste. Ein junger Hahn krähte, als die Sojalaster durchs Haupttor auf die Straße bogen, um zu Bunge oder Cargill zu fahren.

Doch Kureks Nachbarn gehörten größtenteils einer anderen Generation an. Sein Grund grenzte an 22.000 Hektar der amerikanischen Iowa Farms, kürzlich umbenannt in Grupo Iowa, damit es brasilianischer klang. Und drüben in Los Brobos lebten jetzt Argentinier. Wollte er bleiben? »An den Wochenenden wohne ich inzwischen in Brasilia. Das ist eine Fahrt von vier Stunden. Und meine Familie ist wieder in den Süden zurückgekehrt. Man hat mir Angebote für mein Land gemacht, aber ich habe sie ausgeschlagen«, sagte er. »Bis jetzt.« Er war enttäuscht, dass in seiner Familie keiner aus der jüngeren Generation Interesse zeigte, den Betrieb zu übernehmen. Und die Zahl der brasilianischen Farmer in seiner Umgebung, die ihn unter Umständen aufkaufen würden, schmolz immer mehr zusammen. Wer also mochte den Betrieb kaufen, wenn es so weit war? Vielleicht die britischen Lords und die Heuschreckeninvestoren von Agrifirma? Oder SLC Agricola, Brasiliens größtes Landwirtschaftsunternehmen? Es besitzt in den Cerrados bereits 11 Farmen mit insgesamt 230.000 Hektar. Darunter auch die nahegelegene Fazenda Panorama, die ich als Nächste besuchte.

SLC Agricola betreibt seine Farmen nach einem einheitlichen Unternehmenskonzept. Die Anpassung der örtlichen Gegebenheiten an einen standardisierten Geschäftsplan wird von manchen als McDonaldisierung der Landwirtschaft bezeichnet. Die einzelnen Farmen von SLC Agricola bauen jeweils in derselben Fruchtfolge Baumwolle, Soja und Mais nach einem Plan an, der ein Jahr im Voraus vom Zentralbüro festgelegt und persönlich von dessen seit 40 Jahren amtierenden Vorstand, dem Patriarchen Eduardo Silva Logemann, abgesegnet wird. Jede Farm ist außerdem identisch ausgestattet, mit den gleichen Recyclingtonnen, Fußballfeld mit Flutlicht und Clubräumen für die Angestellten mit Internetanschluss. Panoramas Manager Marcelo Pegrow erklärte mir, sein Betrieb sei einer der neuesten innerhalb des Unternehmens und durch die Zusammenlegung von drei ehemaligen Farmen mit insgesamt 27.000 Hektar entstanden. Wenn sich die Gelegenheit ergebe, werde die Gesellschaft weitere Farmen in der Nachbarschaft pachten oder kaufen. An Kapital fehle es nicht. Seit sie an die brasilianische Börse gegangen ist, hat sich ihr Umsatz innerhalb von vier Jahren verdoppelt.

Der Landwirtschaftsboom in Brasilien hält an. Und die Cerrados schwinden mehr und mehr. Das Haupthindernis für eine weitere Expansion sei gegenwärtig noch der Transport, sagten mir mehrere Farmer. Die Ernte auf den Markt zu bringen kostet immer noch viel Zeit und Geld. Rodrigues schätzte, dass die Hälfte des Preises für sein Soja im über 1000 Kilometer östlich gelegenen Küstenhafen Ilheus auf die Frachtgebühren zurückzuführen sind. Doch mittlerweile baut man eine neue 1500 Kilometer lange Eisenbahnlinie nach West-Bahia, die Ende 2012 bis Barreiras und kurz darauf bis zu LEM reichen soll. Sie wird das Agribusiness noch weiter anheizen.

Gibt es irgend etwas, das diese Entwicklung aufhalten könnte? Ich war mit den Mitarbeitern von Conservation International unterwegs gewesen. Die Umweltorganisation verfolgt die Strategie, mit Farmern zusammenzuarbeiten und eine Koalition all derer zu bilden, die die bestehenden Umweltgesetze achten, die »gesetzlichen Reserven« vorhalten und Naturschutzkorridore quer durch die Cerrados einrichten. Seltsamerweise war der Partner von Conservation International auf Firmenseite und das Verbindungsglied zu den Farmern einer der größten Nutznießer des Geldsegens aus dem Agribusiness: Monsanto.

Geht dieses Konzept auf? Gewiss traf ich Farmer, die sich zu den neuen Zielen bekannten – aber nur, so versicherten sie mir, wenn sich Umweltschutz und Profit nicht ausschlössen. Und manche Eingriffe von Conservation International erwiesen sich als kontraproduktiv. Als ich Kurek fragte, wie er seinen neugewonnenen Respekt für die Umweltgesetze umsetze, erzählte er mir eine überraschende Geschichte. Dank der Hilfe von Conservation International bei der Klärung der Einzelheiten mit der Umweltbehörde sei er inzwischen im Besitz einer Genehmigung, die ihm die Rodung von weiteren 4000 Hektar natürlichem Grasland und Busch auf seinem Gebiet erlaubte. »Wir mussten auf die Genehmigung der Umweltbehörde warten, ehe wir mit dem Roden anfangen konnten, und Conservation International hat uns geholfen, die Genehmigung zu bekommen«, sagte er. Das war vielleicht nicht das, was die Organisation ursprünglich vorgehabt hatte.

Doch Kurek wollte mir zeigen, dass Flora und Fauna auf seiner Farm auch weiterhin gediehen. »Manchmal sehen wir hier in den Maisfeldern Mähnenwölfe«, berichtete er, als wir herumfuhren. »Und Nandus. Sie fressen gern Sojabohnen.« Wie aufs Stichwort kam einer dieser Emuähnlichen Vögel aus einem Feld geschossen und lief vor unserem Geländewagen auf der Fahrspur entlang. Wir jagten ihn über einen Kilometer vor uns her, ehe der erschöpfte Vogel eine Lücke fand, durch die er wieder ins Feld tauchen konnte. Sicher, die Natur hat hier überlebt, aber nur mit knapper Not.

Der Weltmarkt gewinnt im Kampf um die Cerrados jede Runde. Insbesondere der Absatz von Soja boomt, denn Soja ist das ideale Futter für die immer größer werdenden Viehherden Asiens, die die wachsende Nachfrage nach Fleisch und Milchprodukten befriedigen sollen. Vor allem China ist von brasilianischem Soja abhängig. Aber die asiatischen Staaten geben sich nicht länger damit zufrieden, einfach nur die Produkte aus den Cerrados zu kaufen. Wie ihre arabischen Nachbarn vertrauen sie nicht mehr darauf, dass der Markt ihre Nachfrage befriedigen wird. Sie wollen die Kontrolle über die gesamte Lieferkette haben.

Strengere brasilianische Gesetze für den Landbesitz in ausländischer Hand könnten sie sicher ein wenig bremsen. Doch es gibt Möglichkeiten, das Problem zu umgehen. Anfang 2011 kaufte der japanische Handelsriese Mitsui die Kontrollmehrheit des in der Schweiz ansässigen Getreidebrokers Multigrain. Mitsui wollte damit in einer Zeit immer stärkeren »globalen Wettbewerbs um landwirtschaftliche Anbauflächen eine stabile Versorgung des asiatischen Marktes mit Getreide aus Brasilien sichern«. Multigrain konnte nicht nur Kaufverträge bieten, sondern auch über 100.000 Hektar Farmland in den Cerrados, die Mitsui sicher bei der Verwirklichung des Projekts helfen werden, sich den Zugang zu 10 Prozent von Brasiliens gesamten Sojaexporten zu sichern. Und die Korea Agro-Fisheries Trade Corporation, die von der koreanischen Regierung den Auftrag erhalten hatte, die Getreideversorgung des Landes zu sichern, verhandelte Wochen später in Bahia mit Cooproeste, einer staatlichen Kooperative von Farmern, über ein Joint Venture, und die Chinesen saßen bereits in den Startlöchern.

Am Flughafen von Barreiras wartete ich auf den Pendlerflug zurück nach Brasilia, der von den Einheimischen »Agribusiness Express« genannt wird. Plötzlich landete ein kleines Charterflugzeug, dem eine Delegation von etwa 20 Chinesen entstieg. Sie erklärten, sie kämen von der Chongqing Grain Group, und waren mit 2,4 Milliarden Dollar um die halbe Welt gereist, um in dieser Stadt eine Verarbeitungsanlage zu bauen, die jährlich 1,5 Milliarden Tonnen Soja bewältigen kann. Erst einmal in Betrieb, würde sie Bunges Werk in LEM als Brasiliens größte Sojaanlage ablösen und könnte die Hälfte des gegenwärtigen Sojaertrags des Bundesstaats Bahia verarbeiten. Vertreter der Stadt waren gekommen, um sie zu empfangen. Es sah ganz so aus, als wäre es bereits abgemachte Sache.

Das portugiesische Wort *cerrado* heißt wörtlich übersetzt »abgeschlossen« oder »unzugänglich«. Doch gerade das sind die Cerrados inzwischen nicht mehr. Und so scheint ihr Schicksal besiegelt.

11

DER CHACO, PARAGUAY

Chaco apocalíptico

Unsere sechssitzige Cessna hob in der Morgendämmerung von Asunción ab, der Hauptstadt von Paraguay. Richtung Norden und Westen erstreckte sich 1000 Kilometer weit eine Ebene, so flach wie ein Brett und bedeckt mit einer dichten Buschlandschaft, in die mancherorts nur indigene, in dieser Dornbuschsavanne lebende Stämme vorgedrungen sind. Der paraguayische Chaco ist die letzte große Wildnis Südamerikas. Sollten Sie noch nie davon gehört haben, sind Sie sicher nicht der Einzige. Obwohl der Chaco fast zwei Drittel des Landes einnimmt, ist er selbst für die meisten Paraguayer *Terra incognita*. Ich war von Brasilien aus über die Grenze gekommen, um zu sehen, wohin die brasilianischen Rancher ausweichen, seit ihre weitere Ausbreitung im Amazonasgebiet verpönt ist und sie außerdem durch den Sojaboom zunehmend aus den Cerrados verdrängt werden.

Die Savanne mit Dornbüschen und Dornbäumen ist Lebensraum für viele der seltsamen Kreaturen, die auch in den benachbarten Cerrados zu finden sind, wie den Großen Ameisenbär, den Tapir und den Mähnenwolf. Aber sie hat auch eine ganz eigene Fauna, zum Beispiel sage und schreibe acht Gürteltierarten und den Chaco-Pekari, ein prähistorisches, einem Schwein ähnelndes Geschöpf, das nur von fossilierten Skeletten her bekannt war, bis 1975 jemand auf ein lebendiges Exemplar stieß. Auch die Flora ist voller Geheimnisse. Abgesehen von dem allgegenwärtigen Gestrüpp niedriger Büsche mit teuflischen Dornen gibt es hier riesige Kakteen und flaschenförmige Bäume, deren Stämme Feuchtigkeit speichern wie Kamelhöcker.

Der Chaco ist älter und bizarrer als das Amazonasgebiet. Toby Pennington vom Royal Botanic Garden in Edinburgh bezeichnet ihn als »Museum der Vielfalt, seit Millionen von Jahren ein Refugium für Arten, die sich dieser einzigartigen Umgebung angepasst haben«. Der Chaco ist eines der wenigen Gebiete zwischen der tropischen und der gemäßigten Zone auf unserem Planeten, das nicht von Wüste, sondern von einer dichten Vegetation bedeckt ist. Womöglich ist das auch der Grund dafür, dass man hier eins der extremsten Klimata der Erde vorfindet, mit glühend heißen Sommern von bis zu 50 Grad und Wintern, in denen die Temperatur unter den Gefrierpunkt sinkt, mit alles versengenden Dürren und großflächigen Überschwemmungen.

All das hat eine einzigartige Flora und Fauna entstehen lassen und das Eindringen des Menschen zu einem gefährlichen Unterfangen gemacht. Bis jetzt. Denn der Chaco verändert sich in rasantem Tempo. All die Dornen und klimatischen Extreme können ihn nicht mehr vor der modernen Welt bewahren. Die Landnehmer haben es sogar bis hierher geschafft.

Ich flog neun Stunden lang über den Chaco, begleitet von Mitarbeitern von Guyra Paraguay, einer NGO, die die zunehmende Zerstörung dokumentiert, und des britischen World Land Trust, der den Erwerb von Land für den Naturschutz finanziert. Ihre Arbeit ist hier wichtiger denn je. Schon nach wenigen Flugminuten sahen wir riesige scharf und gerade ausgeschnittene Löcher im Wald, von dem nur noch nackte Erde geblieben war. Bulldozer verrichteten ihr Werk, und von glimmenden Feuerresten stieg Rauch in die Luft. Stellenweise tauchten junge Wiesen mit einem fremdartigen, rasch wachsenden Gras auf, das von der afrikanischen Savanne hierher importiert worden war. Vereinzelt grasten Rinder.

Je weiter wir flogen, desto größer wurden die Farmen. Nach 90 Minuten tauchte eine Fläche auf, die mit ihren 50.000 Hektar zehnmal so groß war wie Manhattan. Sie war in 500 Rechtecke gerodeten Bodens aufgeteilt, die durch schmale Waldstreifen voneinander getrennt waren; es wirkte wie der gepflasterte Weg eines Riesen durch den Wald. Kurz darauf stießen wir auf eine weitere 10.000 Hektar große Rodung, die aus dem letzten Jahr stammte. Ich musste an das denken, was Pennington vor meiner Abreise nach Paraguay zu mir gesagt hatte: »Aus schierer Unkenntnis könnten wir eine Flora verlieren, die nicht nur evolutionsgeschichtlich unglaublich einzigartig, sondern auch von lebenswichtiger Bedeutung ist. Der Chaco ist ein vergessener Wald, über den wir so gut wie nichts wissen. Jetzt, wo jeder den Klimawandel fürchtet, ist es blanker Wahnsinn, Arten aussterben zu lassen, die offensichtlich unglaublich gut an ein extremes Klima angepasst sind.«

Einst erstreckte sich der Chaco-Wald im Norden bis nach Bolivien und Brasilien, wo er auf die Cerrados im südlichen Mato Grosso stieß, und im Süden bis weit nach Argentinien hinein. Er hatte eine Fläche von 1,3 Millionen Quadratkilometern, also die fünffache Größe Großbritanniens. Doch nach und nach wurde er von Farmern verschlungen. Das, was bis ins 21. Jahrhundert überdauerte, war größtenteils sein dichtester, heißester, markantester und abschreckendster Kern – in Paraguay, wo er zwei Drittel des Landes einnimmt, jedoch nur 3 Prozent der Bevölkerung beherbergt. Jetzt ist auch dieses Kerngebiet bedroht. Und zwar in den seltensten Fällen von Einheimischen, die ihn immer noch verabscheuen, sondern von ausländischen Landnehmern.

Seit 2003 kommen mehr und mehr brasilianische Rinderzüchter über die Grenze nach Paraguay. Viele dieser *Brasiguayos*, wie sie von den Paraguayern genannt werden, sprechen Deutsch und stammen aus dem Süden Brasiliens. In der Heimat verkaufen sie ihre Farmen für Tausende Dollar pro Hektar an große Landwirtschaftsunternehmen, die dort Soja, Baumwolle und Mais anbauen wollen. Im paraguayischen Chaco gibt es noch Land für weniger als 300 Dollar pro Hektar.

Und so wandelt sich der Chaco rapide. Paraguays größter Nationalpark, die einst abgeschiedenen 760.000 Hektar des Defensores del Chaco, Heimat unkontaktierter Gruppen von Ayoreo-Indianern, ist jetzt vollständig von einer Straße umringt, von der neue Farmen ins Land wachsen. Seit den 1990er-Jahren ist die Entwaldungsrate im paraguayischen Chaco von praktisch null auf über tausend Hektar pro Tag oder alle 90 Minuten ein Fußballfeld gestiegen. Mehr als ein Fünftel des Chaco-Verwaltungsbezirks Alto Paraguay hat sich in eine Reihe riesiger Farmen verwandelt.

Vom Flugzeug kann man die großen landschaftlichen Veränderungen gut erkennen, da der massive Einsatz schwerer Rodungsmaschinen bizarre Kahlflächen im natürlich gewachsenen Wald hinterlässt. Man möchte kaum glauben, dass hier vor Ankunft der Farmer Menschen gelebt haben. Aber so war es, und so ist es bis heute. Und für diese Einwohner zählen die konkreten Einzelheiten. »Auf den Karten der Weißen kommen die Ayoreo nirgendwo vor«, sagt Mateo Sobode Chiquenoi, Präsident der Union der indigenen Ayoreos von Paraguay. »Aber wir können unsere Gebiete auf einer Karte lokalisieren. Wir haben keine Landtitel vorzuweisen, aber es gibt noch unsere Spuren aus der Vergangenheit und der Gegenwart, die beweisen, dass es unser Land ist. Es gibt unsere Hütten, unsere Pfade, die Feldfrüchte, die wir im Wald gezogen haben, und die Löcher in den Bäumen, aus denen wir Honig gesammelt haben. Das sind unsere Besitzurkunden.«

Wir landeten auf der Graspiste einer brasilianischen Ranch in der Nähe der Straße zum Nationalpark. Auf der Straße rollten jede Menge Viehtransporter dahin, und über Kilometer hinweg war kein Dornbaum zu sehen. Stechmücken surrten in der Mittagssonne. Inzwischen hatten sie es auf Menschen und Rinder abgesehen, nicht mehr auf Wildtiere. Als ich mich erkundigte, wem die Ranch gehöre, stellte sich heraus, dass dies eine Frage war, die Besucher nicht stellen sollten. Viele der neuen Landbesitzer hier bleiben anonym. Eine Lücke im paraguayischen

Bodengesetz lässt es zu, dass man seinen Besitz nicht angeben muss. Das ermöglicht den Reichen und Mächtigen, sich den Beschränkungen in der Größe des Landbesitzes zu entziehen. Und macht es unmöglich, die Schätzung zu verifizieren, wonach 90 Prozent der neuen Farmen im paraguayischen Chaco Ausländern gehören. Ich hatte aber ohnehin bereits den Eindruck gewonnen, dass ein Großteil der nördlichsten 200 Kilometer Paraguays inzwischen praktisch zu Brasilien gehören.

Der paraguayische Chaco hat eine brutale und bizarre Geschichte. Hier führten die Generäle des Landes in den 1930er-Jahren einen Krieg gegen Bolivien, das auf der Suche nach Öl einmarschiert war. Als die Kombattanten, eher erschöpft als geschlagen, nach Hause zurückkehrten, waren fast drei von hundert Paraguayern bei der Verteidigung eines Gebiets umgekommen, in dem niemand von ihnen lebte. In Hergés sechstem Comicband von Tim und Struppi mit dem Titel *Der Arumbaya-Fetisch* wird dieser groteske Konflikt satirisch dargestellt. Selbst heute gibt es nur eine Straße durch den Chaco. Der in den 1960er-Jahren entstandene Trans Chaco führt schnurgerade von Asunción zur bolivianischen Grenze. Drei Viertel der 900 Kilometer langen Strecke sind asphaltiert – bis Mariscal Estigarribia, wo die US-Armee in den 1980er-Jahren eine 3,5 Kilometer lange Flugzeugpiste baute – so lang, dass auch der größte Militärtransporter dort landen konnte.

Unsere Cessna, die mir plötzlich sehr klein erschien, setzte an einem Ende der Rollbahn auf. Während wir auftankten, konnte ich sehen, dass sich die Piste gut für einen Anschlag auf die unwirschen bolivianischen Regierungsvertreter eignen würde. Aber ich kann berichten, dass die Gerüchte von einer ständigen amerikanischen Militärgarnison in Mariscal Estigarribia falsch sind, es sei denn, die Soldaten kampierten draußen im Busch bei den Indianern. Die einzigen Hinweise auf Leben überhaupt war eine Flugzeugtankstelle, kleiner als eine durchschnittliche Autotankstelle an der Straße, und ein Mann im Arbeitsanzug, der mit einem Motorrad aus dem Nichts kam, um unsere Pässe zu kontrollieren. (Und noch ein schwerer Schlag für Verschwörungstheoretiker: Hartnäckige Behauptungen, George W. Bush habe in dieser Gegend ein riesiges Stück Land gekauft, scheinen ebenfalls nicht zu stimmen. Tatsächlich erwarb der ehemalige US-Botschafter Timothy Towell die 70.000 Hektar große Ranch Fort in Patria im äußersten Nordosten des Chaco, und An-

gehörige der Familie Bush statteten ihm dort einen Besuch ab. Die Einheimischen sagen jedoch, ein Umweltschützer aus Washington habe anschließend die Ranch übernommen, sich aber dort gelangweilt und sie
einem paraguayischen Zeitungsmagnaten verkauft.)

Doch lange bevor die brasilianischen Rancher kamen, ließ sich hier
im Chaco eine Gruppe von Außenseitern nieder: Südlich von Mariscal
Estigarribia, in der Nähe des Trans Chaco, gibt es drei abgeschiedene
Kolonien deutschsprachiger Mennoniten. Die evangelikalen, aus der
Täuferbewegung hervorgegangenen Christen kamen vor über 80 Jahren
aus verschiedenen verstreut liegenden Ansiedlungen in der Ukraine,
Russland, Kanada und später Mexiko hierher. Auf Einladung des para-
guayischen Präsidenten übernahmen sie 56.000 Hektar des abgelegens-
ten Teils des Chaco, ein Gebiet, das ihre eigenen Chronisten als »grüne
Hölle« bezeichneten.

Die Mennoniten waren schon seit Jahrhunderten auf Wanderschaft,
weil sie sich nirgendwo dem Staat verpflichtet fühlen wollten. Sie verweigerten den Militärdienst und wehrten sich dagegen, ihre Kinder in
öffentliche Schulen zu schicken. So wurden sie zu Weltnomaden. Im
Chaco war ihr Streben nach Unabhängigkeit kein Problem, denn hier
war der Staat ja praktisch ohnehin nicht existent. Tatsächlich errichteten die Mennoniten einen Staat im Staat, entgegen aller Widerstände. In
den Anfangsjahren litten sie unter Typhusepidemien, Dürren, Heu-
schreckenplagen und Invasionen von Soldaten, die ihnen auf ihrem
Weg in den Krieg gegen Bolivien Proviant abzwangen. Aber die Siedler
hielten durch, bauten Schulen, Krankenhäuser und Fabriken. Und sie
kauften weiteres Land.

Ihre Hauptstadt Filadelfia kommt einem vor wie eine Fata Morgana
im Dornbusch. Obwohl sie nur 10.000 Einwohner hat, ist sie im Umkreis von 400 Kilometern die größte Ansiedlung und nach ihren
Maßstäben ein Triumph. Nach Jahrzehnten der Armut und Entbehrung
hat sich die unerschütterliche Hingabe, mit der die Mennoniten den
Chaco zu bezähmen versuchten, bezahlt gemacht. Die Hauptstraßen,
wie beispielsweise die Avenida Hindenburg, sind so breit, dass ein Och-
senkarren darauf wenden kann. Doch inzwischen prägen Geländewagen das Bild. Filadelfia ist eine der prosperierendsten Städte Paraguays.
Klimaanlagen und Fahrzeuge mit Allradantrieb sind gang und gäbe. Im

Supermarkt findet man immer noch ein breites Angebot an landwirtschaftlichen Geräten, aber sie werden mittlerweile von Gartenmöbeln
und -grills verdrängt. Die Landwirtschaftsschule rühmt sich, nebenbei
auch ein Conservatorio de Musica zu unterhalen.

Das Museum der Stadt rühmt nicht nur die Geschichte der Mennoniten, sondern auch die ursprüngliche Natur, die sie nach wie vor zerstören. Ich verbrachte eine ganze Stunde in einem Raum mit ausge-
stopften Gürteltieren und Königsboas, Skunks und Rotbauchunken,
einem Riesenameisenbär und einem 2 Meter langen Kaiman, einem
Mähnenwolf von der Größe eines Jaguars und einem mannsgroßen
Nandu, einer bizarren Sammlung von Nagetieren und einem seltenen
Chaco-Pekari. In einem anderen Raum waren Gegenstände aus dem früheren Leben der Mennoniten ausgestellt, darunter russische Pelzmäntel,
feines chinesisches Porzellan und eine deutsche Posaune. Eine Aufnahme zeigte einen ausgehöhlten Baumstamm, der während der Typhus-
epidemie von 1927 als Kindersarg gedient hatte. Auf ergreifenden Grup-
penbildern von Auswanderern auf dem Weg zum Chaco im Jahr 1930
sah ich Kinder mit herabhängenden Mundwinkeln, gequält und traurig
wirkende Frauen und Männer mit kantigen Gesichtern und Angst in
den Augen.

Wegen der Arbeitsplätze ziehen die mennonitischen Farmen und Fabriken inzwischen auch Paraguayer und indigene Indianer nach Filadelfia. Aber auf den Straßen der Stadt zeigt sich eine deutliche Hierar-
chie. Wenn um sieben Uhr morgens die Sirene der Molkerei ertönt,
steigen die weißhäutigen Mennoniten auf ihren Anwesen im Norden
der Stadt in ihren Mercedes, die Spanisch sprechenden Paraguayer
schwirren auf Motorrädern herbei, und die indigenen Bewohner kommen zu Fuß aus ihren *Barrios*.

Es wäre unfair zu behaupten, die Mennoniten hätten sich ihren Platz
hier im Chaco nicht verdient. Sie waren die ersten Fremden, die her-
ausfanden, wie man in diesem unwirtlichen Gebiet Vieh züchten kann.
Inzwischen beweiden und bestellen sie geschätzte 2 Millionen Hektar
Boden. Sie produzieren zwei Drittel der Milch und einen Großteil des
Fleischs, das in Paraguay erzeugt wird. Sie exportieren nach Bolivien
und haben sogar eine Fabrik für Getränkeverpackungen. Die meisten
Paraguayer sehen in ihnen inzwischen nicht mehr bizarre Wesen von ei-

nem anderen Stern, die in einer noch bizarreren Wüstenei leben. Vielmehr gelten sie als Pioniere einer neuen kommerziellen Viehzucht, die neben den zahlreichen deutschsprachigen Ranchern aus Brasilien in einer der unwirtlichsten Gegenden des Kontinents die Speerspitze einer neuen lateinamerikanischen Landwirtschaft bilden.

Doch wir dürfen auch nicht vergessen, dass das Land, das die Mennoniten übernommen haben, nicht unbewohnt war. Ein auf 1931 datiertes Bild im Museum von Filadelfia zeigt ein Treffen zwischen Mennoniten und namenlosen Eingeborenen des Chaco. Die Eingeborenen sind fast nackt und haben Speere und Pfeil und Bogen in den Händen. Die Mennoniten tragen Panamahüte, weiße Hemden, Fliegen und einer sogar einen Frack. Bei solchen Begegnungen fühlten sich die Mennoniten als diejenigen, die am Ruder waren. Und während manche meinten, die Indianer sollten »in abgelegene Schutzgebiete umgesiedelt werden, wo die Wilden ungestört in ihrer ursprünglichen Unkenntnis der Existenz der Weißen leben könnten«, waren andere der Ansicht, sie sollten Unterricht erhalten und zu einem sesshaften Leben gezwungen werden. Da die Mennoniten selbst immer mehr Land nahmen und Arbeitskräfte benötigten, setzte sich diese Anschauung durch. Mitte des 20. Jahrhunderts wurde die indigene Bevölkerung von Missionaren aus ihren angestammten Gebieten fortgelockt und von Gangmasters in erbärmlichen Siedlungen, Arbeitslagern und Schlimmerem zusammengepfercht.

Heute leben mehrere Tausend Ayoreo sowie andere Stammesgruppen wie die Enxet und die Sanapaná in verstreuten Lagern an den Straßenrändern der Mennonitendörfer. Von den 18 Ayoreo-Siedlungen in Paraguay befinden sich 13 im Mennonitengebiet, meist gegründet von der evangelikalen New Tribes Mission in Campo Loro nördlich von Filadelfia. Als ich das letzte Mal die Website der Missionsgesellschaft besuchte, hatte sie 72 auffallend blasse und größtenteils amerikanische Missionare im Land. Die meisten der von ihnen betreuten Ayoreo arbeiten auf Mennonitenfarmen.

Doch es gibt auch Indianer, die nach wie vor im Busch leben. Von den etwa 2000 Ayoreo-Indianern im paraguayischen Chaco sind 100 bis 200 wandernde Jäger-Sammler, die »unkontaktiert« sind, ein Begriff, der in Wirklichkeit meist nicht mehr bedeutet, als dass sie abgeschieden leben und sich außer von ihresgleichen von Menschen fernhalten. Da sie keine Immunität gegenüber verbreiteten Krankheitserregern entwickelt haben, geraten sie schon beim geringsten Kontakt mit Weißen in Gefahr. Und die Außenwelt zieht sich immer enger um sie zusammen. Unsere Cessna flog über eine riesige Ranch mit etwa 78.000 Hektar, die dem brasilianischen Unternehmen Yaguareté Porã gehört. Unterstützt von Survival International werfen NGOs aus der Region dem Unternehmen vor, in den Buschwald vorzudringen, den die Totobiegosode – das »Volk der Pekari« – für sich beanspruchen. Eine unkontaktierte Gruppe dieses Zweigs der Ayoreo jagt dort angeblich Wildschweine und Schildkröten und baut in Hörweite der Bulldozer von Yaguareté Porã auf kleinen Parzellen Bohnen und Melonen an.

Als 2010 die Invasion des Unternehmens internationale Aufmerksamkeit erregte, räumten dessen Vertreter ein, dass in diesem Teil des Buschs tatsächlich Ayoreo lebten. Sie bestritten auch nicht die Umwandlung Tausender Hektar von deren Lebensraum in Viehweiden. Aber Yaguareté Porã würde, behaupteten sie, ein Drittel des Bodens als Naturreservat belassen, in dem die Ayoreo jederzeit jagen und fischen könnten. Während ich diese Zeilen schreibe, ist der Streit noch nicht beigelegt. Inzwischen aber hat im April 2011 ein anderes brasilianisches Unternehmen namens River Plate unmittelbar am südlichen Rand der Yaguareté-Porã-Ranch fast 4000 Hektar eines kürzlich erworbenen, 22.000 Hektar großen Waldgebiets gerodet. Auch dies ist Land der Totobiegosode, wie sie sagen. Paraguayische Beamte erklärten, River Plates Abholzungen seien illegal, das Unternehmen habe keine Genehmigung.

Laut einer Studie der Union der indigenen Ayoreo von Paraguay leben weitere ihrer Stammesangehörigen in anderen kürzlich von brasilianischen Viehzuchtunternehmen erworbenen Waldgebieten. Zu diesen Firmen gehören Ganadera Umbu, das die Lizenz zur Entwaldung von 24.000 Hektar hat, und Los Molinos, das an der nördlichen Grenze des Nationalparks Defensores del Chaco tätig ist. Der Anführer einer Gruppe von Totobiegosode, die 2004 aus dem Busch vertrieben wurden, sagte: »Als wir noch im Wald lebten, war alles gut. Aber wir konnten dort nicht bleiben, weil die Weißen alles abgeholzt haben. Die Weißen sind gewalttätig. Sie wollen unbedingt Land. Wir haben Angst vor ihnen, weil sie sehr aggressiv sind.« Wilde eben.

Einige Stammesgruppen wehren sich gegen diejenigen, die ihnen ihr Land wegnehmen, und rufen den Interamerikanischen Gerichtshof für Menschenrechte an, der seinen Sitz in Costa Rica hat. Das Gericht hat bereits eine Reihe von Urteilen gegen die paraguayische Regierung gefällt, und manches spricht dafür, dass man in Asunción davon Kenntnis nimmt. Nach einem 19-jährigen Rechtsstreit und fünf Jahre nach einem endgültigen Urteil des Gerichtshofs kaufte der Staat 2010 eine 10.000 Hektar große Ranch von einem Privatbesitzer, um dort 65 vertriebene Enxet-Familien unterzubringen. Und 66 Sanapaná-Familien, die einen Prozess beim selben Gericht gewonnen haben, hoffen nun, die 11.000 Hektar zu bekommen, auf die sie Anspruch erheben. Der Haushalt des Landes für 2011 enthielt auch einen Posten zum Erwerb von 98.000 Hektar für den Totobiegosode-Clan der Ayoreo.

Das ist immerhin ein Fortschritt. Aber die 50 verschiedenen Clans der Ayoreo einschließlich der Totobiegosode erheben nicht nur Anspruch auf einzelne Gebiete, sondern den Großteil des Chaco – Zehntausende Quadratkilometer, von den Mennonitenkolonien bis nach Bolivien hinein und Richtung Osten bis zum Fluss Paraguay. Viele Außenstehende werden sagen, dass eine so kleine Zahl von Menschen in unserer dicht bevölkerten, modernen Welt nicht das Recht auf so viel Land haben kann. Aber warum soll eine Handvoll brasilianischer Rancher das Land bekommen, das einer Handvoll indigener Familien verweigert wird? Wer ist da eigentlich derjenige, der nicht genug kriegen kann?

Vorerst sind Teile des Chaco noch in ihrer ursprünglichen Form erhalten. Während wir gen Norden zur bolivianischen Grenze flogen, wichen die Farmen plötzlich einer riesigen Waldfläche, die sich bis zum Horizont erstreckte – ungefähr 90 mal 40 Kilometer groß. »Das ist das Land der Moonies«, schrie Oscar Rodas, der Habitat-Koordinator für Guyra Paraguay, der neben mir in der Cessna saß. Sun Myung Moons aus Südkorea stammende Heilig-Geist-Gesellschaft zur Vereinigung des Weltchristentums hat in den vergangenen zwei Jahrzehnten hier und am jenseitigen Ufer des Paraguay im brasilianischen Pantanal 800.000 Hektar Wald aufgekauft.

Gruppen vorwiegend japanischer und koreanischer Moonies gründen inmitten von Dornen und Stechmücken kleine Gemeinschaften.

Eine solche Siedlung befindet sich an dem bescheidenen Flusshafen Puerto Leda, wo sie auch eine Reverend Moon höchstselbst vorbehaltene Villa errichtet haben. Sie bauen Getreide an, vornehmlich für den eigenen Bedarf, bewachen ihre Grenzen und verteidigen ihren Grund mit großen Hunden. Wie immer in diesem Teil der Welt kursieren groteske Theorien über die angebliche Beteiligung der Moonies am Drogenhandel und an rechtsgerichteten Verschwörungen. Moon selbst bezeichnet sein lateinamerikanisches Reich als »den besten Ort, um auf Erden ein himmlisches Leben zu führen«. Was das bedeutet, bleibt unklar. Vielleicht weiß es der Reverend selbst nicht.

Bald entdeckten wir eine alte Eisenbahnlinie, die sich durch den Wald der Moonies schlängelte. Bis zum Jahr 2000 befand sich das Land im Besitz von Nachkommen eines verwegenen, in Spanien geborenen Argentiniers namens Carlos Casado, der 1886 über 5 Millionen Hektar gekauft hatte. Damals stand ein Großteil Paraguays zum Verkauf. Das Land war gleichzeitig gegen Brasilien, Argentinien und Uruguay in einen Krieg gezogen, in dem angeblich unglaubliche 90 Prozent seiner erwachsenen Männer zu Tode kamen. Nachdem die bankrotte Regierung schließlich kapituliert hatte, verkaufte sie Millionen Hektar öffentlichen Boden an ausländische Investoren, um die Schulden des Landes zu begleichen.

Ein ganzes Jahrhundert lang schlug Casado in seinem Wald einen endemischen Baum mit extrem hartem Holz. Die Einheimischen nennen ihn *Quebracho*, Axtbrecher. Das Holz enthält große Mengen Tannin, das zum Ledergerben verwendet wird. So brachte man es über eine Strecke von 150 Kilometern mit der Schmalspurbahn zur Gerberei im Dorf Puerto Casado. Heute gibt es keine Quebrachobäume mehr im Gebiet der Moonies, die zugänglich wären, und die Eisenbahn ist stillgelegt. Trotzdem waren die 6000 Bewohner von Puerto Casado erzürnt, als sie im Jahr 2000 erfuhren, dass die Moonies ihre Stadt übernommen hatten. Der paraguayische Senat stimmte dafür, den Ort wieder seinen Bewohnern zurückzugeben, eine Entscheidung, die jedoch vom Obersten Gerichtshof aufgehoben wurde. Im Jahr 2009 erstatteten die Moonies Teile des Landes zurück, doch der Kampf geht noch weiter.

Zumindest aber wurde der Wald durch den Kauf der Moonies vor weiteren Rodungen durch Rancher bewahrt. Und gute Nachrichten gibt es auch vom 4400 Hektar großen Cardozo-Anwesen flussaufwärts, 40 Kilometer westlich des verschlafenen Flusshafens Bahia Negra. Obwohl ein Großteil davon noch intakter Quebrachowald ist, erklärte sich der Besitzer bereit, es an die Umwelt- und Naturschutzorganisationen Guyra Paraguay und World Land Trust zu verkaufen. Damit dessen Vertreter Roger Wilson den Baumbestand prüfen konnte, flogen wir tiefer. Es habe, sagte er, ein Wertfeststellungsverfahren stattgefunden, bevor es im Juni 2011 zum Kauf gekommen sei. Die Unterzeichnung des Vertrags sei für ihn eine Erleichterung gewesen. Ein früherer Ankauf im benachbarten Puerto Ramos sei nicht zustande gekommen, weil sie im letzten Augenblick von einer Immobiliengesellschaft namens Scimitar Oryx Partners überboten worden seien, die von einem ehemaligen Mitarbeiter im uruguayischen Landwirtschaftsministerium und einem jungen britischen Investor namens Stephan Winkler geleitet wird. (Das Unternehmen besitzt auch Land in Nigeria, Simbabwe und Vietnam.) Einen Teil der Kosten für die Cardozo-Immobilie übernimmt Swire, eine britische Schifffahrtsgesellschaft, der auch die Fluglinie Cathay Pacific gehört, im Zuge ihrer Verpflichtung zu einem freiwilligem Emmissionsausgleich.

Können Naturschutz und die Bedürfnisse indigener Gruppen miteinander in Einklang gebracht werden? Mit einem vernünftigen Vorgehen sollte dies möglich sein. Schließlich haben die Stämme im Chaco schon immer ihre Umwelt geschützt. Sie sind die Einzigen, die wirklich wissen, wie man dort lebt. Vor dem Kauf des Cardozo-Anwesens schloss Wilson ein Abkommen mit den circa 1500 Ishir, einem Fischervolk, das am Westufer des Paraguay lebt. Die Ishir gehen immer noch mit Speeren auf Fischfang und jagen mit Pfeil und Bogen. Guyra Paraguay und die Ishir werden den Wald 20 Jahre lang gemeinsam unterhalten, danach werden die Ishir das volle Besitzrecht an dem Gebiet bekommen, vorausgesetzt, sie bewahren den jetzigen Zustand des Waldes.

Doch leider ist nicht jeder, der den Chaco erhält, auch gewillt, mit den früheren Hütern des Waldes freundschaftlich zusammenzuleben. Die Ishir befinden sich in einem erbitterten Streit mit den Moonies, auf deren Territorium ihre heiligen Grabstätten bei Puerto Leda liegen. Cándido Martinez, Anführer einer Ishir-Gemeinschaft aus Bahia Negra, erklärte mir: »Diese Friedhöfe sind für uns heiligster Boden. Wir dürfen sie nicht einmal betreten«. So viel also zur Vorstellung der Moonies von einem »himmlischen Leben auf Erden«.

Aber die Ishir sind einfallsreich. Sie möchten in der realen Welt leben, nicht in einer mythischen Vergangenheit. Und sie haben Freunde. Vor über einem Jahrhundert besuchte der tschechische Kaktussammler und Ethnologe Alberto Vojtěch Frič ihre Gemeinschaft an den Ufern des Paraguay. Aus seiner Liebesbeziehung mit einer jungen Ishir namens Lora-y – was so viel wie Schwarze Ente bedeutet – ging ein Kind hervor. Dieses Kind, erzählte Martinez voller Stolz, war seine Großmutter. Sie starb erst 2010 im Alter von 104 Jahren. Nach Frič́s Rückkehr in seine Heimat stand er bei einer Konferenz in Wien im Jahr 1908 auf und schilderte seinen Zuhörern, wie deutsche Siedler in Brasilien und Paraguay Killer anheuerten, um die Indianer auszurotten, dann deren Kinder zu Sklaven machten und sich ihr Land nahmen. Frič ging erneut nach Paraguay, nahm aber diesmal Medikamente gegen eine Krankheit mit, die den Stamm auszulöschen drohte. Die Ishir wahren immer noch die Erinnerung an ihn und halten die Verbindung mit den Tschechen aufrecht. Inzwischen haben sie britische Grüne davon überzeugen können, Wald für sie zurückzukaufen. Überlebenskünstler, würde ich sagen.

Doch als wir wieder in Asunción waren, hatte sich an meinem Eindruck, dass sich die Welt massiv gegen den Chaco und seine traditionellen Wächter verschworen hatte, wenig geändert. Der wirtschaftliche Druck, den Dornwald zu roden, ist immens. Paraguay ist entschlossen, mit Brasilien, Argentinien und Uruguay auf dem boomenden Markt für landwirtschaftliche Erzeugnisse zu konkurrieren. Im letzten Jahrzehnt hat das Land seine Rindfleischexporte verdreifacht. Die Zahl der Rinder im Chaco ist mittlerweile auf fast 4 Millionen gestiegen. Um dahin zu gelangen, musste viel Land geopfert werden. Zurzeit benötigen die Rancher fast 3 Hektar des Chaco, um eine Kuh zu ernähren. Und die Besatzdichte, also die Zahl der Weidetiere pro Flächeneinheit, sinkt, je mehr abgelegenes, von Dürren bedrohtes oder feuchtes Land gerodet wird. Die Versprechungen der paraguayischen Regierung, den Chaco und seine indigenen Bewohner zu schützen, sind nichts weiter als Lippenbekenntnisse, bewilligt sie doch fast jeden Antrag, den Wald zu roden und die Farmen zu erweitern.

Doch selbst auf staatlicher Ebene billigen das nicht alle. Als ich mich mit dem Umweltbeauftragten im Büro des Generalstaatsanwalts, José Luis Casaccia, traf, war er wütend. Die Ministerien wüssten nicht, was sich im Chaco abspielt, und sie interessierten sich auch nicht dafür, meinte er. Er war gerade von einer Schiffsreise den Paraguay hinauf nach Asunción zurückgekehrt, und was er mir erzählte, klang wie der Plot von *Apocalypse Now*. »Die Regierung ist dort praktisch nicht präsent«, sagte er. »Die Rancher machen auf ihren riesigen Anwesen ihre eigenen Gesetze. Sie bezahlen Jägern 200 Dollar für einen erlegten Jaguar oder Puma, weil sie ihre Rinder schützen wollen. Das ist alles illegal. Die Tiere stehen unter Naturschutz. Aber der Chaco ist ein rechtsfreier Raum. Dort ist alles erlaubt.«

Casaccia war selbst für kurze Zeit Umweltminister. Doch der gegenwärtige Präsident Fernando Lugo habe ihn, erzählte er, kurz nach seinem Amtsantritt im Jahr 2008 entlassen. Casaccia hatte das Verbrechen begangen, Lizenzen für Rodungen im Chaco außer Kraft zu setzen. Sein Nachfolger »ist sehr schwach und tut nichts für den Umweltschutz. Im Augenblick sind 95 Prozent der Abholzungen im Chaco legal, weil der Minister sehr vielen Ranchern Rodungsgenehmigungen erteilt hat«, sagte Casaccia. Ich fragte ihn, welches Schicksal den Chaco seiner Meinung nach erwarte. »*Apocalíptico*«, erwiderte er. »Wenn es so weitergeht wie jetzt, wird alles, was nicht geschützt ist, im Jahr 2025 verschwunden sein.« Sei dies ein Sieg für die Landnehmer? Nur kurzfristig, meinte er. »Sie richten den Chaco zugrunde. Am Ende wird nur noch eine Wüste übrig bleiben, und alle darin lebenden Arten werden ausgestorben sein.« In solch einem Szenario aber wären auch seine indigenen Bewohner dem Untergang geweiht.

12

LATEINAMERIKA

Die neuen Konquistadoren

Die Vestey Group, ein britischer Fleischkonzern, stemmte sich ein Jahrzehnt lang gegen die Forderung des venezolanischen Präsidenten Hugo Chavez, ihre 200.000 Hektar Farmland im Nordwesten des Landes aufzugeben. Landbesetzer kamen und gingen in dieser Zeit, doch die vierte Generation britischer Cornedbeef-Könige, die in Südamerika Viehzucht betrieben, rührte sich nicht vom Fleck. Das änderte sich erst, als die Gerichte 2010 in Caracas urteilten, die 100 Jahre alten Güter würden nicht ausreichend genutzt. Die Besitzer der Marke Fray Bentos willigten schließlich in die Verstaatlichung ihrer Tochtergesellschaft Agroflora ein, die Chavez in seinen wöchentlichen Rundfunk-Tiraden gegen die alten Imperialisten immer nur »La compañia inglesa« genannt hatte. Ihre vier übrigen Ranches mit 130.000 Rindern und 5000 Büffeln überließen die Vesteys Kleinbauern, wie es Chavez' »Bolivarische Revolution« vorsah. Seit dessen Wahlsieg im Jahr 1999 waren über 2 Millionen Hektar Großgrundbesitz aufgeteilt und an landlose Bauern vergeben worden. Wurde auch höchste Zeit! Denn ansonsten siegte in Lateinamerika bei der Landverteilung nur selten die Gerechtigkeit.

Missbrauch und Verschwendung von Land sind seit dem Eintreffen der Konquistadoren vor einem halben Jahrtausend auf dem ganzen Kontinent ein großes Thema. Die Auseinandersetzungen verschärften sich im 20. Jahrhundert, als die gesamte Region zum Hinterhof der USA wurde. Amerikanische Obsterzeuger traten in die Fußstapfen von Europäern wie der Familie Vestey und übernahmen in Mittelamerika praktisch ganze Staaten. Sie verhalfen servilen, korrupten Politikern an die Macht und unterstützten diese sogenannten Bananenrepubliken. Heutzutage ist die Nachfrage nach Kokain größer als die nach Obst, aber die Machtverhältnisse haben sich nicht geändert, und die Jahrhunderte alte Geschichte der Landnahmen setzt sich fort.

United Fruit war die Schöpfung eines jungen Mannes aus Brooklyn. Mit 23 Jahren arbeitete Minor Keith für die Firma seines Onkels, die Tropical Trading Company, die in den 1870er-Jahren im mittelamerikanischen Staat Costa Rica eine Eisenbahnlinie baute. Dahinter steckte die Absicht, Kaffee, das Hauptexportgut des Landes, für die Ausfuhr nach Europa an die Atlantikküste zu schaffen. Aber Dschungel, Berge und Insekten machten das Verlegen der Gleise zu einem schwierigen, gefährlichen und teuren Unterfangen. Tausende Arbeiter starben an Malaria und Gelbfieber. Nach dem Tod seines Onkels übernahm Keith das Projekt. Als er kurz vor dem Bankrott stand, bot er der costa-ricanischen Regierung ein Geschäft an. Ihm war aufgefallen, wie gut die Bananensträucher entlang der Strecke gediehen und wie beliebt die Frucht bei den Arbeitern war. Also sagte er: »Gebt mir Land, um noch mehr anzubauen, und ich stelle die Eisenbahnlinie fertig.« Schließlich konnte er 320.000 Hektar im Landesinneren sein eigen nennen, stopfte seine unausgelasteten Züge mit Bananen voll und brachte die seltsame neue Frucht in die USA, wo das Schälen einer Banane auf der Stelle die Massen begeisterte.

Sein Deal mit der Regierung war eine Variante des Modells, das noch heute von Landnehmern angewandt wird: Land im Gegenzug zu wirtschaftlicher Entwicklung. Bananen und Eisenbahnen erwiesen sich allerdings als gewinnträchtige Kombination. Keith traf ähnliche Abkommen in den Nachbarländern und festigte seinen Erfolg mit einer Reihe verwegener Landkäufe und Fusionen, unter anderem dem Zusammenschluss mit Andrew Prestons Boston Fruit und dessen Plantagen in der Karibik, aus der schließlich United Fruit hervorging. Um die Jahrhundertwende besaß Keith Hunderttausende Hektar Bananenpflanzungen in Kolumbien, Kuba, Jamaika, Nicaragua, Panama und der Dominikanischen Republik. Aus Angst, in den USA könne der Markt bald gesättigt sein, eröffnete er eine Schifffahrtslinie, die ihm Zugang zu europäischen Märkten verschaffte. Und als Zugabe rückte er im neuen Jahrhundert in Guatemala ein, übernahm erst den Postdienst, dann das Telegrafennetz, die Eisenbahn und schließlich einen Großteil des Landes, um noch mehr Bananen anzubauen.

Keith hatte jedoch einen Konkurrenten: ein weiteres Bananenimperium, das unter der Leitung von Samuel Zemurray, einem russischen

Emigranten, stand, der von Honduras aus agierte. Keiths Muster bei der
Landnahme folgend, hatte er die honduranische Regierung überredet,
ihm 160.000 Hektar zu überlassen, etwa ein Viertel der gesamten Landwirtschaftsfläche des kleinen Landes, sowie die Eisenbahnlinien. Zemurrays Macht über seine honduranischen Gastgeber inspirierte den
amerikanischen Schriftsteller O. Henry, der eine Zeit lang in dem Land
lebte, in seiner 1904 erschienenen Novelle *Cabbages and Kings* zu dem
Ausdruck »Bananenrepublik«. Sechs Jahre später schien Zemurray entschlossen, dem fiktionalen Vorbild zu folgen. Da er fürchtete, US-Ban-
ken könnten Honduras zwingen, sein Unternehmen zu besteuern, um
die Schulden des Landes zu begleichen, heuerte er Söldner an, die mit einem Putsch dafür sorgten, dass sein Mann, Manuel Bonilla, ins Präsi-
dentenamt erhoben wurde – und sicherte sich dann noch mehr Land für
seine Plantagen.

Nach Keiths Tod im Jahr 1930 fusionierten Zemurrays Imperium
und Keiths United Fruit. Die folgenden Jahre waren die glorreiche Zeit
von Monopol und Profit. Doch nach dem Zweiten Weltkrieg rumorte
es im Hinterhof der USA. Unzufriedenheit machte sich breit, und Forderungen nach einer Landreform wurden laut. In Guatemala beschloss
der reformistische Präsident Jacobo Arbenz, die Landbesitzerelite, darunter auch United Fruit, zu enteignen. Zunächst verstaatlichte er
60.000 Hektar ungenutztes Land des Unternehmens an der atlantischen
Küste. Zemurray hingegen war nicht betroffen. Die United Fruit aber
zog gegen Arbenz zu Felde, vor allem in den USA, wo es ihn als Angehörigen der fünften Kolonne des Kommunismus brandmarkte. Die
Lobbyarbeit von United Fruit war so erfolgreich, dass das Unternehmen
nicht einmal Söldner anheuern musste. Stattdessen kam es 1954 zu einer berüchtigten Episode des Kalten Krieges: Die CIA finanzierte einen
Staatsstreich, um Arbenz aus dem Amt zu jagen. Und auch, zweifellos
ganz zufällig, um Landreformen zu verhindern. Einer der Hauptarchi-
tekten des Putsches war Howard Hunt, der 1961 wegen seiner Beteiligung an der gescheiterten Invasion in der Schweinebucht auf Kuba und
später wegen seiner Verwicklung in den Watergate-Skandal in der Ära
Nixon Berühmtheit erlangen sollte.

Es folgten vier Jahrzehnte Bürgerkrieg, in dem Guatemala Staatster-
ror, rechte Todesschwadronen und eine Bekämpfung indigener Maya-

Gruppen erlebte, die einem Völkermord gleichkam. Schließlich wurde durch Vermittlung der USA 1996 ein Frieden geschlossen, der unter anderem Landreformen vorsah. Aber die tiefverwurzelte Macht der wichtigsten Großgrundbesitzer sorgte dafür, dass es nie dazu kam. Weniger als 2 Prozent der Bevölkerung besitzen immer noch 70 Prozent des Bodens – selbst nach lateinamerikanischen Maßstäben ein miserables Verhältnis. Die Welt von Keith und Zemurray hält sich hartnäckig.

Heute lebt die rasch wachsende, zur Hälfte aus Maya bestehende Bevölkerung von 16 Millionen Menschen größtenteils zusammengepfercht auf immer weiter schrumpfenden Landresten im südlichen Hochland, während das Agribusiness das fruchtbare Tiefland im Norden beherrscht. Arme Bauern werden häufig gezwungen, als Saisonarbeiter auf den Plantagen zu arbeiten oder über die Grenze nach Mexiko zu gehen, um sich dann irgendwie in die USA durchzuschlagen. Guatemala gehört zu den führenden Exportländern für Zucker und Kaffee – und natürlich für Bananen. Und immer noch sind US-Unternehmen wie Dole, Del Monte und United Fruit (inzwischen in Chiquita umbenannt) im Land. Das Agribusiness und seine Vertreter im Parlament können Landreformen nach wie vor torpedieren. Aber es gibt auch neue Landnehmer. Drogenhändler, die beim Verkauf ihrer Produkte nach Nordamerika und Europa reich geworden sind, strömen von Mexiko und anderswo ins Land.

Die Drogendealer haben von den Rinderfarmen im Tiefland riesige Flächen erworben, zum einen als Geldwäsche, aber auch, um die Start- und Landebahnen zu verbergen, auf denen das Kokain auf seinem Weg nach Norden und Osten von einem Kleinflugzeug in ein anderes umgeladen wird. In einem Bericht des US-Außenministeriums von 2010 hieß es, dass »faktisch inzwischen ganze Regionen Guatemalas der Kontrolle von Drogenorganisationen unterliegen, deren sichtbarste die mexikanische Gruppierung Los Zetas ist«. Dank einer giftigen Mischung aus Korruption und Einschüchterung von Beamten bewegen sie sich »vorwiegend in einem Umfeld der Straflosigkeit«. Das Land gehört praktisch ihnen.

Im Lauf der Zeit haben Drogenbanden geschätzte 300.000 Hektar Wald zerstört. Umweltschützer in dem riesigen Maya-Biosphären-Reservat, dem Paradestück für Naturschutz im Norden des Landes, sagten der *New York Times*: »Es gibt Drogendealer, Viehrancher, Holzfällerfirmen, Wilderer und Plünderer. All diese Übeltäter stehen Schlange und warten auf ihre Möglichkeit, das Reservat zu zerstören. Sie können sich nicht vorstellen, welche Verheerungen sie dort anrichten.«

So ist es fast überall in Lateinamerika. Es liegt auf der Hand, als Hauptursache dafür die ungerechte Verteilung von Grund und Boden zu vermuten. Bauernbewegungen, die Reformen fordern, finden nur selten Gehör. Und die Großgrundbesitzer können sich auf gute Verbindungen zu Kapitalgebern, Industriellen und zum Agribusiness stützen. Sie bestimmen weiterhin die Politik. Die bisherigen Westentaschengeneräle und die schwachen, gewissenlosen Politiker jeglicher Couleur haben bislang keinerlei Fortschritt gebracht. Aber natürlich sind Politiker und Generäle oft selbst Großgrundbesitzer.

Die Umverteilungen von Land, die bislang stattgefunden haben, werden häufig wieder rückgängig gemacht. So gibt es beispielsweise an der fruchtbaren Pazifikküste Perus wieder Megafarmen. Seit der Aufhebung der Bodengesetze aus den 1960er-Jahren, die den Landbesitz beschränkt hatten, haben die Investitionen wieder enorm zugenommen. Heute halten in den Küstenprovinzen 34 Besitzer 225.000 Hektar, worunter sich eine Reihe von wieder privatisierten Zuckerfabriken befindet. Neben einheimischen Unternehmen verfügen auch ausländische Firmen über große Bodenflächen. Die in Dallas ansässige Maple Energy erwarb 13.000 Hektar im Tal des Flusses Chira – eine von Skorpionen verseuchte Wüste, wie das Unternehmen behauptet – sowie die Exklusivrechte zur Nutzung des Flusswassers. Mithilfe von Bewässerung wollte Maple Ende 2011 mit der Pflanzung von Zuckerrohr zur Herstellung von Ethanol für den US-Markt beginnen. Altima Partners, ein Hedgefonds in britischem Besitz, hat sich auf 26.000 Hektar in Piura mit dem peruanischen Unternehmen COMISA zu einem ähnlichen Projekt zusammengetan.

Im benachbarten Bolivien haben etwa 200 Brasilianer und Argentinier in den letzten zwei Jahrzehnten still und leise etwa eine halbe Million Hektar in der östlichen Provinz Santa Cruz für den Sojaanbau erworben und noch einmal die gleiche Fläche für die Rinderzucht. Theoretisch hätte der Ressourcennationalismus des indigenen bolivianischen Präsidenten und einstigen Lamahirten Evo Morales die kapitalistische Welle eigentlich zurückdrängen müssen. Aber die 2000 Kilometer lange Grenze der bolivianischen Provinz mit Brasilien ist ausgesprochen durchlässig. Und wie schon in Paraguay haben brasilianische Farmer auch hier festgestellt, dass die Gesetze, die neuen Landbesitz auf 5000 Hektar beschränken, kein Hinderungsgrund dafür sind, der einheimischen Elite große Güter abzukaufen, sagte Lee Mackey von der University of California in Los Angeles, der an einer Studie über die Ausbreitung des brasilianischen Agribusiness in den tropischen Ländern arbeitet. Oft sind die Besitzrechte unklar, aber da die Preise nur ein Viertel dessen betragen, was in Brasilien gezahlt werden muss, »ist die Rentabilität [für die Brasilianer] so hoch, dass sich kurzfristig gesehen das Risiko lohnt«, erklärt Miguel Urioste von der bolivianischen NGO Fundación Tierra. Ein Viertel der Sojafarmen Boliviens befindet sich im Besitz von Brasilianern, die den Löwenanteil ihres Profits ins eigene Land rückführen. Die größte Sojaplantage umfasst 46.000 Hektar. »Ausländer eignen sich zunehmend das beste Ackerland an«, schrieb Urioste in einem Bericht für die Vereinten Nationen. Ende 2011 erreichte die antibrasilianische Stimmung in Bolivien einen Höhepunkt. Die Proteste gegen den von brasilianischen Firmen geplanten Bau einer Straße durch Gebiete der indigenen Bevölkerung waren so laut, dass Morales schließlich gezwungen war, das Projekt abzublasen.

Im Zusammenhang mit den fieberhaften Landnahmen gibt es hin und wieder Berichte über isoliert lebende Gruppen von Guarani, die auf bolivianischen Farmen und Plantagen Zwangsarbeit leisten müssen. Das klingt, als kehrten die Schrecken des Kautschukbooms im 19. Jahrhundert zurück: Damals gehörte der heutige brasilianische Bundesstaat Acre zu Bolivien, wurde aber in Wirklichkeit von brasilianischen Kautschukzapfern wie ein unabhängiges Lehen geführt. In den 1880er-Jahren versuchte ein Zusammenschluss von amerikanischen Bankiers und Gummibaronen, Acre zu annektieren und in eine Art US-Kolonie zu verwandeln. Der Plan scheiterte, aber am Ende kaufte Brasilien Bolivien die Provinz einfach ab.

Damals führten die Landnehmer im unzugänglichen Quellgebiet des Amazonas ihre Außenposten der Kautschukproduktion ebenso tyrannisch wie die Vertreter des belgischen Königs Leopold dessen Kongo-Freistaat in Afrika. Vielleicht der Schlimmste von ihnen war ein peruanischer Kautschukhändler namens Julio César Arana, der über ein Regenwaldgebiet von der Größe Belgiens an der Grenze zwischen Peru und Kolumbien verfügte. Er schickte Banditen durch den Wald zu den Stämmen, die Felder in Brand steckten und Frauen vergewaltigten, um die Stämme auf diese Weise dazu zu zwingen, in seinen Arbeitslagern Kautschuk zu zapfen. Dort lebten sie in einer Art Strafkolonie, und wenn sie eine bestimmte Erntequote nicht erreichten, erwartete sie der Tod. Die Frauen kamen in regelrechte Zuchtfarmen, um die nächste Generation von Sklaven zu gebären und großzuziehen. Als die Lager aufgrund der wachsenden internationalen Empörung geschlossen wurden, waren in ihnen Schätzungen zufolge 50.000 Indianer umgekommen.

Das Zusammenwirken von Viehfarmern, Drogenbaronen und paramilitärischen Gruppen im heutigen Kolumbien richtet kaum weniger Schaden an. Die Revolutionären Streitkräfte Kolumbiens – Volksarmee (FARC-EP), ein 1964 erfolgter Zusammenschluss bäuerlicher Widerstandskämpfer, führten einen regelrechten Krieg, um Land von Farmern und anderen zurückzuerobern, und hatten zeitweise ganze Landstriche unter ihrer Kontrolle. Ihre Methoden waren oft grausam. Aber um die FARC auszuschalten, gab die Regierung der Landbesitzerelite und manchen unheiligen Freunden freie Hand. Die rechtsgerichteten paramilitärischen Gruppen, die zum Kampf gegen die FARC aufgeboten wurden, erwiesen sich häufig selbst als Drogenhändler.

Besonders berüchtigt waren die Castaño-Brüder Fidel, Vicente und Carlos, die große Gebiete der Provinz Chocó im Nordwesten Kolumbiens beherrschten. Laut Teo Ballvé von der University of California in Berkeley gründeten sie eine paramilitärische Miliz, nachdem ihr Vater, ein Großfarmer, von den FARC entführt und umgebracht worden war. Die 8000 Mann starke Privatarmee, die sich anfangs Autodefensas Campesinas de Córdoba y Urabá (ACCU) nannte, wurde in den 1990er-Jahren von der kolumbianischen Armee ausgebildet, um einen »schmutzigen Krieg« gegen die FARC zu führen. In diesem Krieg schlachteten sie Tausende Menschen ab, die angeblich FARC-Kämpfern Zuflucht gewährten, und vertrieben Millionen andere, meist Angehörige der afrokolumbianischen Gemeinde ehemaliger Sklaven, die in Chocó die Mehrheit der Bevölkerung stellte.

Für ihre Hilfe im Kampf gegen den Kommunismus »erhielten [die Brüder] großzügige logistische und finanzielle Unterstützung von Geschäftsleuten, reichen Landbesitzern, Drogenhändlern und Mitgliedern der Armee«, sagt Ballvé. »Während des Landrauschs in der Drogenmafia Anfang der 1980er-Jahre erwarben sie im großen Maßstab Grundbesitz. Ihre wachsende Kriegsmaschinerie entfaltete eine eigene Dynamik der Gewalt. Während sie ganze Landstriche an sich rissen, in neue Wirtschaftsbereiche vordrangen und über immer mehr Waffen verfügten, eliminierten sie zugleich politische Gegner, um ihr lukrativstes Geschäft, den Drogenhandel, zu schützen.«

Die FARC, die von Abgaben der Kokabauern in den von ihnen kontrollierten Gebieten lebten, sind mittlerweile auf eine kleine Streitmacht reduziert. Damit aber sind die Drogenmilizen der große Gewinner. Und was noch schlimmer ist, sagt Ballvé, diese Schwerverbrecher werden jetzt durch ihre Beteiligung am rasch wachsenden und lukrativen Palmölgeschäft reingewaschen und kehren in die legale Gesellschaft zurück, da die Regierung diese neue Industrie als Königsweg für die durch den jahrzehntelangen Konflikt ruinierte Wirtschaft betrachtet. »Die Palme eignet sich hervorragend, um ihre soziale, mit militärischen Mitteln ausgeübte Kontrolle über bestimmte Gebiete zu festigen und das im Drogenhandel akkumulierte Kapital in ein profitables Unternehmen zu investieren«, meint Gustavo Duncan, ein Anlageanalyst in Bogotá. Bislang wurden über 20.000 Hektar afro-kolumbianisches Land im Becken des Flusses Curvaradó in der Provinz Chocó enteignet und »mit Ölpalmen zugepflanzt«, sagt Ballvé.

Diese Umfirmierung der Drogenbarone wird von unerwarteter Seite unterstützt. Viele, die in die Palmölproduktion einsteigen, haben in den vergangenen Jahren finanzielle Unterstützung vom Drogenbekämpfungsprogramm der USAID erhalten, der US-Behörde für Entwicklungszusammenarbeit. Der Plan für Kolumbien sah vor, die armen Bauern vom Anbau illegaler Drogen wie etwa dem Kokastrauch abzubringen, indem man sie mit anderen gewinnbringenden Nutzungen der Felder vertraut machte. Doch schon fast unvermeidlich gelangten die Gelder oft in die falschen Hände. Einer dieser Empfänger, so Ballvé, war

peinlicherweise Carlos Mario Jiménez alias Macaco, der inzwischen zu-
gegeben hat, bei der Verfolgung der FARC viele Zivilisten getötet zu haben, und, während ich dies schreibe, in Washington auf seinen Prozess
wegen Drogenhandel und Terrorismus wartet.

Vielleicht führt all das zum Guten. In vielerlei Hinsicht ist Kolumbien eines der zivilisierteren Länder Lateinamerikas, hat ein gutes Ge-
sundheitssystem und fast überall Schulen. Minister in Bogotá erhoffen
sich für Kolumbien eine Entwicklung wie in Brasilien. Sie verweisen darauf, dass 4 Millionen Hektar, die oft den FARC und ihren Sympathi-
santen abgenommen wurden, für die normale Landwirtschaft zur Verfügung stünden. Aber wurden die Drogenbarone wirklich vom Kokain
abgebracht und betreiben jetzt legale Landwirtschaft? Oder festigen sie
den Narco-Staat noch und institutionalisieren die massiven illegalen
Landnahmen, die während des schmutzigen Krieges stattfanden? Elisa
Wiener Bravo von der International Land Coalition, die für den Zugang
der Armen zu Land kämpft, meinte, die neue Konzentration von Bodenbesitz in Lateinamerika »erinnert an die Zeit der Bananenplantagen«.

Ist es nur Erinnerung? 2011 berichtete die Comisión Intereclesial de
Justicia y Paz, eine kolumbianische Menschenrechtsorganisation, Tausende arme Bauern würden rekrutiert, um in das Land der Afro-Ko-
lumbianer in Chocó vorzudringen und Bananen anzubauen. Verkauft
werden die Früchte an eine in Medellin ansässige Firma, und die exportiert sie nach Europa und in die USA. Haben Sie noch Appetit auf eine
Banane?

13

PATAGONIEN

Der hinterste Winkel der Erde

Doug Tompkins und seine Frau Kris haben früher Rucksäcke, Outdoor-Ausrüstungen und exklusive Mode verkauft. Doug vertrat Marken wie North Face und Esprit, und Kris war CEO des Öko-Modelabels Patagonia, einem Trendsetter. Als Doug zu einem Campingurlaub nach Patagonien fuhr, beschloss er, das Land zu kaufen. Natürlich nicht alles, aber inzwischen besitzt er ein Stück der wilden, leeren und sagenumwobenen »Spitze« Südamerikas, das ungefähr 250-mal so groß ist wie Manhattan. Wenn es dem Paar zu einsam wird, brauchen

sie nur in ihren Privatflieger zu steigen, um in kürzester Zeit gleichge-
sinnte Superreiche zu treffen. Die Familie des exzentrischen Beklei-
dungsunternehmens Benetton besitzt noch größere Ländereien. Der
amerikanische Medienmogul Ted Turner verfügt über ein Stück von
Patagonien, das zehnmal so groß ist wie Manhattan. Und nebenan
wohnt der texanische Erbe eines Kartoffelchips-Vermögens, der allerdings hin und wieder nach seinen Weinbergen in Argentinien schauen
muss. Außerdem ist da noch der zurückgezogen lebende Brite, der während der Pfundkrise von 1992 reich wurde, als er gegen seine eigene
Währung wettete.

Patagonien ist der leerste und südlichste Zipfel Südamerikas, die am
surrealsten anmutende abgelegene Provinz der Welt, aber auch von
überirdischer Schönheit: endlose Fjorde, Gletscher inmitten pilzüber-
wachsener Regenwälder, und die Tierra del Fuego, »Feuerland«, wo
Charles Darwin verdutzt auf höchst intelligente Eingeborene stieß. Es ist
das Land der Sagen über menschliche Riesen, Seeungeheuer und ge-
hörnte, in Erdhöhlen lebende Nagetiere, wie sie auch in meinem liebsten Reisebuch auftauchen: Bruce Chatwins *In Patagonien*.

Es gibt nicht viele Orte auf der Erde, wo ein Ehepaar einen eigenen
aktiven Vulkan besitzen kann. Aber Doug und Kris Tompkins haben einen. Er heißt Chaitén, spuckt seit 2008 Gas und Asche und befindet sich
etwa 1000 Kilometer südlich von Santiago de Chile am äußersten Ende
ihres mit Regenwald überzogenen Pumalin-Parks. Das 300.000 Hektar
große Naturschutzgebiet mit seiner Landepiste am Renihue-Fjord teilt
Chile beinahe in zwei Hälften.

Südlich des Pumalin-Parks besaßen die Tompkins einen 76.000 Hektar großen Landstrich im Gebiet des Corcovado, den sie gemeinsam mit
ihrem engen Freund Peter Buckley gekauft hatten – ein weiterer amerikanischer Outdoorfreak und Unternehmer aus der Bekleidungsbranche,
der zum grünen Wohltäter wurde –, bis sie ihn dem Staat schenkten.
Aber sie nennen immer noch 84.000 Hektar im nahegelegenen Chaca-
buco-Tal ihr eigen. Die von Gletschern umgebene Schafsranch Chacabuco wurde von einem der großen imperialistischen Landnehmer
Großbritanniens gegründet. Lucas Bridges war der Sohn anglikaler Missionare und wuchs mit den Stämmen der Eingeborenen von Tierra del
Fuego auf. Seine Kindheit beschreibt er in dem 1948 erschienenen Buch

Uttermost Part of the Earth. Welche Spuren Lucas Bridges in Simbabwe hinterlassen hat, werden Sie weiter unten erfahren.

Die Tompkins sagen, die Schafe auf Bridges' Ranch, Zehntausende an der Zahl, hätten die Gegend beinahe zur Wüste gemacht. Also reduzieren sie den Viehbestand, reißen Zäune ein und geben das Land der Natur zurück. Für manche chilenische Politiker sind sie Vandalen, die das Werk eines großen (wenn auch ausländischen) Freundes ihres Landes zerstören. Doug nennt das »nichts anderes als vorübergehender Widerstand«. Naturschutz, so sagt er, »ist die elementarste Form des Patriotismus«. Das mag sein, aber Dougs Einsatz für den Umweltschutz geht über Grenzen hinaus.

Jenseits der Anden, in Argentinien, verfügt das Ehepaar über weiteren Landbesitz. Darunter El Piñalito, ein Schutzgebiet für Pumas und andere Wildkatzen, das ursprünglich von dem Briten Terry Moore gegründet worden war; El Rincón, ein Berggipfel, der noch nie bestiegen wurde; nahezu 200.000 Hektar im Sumpfgebiet Ibera im argentinischen Chaco sowie die 95.000 Hektar große Estancia Monte León an der Atlantikküste, wo Seelöwen und Kolonien der Magellan-Pinguine leben.

Den Tompkins ist es ernst mit der Umwelt. Sie haben zwar ihr Vermögen mit Leuten gemacht, die für die perfekte Softshell-Jacke Höchstpreise zahlen, doch jetzt sind sie Vertreter einer materialismuskritischen grünen Philosophie. Gründungsort, Sitz und Verwaltung ihrer Foundation for Deep Ecology sind in Kalifornien. Doug vertritt die streng malthusianische Ansicht, dass »zu viele von uns« auf der Erde leben. Die in Neoprenanzüge gehüllten Ökoaktivisten von Greenpeace nennt er »Schlappschwänze«, gesellt sich aber einen Teil des Jahres zur Crew auf der *Sea Shepherd*, wenn das Schiff wieder unterwegs ist, um im Südlichen Eismeer japanische Walfänger zu rammen. Es ist dem Ehepaar auch ernst damit, Patagonien vor Zuzüglern aus aller Welt zu schützen. So haben sie sich zum Ärger mancher Einheimischer in ihrem Teil Chiles gegen Pläne zum Bau von Straßen und Staudämmen zur Wehr gesetzt.

Alles zusammengerechnet besitzen sie mehr als eine Million Hektar von Patagonien, in Chile und in Argentinien, die größtenteils auf ihre im kalifornischen Sausalito beheimateten Treuhandfonds eingetragen sind. Doug gehört der Conservation Land Trust und Kris der Conservation Patagónica, der von ihrer früheren Firma finanziert wird. Sie träumen davon, dass ihr Landbesitz in beiden Staaten zum Kerngebiet eines grenzübergreifenden riesigen Naturschutzparks wird, der von den chilenischen Fjords im Pazifik bis zur Atlantikküste Argentiniens reicht. Sollte man etwas dagegen haben, wenn elitäre Jetsetter patagonisches Land in solchen Dimensionen aufkaufen? Ist das nun engagierter Umweltschutz oder Landraub? Schwer zu sagen.

Unberührtes Land in Patagonien oder anderswo zu kaufen, ist in Kreisen ökologisch gesinnter Superreicher inzwischen geradezu populär geworden. Die meisten großen Landkäufe in Patagonien gingen in den 1990er-Jahren über die Bühne, als der scharfe Wind der freien Marktwirtschaft auch die Spitze Südamerikas erreichte. Unter General Pinochet hatte Chile die Wirtschaftspolitik, die später als Reaganomics bekannt wurde, mehr oder weniger erfunden, und die argentinische Regierung unter Carlos Menem leitete den Verkauf von geschätzten 8 Millionen Hektar Boden des Landes an Ausländer in die Wege. »Das Land kostet nicht viel, und die Eigentumsrechte sind auf Dauer gesichert – außerdem wollen die Einheimischen oft verkaufen«, sagt Holmes, ein britischer Wissenschaftler an der Universität Leeds, der dem Pfad der Gringos gefolgt ist. »Die Tompkins und andere konnten das Land auch deshalb kaufen, weil es sonst niemand haben wollte.«

Und Gringos müssen ständig aktiv sein. Ted Turner, der Gründer des Fernsehsenders CNN, besitzt in seiner Heimat USA bereits eine beachtliche »Land Bank« von einer Million Hektar in zwölf verschiedenen Bundesstaaten. Er hat Ranches in Montana und in der weiten Sandhügellandschaft Nebraskas – wo mit 50.000 Stück die größte Bisonherde der Vereinigten Staaten lebt. Außerdem gehören ihm 2 Prozent von New Mexico, wo man mit ihm für 12.000 Dollar pro Woche auf die Hirschjagd gehen kann. Und wenn es ihm zu Hause zu eng wird, begibt er sich auf seine 55.000 Hektar große Ranch La Primavera Argentina in der argentinisch-patagonischen Provinz Neuquén, einem Paradies für Forellenangler aus ganz Südamerika.

Einige dieser grünen Landnehmer versuchen, in gutem Einvernehmen mit den örtlichen Bewohnern zu leben. Andere aber halten offenbar lieber Distanz. Die Milliardäre Carlo und Luciano Benetton, die betagten Inhaber des italienischen Bekleidungskonzerns Benetton, haben inzwischen einen Bestand von 900.000 Hektar mit Schaffarmen in Neuquén, Rio Negro, Chubut und Santa Cruz zusammengetragen. Zumindest teilweise verfolgen sie damit geschäftliche Interessen. Die Brüder sind die größten privaten Landbesitzer Argentiniens und halten auf ihrem Gebiet eine Viertel Million Schafe. So können sie dem Familienkonzern jährlich etwa 6000 Tonnen Wolle liefern, der damit zu den größten Wollabnehmern der Welt zählt. Aber sie wohnen daheim, im italienischen Treviso.

Der erste und wichtigste Landkauf der Benettons war die Argentine Southern Land Company. Diese damals britische Betreiberfirma hatte vor einem Jahrhundert zehn Ranches von der argentinischen Regierung übertragen bekommen. Mit dem Kaufpreis wollte die Regierung Schulden tilgen, die sie für eine Invasion in das bis dahin ungezähmte argentinische Patagonien aufgenommen hatte. Die »Eroberung der Wüstenei«, wie man es nannte, war der letzte Schritt zur endgültigen Kolonisierung Südamerikas durch die Europäer und nichts anderes als Landraub an indigenen Gruppen.

Die einheimische Bevölkerung, wie Paul Theroux sie in seinem Buch *Der alte Patagonien-Express* beschreibt, dachte, die Southern Land Company gehöre »der Königin von England … eine Menge Rinder – wirklich schön«. Doch kurz nach Therouxs Reise im Jahr 1982 wurde die Betreiberfirma verstaatlicht und ein Großteil ihrer Flächen der Natur überlassen. Ein Jahrzehnt später kauften die Brüder Benetton das Land über ihre Edizione Holdings. Damit brachten sie Mitglieder der größten Gruppe der noch existierenden indigenen Völker gegen sich auf, die Mapuche. Etwa Hunderttausend von ihnen leben noch heute im argentinischen Patagonien, zumeist als Rancharbeiter oder in den Slums der größeren Städte. Doch in den 1980er-Jahren kämpften einige Mapuche für die Rückgabe ihres Landes. Und im Jahr 2001 nahm sich eine Gruppe die Benettons vor und besetzte in der Umgebung des Dorfes Leleque, 60 Kilometer nördlich von Esquel, ein paar Hundert Hektar Land von Edizione. »Wir haben nichts und niemandem etwas angetan, als wir auf das Land marschierten«, sagt Atilio Curinanco, der an der Aktion beteiligt war. »Wir haben keinen einzigen Zaun niedergerissen, wir sind nicht nachts hingeschlichen, und wir haben uns nicht versteckt, sondern gewartet, dass jemand kommt und uns erklärt, wie er über die Sache denkt … aber es kam niemand.«

Irgendwann aber tauchte jemand von der Familie Benetton auf und zog vor Gericht. Der Richter ordnete die Vertreibung Curinancos und seiner Mitstreiter an. Als sich der argentinische Pazifist und Nobelpreisträger Perez Esquivel einschaltete, boten die Benettons einen Landausgleich an anderer Stelle in Patagonien an. Doch mit Unterstützung der Provinzregierung lehnten die Mapuche das Angebot ab. Das Land bei Leleque, sagten sie, habe für sie eine besondere spirituelle Bedeutung, unter anderem weil dort eine wichtige Begräbnisstätte liege. Woanders gebe es so was nicht.

Die Benettons – in jener Zeit in Europa berühmt wegen ihrer unkonventionellen Werbekampagnen, die die Marke mit dem Eintreten für Menschenrechte und anderen progressiven Anliegen in Verbindung bringen sollte – stemmten sich leider dagegen und wollten nicht nachgeben. Heute sehen die Mapuche mit Bitterkeit, dass die Benettons auf ihrem Land ein Touristenmuseum zur Geschichte der Völker Patagoniens gebaut haben. Darin zeigt man sie als Relikte eines fernen Landes, aus fernen Zeiten, und nicht als die rechtmäßigen Besitzer des riesigen Anwesens.

Scheinbar gibt es selbst in der weiten Wildnis Patagoniens kaum noch Flecken, die niemandem gehören und von niemandem beansprucht werden. Und somit auch kaum noch jungfräuliches Land, das auf einen ausländischen Landnehmer wartet. Für Weltnomaden wie die Benettons, Tompkins und Turners haben Blutsbande an das Land, wie sie die Mapuche für sich beanspruchen, wenig Bedeutung. Offenbar fühlen sie sich von diesem wilden Land am Ende der Welt gerade deshalb angezogen, weil es so anders ist, in nichts mit ihrer Heimat vergleichbar.

So jedenfalls erging es Joe Lewis, einem äußerst verschwiegenen britischen Financier, der im Londoner Osten aufgewachsen ist und mit George Soros, einem weiteren Landnehmer, am »Schwarzen Mittwoch« 1992 ein Vermögen machte. Einen Teil des Geldes verwandte er für ein 14.000 Hektar großes Anwesen um den Escondido-See nahe der chilenischen Grenze und der Stadt San Carlos de Bariloche. Bisher ist Lewis noch nicht mit Forderungen indigener Einwohner konfrontiert worden. Seine Gegner sind vielleicht eher Leute, die einen von Tompkins' Rucksäcken auf dem Rücken tragen. Nach argentinischem Recht müssen Landbesitzer der Öffentlichkeit Zugang zu Fluss- und Seeufern gewähren, und ein argentinischer Fernsehsender warf Lewis vor, dass er an einem Berg den quer über sein Gebiet führenden Weg zum Escondido-See versperrt hatte. Natürlich war die örtliche Bevölkerung wütend.

Doch als einer der 20 reichsten Menschen Großbritanniens hat Lewis andere Orte, an die er sich zurückziehen kann. Er verbringt seine Zeit abwechselnd in Patagonien, Florida, Großbritannien, auf den Bahamas – wo er mit der bewachten Enklave Lyford Cay in einer der exklusivsten Anlagen der Welt ein Haus besitzt – und auf seiner 70-Meter-Yacht *Aviva*, die mit Originalen von Picasso und Miró geschmückt die Meere kreuzt. Sein eigenes Investmentunternehmen, die Tavistock Group, mischt geschäftlich praktisch überall mit, von Immobilien über Biotechnologie und Brauereien bis zum Fußballclub Tottenham Hotspurs.

Ein anderer Teilzeitbewohner Patagoniens ist der Harvard-Absolvent Warren Adams, der mit dem ersten sozialen Netzwerk PlanetAll reich wurde, das er für angeblich 100 Millionen Dollar an Amazon verkaufte. Seiner Meinung nach hat Jeff Bezos, der Boss von Amazon, die Site nicht genügend weiterentwickelt – der Rest ist Facebook-Geschichte. Auch Adams ging mit seinem Vermögen auf Reisen und verliebte sich dabei in Patagonien. Im Gegensatz zu den anderen Landbesitzern gibt er sich jedoch nicht damit zufrieden, Hüter seines Landes zu sein. Er ist der Auffassung, es müsse sich seinen Unterhalt selbst verdienen.

Daher gründete Adams im Jahr 2007 Patagonia Sur, eine »gewinnorientierte« Gesellschaft, die im Süden Chiles von den Andengletschern bis zum Ozean in sechs Abschnitten insgesamt 25.000 Hektar besitzt. Und er kauft immer noch hinzu. Gewinn macht sein Unternehmen, indem es Bäume zum Emissionsschutz anpflanzt, und mit Wohnanlagen. Adams gründete einen exklusiven Club, der potenziellen Besuchern nach der Zahlung von 40.000 Dollar Mitgliedsbeitrag das Recht gibt, mit ihrer Familie eine seiner Ökohütten zu beziehen, und zwar zum Schnäppchenpreis von 300 Dollar pro Nacht und Person. Dieses anspruchsvolle Teilnutzungskonzept kommt bei anspruchsvollen Chilenen gut an. In der Zwischenzeit beeilt er sich, das Gebiet in Zusammenarbeit mit dem südamerikanischen »nachhaltigen« Holzriesen Arauco aufzuforsten. »Wir sind Geschäftsleute, keine Aktivisten«, sagt Adams. Er sucht weiterhin nach neuen Mitteln und Wegen, Patagonia Sur noch profitabler zu machen. So würde er gern das Schmelzwasser der ihm gehörenden Gletscher nach Afrika verkaufen.

Drüben in Argentinien hatte eine andere große Ranch den Besitzer gewechselt. Die Estancia Alicura war von Ward Lay aufgekauft worden, dessen Vater Herman Lay den Kartoffelchips-Hersteller Frito-Lay gegründet hatte und Vorstandsvorsitzender von Pepsi Cola geworden war, als die beiden Unternehmen fusionierten. Ward Lay erwarb die 75.000-Hektar-Ranch 1998 von den Brüdern Benetton und machte aus der Schafsranch eine Freizeitanlage für Jäger und Forellenangler. Er rühmt sich, eine der größten Herden von Guanakos zu haben, die wilden Vorfahren der domestizierten Lamas. Außerdem gibt es bei ihm aus Europa eingeführte Wildschweine sowie neuseeländisches Rotwild, alles in einem eingezäunten Gehege von 7000 Hektar.

Konventionelle Umweltgruppen haben ebenfalls Flecken am Ende der Welt erworben, meist mithilfe reicher Spender. Der ehemalige US-Finanzminister Henry Paulson, ein Naturfreak, war unversehens Herr über 260.000 Hektar Waldland im chilenischen Feuerland geworden. Dazu kam es, als eine US-amerikanische Holzfirma die Rückzahlung eines Kredits schuldig blieb, der ihr von Goldman Sachs, damals unter Vorsitz von Paulson, gewährt worden war. Da er keine Ahnung hatte, was die »Masters of the Universe« mit einem Hartholzwald in Patagonien anfangen sollten, schenkte Paulson ihn im Jahr 2004 der in den Vereinigten Staaten ansässigen Wildlife Conservation Society.

Großbritanniens World Land Trust – der die Umweltspenden der Reichen und Unsichtbaren, die wir schon in Paraguay am Werk gesehen haben, diskret abwickelt – hat es seinen Partnern vor Ort ermöglicht, 6000 Hektar baumloser argentinischer Steppe an der Atlantikküste zu kaufen. Sie gleicht eher der sturmumtobten öden Landschaft der nahegelegenen Falklandinseln, allerdings mit Pumas und Guanakos und ohne die vom Falklandkrieg zurückgebliebenen Landminen. Doch das wahre Naturschauspiel von Estancia La Esperanza findet man direkt vor der Küste – wenn Schwertwale kommen und sich ihre bevorzugte Nahrung holen, die Seelöwen.

Patagonien ist wirklich ein wildes Land, und manchmal werden hier

Legenden wahr. Doch die größten und wunderlichsten Ungeheuer sind die wilden Menschen aus der Welt der Reichen, die fest entschlossen sind, auf dem letzten Flecken dieser Erde ihr Reich abzustecken. Bislang hat sich Sun Myung Moon, der südkoreanische Anführer der Sekte der »Moonies«, noch nicht so weit nach Süden vorgewagt. Vielleicht genügen ihm die 800.000 Hektar glühend heißer Chaco in Paraguay und die feuchten Sümpfe im brasilianischen Pantanal, um seinen Hunger als Landnehmer zu stillen. Doch womöglich ist es auch nur eine Frage der Zeit, dass ihn seine Suche nach den »besten Plätzen für ein himmlisches Leben auf Erden« nach Patagonien führt.

Das Für und Wider grüner Landnahme sollte mich erneut beschäftigen, als ich noch einmal nach Afrika zurückkehrte.

14

AUSTRALIEN

Im Schatten des Eukalyptusbaums

In Australien herrscht angesichts der vielen Menschen, die neuerdings kommen und Land kaufen, große Aufregung. Das ist verständlich. Eine Nation, die auf Rind- und Schaffarmen – oder Stationen, wie die Australier sie nennen – gründet, muss plötzlich mit ansehen, wie ihre Weiden in fremde Hände fallen. Doch die hartnäckigen Dürreperioden, die sich im vergangenen Jahrzehnt über Australien legten, haben Großgrundbesitzer in den Konkurs geführt und zum Verkauf gezwungen. In Anbetracht der vielen eifrigen Käufer aus dem Ausland fragt man sich in Australien jedoch inzwischen, ob der Ausverkauf des eigenen Erbes wirklich eine schlaue Sache ist.

Die vor 200 Jahren durch ein vom britischen Parlament beschlossenes Gesetz gegründete Australian Agricultural Company ist der größte und älteste Betreiber von Rinderfarmen im Land. Sie verfügt über fast 7 Millionen Hektar, ein Gebiet ungefähr so groß wie Schottland, meist auf der Schwarzerde des weitläufigen Barkly-Tafellands in den subtropischen Northern Territories. Dort grasen auf ihren Ranches, wie etwa der 1,2 Millionen Hektar großen Brunette Downs, insgesamt ungefähr 600.000 Mastrinder. Doch um im Jahr 2009 nach einer langen Dürreperiode zahlungsfähig zu bleiben, musste der Vorstand des Unternehmens die Kontrollmehrheit an eine Partnerschaftsgesellschaft des aus Dubai stammenden Fett- und Lebensmittelkonzerns IFFCO und des weltgrößten Plantagenbetreibers, des privatisierten malaysischen Staatsunternehmens FELDA, verkaufen.

Als Nächstes fiel der zweitgrößte Ranchbetreiber Australiens den ausländischen Investoren in die Hände. Consolidated Pastoral Company – der bekannteste Name in der Branche – war einst der stolze Besitz von Australiens legendärem Abenteurer, Unternehmer und Medienmogul Kerry Packer gewesen. Er spielte nicht nur Polo, sondern auch alle Arten von Glücksspielen (einmal soll er während eines dreitägigen Baccarat-Marathons in Las Vegas 13 Millionen Dollar gewonnen, doch in London die gleiche Summe wieder verloren haben. Dann wieder kaufte er die weltbesten Cricketspieler, um die neue World Series Cricket ins Leben zu rufen und deren Spiele auf dem ihm gehörenden Fernsehsender Channel Nine zu zeigen.) Er war einfach ein Siegertyp. Als er 2005 starb, war er der reichste Mann Australiens. Doch nur fünf Jahre später gingen die 5,7 Millionen Hektar Grasland in den Northern Territories für eine halbe Milliarde australische Dollar von seiner Familie in den Besitz des britischen Unternehmens Terra Firma über – gegründet von dem früheren Private-Equity-Star bei Goldman Sachs, Guy Hands, der auch Vorstandsvorsitzender ist.

Hands sagt, zum Kauf bewogen habe ihn »eine Reihe anerkannter globaler makroökonomischer Fakten, insbesondere das weltweite Bevölkerungswachstum, die Veränderungen in der asiatischen Ernährungsweise hin zu höherer Proteinaufnahme sowie der begrenzte Vorrat an nutzbarem Land«. Mit anderen Worten, immer mehr Asiaten wollen Rindfleisch essen. Doch für die australischen Landwirte, die Kerry Packer einst überallhin gefolgt wären, schien diese Übernahme wie der Untergang ihrer Welt. Und dabei war das Jahr 2009 noch nicht einmal zu Ende.

Als Nächstes kaufte das nahezu unbekannte britische Agribusiness-Unternehmen M. P. Evans, geleitet von dem ehemaligen Kautschuk-händler Peter Hadsley-Chaplin, eine 30.000 Hektar große Rinderfarm in Queensland. Zusammen mit dem Ein-Drittel-Anteil an der 130 Jahre alten North Australian Pastoral, die mit 13 Rinderfarmen in Queensland und den Northern Territories nahezu 6 Millionen Hektar besitzt, ver-fügte Hadsley-Chaplin damit sogar über noch mehr Fläche als sein Landsmann Hands. (M. P. Evans besitzt außerdem 40.000 Hektar Palm-ölplantagen in Indonesien.)

Die prominentesten Rancherclans, die mehr als ein Jahrhundert lang einen Großteil des Landes besessen haben, verlässt allmählich der Mut. Wie die Kidmans, die mit ihrer Rinder- und Schafzucht als wich-tigste Nutzlandbesitzer Australiens weiterhin knapp vor der Australian Agricultural Company liegen und verstreut über Australien ein Reich von der Größe Ungarns besitzen. Das Juwel in der Kidman'schen Kro-ne ist Anna Creek. Die größte in Betrieb befindliche Rinderfarm der Welt nimmt 2,4 Millionen Hektar des Bundesstaats South Australia ein und ist damit größer als Belgien. Um sie mit dem Auto zu durchqueren, braucht man fünf Stunden. Lustvoll auf die entfernte Verbindung zu Ni-cole Kidman anspielend, stellte eine britische Zeitung fest, dass Kidman Holdings der achtgrößte private Landbesitzer auf diesem Planeten ist. Doch das vom »Rinderkönig« Sir Sidney Kidman im 19. Jahrhundert aufgebaute Reich schrumpft. 2011 verkaufte man die 1,2 Millionen Hek-tar große Quinyamble-Station in der Nähe der südaustralischen Ort-schaft Broken Hill an die Känguruhzüchter der Mutooroo Pastoral Company.

Dann kam die 160.000 Hektar große Rinderfarm Bullo River in East Kimberley, berühmt geworden durch die Bestseller der Leiterin der Farm, Sara Henderson, auf den Markt. Ebenso die 230.000 Hektar von Sterling Buntines Amburla-Station in der Nähe von Alice Springs. Und was wird aus den anderen großen Rancherfamilien wie den Schafzüchtern MacLachlans auf Jumbuck Pastoral? Können die Möchtegern-Cowboys und Cowgirls dort auch weiterhin lernen, wie man Rinder treibt? Das Ganze ist ein kultureller Ausverkauf.

Die naturliebenden Aussies von Woomara bis Arnhemland muss beim Anblick dieser Liste der Schlag getroffen haben. Durch den Ankauf der Australia Meat Holdings hält das brasilianische Unternehmen JBS Friboi, der weltgrößte Erzeuger von Rindfleisch, in Mastställen in Queensland mittlerweile 1,5 Millionen Rinder. Die japanische Gesellschaft Nippon Meat Packers betreibt bei Whyalla in South Australia den größten Mastbetrieb Australiens. Und Cargills Tochterfirma Black River Asset Management besitzt eine weitere gigantische Rindermast.

Doch nicht nur Fleischbetriebe kommen unter den Hammer. Die US-amerikanische Westchester Group, eine bei Pensionsfonds beliebte Investmentfirma, besitzt in Australien 73.000 Hektar Ackerland. Das Australian Wheat Board, die Getreidebörse Australiens, gehört dem kanadischen Unternehmen Agrium. Auch Barley Board, die Gerstebörse, befindet sich in kanadischem Besitz. Sowohl chinesische Staatsbetriebe als auch der aus Singapur stammende Agrarkonzern Wilmar haben sich in die Zuckererzeugung Queenslands eingekauft. Olam, ein anderer Mischkonzern Singapurs, besitzt 9000 Hektar Obstplantagen, auf denen unter anderem die Hälfte von Australiens Mandelbedarf erzeugt wird. Auf dem Höhepunkt der Dürre des Jahres 2007 kaufte Olam außerdem Queensland Cotton und bekam dadurch eine, wie es selbst sagt,»dominierende Stellung« in einem weiteren zentralen Wirtschaftszweig Australiens. Alles steht und fällt mit dem Wasser. Und einigen der Landnehmer geht es um nichts anderes. Im Jahr 2009 kaufte die in San Diego ansässige Investmentfirma Summit Globals Management, die sich auf »Hydrofinanz« spezialisiert hat, für 20 Millionen Dollar die Wasserrechte im Murray-Darling-Becken, aus dem 60 Prozent der landwirtschaftlichen Erträge Australiens stammen. In vielen Jahren führen die Flüsse schon kein Wasser mehr.

Im Jahr 2011 kaufte Hassad Food, der unersättliche katarische Staatskonzern, 8000 Hektar Land in Victoria und 12.000 Hektar Schaf- und Rinderfarmen in New South Wales und fügten sie ihren 125.000 Hektar Schafsweiden der Clover-Downs-Farm in Queensland hinzu. Andere staatliche Unternehmen vom Golf haben 100.000 Hektar im

Bundesstaat Western Australia erworben. Und dann kam seltsamerweise noch ein Südkoreaner, der hauptsächlich dadurch berühmt geworden war, dass er ein Drittel des weltweiten Baseballkappen-Markts beherrschte. Nun aber setzte sich Baik Sung-hak einen Cowboyhut auf und kaufte 180.000 Hektar Weiden für Rinder, Schafe und Ziegen in New South Wales. Der neue Besitzer der Ho Myoung Farm, wie sie inzwischen heißt, wuchs während des Koreakriegs der 1950er-Jahre als Waisenkind auf. Er lernte Englisch bei den amerikanischen Soldaten und ernährte sich von dem, was er auf den Müllfahrzeugen der US-Stützpunkte stibitzen konnte. Irgendwann bekam er eine Stelle als Hausmeister in einer Mützenfabrik und stieg auf bis zum Besitzer der Young-An Group, die außerdem auch Busse und Gabelstapler herstellt. Jetzt ist er also auch noch Viehrancher.

Und dann die Chinesen. Mitte 2011 berichteten Farmer in Western Australia, dass sie von Vertretern einer ungenannten chinesischen Firma auf ihren Höfen aufgesucht wurden, die insgesamt 80.000 Hektar für den Getreideanbau geeignetes Ackerland kaufen wollten. Sie hatten die Absicht, »sämtliche Dünger- und Pflanzenschutzmittel zu importieren und das Getreide für den Export direkt zu den Häfen zu schicken«. Und ein chinesischer Textilhersteller, die Shandong YuYi Huagong, versuchte den Unternehmer Ahsan Ali Syed aus Bahrain beim Kauf der Cubbie-Station in Queensland zu überbieten. Die einstige Ranch mit 80.000 Hektar baut inzwischen Baumwolle an.

»Fakt ist«, schrieb der *Australian* Ende 2010, »dass viele Landwirte nach all den Jahren der Dürre schlichtweg bankrott sind.« Allerdings mussten die Farmen den Betrieb einstellen, weil sich die Banken weigerten, ihnen die Kredite zu stunden, bis es wieder regnete. Im ersten Jahrzehnt des 21. Jahrhunderts wurden in Australien etwa 45 Millionen Hektar Land, zumeist Weideflächen, aufgegeben. Das entspricht beinahe der Größe Frankreichs. Es schien, als würden einzig Ausländer den Wert australischen Bodens zu schätzen wissen.

Welches auch immer die Risiken oder Vorteile waren, und ob die Farmen aufgegeben oder verkauft wurden, die Wut auf ausländische Landnehmer stieg. »Es besteht die Gefahr, dass die Australier nicht mehr Herren ihrer eigenen Nahrungsmittelressourcen sind, sondern Diener«, schrieb der *Sidney Morning Herald*. Ein Antrag im Senat forderte eine Prüfung der Frage des ausländischen Landbesitzes. Und die Partei der Grünen forderte ein Verbot.

Ähnliche Sorgen bewegten die Neuseeländer weiter östlich, als die Shanghai Pengxin Group des Dollarmilliardärs Jiang Zhaobai 16 Betriebe der insolventen Crafar-Farms-Gesellschaft auf der North Island kaufen wollte. Über Wochen hinweg beherrschte das Thema die Schlagzeilen. Da sich gerade der Verkauf der Dairy Holdings, mit 14.000 Hektar auf der South Island der größte Milcherzeuger Neuseelands, anbahnte, musste der Premierminister darum bitten, dass die »Xenophobie gegenüber den Chinesen« ein Ende findet. Belagert fühlten sich die Neuseeländer sicher erst recht, als herauskam, dass fünf landwirtschaftliche Betriebe in Southland ganz im Süden auf der South Island und zwei weitere in Canterbury von Deutschen aufgekauft worden waren. Außerdem stellte sich heraus, dass der Malaysier Tiong Hiew King, dem Vernehmen nach der größte Holzerzeuger der Welt, über eine in Liberia registrierte Tochterfirma 50.000 Hektar Wald gekauft hatte. In Kapitel 16 werden wir noch auf sein Unternehmen zurückkommen.

All dies bedeutete natürlich nicht das Ende der Landwirtschaft in Down Under. Die neuseeländische Milchkooperative Fonterra ist deutlich auf Erfolgskurs und schnappt sich ihrerseits lukrative Anlagegüter in China. In Australien wurde der Baumwollanbau im Jahr 2011 gesteigert, weil sich Ron Greentree aus New South Wales, mit 94.000 Hektar dem Vernehmen nach der größte Weizenanbauer der Welt, der Sache angenommen hatte. Gleiches galt für John Nicoletti mit seinen mehr als 70.000 Hektar in Western Australia. Zudem finanziert der australische Macquarie Agricultural Fund auch weiterhin so aggressiv wie bisher australische Landnahmen im Ausland, vorzugsweise in Brasilien. Doch die Landwirte sind ein schwermütiges Völkchen. Angesichts der schlechten Nachrichten meinten viele, im eigenen Land keine Zukunft mehr zu haben. Wo wird das alles enden?, fragten sie sich. Vielleicht, überlegten manche, können wir unser Land auch noch anders nutzen, als immer nur Rinder und Schafe oder hin und wieder auch Känguruhs darauf grasen zu lassen.

Einige Regierungsstellen und NGOs in Australien haben in Erwägung gezogen, einen Teil des aufgegebenen Landes zu kaufen, um es zu erhalten. Vor allem die Weideflächen, die sich quer über den tropischen

Norden Australiens ziehen, gehören zu den letzten zaunlosen Grassavannen der Welt. Nach Aussagen von Ökologen besitzen sie einen ähnlich hohen Wert wie die Cerrados in Brasilien. Außerdem haben die ursprünglichen Besitzer der Wasserstellen und Landstriche, die Aborigines, ebenfalls Anspruch auf das Land.

Wie aufs Stichwort hat die amerikanische Naturschutzorganisation Nature Conservancy zu Spenden aufgerufen und mit einer großzügigen Summe von 3M Corporation südlich von Darwin am Fluss Daly 180.000 Hektar Grasland der Savanne gekauft. Dazu gehört auch die aufgegebene Rinderranch Fish River Station. Eine weitere Landnahme durch Ausländer? Es schien nicht so. Die Besitzrechte wurden unverzüglich an die australische Regierungsbehörde Indigenous Land Corporation weitergegeben, um es für Stämme der Aborigines zu nutzen.

Hier wurde ausländisches Kapital endlich einmal dafür eingesetzt, das Land an seine rechtmäßigen Besitzer zurückzugeben.

TEIL VIER

CHINAS HINTERHOF

China ist Südostasiens Big Brother. Es greift sich dort Land und beutet seine Ressourcen aus. In Sumatra vertreiben chinesische Milliardäre Waldvölker und zermalmen einen der weltgrößten Regenwälder – zur Erzeugung von Papier. Holzhändler aus Shanghai kaufen den Dschungel von Papua-Neuguinea und bemächtigen sich der Reisfelder in Laos, um dort Kautschuk für die Reifen chinesischer Autos anzubauen. Aber der Westen ist auch nicht unbeteiligt. Bauern in Kambodscha, die nach der brutalen Herrschaft von Pol Pot gerade erst wieder ihre Felder bestellen, verlieren ihr Land, damit wir Zucker für unseren Kaffee bekommen.

15

SUMATRA, INDONESIEN

Dschungel zu Brei

Anfangs schien alles gut, als wir den Fluss Indragiri hinauftuckerten, der sich durch den Regenwald Sumatras schlängelt. Ab und zu fuhren wir an Fischern in ihren Booten vorbei und hörten den Lärm von Motorrädern. In der Ferne sahen wir einen Mobilfunkturm. Aber die Ufer blieben hinter Bäumen verborgen, selbst vor Kuala Cenaku, einer Streusiedlung mit etwa 7000 Einwohnern. Erst als ich aus dem Boot kletterte und über einen langen, schwankenden Holzsteg ging, merkte ich, dass hier etwas nicht stimmte. Hinter den Bäumen erblickte ich leeres, zer-

schundenes und verbranntes Land, das sich bis weit in die Ferne erstreckte.

Die Menschen hier in der Provinz Riau im Herzen Sumatras haben
jahrhundertelang im und von ihrem Wald gelebt. Sie haben Rattan geschnitten, um Möbel daraus zu machen, tief im Busch Honig aus Bie-
nenstöcken geholt, Bäume gefällt, um ihre Häuser zu bauen, und auf den
Lichtungen ihres angestammten Bodens Kautschukbäume angepflanzt.
Natürlich haben sich die Dinge allmählich verändert. Inzwischen gibt es
eine Straße und Lastwagen, die Erfrischungsgetränke, Kekse, Instant-
kaffee und andere elementare Dinge des modernen Lebens bringen.
Von dem Ertrag ihrer landwirtschaftlichen Erzeugnisse kaufen sich die
Menschen diese und andere Notwendigkeiten des 21. Jahrhunderts wie
etwa Mobiltelefone und Motorräder.

Bisher war die moderne Welt immer so schnell oder so langsam vorgedrungen, wie die Dorfbewohner es wollten. Auf Holzfäller hingegen
waren sie nicht gefasst gewesen. Mursyid Muhammad Ali, der Dorfvorsteher, packte meinen Arm, als ich am Ende des Bootsstegs auf ihn traf.
Ein Jahr zuvor, sagte er, seien die Holzfäller einfach aufgetaucht wie In-
vasoren aus dem All. »Eines Tages hat man uns unser Gemeindeland
einfach gestohlen.« Die Fremden kamen mit Bulldozern und Kettensägen und steckten etwa 8000 Hektar von diesem Land für sich ab. Die
Regierung hatte dem Unternehmen das Land geschenkt.

Es gab keine Verhandlungen, kein Schiedsgericht und keine Entschädigung. Die Kettensägenbanden holzten den Wald bis 5 Kilometer
südlich des Flusses ab; sie verbrannten das Unterholz und hoben in dem
sumpfigen Grund Kanäle aus, auf denen die zu Flößen zusammenge-
bundenen Stämme abtransportiert wurden. Das wertvollste Holz ging
an einen Sperrholzhersteller in der Nachbarprovinz. Der Rest wurde vor
Ort zerkleinert und zu einer Zellstoff- und Papierfabrik 70 Kilometer
weiter nördlich geschickt, die einem Unternehmen namens Asia Pulp
and Paper gehörte.

Die Fabrik, so begriffen die Bewohner von Kuala Cenaku rasch, war
einer der weltgrößten Produzenten von Papierbrei. Sie verschlang die
Wälder von Riau so schnell, wie die Holzfäller liefern konnten. Bis
Ende der 1980er-Jahre bestand Riau zu 80 Prozent aus Urwald. Heute
sind es nur noch 30 Prozent. Die Bewohner von Kuala Cenaku waren so-

eben Opfer eines globalen Ausbeutungsnetzwerks geworden, das Büro-
drucker auf der ganzen Welt mit blendend weißem Papier bestückte.
Und der Moloch, der dieses Netzwerk belieferte, sollte von ihrem Regenwald nichts mehr übrig lassen.

Als wir uns zum Schutz vor dem Regen in dem aufgegebenen Sägewerk hinter dem Dorf unterstellten, suchte meine Führerin vom WWF
auf ihrem Laptop nach Satellitenfotos. Die Holzfäller hatten in dieser Gegend in den vergangenen 18 Monaten 100 Quadratkilometer Regenwald
gerodet. Inzwischen herrschte Ruhe, aber mit dem verkohltem Holz auf
austrocknendem Torf hatten sie eine wahre Wüstenei hinterlassen.
Mursyid sagte, er habe als Dorfvorsteher einen Bericht über die Invasion
an die Behörden geschickt und erklärt, dies sei ein Verstoß gegen ihre
Landrechte. »Die Bezirksregierung versprach, das Unternehmen mit einer richterlicher Anordnung zu stoppen. Das Land sollte in seinem alten Zustand bleiben, bis der Streit beigelegt sei«, erzählte er mir. »Aber
das Unternehmen hat das einfach ignoriert. Seitdem habe ich nichts
mehr gehört.« Ein Jahr später war die Landnahme vollendete Tatsache.
So machte man das in Indonesien. »Wir haben hier nichts mehr, wovon
wir leben könnten«, sagte er. »Die Leute gehen weg, um sich anderswo
Arbeit zu suchen.«

Am Flusssteg war ein Boot voll Kautschukbaumsetzlingen festge-
macht. Die Dorfbewohner, die noch geblieben waren, hatten sie in der
nahegelegenen Stadt Rengat gekauft und wollten sie anpflanzen – als ersten Schritt zur Wiederaufforstung ihres Waldes. »Wir möchten auch
Rattan anbauen«, sagte mir ein Dorfbewohner. »Aber zuerst müssen wir
unser Land zurückbekommen.« Das würden sie wohl kaum. Die Holz-
fällerfirma plante inzwischen, auf ihrem Land Ölpalmen zu pflanzen.
Und der noch intakte Wald hinter der verwüsteten Fläche, der nach
eigenen Angaben ebenfalls der Gemeinde gehörte, war bereits für die
Rodung freigegeben. Die Bäume würden ebenfalls in die Papierfabrik
wandern.

Auf der Fahrt durch die Nebengewässer dieses rasch abgeforsteten
Landes traf ich Syamsir in seinem Langboot, der gerade seine Garnelen-
netze prüfte. In dieser Gegend wird viel Flussfischerei betrieben. Besser
gesagt, wurde. Syamsir schwenkte einen kleinen Plastikbeutel, in dem
sich der Fang von zwei Tagen befand. »Seit die Baumfäller hier waren,

ist der Fluss verschmutzt«, rief er. »Früher habe ich zehn Kilo gefangen, jetzt ist es nicht mal mehr eins.« Wir schleppten ihn zum Steg zurück, wo er für die Garnelen 40.000 Rupien – etwa 4 Dollar – bekommen würde. Davon musste er neun Kinder ernähren.

Das ist der Alltag der wirtschaftlichen Entwicklung im heutigen Indonesien. Sie beruht auf einer der größten, systematischsten und schonungslosesten Landnahmen der Welt. Sumatra, die größte Insel Indonesiens, ist doppelt so groß wie Großbritannien. Bis in die jüngste Zeit beherbergte sie einen der größten intakten Regenwälder der Erde. Die Bewohner erheben nach wie vor Anspruch auf ihre angestammten Landrechte. Doch die wurden vor einem halben Jahrhundert praktisch wertlos. Damals erklärte der neue Präsident Suharto die Waldgebiete auf den 1000 Inseln seines Landes zu »Staatswald«, der im Interesse der nationalen Entwicklung der Nutzung zugeführt werden sollte. Dies war Teil der »neuen Ordnung«, die ihm ursprünglich von der »Berkeley-Mafia«, einer Gruppe von in den USA ausgebildeten Ökonomen, aufgedrängt worden war. Unter seiner Herrschaft bedeutete das in der Praxis, dass jeder, der über Geld und Beziehungen verfügte, Land bekommen konnte.

Welche Zukunft blieb da den Waldbewohnern?

In diesem Teil Sumatras wurde ihr Schicksal überwiegend von zwei Indonesiern chinesischer Herkunft bestimmt, die heute zu den reichsten Männern Asiens gehören. Sie haben indonesische Namen angenommen – Sukanto Tanoto und Eka Tjipta Widjaja – und sind seit Jahrzehnten, seit sie beide durch den Bau von zwei der weltgrößten Zellstofffabriken zu Wohlstand kamen und dafür Holz brauchten, Erzrivalen. Ihre Fabriken liegen nur 40 Kilometer voneinander entfernt in der Nähe von Pangkalan Kerinci im einstigen Regenwald von Riau.

Bis 1994 die ersten Bulldozer kamen, war Kerinci ein kleines Walddorf. Dann rodeten 4000 indonesische Arbeiter 17 Quadratkilometer, bauten einen Flusshafen, 45 Kilometer Eisenbahnstrecken und errichteten nach den Plänen von Tanotos finnischen Beratern eine 1 Milliarde Dollar teure Papierfabrik. Die Maschinen kamen aus Schweden, Japan, Kanada, den USA, Deutschland, Taiwan, Indien und Großbritannien. Kurz darauf ging Widjaja in Führung und erweiterte seine eigenen Anlagen, die inzwischen 24 Quadratkilometer einnehmen und 10.000 Arbeiter beschäftigen. Pangkalan Kerinci wurde mit 50.000 Einwohnern zur Boomtown; der Firmenflughafen wird auch für Linienflüge von Singapur genutzt. Diese Art der Entwicklung zog sogar Arbeiter von jenseits der Insel und von noch weiter her an. Doch für die Einheimischen, für die Wälder und für die Umwelt war diese Cowboy-Ökonomie eine Katastrophe, zumal sie nur so lange existieren würde, wie es Bäume gab.

Zusammen haben die beiden Fabriken wahrscheinlich den weltweit höchsten industriellen Bedarf an Holz. Sie verschlingen jeweils etwa 10 Millionen Tonnen im Jahr, von denen ungefähr ein Drittel aus den natürlichen Regenwäldern Riaus stammt. Der Rest kommt von den riesigen Akazien- und Eukalyptusplantagen, die auf entforstetem Land angelegt werden. Aus den 20 Millionen Tonnen gefällter Bäume stellen die beiden Fabriken jährlich über 4 Millionen Tonnen Zellstoff her. Das daraus produzierte Papier wird in die ganze Welt verkauft; möglicherweise haben Sie gerade Ihren Drucker damit gefüttert.

Es handelt sich hier um industrielle Forstwirtschaft in großem Stil. Keine Konkurrenz kommt dagegen an. Von Vermont bis Finnland mussten in den letzten Jahren Holzfällerbetriebe schließen, weil der Papierbrei aus Sumatra sie vom Markt verdrängt hatte. Und das Geschäft blüht auch weiterhin. Beobachter prophezeien, der asiatische Bedarf an Papierbrei werde im Jahr 2020 100 Millionen Kubikmeter betragen, das heißt, es müssen weitere 4 Millionen Hektar Wald gerodet werden. Beide Unternehmen sagen, sie hätten Pläne, ihre Papiermühlen noch auszubauen. Beide Unternehmen roden für ihren Papierbrei weiterhin Regenwald.

Eka Tjipta Widjaja wurde als Oei Ek Tjhong geboren. Als er neun Jahre alt war, emigrierte seine Familie aus China und zog auf die indonesische Insel Sulawesi. Seine berufliche Laufbahn begann damit, dass er von einer Fahrradrikscha Kekse verkaufte. Später belieferte er die indonesischen Truppen auf dem ausgedehnten indonesischen Archipel mit Proviant. 1962 gründete er seinen Industriekonzern, der heute Sinar Mas heißt. Im Lauf der Zeit wurde das Unternehmen immer größer und erwarb Papier- und Zellstofffabriken, Palmölplantagen, Banken, Chemiewerke und riesige Ländereien.

Die größte Tochtergesellschaft von Sinar Mas ist die für Widjajas Zellstoff- und Papiergeschäfte verantwortliche Asia Pulp and Paper.

APP rodet von Yunnan in China über Kambodscha bis zum indonesischen Teil der Insel Neuguinea Wälder. Doch die umfassendsten Abholzungen finden in den Wäldern im Umkreis seiner riesigen Fabrik in Sumatra statt. Seit Mitte der 1990er-Jahre hat APP über 1 Million Hektar des Regenwalds auf Sumatra zerstört.

Widjaja, der 2011 als der reichste Mann Indonesiens galt, ist eine schillernde Erscheinung und bekannt dafür, dass er eine Gürtelschnalle trägt, auf der sein Vorname Eka steht – mit Buchstaben aus Diamanten. Als Patriarch herrscht er über eine ganze Dynastie. Er hat über ein Dutzend Frauen und mindestens 40 Kinder, von denen viele in leitender Funktion in seinem wachsenden Konzern arbeiten. Wie sein Besitzer gilt auch APP als rücksichtslos. In mehreren Ländern wurde die Firma bereits wegen illegaler Rodungen verurteilt. Ein amerikanischer Forscher schrieb 2004 in einem Artikel in der *Asian Times*, »das Geschäftsmodell von APP ist taktisch aggressiv: Das Unternehmen macht einen riesigen Reingewinn, indem es in kürzester Zeit Wälder dem Boden gleichmacht, uralte Wälder und indigene Völker ausbeutet und wieder verschwindet, bevor die ökologischen Folgen erkannt werden. Wenn Gemeinden und Regierungen Klage einreichen und Prozesse anstreben, hat sich APP schon von seinen lokalen Beteiligungen und seinem lokalen Besitz getrennt.«

Nun, in einigen Fällen stimmt das. In Sumatra aber scheint APP, gestützt durch starke Verbindungen zur Politik, langfristigere Ziele zu verfolgen. Und das ist wahrscheinlich keine gute Nachricht für die Leute auf dem Land. Wo sie sich gegen die Übernahme ihres Landes wehren, hat das Unternehmen oft erbarmungslos reagiert.

Schauen wir uns einmal an, was Arara Abadi, eine der Tochterfirmen von Sinar Mas, treibt. Das Unternehmen ist in Siak tätig, jenem Teil der Provinz Riau, der vor Suhartos Präsidentschaft noch ein Sultanat war. Ende der 1990er-Jahre stand Arara Abadi unter starkem Druck, weil es Schwierigkeiten hatte, die neue Fabrik mit Holz zu versorgen. Laut Human Rights Watch tauchte es mit seinen Kettensägen unangekündigt in Gebieten auf, die von indigenen Sakai- und Malay-Familien bewohnt waren. Diese Menschen betrieben Wanderfeldbau, zapften Kautschukbäume an und sammelten Rattan und Waldfrüchte.

Normalerweise ziehen sich die Bewohner still und leise zurück,

wenn die Holzfäller kommen. Die Sakai aber waren sich ihrer Rechte ungewöhnlich sicher. Der Sultan von Siak hatte 1940 ihren traditionellen
Anspruch auf das Land anerkannt und ihnen auch offiziell Rechtstitel
verliehen – eine Tatsache, die sich sogar auf den nach der Unabhängigkeit entstandenen staatlichen Landkarten niederschlug. Die Behörden
waren allerdings darüber hinweggegangen, als sie Arara Abadi 1996 für
100.000 Hektar im Umkreis des Dorfs die Abholzungsgenehmigung erteilten. Seither hatte das Unternehmen versucht, die Bewohner mithilfe
der lokalen Polizei zu vertreiben – die zweifellos dankbar dafür war, dass
die Firma ihr eine neue Polizeistation in der Bezirkshauptstadt hingestellt hatte.

Nachdem sich das Unternehmen im Umkreis des Dorfes Mandiangin Land angeeignet hatte, blockierten die Bewohner Forststraßen und
fingen die Transporter mit den Rodungsmaschinen ab. Das Unternehmen reagierte mit Gewalt. Laut Human Rights Watch »attackierten mit
Schlagstöcken bewaffnete, mehrere Hundert Mann starke Eingreiftruppen drei Dörfer, die mit dem Unternehmen in Streit lagen, prügelten auf
etliche Bewohner ein, verletzten neun schwer und verschleppten dreiundsechzig«. Die Firma bestreitet jede Anwendung von Gewalt.

Es war aber nicht nur ihr Land, das die Dorfbewohner verloren. Einer der Ältesten sagte hinterher: »Was wird mit uns geschehen? Wir
werden Diebe, Verbrecher und Prostituierte werden. Früher haben wir
uns gegenseitig geholfen. Wenn Leute eine Vereinbarung trafen, war sie
für uns gültig. Jetzt misstraut jeder jedem, und man hat nicht den Eindruck, dass Gesetz oder Rechte noch irgendeine Bedeutung haben.«

Seither gibt es immer wieder feindliche Auseinandersetzungen zwischen Arara Abadi und den Sakai. Im Dezember 2008 berichtete Amnesty International, ein zehnjähriger Streit um das Dorf Suluk Bongkai habe
darin kulminiert, dass Polizeihubschrauber Feuerbomben abgeworfen
hätten und 500 paramilitärische Milizionäre einmarschiert seien. Zwei
Kinder sollen dabei ums Leben gekommen und 400 Dorfbewohner aus
ihren brennenden Häusern in den Wald geflohen sein. Danach habe Arara Abadi das Dorf dem Erdboden gleichgemacht. Die Nationale Menschenrechtskommission stellte später fest, die Polizei habe gegen die
Menschenrechte verstoßen. Vor Gericht gestellt wurde niemand.

Trotz alledem leugnete der leitende Pressesprecher von Arara Abadi,

Nurul Huda, dass das Unternehmen Dorfbewohner eingeschüchtert oder Gewalt gegen sie angewendet habe. »Wir rauben kein Gemeindeland. Wir bewirtschaften es, um daraus eine Faserholzplantage zu machen«, sagte er. Dafür habe Arara Abadi 1996 vom Forstministerium eine Konzession erhalten und versuche seitdem, den Streit auf legalem Wege beizulegen.

APPs Anschlag auf die Regenwälder von Riau ist wohl unter anderem auch auf die Konkurrenz zu Widjajas Rivalen Sukanto Tanoto zurückzuführen. Der Sohn eines Einwanderers aus der chinesischen Provin Fujian wurde als Tan Kaung Ho im Norden Sumatras geboren. Wie Widjaja arbeitete er sich aus bescheidenen Verhältnissen nach oben, indem er mächtige Politiker als Schirmherren benutzte. Als er 26 Jahre alt war, wurde sein Talent von Suharto entdeckt. Diese Verbindung ermöglichte ihm, Geld für den Bau einer Fabrik in der Nähe seines Geburtsorts aufzunehmen und dort Rayon herzustellen, ein Gewebe aus Zellstoff. Sein Mühlenunternehmen Indorayon Utama produziere den billigsten Holzbrei der Welt, behauptete er damals. Vielleicht. Aber es sparte auch an allen Ecken und Enden und rief durch seine Umweltverschmutzung den Widerstand der Anwohner hervor.

Nachdem bei der Niederschlagung von Protesten im Jahr 1989 mehrere Menschen ums Leben gekommen waren, musste Tanoto die Fabrik für fünf Jahre schließen. Er machte in dieser Zeit jedoch weiter und verlegte sein Wirtschaftsimperium Raja Garuda Mas International nach Singapur. Die Grundlage für seinen heutigen Reichtum ist Asia Pacific Resources International (APRIL), der Zellstoffgigant, der den zweiten Fabrikkomplex in Riau errichtete. Ich fuhr hin.

Im Umkreis des Firmengeländes hat Tanoto ein beinahe autarkes Reich im Dschungel errichtet. Er verfügt über ein von den staatlichen Schnellstraßen weitgehend unabhängiges Straßennetz, auf dem riesige 22-achsige »Gigaliner« verkehren, die zu schwer und zu gefährlich für die öffentlichen Wege sind. Sie transportieren täglich 22.000 Tonnen Holz zur Fabrik. »Das hungrige Monster muss gefüttert werden«, sagte mein Begleiter, der damalige Leiter der Abteilung für Nachhaltigkeit bei APRIL, Neil Franklin. Dasselbe gilt für die Kunden auf der ganzen Welt. Das Flaggschiff der Firma, ein Kopierpapier namens PaperOne, wird in über 50 Länder exportiert.

In den letzten 15 Jahren hat APRIL in Riau mehr als 800.000 Hektar Wald abgeholzt. Das ist ungefähr ein Zehntel der ganzen Provinz. Das Unternehmen behauptet, es habe danach etwa auf der Hälfte des Bodens Akazien angepflanzt und damit der Provinz zum »größten Plantagenbetrieb der Welt« verholfen. Umweltschützer vor Ort bezweifeln das. Auf jeden Fall ist APRIL wie sein Rivale für einen Großteil der Abholzung verantwortlich.

An der Zahl der schlammbespritzten Geländewagen, die auf den Holzabfuhrstraßen verkehren, lässt sich ablesen, dass sich die Zerstörung des Regenwalds offenbar lohnt. Doch im »wilden Osten« gibt es mehr Verlierer als Gewinner. Denn das Verhalten der Unternehmen gegenüber den Menschen, denen sie ihr Land genommen haben, ist beunruhigend. »Wir machen aus ehemals illegalen Holzfällern engagierte Mitarbeiter«, heißt es im Werbevideo von APRIL. Eine solche Rhetorik ist bewusst diskriminierend und zeigt, wie egal ihnen die Menschen sind, von denen sie sprechen. So stellt die Minority Rights Group fest: »Der Begriff ›illegale Holzfäller‹ wird häufig verwendet und soll die Rechtsansprüche der Gemeinde verschleiern. Berechtigte Klagen werden damit … als kriminelles Verhalten hingestellt.«

Die Aussage, APRIL schaffe Arbeitsplätze für die Einheimischen, ist ebenfalls Schönfärberei. Einer der Gebietsleiter des Unternehmens sagte zu mir: »Wir greifen nur dann auf einheimische Arbeitskräfte zurück, wenn es sich nicht vermeiden lässt. In der Regel stellen wir Leute von anderen indonesischen Inseln ein. Die Wahrscheinlichkeit, dass sie Probleme machen oder Sabotage betreiben, ist geringer.« Mehr als 70 Prozent der Plantagenarbeiter von APRIL sind Zuwanderer. In einem Lager, das ich besuchte, hatten Arbeitsvermittler dem Unternehmen soeben 400 Arbeiter vom Stamm der Samba zugeführt, die in Westborneo auf der anderen Seite der Straße von Malakka leben. Sie schliefen auf der Rodung unter dem Schutz von Plastikplanen. »Sie sind die geborenen Holzfäller und harte Arbeiter. Sie kommen zu Tausenden aus einem sehr kleinen Gebiet«, erklärte mir ein Manager. Ich fragte, warum sie draußen im Regen unter Planen lebten. »Sie wollen es so. Sie hassen Blechdächer.«

Der indonesische Archipel ist eins der drei großen tropischen Regenwaldgebiete der Welt. Deren Rodung im großen Stil begann unter Suharto. Heute wissen wir, dass sein Regime extrem korrupt war und auf Vetternwirtschaft beruhte. Er führte eins der größten und bevölkerungsreichsten Länder der Welt wie sein persönliches Lehen und stützte sich dabei auf eine antikommunistische und nationalistische Rhetorik. Seiner Familie und seinen Freunden und Generälen überschrieb Suharto riesige Konzessionen im Staatswald. Wer die Unterstützung des Präsidenten hatte und über die Mittel verfügte, die ansässige Bevölkerung zu unterdrücken, durfte sich Land nehmen, so viel er wollte. Brauchte man Arbeitskräfte, Suharto konnte sie liefern. Suharto griff auf eine alte niederländische Kolonialstrategie zurück, das sogenannte Transmigrationsprogramm, und baute es noch weiter aus: Tausende Menschen von dicht bevölkerten Inseln wie etwa Java wurden in kaum zugängliche Urwälder umgesiedelt. Den Großteil seiner 32-jährigen Herrschaft – von 1967 bis 1998 – konnte sich Suharto auf die Unterstützung des Westens verlassen, dem er sich als Bollwerk gegen den Kommunismus empfahl.

Die überlieferten Landrechte der in den indonesischen Regenwäldern lebenden Mehrheit sind als Teil des *Adat* (Gewohnheitsregeln) in der indonesischen Verfassung festgeschrieben. Durch die Verstaatlichung der Wälder wurden sie jedoch aufgehoben und dort, wo sie mit Entwicklungsprojekten von nationaler Bedeutung wie Rodungen, Bergbau oder Plantagenwirtschaft in Konflikt gerieten, einfach übergangen. Im Dschungel herrschten die Landnehmer. Für Suharto war die Sache ganz einfach: »Der Wanderfeldbau muss beendet werden.«

Einer der berüchtigtsten Landnehmer war Mohamad »Bob« Hasan. Als The Kian Seng geboren, schaffte der Sohn eines nach Java ausgewanderten chinesischen Tabakhändlers durch lukrative Schmuggelgeschäfte und mithilfe von Protektion durch das Militär den Aufstieg und wurde Suhartos getreuer Statthalter für die Ausweitung der Waldrodungen. Er war am Ruder, als die Suharto-Regierung zwischen 1967 und 1980 über 500 Holzeinschlagskonzessionen an private Investoren vergab, die atemberaubende 53 Millionen Hektar Wald umfassten – die doppelte Größe Großbritanniens.

Hasan nutzte seine Position als Spinne in Suhartos Netz dazu, einen abenteuerlichen persönlichen Reichtum anzuhäufen. Er war der Partner vor Ort, den das Gesetz vorschrieb, als das US-Unternehmen Georgia Pacific 1970 in Indonesien mit Rodungen begann. Im Jahr 1983 zog sich die Firma aus dem Land zurück, angeblich, weil sie nicht bereit war, Hasans Drängen nachzugeben und in nachgelagerte Produktionen wie etwa die Sperrholz- und Zellstoffherstellung zu investieren. Hasan nutzte die Gelegenheit, diese Fabrikation selbst zu übernehmen.

Hasan wurde der unbestrittene »Sperrholzkönig« nicht nur Indonesiens, sondern weltweit. Sein Unternehmen, die Kalimanis Group, erwarb Einschlagsrechte für fast eine Million Hektar Land und entwickelte sich zu einem der führenden Sperrholzlieferanten der Welt. Hilfreich war dabei auch Hasans Position als Vorstandschef der staatlich geförderten Sperrholzvereinigung APKINDO, die ihm Vorrechte beim Export von indonesischem Sperrholz verschaffte.

Ich traf Hasan 1990 in London bei einer prominent besetzten Werbeveranstaltung, als er sich auf dem Höhepunkt seiner Macht befand. Damals kontrollierte er atemberaubende 70 Prozent des weltweiten Sperrholzhandels und gab vor, aus Patriotismus zu handeln. Umweltschützern erklärte er, er baue in Indonesien eine »nachhaltige« Forstindustrie auf, vor allem mit Akazienplantagen. (Ich habe noch die Werbebroschüren aus jener Zeit.) Aber die Plantagen entstanden nur dort, wo keine Wälder mehr existierten. Vorerst setzte Hasan sein beispielloses Zerstörungswerk fort.

Nach der asiatischen Finanzkrise von 1998 stand der Entwaldungsmoloch kurz vor dem Ende. Die Krise folgte auf riesige Feuersbrünste auf Sumatra und Borneo während der El-Niño-Dürre im Jahr 1997, die die Welt auf die prekäre Lage der indonesischen Wälder aufmerksam gemacht hatten. APP und APRIL waren praktisch zahlungsunfähig, als die Weltmarktpreise für Zellstoff einbrachen und ihre Machenschaften erstmals von internationalen Organisationen unter die Lupe genommen wurden. Die Unternehmen hatten für den Bau der beiden Fabriken in Riau riesige Kredite aufgenommen und stark in Rodungen investiert, um die Mühlen mit Holz zu speisen. APP hatte Schulden in Höhe von 14 Milliarden Dollar aufgehäuft und war damit der größte Firmenschuldner Asiens.

Da sie jedoch zum Scheitern schlichtweg zu groß waren, half ihnen letztlich die indonesische Regierung aus der Patsche. Und woher hatte sie das nötige Geld? Auf Anraten des Internationalen Währungsfonds versteigerten die zuständigen Minister in Jakarta Hunderte weitere Rodungskonzessionen. Seit 1998 hat sich die Entwaldungsrate in ganz Indonesien verdoppelt.

Während die Holzfäller für einen Bankrott zu groß waren, galt dies nicht mehr für Suharto. Nach dem Ende des Kalten Kriegs wurde er als Bollwerk gegen den Kommunismus nicht mehr gebraucht und war nun ein eher peinlicher Partner. Als die indonesische Finanzkrise eskalierte, die Währung zusammenbrach, Tausende Menschen ihr Leben verloren hatten und Unruhen die Straßen von Jakarta beherrschten, gab er 1998 widerstrebend sein Amt auf. Mit einem geschätzten Vermögen von 15 Milliarden Dollar zogen sich der Diktator und seine Familie in seine von Mauern umgebene Villa in der Hauptstadt zurück. Zehn Jahre später starb er. Mit dem Tod seines Mentors sank auch Hasans Stern. Im Jahr 2001 wurde er wegen Betrug und Veruntreuung von Staatsgeldern in Höhe von 250 Millionen Dollar verurteilt und verbrachte drei Jahre im Gefängnis. Nach Aussage anderer Holzfällerfirmen lebt er seit seiner Entlassung zurückgezogen, besucht die vielen Golfplätze des Landes – ein weiteres Erbe der Suharto-Ära – und »ist ein frommer Mann geworden«.

Widjaja und Tanoto hingegen konnten dank der staatlichen Finanzhilfen weitermachen. Grund und Boden sind beständiger als Protektion. Eine der wichtigsten Veränderungen war die Übernahme westlicher Geschäftsmethoden. Sie holten sich Berater aus dem Ausland und veröffentlichten »Aktionspläne für Nachhaltigkeit«. Beide versprachen, ab 2007 in ihren Fabriken nur noch Plantagenholz zu verwenden. Die Zerstörung der Regenwälder gehöre der Vergangenheit an, verkündeten sie. Sie beantragten den Umweltengel für ihr Papier und die Zertifizierung ihrer Fabriken durch den Forest Stewardship Council, ein internationales Zertifizierungssystem für nachhaltige Waldwirtschaft.

APRIL führte Gespräche mit Umweltgruppen in Sumatra über den Schutz der schwindenden artenreichen Paradiese, in denen Sumatras Tiger, Elefanten und Nashörner lebten. Zusammen mit dem WWF erarbeitete das Unternehmen Pläne zur Erhaltung des bedrängten Nationalparks Tesso Nilo im Süden der Provinz Riau. Laut Michael Stuewe vom WWF sollte ein »Ring« von Akazienplantagen um ein geschütztes Gebiet geschaffen werden, für das das Unternehmen die Verantwortung übernehmen würde. Doch als ich im Jahr 2007 dort hinkam, waren Einwanderer in den Park eingefallen, die Land für den Anbau von Ölpalmen suchten. Vor allem aber kamen sie über eine neue Straße, von APRIL gebaut, um das Holz aus dem Akazienring abzutransportieren.

Ich stieß auf drei junge Männer, die am Straßenrand standen und rauchten. Sie waren aus dem Norden Sumatras gekommen, wo andere »Entwicklungsprojekte« sie von ihrem Boden vertrieben hatten. »Wir haben jetzt kein Land mehr in unserem Dorf. Wir sind gekommen, weil wir Land bewirtschaften möchten.« Einer von ihnen, der 20-jährige Nainggolan, war mit seinen Eltern und vier Brüdern hier. Er sagte, der Ortsvorsteher einer nahe gelegenen kleinen Stadt namens Bukit Kusuma habe von ihnen für 2 Hektar, auf denen sie Ölpalmen anpflanzen könnten, 900 Dollar verlangt.

Ein Stück weiter lebten drei Männer in einer kleinen Hütte. Sie stammten von der Südspitze Sumatras und erzählten mir, die Hütte sei ihnen von einem höheren Angestellten der Betreibergesellschaft der hiesigen Palmölplantage zugewiesen worden. Er habe ihnen gesagt, sie könnten 20 Hektar Land bewirtschaften, das er privat vom selben Ortsvorsteher in Bukit Kusuma gekauft habe. Wir erfuhren, dass inzwischen weiter innen im Park ein ganzes Dorf entstanden war, in dem es sogar eine Moschee gab.

All das war natürlich gesetzeswidrig. Aber Bukit Kusuma – direkt am nördlichen Rand des Parks gelegen und mit ein paar heruntergekommenen Bars und einer Menge Allradautos – war offenbar ein lokales Zentrum illegaler Machenschaften. Die Stadt zog verzweifelte, ihres Besitzes beraubte Menschen an, die zu allem bereit waren, um ihren Lebensunterhalt zu verdienen, und auf Schritt und Tritt von korrupten Beamten ausgenutzt wurden. Meine Begleiter vom WWF wollten hier nicht Halt machen. Fünf Monate zuvor war einer ihrer Kollegen in der Nähe von Bukit Kusuma verprügelt und zwei Mitarbeiter von APRIL waren kürzlich ermordet worden, nachdem sie LKWs mit im Park gefälltem Holz daran gehindert hatten, eine Kettenfähre der Firma zu benutzen.

Was sollte man tun? Wo blieb die Regierung? Ich fuhr nach Pekanbaru, der Hauptstadt von Riau, um mit dem Naturschutzbeamten der Provinz zu sprechen. Mohammad Zanir war dafür verantwortlich, einen der größten Regenwälder der Welt vor der Zerstörung durch zwei der habgierigsten Holzfällerfirmen der Welt zu schützen, und damit auch vor den rücksichtslosen Typen, die durch sie angezogen wurden. Er schien, gelinde gesagt, der Aufgabe nicht gewachsen.

Ich hatte zwei Tage mit Aktivisten des WWF verbracht, die auf ihren Laptops die aktuellsten Satellitenbilder der Entwaldung hochladen und genau bestimmen konnten, wo die Wälder durch irgendwelche Aktivitäten bedroht waren. Zanir aber hatte keinen Computer, bei ihm lag nur ein Berg verstaubter Akten im Regal, und auf seinem Schreibtisch stand ein Behälter mit Tinte. Ein riesiges ausgestopftes Krokodil nahm fast den ganzen Vorraum seines Büros ein, und durch den Flur »streiften« zwei präparierte Tiger.

Zanir war sich des Problems bewusst. »Wir brauchen mehr Lebensraum für den Sumatra-Tiger«, sagte er. »Aber wir haben hier zwei riesige Zellstofffabriken, deren Kapazitäten größer sind als ihre Plantagen. Deshalb verschlingen sie unsere gewachsenen Wälder. Wenn nichts geschieht, wird es im Jahr 2015 außerhalb der Naturschutzgebiete kein bewaldetes Land mehr geben.« Eine Lösung hatte er nicht parat. Schließlich war auf den offiziellen Zonierungskarten der Großteil der verbliebenen Regenwälder für Rodungen, Plantagen und andere wirtschaftliche Entwicklungsprojekte bis zum Ende des Jahrzehnts ausgewiesen. Die Zerstörung war politisch gewollt.

Außerdem waren Teile des Verwaltungsapparats, für den Zanir arbeitete, korrupt. Zanir sprach nicht davon, aber der neue Polizeichef von Riau führte zum Zeitpunkt meines Besuchs umfangreiche Ermittlungen gegen illegale Holzeinschläge durch. Er hatte bereits 14 Firmen ausgemacht, gegen die Strafverfahren eingeleitet werden sollten. Sieben von ihnen lieferten Holz an APP und sieben bedienten APRIL. Aber der Provinzstaatsanwalt weigerte sich, etwas zu unternehmen – er behauptete, die Unternehmen hätten sich weitgehend an die Vertragsvorschriften gehalten –, und der Polizeichef wurde versetzt. Später wurden zwei hohe Beamte wegen Korruption verurteilt und inhaftiert. Einer von ihnen war Asral Rachman, der 2004 und 2005 als Chef der Forstbehörde für die Vergabe der Einschlagsrechte verantwortlich war. Die Unternehmen selbst aber kamen ungestraft davon.

Immerhin gab es noch einen unberührten Ort, den die Umweltschützer vor den Klauen des Monsters bewahren zu können glaubten. Es war Riaus Hotspot der Artenvielfalt und bisher durch seine isolierte Lage geschützt. Auf der Halbinsel Kampar, die direkt gegenüber von Singapur in die Straße von Malakka hineinragt, befand sich eins der größten Torfmoore Südostasiens. Bis 2002 war die 4000 Quadratkilometer große, zum Teil 15 Meter dicke Torffläche noch weitgehend von dichtem Regenwald bedeckt und nur mit dem Boot erreichbar. Hier lebten an die 50 Sumatra-Tiger, dazu Nebelparder, Elefanten, Malaienbären, Tapire und andere seltene Arten.

Doch nachdem sie den Großteil der mehrere Tausend Quadratkilometer großen, leicht zugänglichen Wälder im Umkreis gerodet hatten, waren die Holzfäller in den letzten zehn Jahren auch in den Sumpf vorgedrungen – APP von Norden und Osten und APRIL von Süden und Westen. Sie überziehen das Gebiet mit einem Netz von Kanälen. Ich sah Schleppzüge, mit jeweils 200 Tonnen Baumstämmen beladen, die am Westrand des Sumpfs durch die Wasserstraßen gezogen wurden. An großen Verladestationen wurde das Holz auf Laster gehoben, die es dann weiter zur Papierfabrik fuhren.

Die Kanäle hatten aber auch noch eine andere Funktion: Sie dienten zur Trockenlegung des Sumpfs, um Akazienplantagen anzulegen. Während wir mit ihm durch die Kanallandschaft fuhren, sprach APRILs Wissenschaftsexperte für Torflandschaften, Jonathan Bathgate, offen über die ökologische Katastrophe, die sich vor unseren Augen mit der Ausblutung des Moors abspielte. Mit dem Absinken des Wasserpegels und der Austrocknung des Sumpfs oxidieren die organischen Stoffe und setzen Kohlendioxid frei. Und zwar Millionen von Tonnen. Dieser Prozess hält an, bis oberhalb der Wasserfläche kein Torf mehr vorhanden ist. Die dicke Torfschicht von Kampar enthält 1 bis 2 Milliarden Tonnen Kohlenstoff – viel mehr als der Wald darüber. Wahrscheinlich ist dies der größte geschlossene Kohlenstoffspeicher in Südostasien. Das Moor ist an manchen Stellen bereits um mehr als 1 Meter abgesunken.

Laut einer von APRIL in Auftrag gegebenen Beraterstudie könnte das Gebiet innerhalb von 25 Jahren um weitere 4 Meter einfallen, sollten Rodungen und Trockenlegung fortgesetzt werden. Dennoch haben die Tochterfirmen von APRIL 2010 und einen Großteil des Jahres 2011 auch weiterhin Bäume gefällt und die Sümpfe entwässert.

Das ist eine Tragödie, nicht nur für Sumatra, sondern letztlich für die ganze Welt. Aber denken wir auch an die Menschen, denen dieses Land gehörte, bevor die Invasion der Holzfäller begann, die Bewohner der Region, deren Gewohnheitsrechte ebenso mit Füßen getreten und ausgetrocknet wurden wie der Sumpfwald. Zu ihnen gehören die indigenen Akit, ein Jäger-und-Sammler-Volk, sowie die etwa 10.000 Bewohner der acht Dörfer um den Sumpf, die in ihm fischen, jagen, Kautschuk anbauen und Küchengärten halten. Die meisten waren dort seit Generationen ansässig. Selbst das Personal von APRIL nennt sie »die Gründungsväter Sumatras«. Doch in einer Studie von Friends of the Earth aus dem Jahr 2009 wurde festgestellt, dass sich die Gebietsansprüche des Unternehmens mit denen von mindestens drei der Dörfer überschnitten.

Und es lässt sich leicht erraten, wer dabei den Sieg davontragen wird. APRILs Zulieferfirmen waren an einer Reihe von Auseinandersetzungen mit den Dörfern beteiligt. Im Mai 2009 griffen Mitarbeiter von Sumatera Sylva Lestari, einem dieser Zulieferer, zu Nagelknüppeln und gingen damit auf Leute los, die gegen die Übergriffe auf ihr Land protestierten. Bei der Schlacht kamen drei Dorfbewohner ums Leben, Dutzende wurden verletzt. Zwei Monate später rückten die Bulldozer des Unternehmens an und machten das umstrittene Land platt.

Der sich ausweitenden internationalen Kampagne zum Schutz des Kampar-Moors überdrüssig, hat APRIL mittlerweile einen neuen Ringplan ähnlich dem, der in Tesso Nilo scheiterte, vorgelegt und angeboten, einen inneren Kern des Kampar-Moors zu bewahren. Im Gegenzug möchte es den Rest der Bäume auf dem Torfboden fällen und einen Ring von Akazien um den Sumpf legen – einen Ring, der Zuwanderer fernhalten werde, wie es behauptet. »Die Regierung sollte unsere Hilfe bei der Konservierung der Naturschutzgebiete annehmen und uns dafür die Genehmigung erteilen, den Rest produktiv zu nutzen«, erklärte Jouko Virta, der finnische Präsident von APRILs Faserproduktionszweig zur Zeit meines Besuchs auf Sumatra.

Der WWF hat inzwischen genug von den Versprechungen des Unternehmens. »Ich glaube ihnen nicht«, sagt Stuewe. »Sie haben in Tesso Nilo versagt, und sie würden auch in Kampar versagen. Wir haben

APRIL jahrelang ermutigt und unterstützt, eine führende Rolle in der Zellstoff- und Papierindustrie zu übernehmen ... Aber das Unternehmen hat seine Methoden nicht grundlegend verändert.« Trotz seiner öffentlichen Selbstdarstellung ist APRIL nach wie vor ein Teil des Problems und nicht Teil der Lösung. Stuewe meint, die einzige Antwort sei, die Straßen und Kanäle zu sperren und Kampar »den Gründungsvätern Sumatras« zu überlassen.

APRILs Boss Tanoto hat versucht, sich und sein Unternehmen den Anstrich eines verantwortlichen Marktteilnehmers zu verleihen. Aber dieses Image lässt sich nur schwer verkaufen, wenn man an der habgierigsten Vernichtung von Regenwald in der Geschichte beteiligt ist und damit ein persönliches Vermögen von 3 Milliarden Dollar angehäuft hat. Besonders angesichts der anhaltenden Konflikte und der bis heute fortgesetzten Waldrodungen.

Noch schamloser ist allerdings der Rivale von APRIL. Im Jahr 2010 führte APP unter dem Motto »APP engagiert sich« Werbekampagnen durch und gab eine Reihe von extrem einseitigen »unabhängigen« Studien über seine Methoden in Auftrag. Besonders grotesk sind Behauptungen des Unternehmens in der Fernsehwerbung überall auf der Welt, es verhindere die Entwaldung, indem es armen indonesischen Bauern Arbeit gebe, damit sie keine Bäume fällen. Doch damit konnten sie die Waldschützer nicht überzeugen. Im selben Jahr entzog der Forest Stewardship Council dem Unternehmen die Zertifizierung seines Papiers und distanzierte sich öffentlich von APP; außerdem wurde der Tochterfirma Pindo Deli das Recht abgesprochen, zwei seiner Papiersorten, Golden Plus und Lucky Boss, mit dem europäischen Umweltsiegel zu versehen. Die EU hatte erkannt, was in Sumatra jeder wusste – dass der Großteil des Zellstoffs in dem Papier nicht von nachhaltigen Plantagen kam, sondern aus dem Urwald.

Nachdem ich über dieses Beispiel für »Greenwashing« im *Guardian* berichtet hatte, erklärte mir APPs Verantwortliche für Nachhaltigkeit, Aida Greenbury: »APP spielt eine entscheidende Rolle als Motor für Entwicklung.« Seine Gegner im Umweltschutz machten sich »neokolonialer Methoden« schuldig und seien »unmoralisch«. Um dieselbe Zeit zog sich APPs internationale, in Großbritannien ansässige PR-Beraterfirma

Weber Shandwick wegen nicht näher bezeichneter »strategischer Diffe-
renzen« über die Selbstdarstellung des Unternehmens zurück.

Die indonesische Regierung versucht, die Welt davon zu überzeugen,
wie gut sie mit den Regenwäldern und ihren Bewohnern umgehe. Im
Mai 2011 verkündete sie das Verbot neuer Rodungs- und anderer Konzessionen in Urwäldern und Torflandschaften. Leider handelte es sich
lediglich um ein zweijähriges Moratorium. Louis Verchot vom indonesischen Center for International Forestry Research in Bogor wies darauf
hin, dass »viele Unternehmen auf mehreren großen konzessionierten
Landflächen sitzen, die sie noch nicht entwickelt haben. Deshalb wird
dies die Branche nicht sonderlich stören.« Unterdessen haben Mitte
2011 durchgeführte Untersuchungen eines US-Labors gezeigt, dass die
in Australien gekaufte Papiersorte Lazer IT von APRIL zu 80 Prozent
aus Zellstoff aus dem indonesischen Regenwald besteht. Das Labor iden-
tifizierte zwölf verschiedene tropische Harthölzer.

Während die Unternehmen von Nachhaltigkeit reden, zerstören sie
weiterhin Urwälder und rauben sie den Bewohnern. Die indonesische
NGO Scale Up schätzte 2010, dass es in Riau zwischen Einheimischen
und von außen kommenden Unternehmen – meist Tochterfirmen von
APP und APRIL – über 340.000 Hektar Land zu Streitigkeiten kam.

Das Versprechen, in ihren Zellstoff- und Papierfabriken nur Plantagenholz zu verwenden, haben die Unternehmen bis heute nicht erfüllt.
Aus der Zusage von 1990 wurde eine Frist bis 2007 und dann bis 2009,
die dann erneut verschoben wurde – im Fall von APP auf 2015. Im Jahr
2011 verfügten APRIL und APP noch über Einschlagsrechte für geschätzte 800.000 Hektar Regenwald in Riau. Außerdem hatte APP gerade die Konzession für weitere 100.000 Hektar erhalten.

APP und APRIL sind auf dem besten Wege, Sumatras Regenwälder
in die größte Monokultur des Planeten zu verwandeln. Eins der kom-
plexesten Ökosysteme der Erde wird gerodet, und an seine Stelle treten
Akazienplantagen, so weit das Auge reicht, durchzogen von Kanälen,
auf denen sich holzbeladene Frachtkähne drängen, und von einem privaten Straßennetz, über das ganze Lastwagenkonvois die gierigen Mo-
loche versorgen.

APP und APRIL bilden den gewinnbringenden Kern zweier riesiger
chinesischer Firmendynastien, die einen Kampf um die Vorherrschaft

in einer der größten und umweltzerstörerischsten Wirtschaftsbranchen ausfechten. Während der Krieg zwischen ihnen weitertobt, suchen die letzten Tiger und Elefanten der Urwälder inmitten der kreischenden Kettensägen und dem lauten Brummen der Laster, die Holz zu den Fabriken befördern, vergeblich nach Ruhe. Und weiterhin werden die Menschen, die den Wald bewohnen, von einem Tag auf den anderen ihres Landes beraubt und ihre Hütten niedergewalzt.

16

PAPUA-NEUGUINEA

»Eine wahrhaft wilde Insel«

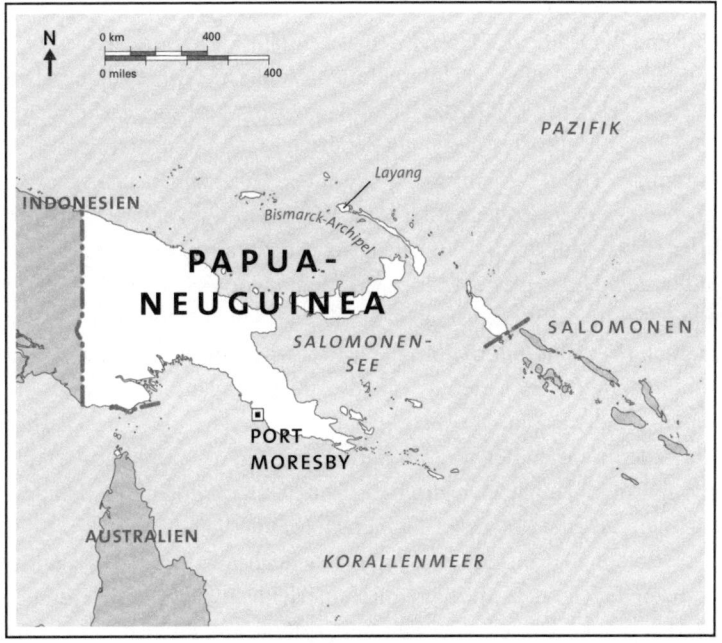

Papua-Neuguinea ist ein vergiftetes Paradies. Der Staat im Südpazifik in der östlichen Hälfte der Insel Neuguinea gehört zu den am wenigsten erschlossenen Regionen der Erde. Urwälder bedecken nach wie vor rund die Hälfte der Landesfläche. Sie sind Lebensraum von ungefähr 1000 indigenen Stämmen mit über 800 verschiedenen Sprachen, von denen viele in den abgelegenen Tälern des Hochlands leben. Doch die Holzfällerunternehmen dringen von der Hauptstadt Port Moresby immer weiter in die Täler und von den mangrovenbewachsenen Küsten ins Landesinnere vor.

Holz ist einer der wichtigsten Wirtschaftszweige Papua-Neuguineas. Laut Auskunft der Forstbehörde wurden für rund ein Viertel des Landes, einschließlich eines Großteils des Hochlandes, Einschlagrechte vergeben, vornehmlich an Unternehmen aus Malaysia. Millionen Tonnen Rohholz werden jährlich von den Küsten Papua-Neuguineas verschifft, vor allem nach China, wo es zu Möbeln und anderen Holzprodukten verarbeitet wird, die weltweit verkauft werden. Wahrscheinlich haben Sie selbst ein solches Produkt bei sich zu Hause. Für die Dorfbewohner fällt dabei kaum Gewinn ab.

Rund die Hälfte des Holzeinschlags entfällt schätzungsweise auf ein komplexes Netzwerk von Unternehmen, die alle im Grunde dem fast 80-jährigen Selfmade-Milliardär Tiong Hiew King und seiner Familie gehören. Der Malaysier Tiong, ein gebürtiger Chinese, ist Gründer von Rimbunan Hijau, einem der weltgrößten Holzhandelsunternehmen. Als zweitgrößter Ausbeuter der Wälder von Sarawak, des malaysischen Bundesstaats auf der Insel Borneo, wo er heute noch lebt, verdiente er Milliarden. Heute gibt es in Sarawak nicht mehr viele Bäume. Aber Tiong hat dort nicht haltgemacht. Rimbunan Hijau zählt heute zu den größten Holzfällerunternehmen Asiens, mit Tochterfirmen auf den Salomonen, im fernen Osten Russlands, auf Neuseeland und in verschiedenen Ländern Zentralafrikas, wo es inzwischen mit europäischen Holzfällerunternehmen konkurriert. Doch Papua-Neuguinea ist das Kronjuwel in Tiongs Firmenschatz. Seine Unternehmen schaffen jährlich mehr als eine Millionen Tonnen Holz außer Landes.

Tiong verfügt in Papua-Neuguinea jedoch nicht nur über Wälder und deren Holz, er kontrolliert auch eine der beiden größten Zeitungen des Landes und spielt eine gewichtige Rolle im Fischereiwesen, im Schiffstransport, in der Versicherungsbranche, in der Informatik und im Einzelhandel. In diesem Land passiert kaum etwas ohne seine Beteiligung. Die britische Königin Elizabeth ist nach wie vor Staatsoberhaupt von Papua-Neuguinea. 2009 schlug sie Tiong zum Ritter, »für seine Verdienste um die Wirtschaft, das Gemeinwesen und wohltätige Organisationen« Papua-Neuguineas. Aber der wahre König des Landes ist wohl »Sir Tiong«.

Allerdings ist Tiong auch nicht mehr der Oberschurke in den Augen derer, die sich um das Schicksal der Regenwälder Papua-Neuguineas sorgen. Er hat die Rolle abgegeben, seit das Land einem so ungeheuerlichen, rätselhaften und doch kaum bekannten Landraub zum Opfer fiel, wie es ihn auf der Welt noch kaum gegeben hat. Laut Colin Filer von der Australian National University, der viel zur Aufklärung dieses Landraubs beitrug, wurde in den letzten zehn Jahren mehr als ein Zehntel des staatlichen Territoriums heimlich und über komplexe Pachtverträge an ausländische Unternehmen und ihre zwielichtigen örtlichen Repräsentanten abgetreten – eine Gaunerei großen Stils. Mehr als ein Fünftel der beiden Provinzen Western Highlands und West Sepik gelangte in ausländische Hände.

Die herkömmlichen Rechte der Waldgemeinden an diesem Wald sind angeblich rechtlich verbürgt. Doch das Gesetz über das Eigentum an Grund und Boden enthält Bestimmungen, die es den Gemeinden erlauben, mit Außenstehenden Geschäfte zu tätigen, um ihre wirtschaftliche Entwicklung zu fördern, beispielsweise durch die Errichtung kommerzieller Farmen auf ihrem Territorium. Zu diesem Zweck verpachten die Gemeinden Waldland an den Staat, der seinerseits »spezielle landwirtschaftliche und gewerbliche Pachtverträge« an Privatunternehmen vergibt. Durch diese Regelung kann die Regierung die Einhaltung der Vereinbarungen überwachen und so verhindern, dass abgelegene Gemeinden übers Ohr gehauen werden. Ursprünglich funktionierte dieses System gut. Diverse landwirtschaftliche Projekte entstanden, von denen die Gemeinden profitierten.

Doch 2003 wurden die Bestimmungen kurzerhand zugunsten einer Reihe großer Holzgewinnungsprojekte aufgehoben. Das war so nie vorgesehen. Die Unternehmen rechtfertigten den Holzeinschlag damit, dass nach dem Abholzen das gerodete Terrain landwirtschaftlich nutzbar sei. Gewöhnlich wurden dort Palmölplantagen angelegt. Doch laut Filer waren die von außen kommenden Firmen, die sich die speziellen Pachtverträge sicherten, in den meisten Fällen einzig und allein am Holz interessiert. Ihre Zusagen, Landwirtschaft und wirtschaftliche Entwicklung voranzubringen, erwiesen sich in der Regel als leere Versprechen. Im Gespräch mit den Gemeinden über die Pachtverträge stellte Filer fest, dass viele kaum durchschauten, was sie unterzeichnet hatten. In manchen Fällen hatten sie ihre Unterschrift auch gar nicht gegeben.

Die Insel Lavongai (das frühere Neu-Hannover) liegt am äußersten Ende des Bismarck-Archipels in der zu Papua-Neuguinea gehörenden Provinz New Ireland. Sie ist 60 Kilometer lang und 30 Kilometer breit. Der Reiseführer *Lonely Planet* beschreibt Lavongai als »vulkanisch, wunderschön zerklüftet ... eine wahrhaft wilde Insel, mit dichtem Regenwald überzogen, voller Berge, Wasserfälle und Flüsse«. Lavongai zählt rund 20.000 Einwohner mit einer unverwechselbaren melanesischen Sprache und Kultur. Am 4. März 2011 erfuhren sie per Mobiltelefon von Freunden aus Port Moresby, die den *Post-Courier* gelesen hatten, dass ihre Insel an eine in Singapur registrierte Firma namens Palma Hacienda verpachtet worden war. Laut Filer hatte niemand sie darüber informiert.

Die Einzelheiten dieses Handels waren äußerst kompliziert. Palma Hacienda ist ein obskures Tochterunternehmen der malaysischen Firma Ayamkuat Maju, eines Import-Export-Unternehmens mit Sitz in Miri, dem Hauptort des Holzhandels in Sarawak. Angeblich hatten zwei bedeutende Persönlichkeiten aus New Ireland den Handel eingefädelt. Bei dem einen handelte es sich um den früheren Premier der Provinz, Pedi Anis. Er war zu dieser Zeit Vorsitzender des Holzfällerunternehmens Tutuman Development, das im Namen örtlicher Landeigentümer über etliche spezielle Pachtverträge verfügte. Tutuman Development gab diese Verträge an Palma Hacienda weiter.

Der andere Einheimische war Miskus Maraleu, ein Anwalt, dessen Rolle bei früheren Holzgewinnungsprojekten in der Provinz 1989 von einer offiziellen Untersuchungskommission als »schändlich und verwerflich« verurteilt worden war. Er habe »die Interessen seines eigenen Volkes missachtet« und »den Interessen eines ausländischen Zahlmeisters gedient« sowie »persönlich finanziellen Vorteil aus seiner ungebührlichen Rolle gezogen«. Maraleu war somit für jeglichen rechtmäßigen Handel ungeeignet, könnte man meinen. Tutuman Development gehört zu großen Teilen der Singapurerin Regina Lau Yii Kuong.

Als die Sache ans Licht kam, behauptete Anis, er habe die Pachtverträge aufgelöst, aber erst nachdem Palma Hacienda 17.000 Tonnen Holz geschlagen hatte. Er leugnete, die in seinem Kaufvertrag mit Palma Hacienda vereinbarten 600.000 Dollar erhalten zu haben. Da einzig Sichere war, dass die Bäume abgeholzt waren; und es waren weder Ölpalmen gepflanzt worden, noch hatte es eine wirtschaftliche »Entwicklung« – die vorgeschobene Rechtfertigung für spezielle Pachtverträge – gegeben. Rätselhaft blieb, wie man den Einheimischen die Kontrolle über ihr Land ohne ihre Zustimmung hatte wegnehmen können – und wohin das Geld geflossen war.

Betrügereien mit den speziellen Pachtverträgen fanden in riesigem Umfang statt, bislang in einer Dimension von mehr als 5 Millionen Hektar. Eine behördliche Aufsicht hat es dabei offenbar nicht gegeben. Statt die Interessen der Gemeinden zu schützen, scheinen sich die Provinzbehörden zuweilen verschworen zu haben, sie zu betrügen. Filer fand heraus, dass viele dieser Pachtverträge an betrügerische Firmen vergeben wurden, allenfalls mit Einwilligung von Personen, deren Anspruch, Bevollmächtigte der Gemeinden zu sein, äußerst zweifelhaft war. Zuweilen suchten Vertreter der Unternehmen und der Regierung die Abholzungsgebiete auf und versprachen den Dorfbewohnern den Bau von Straßen, Telefonleitungen und landwirtschaftlichen Einrichtungen. Doch die Gemeinden, die nominell Anteilseigner der Projekte auf ihrem Gebiet sind, erfuhren nur selten, was sie im Gegenzug dafür hergeben würden.

Unter den Dutzenden der von Provinzvertretern ausgestellten Pachtverträge umfassten drei mehr als eine halbe Million Hektar. Im Februar 2009 erhielt eine nicht ordnungsgemäß registrierte Firma namens Tosigiba Investment einen Pachtvertrag mit einer Laufzeit von 99 Jahren über 632.000 Hektar im Bezirk Nomad. Die dortigen Dorfbewohner bestritten, davon irgendwelche Kenntnis gehabt zu haben. Auch der Vorsitzende von Tosigiba Timber, einer ordnungsgemäß registrierten Firma, die den Dorfbewohnern gehört, will davon nichts gewusst haben. Er beschuldigte den für Landbesitzfragen zuständigen Minister, »äußerst fahrlässig« gehandelt zu haben, als er mit der unbekannten Firma, deren Besitzer ebenso unbekannt sind, den Pachtvertrag geschlossen hatte.

Die Purari Development Association existierte zumindest formell auf dem Papier, als sie einen speziellen Pachtvertrag für 650.000 Hektar erhielt. Doch was sie vorhatte, weckte große Bedenken. Das Unternehmen plant den Bau eines riesigen Wasserkraftwerks von 1800 Megawatt, wofür ein Großteil des Tals des Purari-Flusses geflutet werden müsste.

Der gewonnene Strom soll über Tiefseekabel 500 Kilometer weit durch das Korallenmeer nach Queensland geschickt werden. Manche Einwohner im Flutungsgebiet sagten, sie wüssten von dem Projekt, andere hingegen behaupteten, »niemals angehört oder um Zustimmung [zu diesem Projekt] gebeten worden zu sein«.

Für das Projekt des südkoreanischen Unternehmens Changhae Tapioka schien es von den Einheimischen mehr Unterstützung gegeben zu haben. Das Unternehmen vereinbarte mit Gemeinden in den Provinzen Central und New Ireland vertraglich den Bau von Maniokfarmen auf zuvor abgeholztem Land. Die Pflanzen sollten in fünf örtlichen Ethanolfabriken verarbeitet werden. Doch entgegen diesen Versprechungen wurde der gewonnene Maniok zur Weiterverarbeitung in eine koreanische Ethanolfabrik verschifft.

In einer umfassenden Analyse dieser und anderer spezieller Pachtverträge kam Filer zu dem Schluss, dass die meisten Verträge unredlich, suspekt und auf einseitigen Nutzen angelegt waren. Eine Reihe zwielichtiger Firmen, die ebenso rasch gegründet wurden, wie sie wieder verschwanden – darunter mehrere malaysische Holzunternehmern, an denen lokale Politiker und Regierungsvertreter beteiligt waren –, vernichteten die Wälder, indem sie sich der Gesetze bedienten, die eigentlich sicherstellen sollten, dass bei Entwicklungsprojekten die Zustimmung der örtlichen Bevölkerung eingeholt wird und diese davon einen Nutzen hat. Files Fazit eines dieser typisch verwickelten Fälle lautet: »Das Holzfällerunternehmen ist wieder abgezogen, die Menschen von Woitape haben immer noch keine Straßenverbindung nach Port Moresby, und was aus den [versprochenen] Palmölsetzlingen und den neuen Telefonleitungen wird, weiß niemand zu sagen.«

Wie kommt es zu diesen Plünderungen? Filer vermutet, dass unter den ausländischen Holzfällerfirmen in Papua-Neuguinea ein Wettlauf stattfand, möglichst viel Papua-Holz nach China zu den Herstellern von Holzwaren zu schaffen, bevor strengere Gesetze erlassen werden. Ein Grund könnten die neuen Regeln der Europäischen Union zur Holzgewinnug sein. Von 2013 an besteht die EU bei allen Holzprodukten auf einen lückenlosen Nachweis der Produktionskette, der Auskunft über den Ursprungsort des Holzes gibt und seine nachhaltige Gewinnung belegt. Das könnte dazu führen, dass für chinesische Produzenten der Kauf von Holz aus Papua-Neuguinea schwierig wird. Daher wollten alle sich noch rasch das Holz und die Profite sichern, solange die Umstände dafür günstig waren.

Die Regierung von Papua-Neuguinea reagierte auf die zunehmende Kritik an den speziellen Pachtverträgen, indem sie sie im Mai 2011 »aussetzte« und ihre Rechtmäßigkeit überprüfen ließ. Aber niemand wusste, wie lange die Aussetzung dauern würde. Einfach nur, bis sich der Staub wieder gelegt hatte? Nur wenige glaubten daran, dass die zuständigen Minister wirklich reinen Tisch machen wollten. Filer prophezeit »eine Welle sozialer Unruhen und zivilen Ungehorsams auf dem Land«, wenn die Betrügereien nach und nach ans Tageslicht kommen. Und sich das Gift weiter ausbreitet.

17

KAMBODSCHA
Süß-sauer

Ein paar Autostunden westlich der kambodschanischen Hauptstadt Phnom Penh hielt ich aufs Geratewohl bei einer Bretterbude am Straßenrand an. Ich befand mich im Zuckerland. Einer der mächtigsten kambodschanischen Politiker, der Wirtschaftsmagnat und Senator Ly Yong Phat, hatte in dem Gebiet Land aufgekauft, um eine Zuckerrohrplantage anzulegen. Der Zucker war für die Europäische Union bestimmt, die Kambodscha und anderen armen Ländern bevorzugte Handelsbedingungen gewährt. Genau gesagt, sollte der Zucker an die riesige

Zuckerfabrik Tate & Lyle vor den Toren Londons geliefert werden, nur einen Steinwurf von den großen Banken im Stadtteil Canary Wharf entfernt.

Doch von der Gemeinde Omlaing in der kambodschanischen Provinz Kampong Speu bis nach London ist es ein weiter Weg. Mey Mao und seine Familie lebten in ihrer kleinen, zum Schutz vor den häufigen Überflutungen auf Pfählen errichteten Holzhütte fast im Freien. Sie besaßen ein Bett und eine offene Feuerstelle, einen Wasserkessel und Pfannen, hatten aber kein fließendes Wasser. Bei Regen tropfte es durch das notdürftig gedeckte Dach. »Wir wohnen hier seit 1979«, erzählte mir Mey. In jenem Jahr marschierten die Vietnamesen in Kambodscha ein und befreiten es von der Schreckensherrschaft des Pol-Pot-Regimes, das Millionen Kambodschanern das Leben gekostet hatte. Ein Großteil der Bevölkerung war in Arbeitslager verschleppt worden.

Nun schien es, als müsse die Familie ein weiteres Mal ganz von vorn anfangen. Wieder einmal kamen mächtige Männer und bedrohten ihre Existenz. »Die Firma hat uns erklärt, das Land gehört ihr«, sagte Mey fassungslos. Das könne doch nicht wahr sein, meinte er. Er und seine Familie lebten hier seit mehr als 30 Jahren und betrieben Landwirtschaft. Es war ihr Zuhause. »Die Firma sagte, wir müssen gehen, man würde uns umsiedeln. Aber sie sagten nicht, wann. Ich mache mir große Sorgen.« Die Firma gehörte dem Zucker-Senator Ly Yong Phat.

Meys Land zog sich über einige zig Meter hinter der Hütte an der Straße entlang. Der Ertrag war kärglich. »Ich habe vier Kühe, baue ein wenig Maniok und Reis an, und ich habe Bananenstauden und Papayabäume«, erklärte er. Auch ein paar Hühner liefen herum. »In manchen Jahren reicht es, aber nicht immer. Ich habe sechs Kinder zu ernähren.« Sein wertvollster Besitz war ein ramponiertes Fahrrad. Er besaß weder ein Radio noch einen Fernseher. In der Hütte gab es keine Zeitschriften oder Bücher. Mey wusste nur wenig über die Welt jenseits seines winzigen Stücks Land mitten in Kamdodscha. Seine Widerstandslosigkeit war deprimierend.

Fünf seiner Kinder gingen zur Schule – wenn er sich die Gebühren leisten konnte, die für sie alle etwas mehr als einen Dollar pro Tag betrugen. Einer der Söhne, etwa zehn Jahre alt, schien ein wenig mehr zu wissen als sein einfältiger Vater. »Wir werden in die Berge umgesiedelt, dorthin«, sagte er, auf den Berg Pis in der Ferne deutend. Er lag jenseits von Ly Yong Phats Zuckerplantage, die sich bedrohlich durch das Tal in Richtung ihrer Hütte vorgeschoben hatte. »Aber ich bin noch nie dort gewesen«, wandte die Mutter des Jungen ein. »Das ist nicht gut. Dort werden wir keinen Reis anbauen können. Und es gibt da kein Wasser, heißt es. Wir wissen nicht, was wir dort sollen. Wie sollen wir uns ernähren? Und es wird für die Kinder viel zu weit sein zur Schule.«

So hatte man sich das moderne Kambodscha eigentlich nicht vorgestellt. In den 1970er-Jahren verbot das von Pol Pot geführte Regime der Roten Khmer jegliches Privateigentum, denn die Gesellschaft sollte in einen utopischen Agrarkommunismus zurückgeführt werden. Im Zuge dieser Politik wurden auch die meisten Unterlagen und Urkunden zum Grundbesitz vernichtet. Seit kurzem ist die kambodschanische Regierung im Rahmen eines von der Weltbank unterstützten Reformprogramms damit befasst, die formellen Eigentumsrechte an Grundbesitz für die Millionen von Menschen wiederherzustellen, die damals ihre Besitztitel verloren hatten. Erklärtes Ziel ist eine auf dem Recht auf Eigentum begründete Demokratie.

Annähernd zwei Millionen Besitztitel wurden bisher an kambodschanische Bauern übertragen. Will jedoch ein großer Privatinvestor Land erwerben, kann er sich um eine Economic Land Concession (Konzession zur wirtschaftlichen Landnutzung) bewerben. Eigentlich sollten Konzessionen für große Flächen nur für staatseigenen Grund und Boden vergeben werden, doch in der Praxis haben sie oft Vorrang vor den Besitzansprüchen gewöhnlicher Bauern. Anders als die speziellen Pachtverträge in Papua-Neuguinea setzen sie nicht einmal die Zustimmung der örtlichen Bevölkerung voraus. Und so bringen überall in Kambodscha führende Persönlichkeiten wie der Zucker-Senator das Land und den Lebensraum von Menschen wie Mey unter ihre Kontrolle. Manchmal agieren sie auch als Strohmänner für ausländische Investoren.

Zwar gibt es keine offiziellen Zahlen, aber NGOs schätzen, dass seit 2003 in Kambodscha mehr als 2 Millionen Hektar – die Hälfte der landwirtschaftlich nutzbaren Fläche – auf diese Weise an rund 150 Privatfirmen übereignet wurden. In einem so kleinen und dicht bevölkerten Land ist das institutionalisierte Landnahme im großen Stil. Auf dem

Papier sind die Economic Land Concessions gesetzlich auf maximal 10.000 Hektar begrenzt. Diese Vorschrift lässt sich jedoch durch die Vergabe aneinander grenzender Gebiete an unterschiedliche Konzessionsnehmer umgehen. In Kampong Speu nahm Ly Yong Phat eine 10.000-Hektar-Konzession für sich selbst in Anspruch und gleich nebenan eine weitere auf den Namen seiner Frau Kim Heang. Die beiden Konzessionen werden, soweit ich sehen konnte, als ein einziger Betrieb geführt.

Es gab Proteste, als Vertreter von Phnom Penh Sugar, der Firma des Senators, durch Omlaing zogen und die Zwangsräumungen bekannt gaben. Auch Mey Mao beteiligte sich an den Demonstrationen. Er erzählte, die Firma habe ihm 200 Dollar angeboten, wenn er und seine Familie fortziehen würden. Das sei keine offizielle Entschädigung, und das Angebot werde verfallen, wenn er es nicht an Ort und Stelle annähme. Aber Mey hatte keine Vorstellung, was sein Land und sein Haus an der Hauptstraße wert sein könnten. Schließlich lehnte er das Angebot wie die meisten anderen ab. Jetzt wartete er einfach, was kommen würde. Immer wieder traf ich in Omlaing auf Menschen, die in einer ähnlichen Situation waren. Viele waren ratlos und erwarteten passiv die Fortnahme ihres Landes. Aber nicht alle.

Inmitten des chaotischen Flickenteppichs aus Hütten, Bäumen und Reisfeldern entdeckte ich etwas, was wie eine Oase der Ordnung und Produktivität aussah. Chhuon Chuons Parzelle erstreckte sich hinter einer ordentlichen Mauer 500 Meter weit von der Straße ins Landesinnere. Das Grundstück war mit Obstbäumen bepflanzt. »Ich habe dieses Land 2005 von einem ehemaligen Rote-Khmer-Kämpfer gekauft«, erzählte mir Chhuon im Schatten seines Obstgartens. Das war nicht ungewöhnlich. Angehörige der Roten Khmer hatten hier jahrelang Unterschlupf gefunden, nachdem sie aus Phnom Penh vertrieben worden waren. Chhuon zahlte rund 400 Dollar für die Parzelle. »Ich habe sie gerodet und die Bäume gepflanzt. Jetzt verdiene ich damit genug, um drei Familien mit siebzehn Menschen zu versorgen.«

Es war ein anständiges Geschäft. Großhändler kamen an seine Tür und kauften bei ihm Mangos, Papayas und Bananen und die Milch der Kühe, die zwischen den Bäumen grasten. Aber anders als viele hier Ansässige fühlte sich Chhuon nicht an sein Land gebunden. Er war 60 Jahre

alt und hatte in diesem verwüsteten Land schon viel gesehen. Seit der
Zeit von Pol Pot war er weit herumgekommen. Und er hatte noch andere Interessen, denn er war von Beruf Grundschullehrer. Dennoch
wollte er seine Parzelle nicht so einfach aufgeben.

Chhuon wehrte sich gegen die Zwangsumsiedlung. Die Dokumente
über den Erwerb seines Landes waren wie so viele andere seit einer Umstrukturierung der örtlichen Verwaltung auf mysteriöse Weise verschwunden. Er glaubte nicht, dass das ein Zufall war. »Die Firma hat mir
bereits einen Teil meines Grund und Bodens weggenommen«, sagte er.
Als Entschädigung für das übrige Land bot ihm das Unternehmen eine
Summe an, die nicht einmal dem Jahresertrag entsprach, den er mit seinem Obst erzielte. Daher lehnte er ab. Kurz danach stand er plötzlich
vor Gericht, weil man ihm vorwarf, unrechtmäßig das Land der Firma
genutzt zu haben. »Ich wurde auf Kaution freigelassen, nachdem ich von
einer NGO [der Menschenrechtsgruppe Adhoc] unterstützt wurde.
Aber ich muss dreimal im Monat vor Gericht erscheinen. Eine Entscheidung steht noch aus. Ich habe keine Angst vor einem Prozess, denn
ich bin der rechtmäßige Eigentümer dieses Landes.«

Chhuon hatte eigene Bedingungen gestellt, unter denen er bereit
wäre, den Streit beizulegen, erklärte er mir mit einem kurzen Lächeln.
»Ich sagte, ich möchte 20.000 Dollar dafür. Das wäre ein fairer Preis, obwohl mir jemand anderer 2007 mehr geboten hatte.« Doch das Unternehmen war nicht interessiert. In der örtlichen Zeitung behauptete es,
dass ihr Chhuons Parzelle gehöre. Einfach so. Bei Abfassung dieses Buches war der Rechtsstreit noch nicht entschieden.

Als Nächstes besuchte ich ein Treffen anderer Einwohner, die gegen die
Zwangsumsiedlung kämpften. Sie saßen mit gekreuzten Beinen auf einem von Palmen beschatteten Podest. Das Treffen verlief freundlich,
aber es lag Spannung in der Luft. Eine Frau schwang ein scharfes Mes-
ser. Es war der erste Jahrestag einer erfolgreichen Demonstration vor einem Provinzgericht, wo rund 500 Dorfbewohner die Freilassung ihres
örtlichen Anführers aus der Haft verlangt hatten. You Tho war beschuldigt worden, die Dorfbewohner aufgewiegelt und nach einer Demonstration einen Brandanschlag auf das Büro des Unternehmens verübt zu
haben.

You Tho, ein über 60-Jähriger von ruhigem Auftreten, schien alles andere als ein Hitzkopf zu sein. Auf seinem T-Shirt prangte das Bild des indischen Pazifisten Mahatma Gandhi. Er erzählte mir, dass für rund 300 Familien in elf Dörfern von Omlaing die Gefahr bestand, zumindest einen Teil ihres Landes an die Zuckerplantage von Ly Yong Phat zu verlieren, die sich in ihrem Tal immer mehr ausbreitete. Es gab unterschiedliche Bedrohungsszenarien. In einem Dorf hatte man den Einwohnern angekündigt, dass ihre Häuser mit Bulldozern niedergewalzt würden. In einem anderen hatten alle Familien ihre Reisfelder verloren. »Sie werden dieses Jahr nichts zu essen haben«, sagte eine Frau bei dem Treffen. Einige hatten gerade ihre Weiden eingezäunt.

Anfangs hatte die Firma noch Ersatzland für die verlorenen Reisfelder angeboten. Aber nur wenige wollten das akzeptieren. »In der Regel war es entweder Hügelland, wo man keinen Reis anbauen kann, oder Land in anderen Dörfern, das den Leuten dort gehört«, sagte ein Mann. Es gab kein Kompensationsangebot für verlorene Weiden, obwohl die Viehzucht in dieser Region gute Erträge brachte. Für ein Paar Rinder könne man bis zu 1200 Dollar erzielen, hieß es. Ich fragte, ob sie versucht hätten, bei der Firma Arbeit zu bekommen. Manche bejahten. Aber es gebe nur Gelegenheitsjobs für 2,50 Dollar am Tag. Den meisten schien das nicht der Mühe wert. »Es ist harte Arbeit, und man steht auf dem Feld den ganzen Tag in der Sonne«, sagte eine Frau.

Nachdem die Regierung Ly Yong Phat die Konzession erteilt hatte, war er persönlich im Dorf erschienen, berichtete mir You Tho. »Er forderte mich auf, die Arbeit für die Gemeinde einzustellen. Er sagte, er würde mir ein Auto und 500 Dollar monatlich geben, wenn ich für ihn arbeiten wollte.« Andere örtliche Anführer erhielten ähnliche Angebote. »Einige haben daraufhin aufgehört, für ihre Leute hier zu arbeiten«, sagte er ohne Groll. »Aber ich werde meine Gemeinde nicht im Stich lassen. Wenn wir zusammenhalten, können wir unser Land retten.«

Die Plantage rückte immer näher an ihr Zuhause heran. Einer nach dem anderen verlor sein Land, wenn die Firma beschloss, dass es gebraucht wurde. Die Zuckerplantage umfasste bisher 5000 Hektar, 15.000 sollten noch dazukommen. Ich machte mich zur Hauptfarm auf, um mich nach den Expansionsplänen und den dagegen erhobenen Beschwerden zu erkundigen. Zu meiner Überraschung war die Plantage von Militär bewacht, vom Bataillon 313 der Königlich Kambodschanischen Streitkräfte, das zu großen Teilen aus ehemaligen Soldaten der Roten Khmer besteht. Die Regierung stellte den Firmen von Ly Yong Phat das Bataillon zur Verfügung, angeblich im Rahmen ihrer Politik, die Beziehungen zwischen dem Militär und Privatunternehmen zu fördern. Als Gegenleistung für die Sicherheitsdienste gewährte Ly Yong Phat dem Bataillon »soziale Unterstützung«.

Die Dorfbewohner ließen sich von dem Bataillon nicht beeindrucken. »Die Soldaten entführen Leute und fordern Lösegeld. Damit bessern sie ihren Sold auf«, sagte man mir. Am Tor zur Farm wurde ich, der Fremde, einigermaßen freundlich behandelt. Aber niemand drinnen war bereit, mit mir zu sprechen.

Die nachlässige Gleichgültigkeit gegenüber den Rechten der Einwohner, auf die ich in Kambodscha traf, schien mir zunächst ungewöhnlich. Aber schon bald kam sie mir wie etwas Alltägliches vor. Auf dem Rückweg von der Zuckerfarm des Senators passierte ich ein großes Tor, das zu dem Anwesen der Firma HLH Agriculture (Cambodia) Co. Ltd. führte. Der örtliche Ableger der in Singapur beheimateten Hong Lai Huat Group hatte 2009 10.000 Hektar Land erworben, das formal gesehen zum Naturschutzgebiet Aoral Wildlife Sanctuary gehört. Die Firma baute dort Mais an. Auf ihrer Homepage hieß es, die Konzession umfasse »weite Gebiete unkultivierten, landwirtschaftlich nutzbaren Landes«. Das Schutzgebiet mochte unkultiviert sein, aber es war nicht ungenutzt. Es gab dort wildlebende Tiere und das indigene Volk der Suy. Die Suy sagten, ihre fünf Dörfer seien von dem Konzessionsgebiet umschlossen worden, und die Wälder, in denen sie Früchte und andere Nahrungsmittel sammelten, gerodet.

Für die Suy war es nicht die erste Begegnung mit Landnehmern. 2004 hatte das Unternehmen New Cosmos Development in einem anderen Teil des Schutzgebiets ein sogenanntes Zentrum für »Ökotourismus« errichtet, das auch über einen Golfplatz verfügte. Die hier lebenden 400 Suy gehören zu den letzten 1200 Angehörigen ihres Volkes, die es in Kambodscha und somit weltweit noch gibt. Aber Golfplätze haben schließlich Vorrang.

Am nächsten Tag fuhr ich nach Südwesten, in Richtung des an der

Küste gelegenen Touristenzentrums Sihanoukville, und bog dann in die Provinz Koh Kong ab. Koh Kong grenzt an Thailand und wird oft als der »Wilde Westen« Kambodschas bezeichnet. Die abgelegene Provinz war in der Vergangenheit Zentrum des illegalen Holzeinschlags, des Drogenanbaus und des Menschenschmuggels. Koh Kong ist zudem Stützpunkt von Ly Yong Phat, der hier neben seinen vielen Immobilien-Entwicklungsprojekten an der Grenze zu Thailand eine Kasinoanlage sowie einen Safari-Themenpark betreibt, der in der Vergangenheit unter Verdacht stand, aus Indonesien Orang-Utans eingeschmuggelt zu haben. Manche Leute nennen den Senator »King of Koh Kong«. Er ließ auch eine 2 Kilometer lange mautpflichtige Brücke bauen, die die Provinz mit Thailand verbindet, wo er weiteres Land besitzt.

Über Landnahme wird in Koh Kong täglich in den Nachrichten berichtet. Bei einer Kaffeepause während meiner Fahrt las ich in der örtlichen Tageszeitung von einem neuen touristischen Entwicklungsprojekt, das an der Küste nahe dem Nationalpark Botum Sakor entstehen soll. Es umfasst 30.000 Hektar, auf denen Ferienhäuser, ein Flugplatz und natürlich Golfplätze geplant sind. Bauherr ist die Union Development Group, ein staatliches chinesisches Textilunternehmen, das auch in Grundbesitz und Tourismus investiert.

Tausend Familien, die dem Vorhaben im Weg standen, hatten das Angebot des Investors akzeptiert, ihnen neue Häuser zu bauen, und waren fortgezogen. Die *Cambodia Daily* hat sie aufgespürt: »Rund zwanzig Kilometer von der Küste entfernt stehen Reihen von gelben Holzhäusern, und die Familien leben jetzt auf ausgedörrtem, gerodetem Land, weit weg von den Cashewbäumen und Kokospalmen, die ihnen einst gehörten.« Die Cambodian League for the Promotion and Defence of Human Rights (LICADHO; kambodschanische Liga zur Förderung und Verteidigung der Menschenrechte) sagt, dass die 20 Familien, die die Entschädigung abgelehnt hatten, mit ansehen mussten, wie man ihre Ernte und ihre Häuser verbrannte. Die Zeitung zitierte einen Kommandanten der Militärpolizei, er habe das Entwicklungsprojekt »beschützen müssen«. »Ich verteidige nicht die Chinesen, aber ich verteidige das kambodschanische Gesetz.«

Außerdem berichtete die Zeitung, dass der frühere australische Finanzminister Peter Costello an der Errichtung einer 5000 Hektar großen Bananenplantage in den nahen Cardamom Mountains beteiligt sei, von der Naturschützer behaupten, dass sie einen wichtigen Wanderweg der Elefanten blockiere. Als ich umblätterte, entdeckte ich eine Nachricht über Ly Yong Phat. Im äußersten Norden des Landes, in der Provinz Oddar Meanchey, sei der Senator an der Entwicklung eines weiteren Unternehmens beteiligt, das sich aus den aneinandergrenzenden Konzessionen von drei Firmen zusammensetze. Deren Vorsitzende seien Thailänder, die zugleich im Vorstand von Thailands größtem Zuckerproduzenten, Mitr Phol, säßen.

Auf der Homepage von Mitr Phol war von den Konzessionen nichts zu lesen. NGOs zufolge wurde das auf dem Konzessionsgebiet gelegene Dorf Bos vollständig niedergebrannt. Die Menschen, die dort seit 1998 lebten, nachdem man die von den Roten Khmer gelegten Landminen geräumt hatte, waren vertrieben worden. Sie besaßen zwar aus dem Jahr 2003 stammende offizielle Besitzurkunden für ihr Land, aber man teilte ihnen einfach mit, dass es nunmehr innerhalb des Gebiets der neuen Zuckerkonzession liege.

Ich machte mich auf den Weg zu einem weiteren Unternehmen des Zucker-Senators, der Koh-Kong-Zuckerraffinerie. Seit dem Abzug der Franzosen vor mehr als einem halben Jahrhundert ist es das erste Werk dieser Art in Kambodscha. Sie war im Jahr zuvor von Premierminister Hun Sen eröffnet worden und erstreckte sich über ein unglaublich großes Gebiet, auf dem sich Einheimischen zufolge früher drei Dörfer befunden hatten. Der Großteil des Areals war ungenutzt, und die Fabrik war nur drei Monate im Jahr, während der Erntezeit, in Betrieb.

Die Raffinerie verarbeitet Zucker aus einem 20.000 Hektar großen Konzessionsgebiet, das 2006 an den allgegenwärtigen Ly Yong Phat und zwei seiner Geschäftspartner übertragen wurde, dem thailändischen Unternehmen Khon Kaen Sugar sowie Vewong, einer taiwanesischen Firma, die gezuckerte Softdrinks und Instant-Nudeln herstellt. Der UN-Kommissar für Menschenrechte berichtete 2007, dass die Konzession ohne öffentliche Anhörung vergeben worden sei und dass zur Umgehung der Maximalgrenze von 10.000 Hektar für eine einzelne Konzession die Besitzrechte zwischen Ly Yong Phat und dem Chef von Khon Kaen Sugar, Chamroon Chinthammit, aufgeteilt worden seien. 2011 wurde bekannt, dass Ly Yong Phat seinen Anteil an zwei weitere Partner weiterverkauft habe, wodurch die Konzession vollständig in ausländische Hände geriet.

Zuvor, gegen Ende 2009, schloss Khon Kaen Sugar einen Vertrag, der den Verkauf der gesamten kambodschanischen Produktion der Firma über fünf Jahre hinweg an Tate & Lyle sichern sollte. Er umfasste auch die Plantagen von Koh Kong. Die erste Lieferung von 10.000 Tonnen im Wert von rund 3 Millionen Dollar wurde im Juni 2010 nach Europa verschifft. Einen Monat später verkaufte Tate & Lyle sein europäisches Zuckerunternehmen einschließlich seines berühmten Markennamens und des Liefervertrags mit Thailand und Kambodscha an das US-amerikanische Unternehmen American Sugar Refining.

Unweit der Raffinerie von Koh Kong liegt Srae Ambel. Dort besuchte ich eine Versammlung von rund 50 Einwohnern, die sich im mit großen Wandmalereien und Buddhastatuen geschmückten Dorftempel trafen. Im Schneidersitz saßen sie auf Strohmatten, geflochten aus Gras von einem Land, das sie nicht mehr betreten durften. Sie wollten mir eigentlich von ihrem verlorenen Land erzählen. Doch es herrschte Schweigen, niemand schien etwas sagen zu wollen. Nach einer Weile fiel mir ein Mann im Hintergrund auf, der nervös an seiner Zigarette zog und sich Notizen machte. Später erfuhr ich, dass man ihn im Dorf als Spion des Unternehmens kannte. Nachdem er gegangen war, weil es ihm zu langweilig wurde, tauten die Leute auf und erzählten mir ihre Geschichten.

Eine Frau, die ihr Haar zu einem Knoten gebunden hatte, sprudelte los: »Es kamen Soldaten, und sie sagten zu mir, ich muss mein Haus räumen, weil das Land nicht mir gehört. Ich sagte nein. Ich würde sie dem Gemeindebeamten melden. Aber sie haben das Haus einfach niedergerissen. Ich habe mir ein anderes gebaut, aber das haben sie niedergebrannt. Dann haben sie auch noch unsere ganze Habe und unseren Reis verbrannt. Als Entschädigung haben sie mir einen einzigen Hektar angeboten. Aber das war heiliges Waldland, über das sie gar nicht verfügen dürfen. Ich kann dieses Land nicht nutzen. Das würde mir Angst machen.«

Örtliche NGOs schätzen, dass sich die Zuckerplantage rund 5000 Hektar von dem Land angeeignet hat, das örtlichen Dorfbewohner gehörte und von ihnen bearbeitet wurde, und die gemeindeeigenen Weiden dazu. Allein in Srae Ambel verloren 250 Familien ihren Grund und Boden. Die meisten hatten noch genug, um Reis anzubauen, aber ihr Weideland war verloren. Eine alte Frau mit zahlreichen Zahnlücken erzählte mir, sie habe einst 30 Stück Vieh besessen, »aber jetzt ist mir nur noch ein Tier geblieben«. Ein Mann sagte: »Früher hatte ich fünfzehn Büffel. Wenn ich krank wurde und Geld brauchte, um ins Krankenhaus zu gehen, habe ich einen Büffel verkauft. Aber jetzt haben wir nicht mehr so viel Vieh, darum können wir das nicht mehr tun. Und ohne die Weiden haben wir kein Stroh mehr für die Reparatur unserer Dächer.«

Eine Frau in pyjamaähnlichem Anzug wusste nicht, wem die Zuckerfabrik gehörte. Daraufhin nannte ihr ein Mann in einer blauen Jacke, der Gemeindevertreter Konh Song, den Namen des Besitzers, Ly Yong Phat. »2007 hat er hier zwei Häuser besucht. Er sagte, er wolle sich darum bemühen, Ersatzland für die Dorfbewohner zu finden. Aber das Land, das sie angeboten haben, war nicht gut, also haben wir abgelehnt. Seither haben wir ihn nicht mehr gesehen.« Ich fragte die Dorfbewohner, ob sie wüssten, wohin der Zucker geliefert wird. Nach Thailand, vermuteten sie. Dann sagte jemand: »Dort wurde er raffiniert, bevor sie hier die neue Fabrik gebaut haben. Jetzt geht er nach England.« »Also verliert ihr euer Land, damit ich Zucker habe«, sagte ich. Die Frau lächelte; offenbar wollte sie nicht unhöflich erscheinen, indem sie mir beipflichtete. Daraufhin bat mich Hun Phan, einer der Männer, keinen solchen Zucker zu kaufen. »Der ist verdorben und unrein. Die Menschen hier weinen, weil sie ihr Land verloren haben.«

Sie seien rechtmäßige Besitzer ihres Landes gewesen, sagten sie, aber das Unternehmen habe das nicht gekümmert. Economic Land Concessions hätten Vorrang vor örtlichen Landrechten. Auch spiele es keine Rolle, wofür sie ihr Land genutzt hatten. Ein Mann mittleren Alters, Teng Kao, hatte 15 Hektar besessen, bepflanzt mit Cashewbäumen, Palmen, Tamarinden, Bambus und Mangos. »Ich hatte mehr als tausend Bäume. Ich hätte reich werden und mir ein Auto kaufen können«, sagte er und setzte seine Brille ab, um mich genauer anzusehen. »Aber sie haben mir alle Bäume zerstört, bevor ich die Chance hatte, sie zu Geld zu machen.«

Später brachte mich einer der Jugendlichen aus dem Dorf auf seinem Motorrad über Nebenstraßen an einer schlafenden Wache vorbei zu der

Farm. Wir sahen zwei Cashewbäume in einer Hecke – alles, was von Tengs Obstgarten übrig war. Teng wollte uns nicht begleiten. Er sei ein Vertreter der Dorfbewohner, und es würde die Wachen der Firma verärgern, wenn er sich in Gesellschaft von Fremden zeige. Aber vielleicht konnte er auch einfach den Anblick nicht ertragen. Er sah, was mit dem Dorf geschehen war. Früher hatten sie am nahe gelegenen Berg die Produkte des Waldes gesammelt, sagte er, aber nun schneide ihnen die Zuckerfarm den Weg dorthin ab. Die örtlichen Gewässer seien inzwischen mit den Chemikalien der Farm und den Abfällen der Raffinerie verschmutzt, die Fische vergiftet. »Früher haben die Kinder aus dem Fluss getrunken, wenn sie die Büffel hüteten. Heute werden sie krank, wenn sie das tun.« Und überhaupt gebe es inzwischen kaum noch Büffel.

Es scheint, dass die Menschen von Srae Ambel und die anderen Opfer des Zuckerbooms alles verloren haben. In Srae Ambel haben sie sogar von Protesten genug. Als 2006 ihr Unglück begann, hatten sie in Phnom Penh einen Protestmarsch veranstaltet. Danach stellten sie sich den Bulldozern der Firma in den Weg. Manche wurden eingesperrt. Eine Frau wischte sich die Tränen aus den Augen, als sie davon erzählte. »Wir mussten zehn Kühe verkaufen, um die Gerichtskosten zu bezahlen.« Einige sagten, aufgrund ihrer Verhaftung habe man ihnen die Entschädigung verweigert. 2007 berichtete der UN-Hochkommissar für Menschenrechte, Hun Phan, dass die Zuckerkonzessionen in Koh Kong »ohne öffentliche Anhörung bewilligt wurden ... Mehr als vierhundert Familien sind von der Rodung der Reisfelder und Obstgärten, die im Besitz von Dorfbewohnern waren, betroffen ... dies hat auch die Verfügbarkeit von Weideland eingeschränkt. Manche Einwohner haben nur noch wenig oder gar kein Farmland mehr. Berichten zufolge haben Sicherheitsleute des Unternehmens Vieh konfisziert oder erschossen, das sich auf das Konzessionsgebiet verlaufen hatte.« Die Farm habe »ihre Aktivitäten ausgedehnt, trotz der Bemühungen, den Streit beizulegen«.

Letztlich hatte sich nichts geändert. American Sugar reagierte nicht auf die Anfragen, die die kambodschanischen NGOs und später auch ich stellten. Fünf Jahre nach dem Erscheinen des Zucker-Senators stand alles Leben in Srae Ambel vor dem Zusammenbruch. Als ich mich zum Gehen wandte, meinte jemand zum Abschied: »Pol Pot hat uns rasch umgebracht. Das hier geht langsam vor sich. Aber sie bringen uns genauso um.« Tate & Lyle verweisen bei Nachfragen stets auf American Sugar.

Aber die Geschichte ist vielleicht noch nicht zu Ende. Kambodscha verdankt seinen Zuckerboom den bevorzugten Handelsbedingungen mit der Europäischen Union, bekannt als »Alles außer Waffen«-Regelung. Ziel dabei ist, den ärmsten Ländern der Welt den Export praktisch unbegrenzter Mengen von bestimmten Gütern in die EU zollfrei zu ermöglichen. Im Fall von Zucker gibt es zudem garantierte Mindestabnahmepreise. In den USA hingegen besteht eine solche Regelung nicht, dort werden auf Zuckerimporte nach wie vor kontingentabhängige Zölle erhoben. Doch die europäischen Anreize haben für das Kapital ein lukratives Geschäft eröffnet, bei dem es nichts zu verlieren und alles zu gewinnen gibt. Und eine der Folgen ist die weitverbreitete Landnahme.

Im Mai 2011, kurz nach meiner Reise, unternahm die schwedische Abgeordnete des Europaparlaments Cecilia Wikstrom eine ähnliche Fahrt durch Kambodscha wie ich. Anschließend erklärte sie in Phnom Penh, es gebe eine Fülle von Belegen für Menschenrechtsverletzungen, und die Antworten, die sie dazu vom stellvertretenden Premier Sok An erhalten habe, seien unbefriedigend. »Es besteht kein Zweifel, dass den Dorfbewohnern Leid zugefügt wurde«, sagte sie. »Dies ist mit Blut erkaufter Zucker.« Sie rief dazu auf, die »Alles außer Waffen«-Regelung im Falle des kambodschanischen Zuckers außer Kraft zu setzen.

Dies ist bisher, zur Zeit der Abfassung dieses Buches, noch nicht geschehen. Sollte es dazu kommen, könnte die große Blase platzen. Und die Chancen stünden gut, dass die Landnahme, zumindest die um des Zuckers willen, damit ein Ende finden könnte. Manche der Konzessionsinhaber würden wohl ihr Geschäft einstellen. Und manche der Dorfbewohner würden vielleicht ihr Land zurückerhalten.

18

SÜDOSTASIEN

Kautschuk auf dem Weg nach China

In den Bergen von Nordlaos, nahe an der Grenze zu China, verschwinden allmählich die Reisfelder. Jahrtausende lang gab es hier nichts Wichtigeres, als den stetigen Vorrat an Reis zu sichern. Heute aber bildet er nicht mehr die Grundlage jeder Mahlzeit. Und das Dorfleben dreht sich auch nicht mehr unablässig um den mühevollen Anbau dieses Getreides. Heute fahren die Menschen mit dem Motorrad in die Stadt und kaufen Brot und Hühnchen. Was also wächst heute auf den Terrassen der Berge, in denen einst fast jeder Quadratzentimeter für Reis genutzt wurde? Die Antwort lautet: Kautschuk.

2008 besuchte Denis Gray von Associated Press das abgelegene Dorf Chaleunsouk in Nordlaos und schrieb darüber einen denkwürdigen Artikel, in dem er schilderte, wie »die Reisfelder, die dieses versteckte Bergdorf generationenlang umgaben«, ersetzt wurden durch »ordentliche Reihen junger Kautschukbäume, deren Saft für China bestimmt ist ... Sechzig Familien in diesem armseligen, verschlammten Dorf mit ausgemergelten Männern und verkrümmten Frauen bauen jetzt Kautschuk an, so wie Tausende andere in den zerklüfteten Bergen.«

Es gibt mehrere große Kautschukplantagen auf den Abhängen. Aber auch auf dem eigenen Land haben die Dorfbewohner oft Kautschukbäume stehen. Ob als Plantagenbesitzer oder als Käufer, die neuen Herren hier sind chinesische Kautschukunternehmen wie Sino-Lao Rubber, Yunnan Rubber und Chia Xuang. In den letzten zehn Jahren ist ihnen die »abrupte, rasante und weitgehend unkontrollierte« Invasion von Nordlaos gelungen, berichten die Yunnan University und die International Union for the Conservation of Nature.

Neben anderen Nutzpflanzen wie Baumwolle konkurriert auch Kautschuk bereits seit langem mit Nahrungsmitteln um die Anbauflächen der Welt. Anfang des 20. Jahrhunderts produzierte Malaysia drei

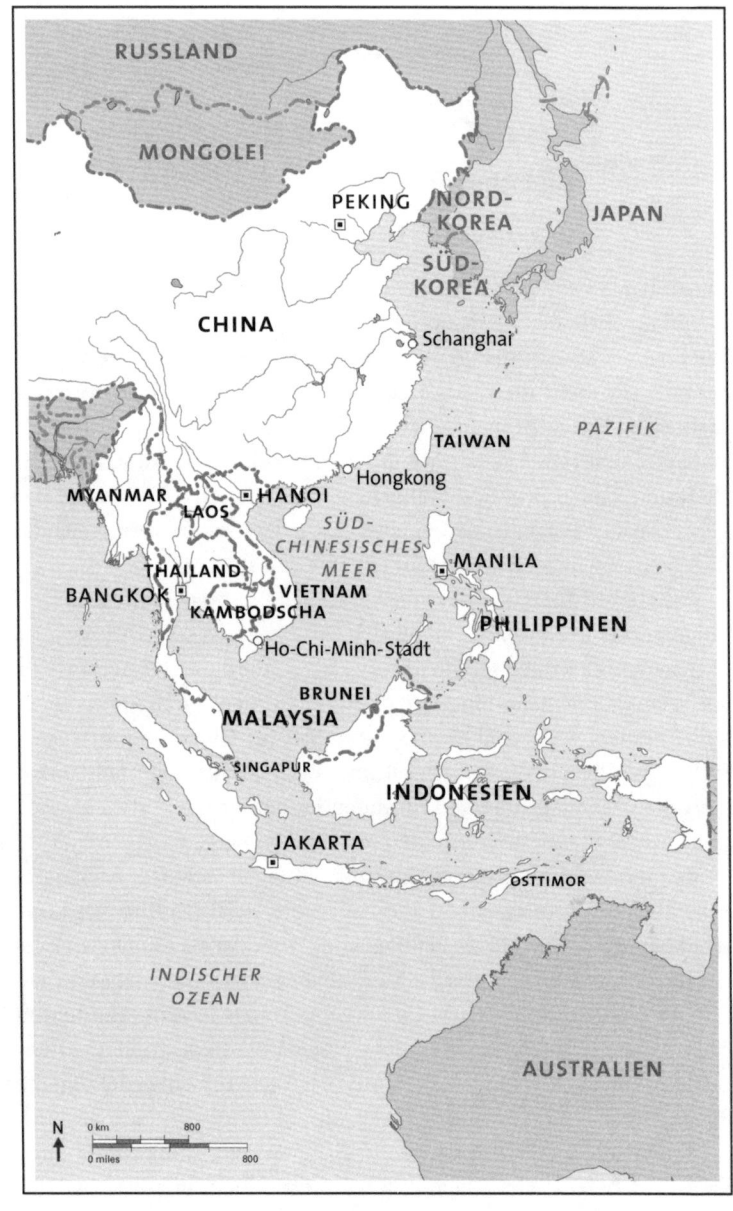

Viertel des weltweiten Kautschuks, damals noch unter britischer Kontrolle. Heute sind weltweit rund 10 Millionen Hektar – ein Gebiet fast so groß wie England – mit Kautschukbäumen bepflanzt. Und die globale Nachfrage nach Latex wächst jährlich um 3 Prozent. Wie bei vielen anderen Handelswaren treibt China die Nachfrage hoch.

2020 wird China schätzungsweise ein Drittel der weltweiten Kautschukproduktion verbrauchen, hauptsächlich für Autoreifen. Das kommunistisch regierte Laos möchte am absehbaren chinesischen Autoboom ebenfalls teilhaben und es den großen Produzenten wie Thailand, Indonesien, Malaysia, Vietnam und Indien gleichtun. Mit seiner langen Grenze zu China ist Laos tatsächlich ideal dafür geeignet, Chinas neue kautschukproduzierende Provinz zu werden. Das Land hofft, auf diese Weise seine rückständige Wirtschaft in Schwung zu bringen.

Daher sind die chinesischen Unternehmen von jenseits der Berge sehr willkommen. Und Laos stellte bereitwillig Land für eine neue Straße durch den fernen Norden zwischen China und Thailand zur Verfügung, der als Nördlicher Wirtschaftskorridor bezeichnet wird. Die Straße soll den Export des Kautschuks erleichtern, für dessen Anbau der kleine Binnenstaat Laos inzwischen eine Fläche von 140.000 Hektar zur Verfügung stellt. Die Straße wird auch dabei helfen, das angestrebte Ziel einer Verdopplung der Anbaufläche bis 2020 zu erreichen.

Alan Ziegler, ein Geograf an der University of Singapore, meint, dass Südostasien von einem wahren »Kautschuk-Tsunami« überrollt wird. Insgesamt wurden in Thailand, Vietnam, Kambodscha, Myanmar, Laos und in der chinesischen Provinz Yunnan mehr als eine halbe Million Hektar ehemals von Kleinbauern bewirtschaftete Reisfelder und Waldgebiete in Anbauflächen für Kautschuk umgewandelt. Ziegler vergleicht dies mit der Übernahme Indonesiens durch Palmöl- und Holzplantagen, deren Erzeugnisse ebenfalls zum großen Teil in den Export nach China gehen. Und er fürchtet ähnliche »verheerende« ökologische und soziale Folgen.

Myanmar stellt chinesischen Unternehmen riesige Kautschukplantagen von bis zu 20.000 Hektar Größe zur Verfügung und setzt sich dabei rücksichtslos über die Interessen von Dorfbewohnern hinweg. Bis 2020 möchte das Land seine Kautschukanbauflächen auf 400.000 Hektar ausdehnen. Sowohl Thailand als auch Vietnam legen mit Blick auf den chinesischen Markt immer mehr eigene Kautschukplantagen an. Zusammen verfügen sie über rund 1 Million Hektar Latex-produzierender Flächen. Die Nachfrage ihres Big Brother ist derart hoch, dass die beiden Länder sogar auf ihre ärmeren Nachbarn übergreifen, um sich dort Land für den Anbau von noch mehr Kautschuk für den Export nach China zu sichern.

Zu den vietnamesischen Kautschukbaronen, die in Südlaos Großplantagen bewilligt bekamen, gehört Doan Nguyen Duc, eine schillernde Figur, die von sich behauptet, in Vietnam der erste Besitzer eines Privatjets gewesen zu sein. Er baute eine kleine Schreinerei zu einem der größten vietnamesischen Unternehmen namens Hoang Anh Gia Lai auf. Seine neue erwachte Begeisterung für landwirtschaftliche Projekte erläuterte er 2009 der Zeitschrift *Forbes Asia* mit den Worten: »Ich denke, natürliche Ressourcen sind begrenzt, und ich muss sie mir aneignen, bevor sie weg sind.« In Laos brachte er 10.000 Hektar Kautschukplantagen in seinen Besitz, wofür er als Gegenleistung in der Hauptstadt Vientiane das Athletendorf für die Südostasiatischen Spiele von 2009 errichtete. Laut Miles Kenney-Lazar von der Clark University in Worcester, Maryland, diente das Land, das Doan in Beschlag nahm, zuvor hauptsächlich dem Anbau von Reis und Gemüse und als Weidefläche. Von sieben betroffenen Dörfern wussten nur vier, dass ihr Land bereits vergeben war, als Doan dort auftauchte.

Kambodscha plant inzwischen, für das Geschäft mit China die Flächen seiner Kautschukplantagen bis zum Jahr 2015 auf 800.000 Hektar zu verachtfachen, und lud kürzlich vietnamesische Unternehmen ein, zu diesem Zweck 37.000 Hektar zu übernehmen. Doan besitzt dort bereits 15.000 Hektar.

Wie bereits in früheren Kapiteln geschildert, hat Kautschuk eine unrühmliche Geschichte, nicht zuletzt in Südostasien. In den 1930er-Jahren betrieb die französische Reifenfirma Michelin eine von vielen Kautschukplantagen, die sich in einem Streifen von über 300 Kilometern Länge an der vietnamesischen Küste entlangzogen. Da auf diesen Plantagen die unmenschlichsten Verhältnisse herrschten, erwuchs aus ihnen die kommunistische Bewegung, die zuerst die Franzosen und dann auch die Amerikaner aus Südostasien vertrieb. In neuerer Zeit hat man daher in traditionell kautschukproduzierenden Regionen wie dem ehemals britischen Malaysia die Kautschukproduktion zugunsten der Palmölgewinnung aufgegeben. Die dadurch entstandene Lücke wurde oft von Kleinbauern gefüllt. In den letzten Jahren stammten drei Viertel des weltweiten Kautschuks von Kleinbauern. Doch in Staaten wie China und Vietnam behielten die Landgüter ihre Macht. Und mit deren wachsendem Einfluss erleben Großplantagen ein Comeback.

Die Chinesen kommen – dieses Schlagwort hört man ständig. Es ist Ausdruck einer Paranoia. Die in London ansässige Investmentfirma Emergent Asset Management unter der Leitung von Susan Payne lässt sich bei ihrer Investitionsstrategie nach eigener Aussage von der Überzeugung leiten, dass der Westen gegen China Krieg führen wird, um zu verhindern, dass China sämtliche Ressourcen der Welt kontrolliert. Nach zwei Jahrzehnten mit zweistelligen Wachstumsraten ist dieses Land mit seinen 1,3 Milliarden Einwohnern natürlich ein immer wichtiger werdender Akteur auf der Weltbühne, der eben auch einen immer größer werdenden Teil der weltweiten Ressourcen für sich beansprucht. Doch wenn es um chinesische Landnahme und ihre Entwicklung in der Zukunft geht, haben sich inzwischen allerlei Mythen aufgebaut. Daher sollten wir uns erst einmal fragen: Wie steht es um das Reich der Mitte?

Mit fast einem Fünftel der Weltbevölkerung, aber nur einem Zehntel des weltweit landwirtschaftlich nutzbaren Bodens und einem noch geringeren Anteil des weltweit verfügbaren Wassers mangelt es China an einigen elementaren Ressourcen für den Anbau von Nutzpflanzen. Und der Mangel wird immer spürbarer. Durch Urbanisierung, industrielle Entwicklung, Stauseen, Bodenerosion und sich ausbreitende Wüsten büßte China allein in den letzten 10 Jahren rund 6 Prozent des Kulturlandes ein. Seit 1990 verloren schätzungsweise 50 Millionen chinesische Bauern ihr Land. In den Dörfern wächst der Widerstand gegen Landnahmen durch staatliche Behörden. Zugleich erhöhte die steigende Nachfrage nach Fleisch- und Milchprodukten, zu deren Herstellung mehr Boden und Wasser benötigt wird, den Druck noch weiter. Auf China entfallen 30 Prozent des weltweiten Fleischkonsums. Erstaunlich ist dabei vielleicht, dass China die meisten seiner Nahrungsmittel nach wie vor selbst erzeugt. Genau genommen, sogar in größerem Umfang als fast jedes andere Land.

Manche Nahrungsmittel muss China jedoch importieren, beispielsweise einen Großteil des benötigten Zuckers. Zur Steigerung der Zuckerproduktion, teilweise auch zur Erzeugung von Ethanol, gehen chinesische Firmen zu Landnahmen über. Complant International Sugar – das durch seine auf den Kaimaninseln ansässige Tochterfirma Hua Lien bereits in Benin, Sierra Leone und Madagaskar Zucker anbauen lässt – pachtete 2011 von der notleidenden staatseigenen Sugar Company of Jamaica die letzten drei jamaikanischen Zuckerplantagen mit 30.000 Hektar. Ein chinesisches Zuckerprojekt in Mali wird über 20.000 Hektar verfügen (siehe Kapitel 25), ein weiteres von ähnlicher Größe ist auf den Philippinen geplant.

China benötigt aber vor allem Soja als Futtermittel für sein Vieh. Bislang bezieht das Land es hauptsächlich aus Lateinamerika, über Zwischenhändler, die es gern übergehen möchte. Offensichtlich misstraut China den großen amerikanischen Rohstoffhändlern wie Cargill und Bunge. Eine Vorreiterrolle spielt die Beidahuang Land Cultivation Group, ein riesiges staatliches Agrarunternehmen mit Sitz im Nordosten des Landes, das mehr Soja anbaut als jede andere Firma in China. 2011 schloss Beidahuang einen Pachtvertrag mit dem Gouverneur von Rio Negro in Argentinien über rund 230.000 Hektar. Zudem verfügt es über ein langfristiges Abkommen mit dem argentinischen Textilunternehmen Credus, das mehr als eine Million Hektar Farmland kontrolliert. Beidahuang hat außerdem angekündigt, einen neuen Hafen für den Sojaexport bauen zu lassen.

Auch in Brasilien versucht China seinen Bedarf an Soja zu decken. Wie ich bei meinem Besuch in den Cerrados erfuhr, hat die Chongqing Grain Group dort einen Vertrag über 2,4 Milliarden Dollar geschlossen, um die größte Sojaverarbeitungsanlage in West-Bahia zu bauen und jährlich 1,5 Milliarden Tonnen Soja nach China zu verschiffen.

Chinas Nachfrage ist groß, aber nicht unstillbar. Die im Land praktizierte Ein-Kind-Politik trägt bereits Früchte, sodass sich die Bevölkerungszahl stabilisiert und bald sogar schon sinken könnte. Es stimmt – je reicher die Chinesen werden, desto größer ihre Nachfrage und damit der Import von Land fressenden Erzeugnissen wie Kautschuk, Baumwolle, Holz und Biokraftstoff. Doch den explosionsartigen Anstieg des Nahrungsmittelkonsums hat China womöglich schon hinter sich.

Wenn chinesische Agrarunternehmen weiterhin weltweit expandieren, wonach es den Anschein hat, geschieht das oft, um andere Märkte zu beliefern. Menschen wie Sie und mich.

China integriert sich in die Weltwirtschaft. Diese Integration bedeutet, dass nicht nur chinesische Großunternehmen überall auf der Welt nach Möglichkeiten suchen, mit dem Anbau von Nahrungsmitteln Profit zu machen, sondern dass auch immer mehr Landnehmer nach China kommen. In kleinerem Umfang geschieht das bereits heute. Wie bei der Hühnerzucht. Im Jahr 2008 kaufte die amerikanische Investmentbank Goldman Sachs für 300 Millionen Dollar 10 riesige Geflügelfarmen in den chinesischen Provinzen Hunan und Fujian. Leider zogen sich die »Masters of the Universe« nicht selbst die Gummistiefel an, sondern engagierten einen Manager von außen. Doch dies ist kein einmaliger Vorgang. Zusammen mit der Deutschen Bank und anderen Geldinstituten hat sich Goldman Sachs auch in chinesische Schweinezuchtbetriebe eingekauft. Und es erwarb Anteile an der Yurun Food Group, dem zweitgrößten Fleischproduzenten des Landes.

Singapur lässt gerade nahe Changchun auf der fruchtbaren Schwarzerde im fernen Nordosten Chinas eine Hightech-Superfarm errichten, die China-Jilin Modern Agricultural Food Zone heißt. Mit ihren 150.000 Hektar ist die Farm mehr als doppelt so groß wie das Staatsgebiet Singapurs. Ziel ist der Anbau von Reis und Mais, die Rinder- und Schweinezucht und sogar der Anbau von Wein für die Märkte in Singapur und China. Auch der neuseeländische Milchgigant Fonterra besitzt inzwischen eine Reihe chinesischer Farmen. Ihm gehören 43 Prozent des Molkereiunternehmens, das 2008 mit Melamin verunreinigtes Milchpulver auf den Markt brachte, wodurch sechs chinesische Kinder starben und eine Viertelmillion erkrankten.

Und was ist mit Afrika? Dieser Kontinent steht vor allem bei den chinesischen Unternehmen im Fokus, denen es um die Ausbeutung von Metallvorkommen für die schnell wachsende Industrie ihres Landes geht. Für die Erlaubnis, die Metalle zu fördern, verspricht Peking den Bau von Straßen, Häfen und anderen Infrastrukturprojekten. Einer Schätzung zufolge arbeiten heute 1,5 Millionen Chinesen in Afrika. Chinesische Baufirmen haben in Mali Wasserkanäle und Bewässerungsanlagen gebaut.

Chinesische Wissenschaftler sind in südafrikanischen Saatgutlaboren tätig. Chinesische Kleinbauern, die ihr Land an einheimische Landnehmer verloren haben, bewirtschaften von Senegal bis Mosambik emsig die Böden. Aber wie viel Farmland haben sich die Chinesen angeeignet? Die Antwort lautet: weit weniger, als es manchmal den Eindruck macht.

Wie wir in Kapitel 7 gesehen haben, sind die Berichte, wonach das Unternehmen Zhongxing Telecommunications Equipment in der Demokratischen Republik Kongo 3 Millionen Hektar besitzt, auf denen sie Palmöl produziert, weit übertrieben. Und in Simbabwe scheint sich das viel diskutierte Projekt, von der staatlichen chinesischen International Water and Electric Company im Austausch für Mais eine 100.000 Hektar große Anlage für künstliche Bewässerung bauen zu lassen, erledigt zu haben. »Vieles, was wir über großflächigen Landnahme und finstere chinesische Verschwörungen hören, beruht auf Fehlinformationen und Gerüchten«, erklärt Lila Buckley, Chinaexpertin am International Institute for Environment and Development in London.

Dennoch finden gewisse Aktivitäten statt. Aber es entspricht nicht der chinesischen Art, in übermäßiger Eile vorzugehen. Die China State Farm Agribusiness Corporation betreibt schon seit 1994 in Afrika sieben landwirtschaftliche Projekte, darunter Farmen in Sambia, Tansania, Südafrika und Guinea-Bissau. Laut *China Daily* umfassten diese Farmen im Jahr 2010 zusammen 8600 Hektar, wovon der Hauptanteil auf eine Sisalfarm in Tansania entfällt. »Landwirtschaftliche Investitionen erfordern mehr Geduld und eine längerfristige Perspektive als andere Industrien«, sagt der stellvertretende Generaldirektor des Unternehmens, Xu Jun. »Die instabile politische Lage ist weiterhin das größte Risiko für chinesische Unternehmen, die in Afrika investieren.« Chinesische Unternehmen bringen auch oft ihre eigenen Arbeitskräfte mit und beschäftigen nur selten Einheimische. Beispielsweise auf den 10.000 Hektar großen Reisfeldern von Sino Cam Iko in Kamerun, wo die Einheimischen, wie die chinesischen Manager behaupten, nicht hart genug arbeiten und den Reis stehlen.

Einfacher ausgedrückt, kommen Chinesen und Afrikaner oft nicht sonderlich gut miteinander aus, meint Lila Buckley, die die beiderseitigen Missverständnisse am Beispiel Senegals untersucht hat. Ein chinesischer Manager erklärte ihr: »Das größte Problem bei der Landwirt-

schaft in Senegal ist die Mentalität der Menschen dort. Sie sind sehr
leicht zufriedenzustellen. Wenn sie genug zu essen haben, lassen sie die
Arbeit einfach liegen. Es gibt dort eine Menge fruchtbares Land, das
nicht genutzt wird.« Die Einheimischen hingegen beklagten sich, dass
»die Chinesen von den Arbeitern verlangen, acht Stunden zu arbeiten.
Aber wir haben eine andere Herangehensweise. Wir arbeiten ein paar
Stunden, dann ruhen wir uns neben dem Feld aus, plaudern mit unseren Freunden, trinken Tee und erzählen uns Geschichten.« Solche kulturellen Konflikte können sehr tragisch enden. Nach einer Welle öffentlichen Protests gab die chinesische Ex-Im Bank 2007 ihren Plan auf,
chinesische Viehfarmen in Mosambiks Provinzen Sambesia und Tete zu
finanzieren.

Ostasiaten haben in Afrika zuweilen große Schwierigkeiten, das lässt
sich nicht leugnen. Ein weiteres gutes Beispiel hierfür ist Südkorea. Das
Land zählt zu den weltweit größten Importeuren von Nahrungsmitteln.
Es bezieht fast 90 Prozent seines Weizens und Mais aus dem Ausland –
was ihm zunehmend Sorgen macht. 2008 standen koreanische Lebens-
mittelunternehmen vor dem Problem, dass wichtige ausländische Zulieferer ihre Exporte nach Südkorea einstellten, um ihre eigene Bevölkerung zu ernähren. Die Regierung in Seoul entwarf daraufhin eine
Nationale Nahrungsmittelstrategie zur Subventionierung heimischer
Unternehmen, die bereit waren, im Ausland auf Landsuche zu gehen.
   In Südkorea herrschen tiefsitzende Ängste. Während des Koreakriegs vor wenig mehr als einem halben Jahrhundert starben zahllose
Koreaner an Unterernährung. Im kommunistischen Nordkorea gibt es
noch heute Hungersnöte. Dennoch vernachlässigte das moderne Südkorea die Landwirtschaft und vollzog stattdessen eine atemberaubend
rasche Industrialisierung. Die koreanischen Bauern sind alt, und ihre
Höfe verfallen. Nun sieht das Land mit Schrecken, dass andere Länder
künftig – wie es das Samsung Economic Research Institute 2011 in einem Bericht formulierte – »Nahrung als Waffe« einsetzen und Südkorea von der Versorgung mit Nahrungsmitteln abschneiden könnten.
   Daher möchte Südkorea bis zum Jahr 2030 ein Viertel seiner Nahrungsmittel im Ausland auf von koreanischen Unternehmen gekauften
oder gepachteten Flächen produzieren. Die Manager von Daewoo und

weiterer Industrieunternehmen, die Südkorea reich gemacht haben, haben jetzt eine neue Mission – weltweit nach Land zu suchen, mit dem sie ihre Bevölkerung ernähren können.

Aber das ist nicht so einfach. Nicht überall sind die Koreaner willkommen, nicht einmal, wenn sie Geld mitbringen. 2008 schloss Richard Shin, Leiter von Daewoo Logistics für den Ankauf von ausländischem Land, einen Vertrag mit dem madegassischen Präsidenten Marc Ravalomanana über den Kauf von 1,3 Millionen Hektar Land, wo die Hälfte des in Südkorea benötigten Mais angebaut werden sollte. Die vorgesehene Fläche umfasste zwar nicht mehr als 2 Prozent des madegassischen Territoriums, aber ein Viertel der gegenwärtig landwirtschaftlich nutzbaren Fläche. Daewoo versprach, im Gegenzug Straßen und Krankenhäuser zu bauen und Tausende Arbeitsplätze zu schaffen. Doch der Vertrag platzte, als die Proteste der Bevölkerung den Präsidenten das Amt kosteten.

Nachdem das Vorhaben gescheitert war, meinte Shin gleichmütig: »Wenn in Madagaskar nichts aus dem Projekt wird, versuchen wir es eben woanders. Es ist lediglich ein Geschäft, keine Kolonisierung in irgendeiner alten oder neuen Form.« Drei Jahre später berichtete die *Korea Times*, dass 73 südkoreanische Firmen in 18 Ländern auf insgesamt 23.000 Hektar Getreide erzeugen. Viele weitere und größere Projekte sollen folgen.

In der Region Khalkhgol im fernen Osten der Mongolei hat Korea 30.000 Hektar gepachtet. Hyundai, der weltgrößte Schiffsbauer, erwarb zwei Drittel eines russischen Unternehmens, das im äußersten Osten Russlands bei Wladiwostock auf 50.000 Hektar Landwirtschaft betreibt, und hat bereits ein Auge auf ein ähnlich großes Gebiet in den brasilianischen Cerrados geworfen. Die Korean International Cooperation Agency erklärte 2011, sie plane, 100.000 Hektar vom Staat als »Brachland« deklarierter Flächen auf den Philippinen zu kaufen. Daewoo plante den Bau einer 20.000 Hektar großen Maisfarm in Indonesien. Der koreanische Nahrungsmittelriese Daesang schloss sich mit dem koreanischen Farmer Lee Woo-chang zusammen, der in die kambodschanische Provinz Kampon Seu ausgewandert war, um dort auf 13.000 Hektar Mais für den Export nach Südkorea anzubauen. Bis jetzt scheinen die Koreaner, wie die Chinesen, in Asien mehr Glück zu haben.

TEIL FÜNF

AFRIKANISCHE TRÄUME

Im Westen hat sich der Mythos vom wilden Afrika tief in die Seele der Menschen eingegraben. Wir greifen nach seinen Savannen und Wäldern, um unser Bild von der Natur zu schützen – und vertreiben dabei deren traditionelle Wächter. Die Maasai – früher meist Massai genannt – in Tansania leiden besonders darunter, aber die grünen Landnahmen erzeugen auch woanders Umweltflüchtlinge, von den Ufern Südafrikas bis zu den Urwäldern des Kongo. Unterdessen gehen Südafrikaner auf einen »zweiten Großen Treck«, um quer über den Kontinent neues Farmland zu finden. Doch mancherorts kehren sich die Landnahmen durch Außenstehende gegen sie, zum Beispiel wenn die Biosprit-Blase platzt oder weiße Landbesitzer in Simbabwe von Kriegsveteranen und Mugabes neuen Oligarchen verdrängt werden.

19

MAASAILAND, TANSANIA

Das Land der Weißen

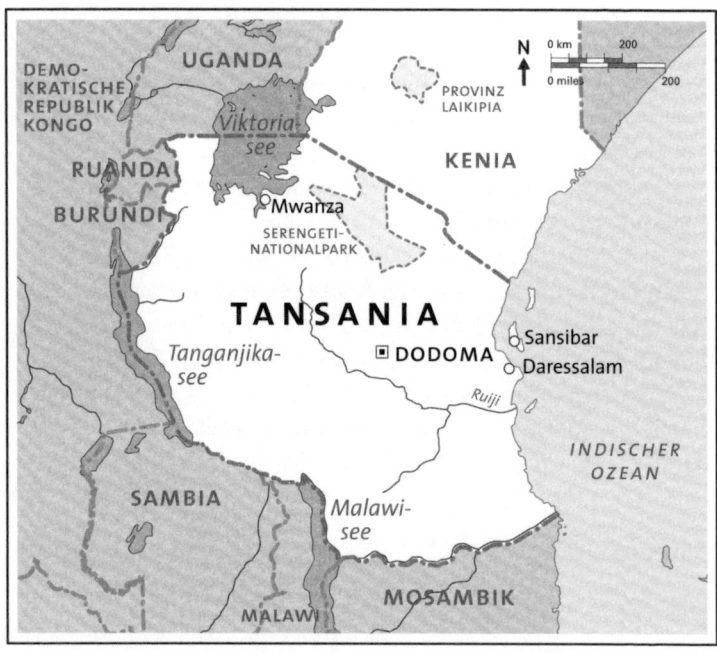

Stellen Sie sich vor, Sie hätten eine Hütte in der Serengeti, mit einem spektakulären Blick auf die wohl beliebteste Region für die Beobachtung von Wildtieren auf der Erde, Heimat von Löwen, Elefanten, Nashörnern, Büffeln, Geparden und Ort des größten Naturschauspiels, der Migration dieser Tiere. Die Hütte, die ich gerade im Sinn habe, kostet Sie 1875 Dollar die Nacht für ein Einzelzimmer und nur 1675 Dollar, wenn Sie bereit sind, die Unterkunft mit einem Freund zu teilen. Dafür bekommen Sie die nächtlichen Geräusche der Natur und am Tag Ausflüge in das 136.000 Hektar große Grumeti-Wildreservat geboten. Wie die südafrikanische Öko-Safari-Gruppe verspricht, die diese Unterkünfte führt – allerdings nicht ohne zuvor die »importierten Lüster und die handgemachten Möbel« zu erwähnen –, »werden Sie diesen unberührten Streifen Afrikas ganz für sich allein haben.«

Alle sind sich einig, dass die Serengeti etwas Besonderes ist. Der ehemalige US-Präsident Teddy Roosevelt bezeichnet in seinem 1909 erschienenen Buch *Afrikanische Wanderungen*, in dem er über die Jagdlust schreibt, der er jahrelang in Ostafrika frönte, die Serengeti als »pleistozäne« Landschaft, als »ein großartiges Fragment aus der lange verborgenen Vergangenheit unserer Spezies«. Die menschliche Bevölkerung aber – die bunt geschmückten, aristokratisch wirkenden Maasai –, durch deren Land er stampfte, erwähnte Roosevelt nur am Rande.

Naturschützer drücken sich oft ähnlich aus wie Roosevelt. Für mich ist das Bemerkenswerteste an der Serengeti jedoch nicht der Eindruck, dass es ein menschenleeres Land ist, sondern eher das Gegenteil. Denn in Wahrheit teilt diese höchst außergewöhnliche Ansammlung großer Wildtiere das Land mit indigenen Stämmen wie den Maasai und ihrem Vieh schon seit Hunderten, wahrscheinlich sogar Tausenden von Jahren. Zwischen ihnen besteht eine Symbiose, die im völligen Widerspruch zu unserer modernen Denkweise steht, dass der Mensch unausweichlich in Konflikt mit der Natur gerät. Und da wir diese Symbiose nicht sehen können – oder nicht sehen wollen –, glauben wir, die Hirtenstämme hier stellten eine Bedrohung für die Natur dar. Die Menschen, die so lange über die Serengeti und ihre Wildtiere gewacht haben, werden systematisch von ihrem Land vertrieben.

Es mag grotesk erscheinen, aber unsere Vorstellung von unberührter Natur – unberechenbar und grausam – hat die Übernahme von Land durch eine neue Art von superreichen Umweltschützern und Safariveranstaltern gefördert. Die Serengeti ist heute weniger eine pleistozäne Landschaft, sondern vielmehr der größte Zoo der Welt, in dem die Maasai-Krieger mit ihrer leuchtend roten Bekleidung, den schön gearbeiteten Perlen und todbringenden Speeren zu dekorativen Statisten degradiert sind.

Für zusätzliche 500 Dollar pro Person können Sie im Grumeti-Wildreservat an einer Ballon-Safari über ein Gebiet teilnehmen, wo sich, wie es heißt, »das Land unendlich weit in die Ferne erstreckt«. Dieser Ausdruck ist übrigens die Bedeutung des Maasai-Wortes Serengeti. Jetzt aber erstreckt sich das Land nur noch für Sie in die Ferne, nicht mehr für die Maasai. Während Sie »Abgeschiedenheit und Exklusivität« genießen, dürfen die Maasai und ihr Vieh das Reservat nicht betreten. Die Konzessionsinhaber sagten mir, sie seien »gesetzlich verpflichtet« zu verhindern, dass »skrupellose Einheimische« ihr Vieh auf ihrem angestammten Land weideten. Doch selbst ein Reisereporter des *Daily Telegraph*, der das Resort 2007 besuchte, fühlte sich davon peinlich berührt. Angesichts der englischen Möbel in der Lodge und der weißen südafrikanischen Reiseführer in Land Rovers »schien es fast nebensächlich zu sein, dass wir uns in Tansania befanden, einem Land mit eigener Kultur und einem eigenen Ökosystem«.

Das Grumeti-Reservat ist ungefähr so groß wie Surrey. Es erhebt sich über den Fluss Grumeti an der westlichen Flanke der Serengeti-Ebene und ist ein staatliches Schutzgebiet, das sich unter der Kontrolle von Paul Tudor Jones befindet, einem Wall-Street-Ass. Der ehemalige Meister im Weltergewicht aus Memphis in Tennessee schloss sich zunächst mit seinen Verwandten aus dem Baumwollhandel zusammen, die der Dynastie Dunavant angehörten, bevor er in das Hedgefonds-Geschäft einstieg. Nachdem er den Schwarzen Montag, den Börsencrash im Jahr 1987, vorausgesagt hatte, wurde er Milliardär. Doch dann füllte er ein geschütztes Feuchtgebiet auf seinem Anwesen in Maryland auf und wurde deswegen verurteilt. So verlegte er sich auf den Naturschutz. Im Jahr 2002 kaufte er die Konzession für das Grumeti-Gelände vom tansanischen Staat. Mitte 2011 zeichnete das amerikanische Reisemagazin *Travel and Leisure* seine Anlage als bestes Hotel der Welt aus.

Jones ist nicht der einzige Glücksspieler mit hohen Einsätzen, der sich von der Serengeti-Ebene angezogen fühlt. Die Landschaft ist vielleicht nicht so aufregend wie Patagonien, aber das Großwild schlägt zweifellos die Lamas. Reist man von Grumeti nach Osten zur anderen Seite des Serengeti-Nationalparks, stößt man vielleicht auf Golfscheichs und ihre Freunde, die ebenfalls darauf aus sind, sich eine Scheibe des wilden Afrika zu schnappen. Hier befindet sich ein Jagdreservat, das ganz allein ihnen vorbehalten ist – dank eines Deals im Jahr 1992 zwischen dem tansanischen Präsidenten Ali Hassan Mwinyi und Brigadegeneral Mohammed Abdul Rahim Al Ali. »Der Brigadegeneral« heißt er seither einfach bei den Einheimischen, obwohl er inzwischen zu Hause in den Vereinigten Arabischen Emiraten zum Generalmajor befördert worden ist.

Das Safariunternehmen des Brigadegenerals, die Ortello Business Corporation, besitzt die exklusiven Jagdrechte für einen großen Teil des 400.000 Hektar großen Loliondo Wildkontrollgebiets. Es ist ein Knotenpunkt zwischen dem Serengeti Nationalpark im Westen, den Schutzgebieten Ngorongoro im Süden und Maasai Mara im Norden. Der Brigadegeneral ist zwar nicht der Besitzer des Landes, das traditionelles Maasai-Territorium ist und in dem sich mehrere Dörfer befinden. Aber die Maasai müssen ihm aus dem Weg gehen, und die Regierung entsendet ihre paramilitärische Elitetruppe Field Force Unit, um dies zu gewährleisten. Das Gebiet ist so exklusiv und von Tansania abgesondert, so arabisch, dass schon in der näheren Umgebung das Handy klingelt und ein Text auf dem Display erscheint, der einen in den Vereinigten Arabischen Emiraten willkommen heißt.

Der Brigadegeneral und seine Landnahme im Loliondo Wildkontrollgebiet waren von Anfang an umstritten. Im Jahr 1993 schrieb die *New York Times,* im Licht der Geschichten, die über seine früheren rambomäßigen Jagdausflüge in der Serengeti kursierten, stelle sich die Frage, ob Tansania »seine eigenen geschützten Wildtiere zum Abschuss freigegeben« habe. Anscheinend hieß die Antwort Ja. Bald darauf wurden Anschuldigungen laut, Gäste des Brigadegenerals gingen außerhalb der sechsmonatigen Saison auf die Jagd, und man setze den Busch in Brand, um den Jägern die Tiere zuzutreiben. Präzisionsschützen würden nachts mit Scheinwerfern auf die Pirsch gehen, um von Autos aus mit AK-47-Sturmgewehren Leoparden zu erlegen, und es würden sogar Löwen gefangen und von einer privaten Flugpiste aus zu einem Zoo in den Vereinigten Arabischen Emiraten geflogen.

Die Maasai sagen, um der Marotten von ein paar Jägern willen seien ihre Weiderechte beschnitten worden. Der Brigadegeneral, inzwischen ein bekannter Immobilienentwickler in Dubai, hat wenig unternommen, um ihre Sorgen auszuräumen. Eher im Gegenteil. Im Juli 2009 drangen die Field Force Unit und Ortellos eigene Sicherheitskräfte in mehrere Maasai-Dörfer ein, vertrieben die Bewohner und jagten ihr Vieh von den Weiden. Der Tourismusminister Shamsa Mwangunga verteidigte dieses Vorgehen und sagte, die Maasai bauten Häuser im Jagdgebiet und weideten dort während der Jagdsaison ihr Vieh. Aber es gab eine Nachrichtensperre. Mehreren europäischen Diplomaten und Journalisten wurde die Genehmigung verweigert, in das Gebiet zu reisen, um sich selbst ein Bild zu machen.

Der erste unabhängige Bericht wurde im Jahr darauf von James Anaya veröffentlicht, einem Juraprofessor von der University of Arizona und UN-Sonderberichterstatter für Menschenrechte und indigene Völker. Über 200 Gehöfte seien niedergebrannt worden, hieß es in seiner Studie. Die dazugehörigen Maisfelder und Lebensmittellager seien zerstört. Dreitausend Menschen stünden ohne ein Dach über dem Kopf, ohne Nahrung und ohne Wasser da, 50.000 Rinder hätten kein Weideland mehr. Es sei Tränengas eingesetzt worden. Eine Frau sei vergewaltigt, einige Männer gefesselt worden, und drei Kinder seien verschwunden.

Anaya warf der tansanischen Regierung vor, in der Sache nicht zu ermitteln. Aber er schien nicht allzu überrascht. Schon vor den Vertreibungen seien »die Rechte [der Maasai], ihr Vieh im Wildkontrollgebiet zu weiden und zu tränken, über Jahre hinweg zunehmend eingeschränkt worden«. Der Grund dafür sei »die allgemeine Regierungspolitik, die Interessen privater Unternehmen, die Ökotourismus betreiben und Jagdsafaris anböten, vor allem der Ortello Business Corporation, über die Rechte der indigenen Bevölkerung zu stellen«. Die Regierung reagierte nicht auf Anayas Bericht.

Der Safaritourismus – ob mit Kameras oder automatischen Waffen – ist in Tansania ein riesiger Wirtschaftszweig und bringt ein Viertel der Devisen des Landes. Jenseits der Grenze in Kenia ist das Jagen verboten, aber in Tansania legen die Großwildjäger viel Geld für das Privileg auf den Tisch, durch die Serengeti zu fahren, um die »großen Fünf« zu erlegen – Elefanten, Löwen, Leoparden, Büffel und Nashörner.

Jack Brittinghams Tanzania Adventures hat die Nase ganz vorn. Brittingham, ein Amerikaner mexikanischer Herkunft, hat aus einem Unternehmen, das Jagdvideos produzierte, einen panafrikanischen Safariveranstalter gemacht. Er werde, verspricht er mit einem eindeutigen Hinweis auf Roosevelts Großtaten, Amerikanern Erlebnisse verschaffen wie »in den ersten Jahren der traditionellen Trophäenjagd in Afrika«. Er

hat am Fuß des Mount Kitumbeine im Herzen des Ökosystems der Serengeti ein Basislager, das »eine wirklich einzigartige Möglichkeit [bie-
tet], in dem dichten Urwaldreservat Bisons und außerordentlich große
Leoparden zu jagen«.

Brittinghams Art zu jagen ist traditioneller als die des Brigadegenerals. Seine Präzisionsschützen gehen oft zu Fuß durch unwegsames Gelände. Aber sie müssen tief in die Tasche greifen, bevor sie die Serengeti
betreten können. Für eine 14-tägige Büffeljagd musste man 2011 mindestens 53.000 Dollar hinlegen, dazu 2000 Dollar für jedes tatsächlich ge-
troffene Tier. Die Preise für eine 28-tägige Löwenjagd begannen bei
100.000 Dollar. Die Gebühr für einen erlegten Elefanten belief sich auf
22.500 Dollar, von denen 90 Prozent an den tansanischen Staat und 10
Prozent an die Tembo Foundation gehen, eine NGO, die gegen das Wildern kämpft. (Merke: Unter Wildern versteht man die illegale Jagd
durch arme Eingeborene.) Brittingham verspricht, »Sie und Ihre Familie nach einem Jagdtag zu verwöhnen«. Doch wer einen Eindruck vom
echten Ostafrika bekommen möchte, wird womöglich enttäuscht. Fünf
von sieben Berufsjägern sind Weiße aus Südafrika (*Mzungu* auf Suaheli).
Maasai sind nicht darunter.

Ob europäische Kolonialisten, Jäger oder Naturschützer, sie alle mochten nicht glauben, dass die Maasai und ihr Vieh im Einklang mit der Natur leben. Es widerspricht schlichtweg dem Mythos einer pleistozänen
Landschaft, dem konventionellen Naturschutzdenken und den egois-
tischen Vorstellungen von dem, was eine Afrika-Safari westlichen Besuchern bieten sollte.

In den 1950er-Jahren, als die politischen Führer in Europa erwogen,
ihre afrikanischen Kolonien in die Unabhängigkeit zu entlassen, warn-
ten Umweltschützer davor, den Afrikanern die Natur anzuvertrauen. Ju-
lian Huxley, kurz zuvor noch Generaldirektor (1946–1948) der Organisation der Vereinten Nationen für Erziehung, Wissenschaft und Kultur
UNESCO und später Initiator des WWF, sagte, sie würden in den Park
eindringen und in »einem verbliebenen Sektor der verschwenderisch
reichen natürlichen Welt, wie sie vor dem Aufstieg des modernen Menschen gewesen ist, alle Tiere abschlachten«. Das Vieh der Maasai »verwandelt große Landstriche in staubige Halbwüste«.

Die vielleicht stärkste Botschaft sandten 1959 Buch und Film mit dem Titel *Die Serengeti darf nicht sterben* aus. Der deutsche Naturschützer Bernhard Grzimek und sein Sohn Michael verlangten die Sperrung des Serengeti Nationalparks für menschliche Bewohner. »Ein Nationalpark muss ein Stück ursprünglicher Natur bleiben, um Wirkung zu zeigen. Kein Mensch, nicht einmal die Eingeborenen, sollte innerhalb seiner Grenzen leben. Die Serengeti kann nicht zugleich Wildtiere und Nutzvieh ernähren.« Die Asche der beiden Grzimeks ist dort begraben. Ihre Sicht der afrikanischen Ökologie war weitgehend falsch, aber ihr Einfluss hält bis heute an. Bernhard Grzimek war Direktor des Frankfurter Zoos, der in Fragen der Naturschutzpolitik immer noch als Berater für die Serengeti fungiert.

Die Briten wollten die Maasai aus dem Großteil der Serengeti entfernen, auch aus dem Serengeti National Park und der Region um den Ngorongoro-Krater, der die Form eines Beckens hat und wegen seines üppigen Graswuchses der beste Weidegrund der Maasai in der Trockenzeit ist. Und nach und nach geschieht genau das. Vor der Unabhängigkeit wurden an die 10.000 Maasai mit ihrem Vieh aus dem Nationalpark vertrieben. Zehn Jahre später mussten die Maasai auch vom Ngorongoro-Krater verschwinden, den die Regierung Julius Nyereres in eins der beliebtesten, von Hotels umringten Touristenzentren des Landes verwandelte. Im Jahr 2007 schlug die Regierung vor, die Maasai-Bevölkerung in der weiteren Umgebung des Kraters auf 25.000 Menschen zu halbieren.

Inzwischen ist den Maasai der Zugang zu 2 Millionen Hektar der Ebene verwehrt. Wiederholt wird ihnen die Schuld an den Umweltproblemen gegeben, die dadurch entstehen, dass sie in immer kleinere Gebiete gepfercht werden, während die Einnahmen aus den Safaris bei Reiseunternehmen, der staatlichen Parkverwaltung und dem neuen Netzwerk privater Naturreservate landen, die sich häufig in ausländischer Hand befinden.

Auch das Gesetz hilft hier nicht viel. Theoretisch garantiert der Village Land Act von 1999 den Maasai die Freiheit, ihre traditionellen Weideflächen selbst zu nutzen. Aber wie in einem Großteil Afrikas werden solche vagen Regeln gern ignoriert, wenn die gesamte politische Landschaft ihnen ablehnend gegenübersteht. In seiner Antrittsrede vor dem

Parlament im Jahr 2005 sagte Präsident Jakaya Kikwete: »Wir müssen die nomadische Weidewirtschaft insgesamt aufgeben.« Ein paar Monate später wiederholte er: »Ich bin entschlossen, unpopuläre Maßnahmen zu ergreifen, um die Viehhüter [aufzuhalten] und die Umwelt im Namen des Landes und zukünftiger Generationen zu schützen.« Annähernd 40 Prozent Tansanias sind inzwischen in der einen oder anderen Weise »geschützt« – oft durch Ausschließung der Maasai und anderer Vieh hütender Volksgruppen. Nach einem neuen Plan für Loliondo, wo sich die arabischen Scheichs frei bewegen können, sind nur 17 Prozent des Bodens für die Maasai vorgesehen.

Die Maasai haben nichts gegen den Tourismus. Im Gegenteil. Aber sie wollen, dass er »auf den Rechten der Dörfer und nicht auf denen des Staats gründet«, wie es Ben Gardner, Anthropologe an der University of Washington, ausdrückt. Sie wollen selbst über ihr Land bestimmen und nicht »zu Perlenverkäufern und Empfängern der Hilfe philanthropischer Ausländer degradiert werden«. Leider lassen die riesigen Gewinne, die der mit einer hohlen Umweltrhetorik beworbene Tourismus verspricht, dies nur selten zu.

Manch Fremder glaubt immer noch, er könne Naturschutz und Gemeininteressen miteinander in Einklang bringen. Aber vieles, was in der Vergangenheit geschah, spricht dagegen. Man denke nur an den Fall Rick Thomson aus Boston und Judi Wineland, seine Partnerin. Ihr Touristikunternehmen Thomson Safaris (nicht zu verwechseln mit dem britischen Reiseveranstalter Thomson) kaufte 2006 den staatlichen Tanzania Breweries für 1,2 Millionen Dollar die 500 Hektar große Sukenya-Farm auf der Serengeti-Ebene ab. Die Farm grenzt unmittelbar an das Jagdrevier des Brigadegenerals und hat sich mit Gazellen, Gnus, Giraffen und Schwarzfersenantilopen gefüllt – von denen zweifellos viele vor den Revolverhelden vom Golf geflohen sind. Das Paar taufte die Farm um in Enashiva Nature Refuge und begann, um Touristen zu werben.

So weit, so gut. Es stellte sich jedoch heraus, dass die Brauerei nur einen geringen Teil des in den 1980er-Jahren annektierten Maasai-Weidelands landwirtschaftlich genutzt hatte. Daher dauerte es nicht lange, bis die Maasai dort wieder ihre Rinder weideten. Als dann zwei

Jahrzehnte später das amerikanische Paar auftauchte, um hier »nachhaltigen und verantwortlichen Tourismus« zu betreiben, stieß es sofort auf Widerstand. Es kam zu etlichen Auseinandersetzungen um das Weiderecht, die oft unentschieden blieben. Häufig wurde die Polizei eingeschaltet, und einmal wurde dabei ein Viehhirte angeschossen. Journalisten, die der Sache nachgehen wollten, nahm man fest. Einer wurde der »illegalen Einreise« beschuldigt.

Das Paar fühlt sich gekränkt. »Wir haben zweifellos einen schlechten Deal gemacht«, sagte Wineland zu mir. »Wir sind anständige Menschen, die kein Land gestohlen und niemanden schlecht behandelt haben.« Sie hätten gute Beziehungen zu einigen Dorfbewohnern, denen sie erlaubten, in der Trockenzeit Vieh im Reservat zu weiden. Doch der Clan der Purko »widersetzt sich auch weiterhin jeglichen Weidebeschränkungen«. Wineland beschuldigt sie, »Lügen [zu] verbreiten, Ängste zu wecken und die legitime Verteidigung der Rechte der Maasai für ihre Zwecke zu missbrauchen«, indem sie einen Feldzug gegen sie und ihren Partner führten, obwohl sie einige ihrer Anführer reich gemacht hätten. Inzwischen führen Anthropologen diesen Fall als ein Beispiel dafür an, dass gute Absichten nicht ausreichen, wenn Ausländer Land an sich reißen, auf das andere Anspruch erheben.

Zu einem ähnlichen kulturellen Zusammenstoß kam es, nachdem der Tanzania Land Conservation Trust, eine Schöpfung der in Washington ansässigen African Wildlife Foundation, die Viehranch Manyara aufgekauft hatte. Der Plan war, Land zu kaufen und es treuhänderisch im Sinne sowohl der Einheimischen als auch der Fauna zu verwalten. Die Manyara-Ranch ist das Vorzeigeprojekt des Trusts. Sie umfasst 18.000 Hektar und liegt ein wenig südlich der Serengeti-Ebene zwischen den Nationalparks Tarangire und Lake Manyara, in denen zahlreiche Elefanten leben. Im Rahmen der Wiederherstellung des 40 Kilometer langen Migrationskorridors der Wildtiere zwischen den beiden Parks möchte der Trust das Grasland erhalten.

Als die Regierung die Ranch zum Verkauf anbot, baten die Maasai-Dörfer Esilalei und Oltukai den Präsidenten schriftlich, ihnen das Land zurückzugeben. Stattdessen schloss die Regierung einen 99-jährigen Pachtvertrag mit dem Conservation Trust. Dabei mag das Geld, das USAID »für die Erhaltung ... eines gefährdeten Migrationskorridors für

Wildtiere ... und zum Nutzen von Partnergemeinden« anbot, eine Rolle gespielt haben. Ein gutes Omen. »Die Maasai begrüßten anfangs die Ranch als gemeinsam verwaltetes Schutzgebiet, das ihrer Meinung nach ihnen gehörte«, sagt Mara Goldman, eine Geografin der University of Colorado, die sich eingehend mit dem Projekt befasst hat. Wie sich herausstellte, hatte sich niemand die Zeit genommen, den Dorfbewohnern zu sagen, dass das Land nicht mehr ihnen gehörte, sondern an den Trust verkauft worden war.

Vertreter der Dorfbewohner saßen in so vielen Lenkungsausschüssen, dass sie sich eigentlich hätten beteiligt fühlen müssen. Aber der Vorstand des Trusts wurde von »Naturschutzexperten« der African Wildlife Foundation, der offiziellen Besitzerin des Landes, sowie des WWF, des UN-Entwicklungsprogramms und der National Parks Authority dominiert.

Goldman sagt, das Ganze sei noch verschlimmert worden, weil die meisten der von außen kommenden Experten der Ansicht waren, die dort lebende Gemeinschaft richte schwere ökologische Schäden an. Sie vertraten die überkommene Ansicht, das Weiden von Vieh sei mit dem Schutz der Wildfauna nicht vereinbar. So trafen die Verwalter der Ranch eigenmächtig Entscheidungen und teilten sie anschließend den Maasai als vollendete Tatsachen mit. Beispielsweise führten sie Bußgelder für unbefugtes Betreten der Ranch ein, während sich die Wildtiere frei bewegen konnten. Viele Dorfbewohner haben zwar Arbeit auf der Ranch gefunden, sagt Goldman, aber »sie ärgern sich, weil sich ihrer Ansicht nach das von Fremden verwaltete Schutzgebiet auf Grund und Boden befindet, der ihnen geraubt wurde«.

Der Kulturkonflikt eskalierte, als 2010 ein exklusives Safaricamp eröffnet wurde, das inzwischen den Großteil des Reservats einnimmt. Die Manyara Ranch Conservancy, auf der die Übernachtung 650 Dollar kostet, beantragte umgehend die Genehmigung für den Bau einer eigenen Start- und Landebahn. Solche Entwicklungen sind zweifellos folgerichtig, will man langfristig die Kosten für den Erhalt eines Ökosystems durch Kräfte von außen sichern. Aber was ist mit den eigentlichen Bewohnern? Goldman erzählte mir, dass die Maasai anfangs als Namen für das Schutzgebiet *Ramat* vorschlugen, was so viel wie Schirmherrschaft bedeutet. Doch das sei abgelehnt worden, weil es »in Zeiten des Kriegs gegen den Terror zu arabisch klingt«. Jetzt würden es die Maasai unter sich *Sunguni* nennen – Land der Weißen.

Im Norden erstreckt sich die Serengeti bis nach Kenia hinein, wo Bodenbesitz etwas anderes bedeutet als in Tansania, auch wenn er nicht weniger umstritten ist. Das jüngste Beispiel sind die Konflikte um Land zwischen verschiedenen Stämmen, die 2007 zu Ausschreitungen und Massakern führten. Aber viele Auseinandersetzungen gehen auf Massenaufstände zurück, die die Briten auslösten, als sie sich Land aneignen wollten.

Der Distrikt Laikipia am Rand des Great Rift Valley ist ein Tummelplatz für Landnehmer. Vor einem Jahrhundert wurde der Distrikt hauptsächlich von den Maasai bewirtschaftet. Danach vertrieben die britischen Kolonialisten so viele von ihnen, dass die Kikuyu, der größte Stamm Kenias, in der Mehrheit war. Doch auch wenn es Kikuyu sind, die das Land regieren und die Majorität in Laikipia haben, so sind sie doch nicht die Herren des Bezirks. Der Boden gehört einer bunten Mischung aus alteingesessenen weißen Siedlerfamilien und einer neuen, mit hohen Einsätzen spielenden internationalen Elite. Unabhängigkeit? Wohl eher knapp daneben.

Tatsache ist, dass nur 20 Personen drei Viertel des Distrikts Laikipia besitzen, ein Gebiet von fast einer Million Hektar. Viele von ihnen wandeln alte, von weißen Siedlern vor beinahe einem Jahrhundert geschaffene Ranches in schicke Tierreservate um, die zahlungskräftige Touristen anziehen. Kauf und Verkauf von Land finden hier weitgehend innerhalb der Elite statt, einem buntgemischten Haufen.

Eine der größten Ländereien ist die 37.000-Hektar-Ranch Ol Pejeta. Das Land wurde den Maasai in den 1920er-Jahren von Lord (Tom) Delamere geraubt, dem Sohn einer der ersten Siedlerfamilien aus dem englischen Adel und Gründer des berüchtigten, dem Alkohol- und Drogenkonsum zugeneigten und hedonistischen Happy-Valley-Kreises. *Der Große Gatsby* in Afrika. Delameres Familie, die Cholmondeleys, die noch eine weitere große Ranch im Soysambu im Rift Valley besitzt, verkaufte Ol Pejeta schießlich an Henri Roussel, den Schwiegervater von Christina Onassis und Präsidenten von Roussel Uclaf, einem riesigen französischen Pharmakonzern. (Die Cholmondeleys selbst machten

2005 noch einmal Schlagzeilen, als der Erbe des Familienbesitzes, ebenfalls ein Tom, als einziger Weißer im Hochsicherheitsgefängnis von Nairobi saß: Er war überführt worden, einen Wilderer auf der Ranch in Soysambu erschossen zu haben.)

Der nächste Besitzer von Ol Pejeta war der milliardenschwere saudische Waffenhändler und Playboy Adnan Khashoggi, der die Ranch als Rückzugsort im Stil des Happy Valley benutzte. Doch nach einem Streit um ein Darlehen des britischen Unternehmers und Freibeuters Tiny Rowland zog er sich zurück.

Rowland wurde im Ersten Weltkrieg in einem indischen Flüchtlingslager geboren. Zunächst machte er ein Vermögen mit Tabakfarmen in Rhodesien. Später gründete er die London and Rhodesia Mining and Land Company (Lonrho), die ihren Sitz in London hatte. Dort waren seine Fehden fast so berühmt wie seine geschäftlichen Aktivitäten. »Das unfreundliche und unerträgliche Gesicht des Kapitalismus«, wie der britische Premierminister Ted Heath ihn einmal nannte, übernahm für eine Weile Ol Pejeta, bevor Rowland die Ranch an Naturschützer verkaufte. Heute ist sie ein Naturreservat und Touristenresort. Ihr Besitzer ist Jon Stryker, der amerikanische Erbe eines mit medizintechnischen Geräten erworbenen Vermögens, beziehungsweise dessen Arcus Foundation. Das Umweltmanagement liegt in der Hand der britischen Naturschutzgruppe und NGO Fauna and Flora International und der Lewa Conservancy, über die wir später noch mehr erfahren werden.

Die 27.000-Hektar-Ranch Ol Jogi gehört dem russischen Model Liouba Stoupakova, der Witwe Alec Wildensteins. Wildenstein war ein französischer Milliardär und Rennpferdezüchter. Angeblich besaß er die größte private Kunstsammlung der Welt, die in einem ehemaligen Atombunker in New York City lagerte. Wildensteins erste Frau Jocelyne, deren skandalumwitterte Scheidung von Wildenstein die New Yorker Boulevardpresse wochenlang in Atem hielt, sagte, der Erhalt der Ranch koste im Monat 150.000 Dollar. Als Wildenstein 2008 starb, meinte ein Nachrufverfasser, die Ranch sei inzwischen »eine Art afrikanisches Versailles, und man importiert dort Giraffen, Leoparden, Löwen, Breitmaulnashörner und anderes Großwild, zum Teil aus Südafrika«. Das Anwesen hatte »ein Straßennetz von etwa hundertneunzig

Kilometern, fünfundfünfzig künstliche Seen, einen Swimmingpool mit Felsen und Wasserfällen, einen Golfplatz und eine Rennbahn – und all das wurde von einer Armee von dreihundertsechsundsechzig Dienern gewartet und gepflegt«.

Die größte Ranch in Laikipia, Ol ari Nyiro, gehört der in Venedig geborenen Kuki Gallmann, Autorin des Bestsellers *Ich träumte von Afrika*. Sie hat die 40.000 Hektar ihrem Ehemann Paolo gewidmet, der bei einem Autounfall umkam, als er eine Wiege für ihr erstes Kind nach Hause bringen wollte. Etwas weiter an derselben Straße liegt die Viehranch Loisaba, die 1971 von dem italienischen Grafen Carletto Ancilotto gekauft wurde. Seine Erben haben sie der kenianischen Wilderness Guardian Company verpachtet, die dort für 2800 Dollar die Nacht Safaris veranstaltet.

Der Amerikaner George Small erbte 1969 die 18.000 Hektar große Ranch Mpala von seinem Bruder Sam und gründete dort die Mpala Wildlife Foundation, die er vor seinem Tod im Jahr 2002 den Biologen des Smithsonian Institution in Washington vermachte. Ebenfalls in ausländischem Besitz sind in Laikipia unter anderem die 20.000-Hektar-Ranch Segera. Sie gehört dem deutschen Wunderkind und Boss von Puma Jochen Zeitz, der sie zum »globalen Ökosphärenreservat« gemacht hat. Ferner die 6000 Hektar große ehemalige Jagdranch El Karama, die dem Schotten Guy Grant gehört; die Touristenranch Lolldaiga Hills des Engländers Robert Well mit 20.000 Hektar; und die 20.000 Hektar große Mugie-Ranch des kalifornischen Weinbergbesitzers Nicky Hahn und seiner Frau Gaby, einer Künstlerin.

Mehrere der großen Landbesitze wurden in den 1920er-Jahren von britischen Soldaten aus Maasai-Land herausgeschnitten, denen die Kolonialbehörden den Boden als Anerkennung für ihren Dienst im Ersten Weltkrieg überlassen hatten. Major Gerald Edwards schuf die Sosian-Ranch. Nach seinem Tod im Jahr 1977 übernahm sie Munene Kairo, ein Berater des gegenwärtigen kenianischen Präsidenten Mwai Kibaki, der sie jedoch verfallen ließ. Ende der 1990er-Jahre wurde sie von den Polospielern und Besitzern von Offbeat Safaris, Tristan und Lucinda Voorspuy, wieder in Schuss gebracht.

Ein weiterer Nutznießer des »Soldaten-zu-Siedler-Programms« war Alec Douglas, der auf dem Hochland Lewa Downs eine 14.000 Hektar

große Ranch errichtete. Achtzig Jahre später machte Prinz William auf
der in ein vornehmes, luxuriöses Urlaubsdomizil verwandelten Ranch,
wo er Stammgast war, Kate Middleton seinen Heiratsantrag. Unterdessen wurde die Ranch ein Vorzeigeprojekt des aufgeklärten Naturschutzes. Nachdem Douglas sie seiner Tochter Delia übergeben hatte,
beschlossen sie und ihr Mann David Craig in den 1980er-Jahren, 2000
Hektar zu einem hochgesicherten Nilpferd-Reservat zu machen, wo
die rasch abnehmende Population von Spitzhornnashörnern untergebracht werden kann und hinter einem Elektrozaun vor Wilderern geschützt ist.

Schließlich übernahm die Lewa Wildlife Conservancy die Ranch
und später die gesamten 40.000 Hektar der Lewa Downs einschließlich
6000 Hektar Staatswald. Die Naturschutzorganisation ist der größte Arbeitgeber in dem Gebiet und hat im Grunde eine riesige, spektakuläre
Landschaftsfläche und ihre Wildfauna privatisiert. Natürlich gehören
die Craigs dem Adel an. Und ein Teil des Craig-Landes wird von der britischen Armee für Tropenübungen genutzt. Aber die Familie, der inzwischen Sohn Ian vorsteht, sind auch Pioniere des Erhalts von Gemeindeland. Sie wirkten bei der Gründung des Laikipia Wildlife Forum
mit, einer demokratischen Vereinigung von Ranchern, Kleinbauern
und indigenen Viehhütern, die das Land und seine Fauna für den Tourismus und ihre eigene Nutzung bewahren wollen. Auch der Northern
Rangelands Trust, der dieselben Ziele im großen Stil in ganz Nordkenia
verfolgt, geht unter anderem auf ihre Initiative zurück.

Was das in der Praxis bedeuten kann, sah ich, als ich die Ökolodge Il
Ngwesi besuchte. Sie wird von Maasai geführt und ist Teil einer »Gruppenranch« in kollektivem Besitz in einem Winkel von Laikipia, den sie
gegen alle Konkurrenten verteidigen konnten. Und es ist die einzige
Touristenanlage in diesem Teil der Welt, die ich vorbehaltlos empfehlen
würde.

Die auf einem Felsvorsprung etwa 10 Kilometer nordwestlich der
Lewa Downs gelegene Ökolodge ist inzwischen seit über zehn Jahren in
Betrieb. Auf meiner Fahrt mit dem Jeep von der Graslandepiste zur Lodge musste ich mich langsam durch eine dichte Herde von etwa 100 wandernden Elefanten schieben – eins der atemberaubendsten Erlebnisse
meines Lebens. Unterhalb der Lodge befand sich ein Wasserloch für Tie-

re, das von Büffeln, Löwen, Giraffen, Gazellen, Warzenschweinen und Schwarzfersenantilopen aufgesucht wurde. Auf dem Dach befanden sich Sonnenkollektoren, doch sonst waren die »Zimmer« nach außen offen. »Hüten Sie sich vor Leoparden«, sagte der Wachmann lachend, als ich mich für die Nacht bereitmachte. Ich konnte stundenlang nicht einschlafen.

Beim Frühstück erzählte mir Morias Kisio, der Sekretär der Gruppenranch Il Ngwesi, wie die Lodge entstanden war. In den 1970er-Jahren hatten europäische Reiseveranstalter auf der in kollektivem Besitz befindlichen 6600-Hektar-Ranch eine Kamel-Trekking-Tour angeboten, den Besitzern aber nichts dafür bezahlt. »Wir dachten damals, sie hätten das Recht dazu«, sagte Kisio. Aber dann lernten die Maasai-Ältesten Ian Craig von den Lewa Downs kennen, der »uns sagte, dass wir Geld dafür bekommen müssten. So verlangten wir von den Veranstaltern 50 Kenianische Schilling pro Person und Nacht für alle, die sich auf unserem Land aufhielten.« Das entspricht heute nur etwa 30 Pence, war also nicht viel. Dennoch reichte es, um ein Bankkonto zu eröffnen, und die Gemeinschaft bezahlte mit dem Geld die Schule für ihre Kinder. »Dann zeigte uns Ian, wie wir selbst in das Geschäft einsteigen könnten. Es sei möglich, Geld für die Errichtung dieser Lodge zu bekommen. Wir haben sie selbst entworfen und für weniger als eine Million Kenianische Schilling gebaut. Heute nehmen wir damit bis zu zwei Millionen Schilling (17.300 Euro) im Jahr ein. Das bedeutet, dass wir unsere Jugendlichen auf die Universität schicken können.«

Allerdings waren hinsichtlich des Naturschutzes Kompromisse notwendig. So halten die Maasai beispielsweis ihr Vieh von den Touristengebieten fern, und das Management ist keine Idylle der sozialen Harmonie und Gleichberechtigung. Wie die Geografin Ameyali Ramos Castillo, gegenwärtig an der United Nations University, in ihrer faszinierenden Magisterarbeit über die Lodge feststellt, wird das Unternehmen »von der traditionellen Führung aus männlichen Ältesten geleitet; die Beteiligung der übrigen Gemeinschaft ist bestenfalls minimal«. Aber sie kommt zu dem Schluss, dass es sich um ein »ausgesprochen nachhaltiges« Projekt handelt. Die Maasai haben hier eine neue, gewinnbringende Möglichkeit gefunden, auf ihrem Land zu leben. Und damit gezeigt, wie abwegig die Annahme ist, dass die Maasai und ihre Viehhaltung nicht mit dem Schutz der natürlichen Flora und Fauna vereinbar sind. »Wir melken immer noch unsere Kühe«, sagte Morias mit einem Lächeln, »aber jetzt, mit den Touristen, können wir auch die Elefanten melken.«

20

SÜDAFRIKA

Grüner Landraub

Anton Rupert, der 2006 starb, war Chemieingenieur und Milliardär. Er schuf das Tabakreich Rembrandt, kaufte die britische Marke Rothmans und wurde einflussreiches Mitglied der geheimen Burenorganisation Broederbond, die in der Apartheidära in Südafrika große Macht ausübte. Viel weniger bekannt ist – selbst in Südafrika –, dass er zwei Jahrzehnte lang auch die erste Umweltschutzorganisation der Welt, den WWF, finanzierte, und zwar in einer Zeit, als sie viele Schutzgebiete auf diesem Planeten kontrollierte und verwaltete und sich an dem beteiligte, was selbst Insider als eine schädliche Form von »grüner Landnahme« bezeichneten. Über einen Großteil dieser Zeit wurde die Organisation außerdem von einem Strohmann Ruperts geleitet.

Rupert wandte sich in den 1960er-Jahren zunächst der Bewahrung der Afrikaaner-Architektur und dann dem Schutz der Wildtiere in seinem Land zu. Erste richtige Flugversuche machte er mithilfe seines Freundes Prinz Bernhard der Niederlande, der seit der Gründung 1961 Präsident des WWF war. Da die Naturschutzorganisation ständig unter Geldmangel litt, kamen sie auf die Idee, einen mit 10 Millionen Dollar ausgestatteten Stiftungsfonds namens »The 1001: A Nature Trust« zu gründen. Der 1970 aus der Taufe gehobene Trust machte sich daran, 1001 Personen zu finden, die jeweils 10.000 Dollar beisteuern sollten, also insgesamt 10 Millionen Dollar. Rupert übertrug die Aufgabe, diese Leute aufzutreiben, einer aufstrebenden jungen belgischen Führungskraft bei Rothmans: Charles de Haes.

»Charles reiste mit einem Spesenkonto von Rothmans in der ganzen Welt herum und benutzte die Vorstandsräume seiner Firma, in der Tasche die Visitenkarte von Prinz Bernhard«, erzählt Fritz Vollmar, der damalige Generaldirektor des WWF. Nach drei Jahren hatte de Haes seine 1001 Geldgeber beisammen. Diese Bruderschaft, deren Mitglieder stets anonym blieben, existiert immer noch. Viele von ihnen sind Süafrikaner oder Niederländer; meist handelt es sich um Geschäftsleute. Wenn ein Mitglied stirbt, wird es durch ein neues ersetzt. Zu den Vergünstigungen gehören exklusive Empfänge bei den königlichen Hoheiten Europas und Exkursionen zu den besten Naturschauplätzen der Welt. »Hier geben sich Hochdekorierte ein Stelldichein, im Allgemeinen in Anwesenheit eines Prinzen von Geblüt«, schrieb Elspeth Huxley in ihrer Biografie des WWF-Gründers Sir Peter Scott. Ich bin einmal einer ganzen Traube von ihnen begegnet, als sie an den Ufern der Banc d'Arguin, einem atemberaubenden Vogelschutzgebiet in Mauretanien, das praktisch nie von Fremden besucht wird, die Puppen tanzen ließen.

Im Jahr 1975, als der Trust als Zahlmeister für den Großteil des internationalen WWF-Mitarbeiterstabs installiert war, machten Rupert und Prinz Bernhard Charles de Haes zum Generaldirektor der Organisation, ein Amt, das er 18 Jahre lang bekleidete. Erst später kam heraus, dass de Haes über weite Strecken seiner Amtszeit und auf dem Höhepunkt der weltweiten Empörung über das Apartheidsystem auf der Gehaltsliste Ruperts stand und nicht auf der des WWF selbst.

Praktisch hatte Rupert die Macht übernommen. Sein Trust finanzierte das Anwachsen des WWF zur führenden Naturschutzorganisation. Anfang der 1980er-Jahre konnte sie sich rühmen, 260 Parks und Naturreservate auf fünf Kontinenten zu planen und zu verwalten, die mehr als 1,5 Millionen Quadratkilometer umfassten – das sind 1 Prozent der Landfläche unseres Planeten. Ein Großteil davon befand sich in Afrika, wo die gastgebenden Regierungen entsetzt gewesen wären zu erfahren, dass sie in der Ära der Apartheid mit solch einer Gestalt zusammenarbeiteten.

Ruperts Einfluss zeigte sich deutlich in »der extrem konservativen und traditionellen« Auffassung von Naturschutz, wie Hans Hussy, ein Schweizer Anwalt und im Jahr 1961 einer der fünf Gründer des WWF, sagte. Einige der anderen Gründer haben eine ebenso konservative Auffassung und betrachten »Naturschutz als Festung«, wie Kritiker sagen. Zu diesen Gründern gehören auch Bernhard und der britische Prinz Philip. Doch ab den 1970er-Jahren hatte Rupert die Schlüssel zur Kasse und bestimmte, wo es langging.

Mithilfe seines Mannes an verantwortlicher Stelle wurden Menschen aus Parks vertrieben (es sei denn, es handelte sich um zahlende Touristen, natürlich) und Wilderer zur Strecke gebracht, manchmal auch im buchstäblichen Sinne. In den Rupert-Jahren schlossen sich einige der widerwärtigsten Gestalten dem Club der 1001 an – etwa der ugandische Präsident Idi Amin und Präsident Mobutu Sese Seko aus Zaire. Ihre Länder waren für manche der abscheulichsten Vertreibungen bei der Umwandlung von traditionellem Stammesland und anderen bewohnten Gebieten in Naturschutzzonen verantwortlich.

Von 1982 an befasste sich der WWF in Zaire und Uganda intensiv mit dem Schutz von Primaten, vor allem der Berggorillas. Die Schaffung von Nationalparks hatte zur Folge, dass die Batwa, sogenannte »Pygmäen«, in Zentralafrika ihre Jagdgründe verloren. Stattdessen kamen Touristen, die die Berggorillas sehen wollten. Im Südwesten Ugandas wurde den Batwa der Zutritt zu den 3370 Hektar des Mgahinga Gorilla National Park und den 33.000 Hektar des Bwindi Impenetrable National Park untersagt.

Heute, fast zwei Jahrzehnte, nachdem der WWF bei der Schaffung dieser Parks behilflich war, »leben diese Gemeinschaften immer noch unter kläglichen Bedingungen ... als Landbesetzer auf einem Boden, den Wohltätigkeitsorganisationen für sie erworben haben ... und sind extremer Marginalisierung und Diskriminierung ausgesetzt«, heißt es in einem kürzlich erschienenen Bericht der Rights and Resources Initiative. Von armseligen Lagern am Straßenrand aus müssen sie zusehen, wie Touristen kommen und mit Eintrittskarten zu 30 Dollar pro Tag wedeln, um auf dem Land, das einst ihnen gehörte, Gorillas zu besichtigen.

In einer späteren internen Schrift zur Geschichte des WWF mit dem Titel *Treading Lightly* wurde eingeräumt, dass »der WWF in den 1970er- und 1980er-Jahren zu häufig bei der Vertreibung von Stammesgruppen von ihrem Land unter dem Vorwand des Artenschutzes mitgewirkt hat. Die Folge war häufig ... Verärgerung gerade bei den Menschen, die sich jahrhundertelang erfolgreich das Land mit dem Großwild geteilt hatten.«

Damals scheint der WWF in Afrika als paramilitärische Streitkraft tätig gewesen zu sein. In Kenia bezahlte er Kampfhubschrauber, von denen aus Wilderer niedergeschossen wurden. Und bei einer Übung namens Operation Lock waren WWF-Mitarbeiter an einem von Prinz Bernhard finanzierten Projekt beteiligt, zusammen mit dem britischen Söldnerunternehmen David Stirlings Elfenbeinjäger und -händler in Namibia und Mosambik zur Strecke zu bringen. Die Söldner, die enge Verbindungen zu den südafrikanischen Streitkräften unterhielten, waren dann selbst in den Schmuggel involviert.

Nur wenige der von außen kommenden Unterstützer des WWF wussten, dass die Finanzierung solcher Aktivitäten häufig über Rupert erfolgte, der auch meist die Strategien entwickelte. Dies verursachte jedoch Unbehagen innerhalb der Organisation. Luc Hoffmann, Gründungs-Vizepräsident, dessen Familie das Pharmaimperium Hoffmann La Roche gehörte, sagte in den 1990er-Jahren zu mir: »Wir haben den politischen Aktivitäten zu wenig Aufmerksamkeit geschenkt. Durch sie kann man viel mehr erreichen als durch Landkäufe.« Schließlich wurde aus dem Unbehagen ein Aufstand. Hussy, der dem Schweizer Zweig des WWF vorstand, war einer der Anführer.

In einem lautlosen internen Putsch wurde de Haes seines Postens enthoben. Eine neue Generation von Aktivisten war entschlossen, dem Ruf des WWF als grüner Landnehmer ein Ende zu bereiten. »Wir wollen keine Organisation sein, die Milliarden Dollar hinlegt, um die Welt aufzukaufen«, sagte de Haes' Nachfolger Claude Martin damals zu mir. »Es hat keinen Sinn, Schutzgebiete zu schaffen, wenn dabei die Bedürfnisse der Menschen unberücksichtigt bleiben, die in diesen Gebieten oder deren Umgebung leben. Das kann nur zu Konflikten führen und gefährdet den Erfolg.« Der Umweltschutz, warnte Martin 1995, »wirkt langsam genauso beschränkt und eigennützig wie die Imperialisten von einst«. Unter seiner Ägide wurden erzimperialistische Galionsfiguren wie Kes Smith, eine englische Zoologin, und ihr Mann Fraser Smith, ein simbabwischer Wildwärter, abgezogen. Wie es hieß, herrschten sie 14 Jahre lang praktisch über ein Areal von einer halben Million Hektar des kongolesischen Garamba-Parks, um das Breithornnashorn zu schützen. »Jetzt möchten wir, dass Kongolesen in Garamba und anderswo selbst bestimmen«, sagte der Afrika-Chef des WWF 1998 zu mir.

Die neue Generation hatte auch andere Vorstellungen von Ökologie, insbesondere in Afrika. Sie sah keine Notwendigkeit, Menschen und natürliche Fauna zu trennen, was für ihre Vorgänger noch ein unumstößlicher Grundsatz gewesen war. Vielmehr erkannten sie, dass viele der afrikanischen Habitate, einst als pleistozäne Landschaften betrachtet, ein Produkt der Interaktion zwischen den menschlichen Bewohnern, ihrem Vieh und der wilden Tierwelt waren.

Holly Dublin, in den 1990er-Jahren oberste Naturschutzberaterin des WWF in Nairobi, hat eine Studie über den Wandel im staatlichen Naturreservat Maasai Mara in Kenia verfasst, das zum Ökosystem der Serengeti gehört. »Erst in den 1980er-Jahren«, sagt sie, »erkannten wir allmählich, dass die natürliche Ökologie der afrikanischen Savannen sehr dynamisch war, es etwa in einem Zeitraum von zehn oder zwanzig Jahren massive Veränderungen gab und ein Wechsel zwischen Baum- und Grasbewuchs stattfand.« Wildtiere, Vieh und gelegentliche Eingriffe durch Buschfeuer waren die Elemente dieses Prozesses. »Viehhirten weiden ihre Rinder schon seit Tausenden von Jahren im Einklang mit der Natur.« Natürlich heißt das nicht, dass es keinen menschlichen Nutzungsdruck auf diese Ökosysteme gab. Wohl aber bedeutet es, dass die Maasai und die zahlreichen anderen traditionellen Nutzer des afrikani-

schen Graslands nicht der Feind, sondern vielmehr als Experten ihres
Landes die wahrscheinliche Quelle für die Lösung der Umweltprobleme
in ihrem Lebensraum sind.

Rupert ließ sich von solchen revisionistischen Gedanken nicht beirren.
Nachdem sein Mann beim WWF entthront war, gründete er Ende der
1990er-Jahre einen neuen elitären Naturschutzverein, um seine Vision
vom wilden Afrika zu bewahren, den Club 21. Diesmal verlangte er eine
Million Dollar Eintrittsgebühr. Der Großteil der ersten 21 Sponsoren bestand aus Unternehmen wie De Beers, Daimler Chrysler und Cartier,
großen philanthropischen Institutionen wie der Rothschild Foundation
und mehreren Organisationen, in denen Rupert oder sein ältester Sohn
Johann den Vorsitz führten. Zu den Privatpersonen, die das hübsche
Sümmchen berappten, gehörten der holländische Industrielle und Naturschützer Paul van Vlissingen und später Richard Branson und Ted
Turner.

Ziel des Club 21 war die Finanzierung einer neuen Stiftung, der
Peace Parks Foundation, gegründet von Rupert und Prinz Bernhard. Damit wurde Prinz Bernhard gewissermaßen rehabilitiert, nachdem er
1976 den Vorsitz des WWF hatte abgeben müssen, weil herausgekom-
men war, dass er vom Flugzeughersteller Lockheed Schmiergeld in
Höhe von 1 Million Dollar für die Beeinflussung der holländischen Regierung kassiert hatte. Ziel der Stiftung war, »die Einrichtung von grenz-
überschreitenden Naturschutzgebieten, sogenannten Peace Parks«.
Ihren Sitz hat sie in der Stadt Stellenbosch im Herzland der Afrikaaner,
wo Rupert bis zu seinem Tod im Jahr 2006 lebte. Danach übernahm sein
Sohn Johann das Ruder. Die Gründungsmitglieder der Stiftung waren
fast ausschließlich südafrikanische Freunde von Rupert und niederländische Freunde von Prinz Bernhard, die zum Teil auch dem Club 21 angehörten. Ihr erster Direktor war John Hanks, ein Veteran von WWF
Afrika, der die Verantwortung für die Operation Lock übernommen
hatte, als sie 1991 ans Licht kam.

Die Stiftung hat Pläne für grenzüberschreitende Parks angeregt, in die
alle südafrikanischen Länder bis hinauf nach Tansania einbezogen sind.
Zu den Vertragsländern für die Schaffung dieser Parks gehören Südafrika,
Mosambik, Botswana, Namibia und Simbabwe. Ein Journalist begüßte

das Vorhaben als »ökologischen Traum vom Kap bis nach Kairo«. Die
wichtigste praktische Leistung ist bislang die Schaffung des Great Limpopo
Transfrontier Park, im Grunde eine Ausweitung des südafrikanischen Krü-
ger Park nach Mosambik und Simbabwe. Er bedeckt eine Fläche von 3,5
Millionen Hektar. Die Parkbehörden sagen, man versuche, »die Fehler
der Vergangenheit zu korrigieren«, wie Hanks es nennt, unter anderem
auch die der Apartheidära. Allerdings hat sie das nicht daran gehindert,
an die 7000 Menschen im mosambikischen Teil des Parks »umzusiedeln«.
In Südafrika selbst hat das Volk der Makuleke, das bei der Erweiterung
des Krüger-Nationalparks 1969 vertrieben wurde, inzwischen seine Landrechte zurückbekommen – allerdings unter Verzicht darauf, auch ihre
Gebiete innerhalb des Parks wieder in Anspruch zu nehmen.

Rupert und Prinz Bernhard leben nicht mehr. Ebenso ihr Freund und
Kumpel bei grünen Landnahmen, der niederländische Industrielle Paul
van Vlissingen. Abgesehen von seinem Platz im Gründungsgremium
der Peace Parks Foundation und seiner Mitgliedschaft im Club 21, war
van Vlissingen nach eigenem Bekunden der größte private Betreiber
afrikanischer Nationalparks. Er blätterte 18 Millionen Dollar aus eigener Tasche hin, um seine African Parks Foundation anzuschieben, die
2000 aus der Taufe gehoben wurde. Sie sollte marode Nationalparks
übernehmen, sie mit einem soliden Management versehen und auf eine
solide wirtschaftliche Grundlage stellen. Die Stiftung hat heute sieben
Parks in Malawi, Sambia, dem Tschad, in beiden Kongos und Ruanda
mit insgesamt 3,3 Millionen Hektar. Auch der Garamba Nationalpark
in der Demokratischen Republik Kongo (ehemals Zaire) gehört dazu,
was angesichts der Entschlossenheit des WWF ein Jahrzehnt zuvor, ihn
dem Staat zurückzugeben, paradox ist.
   Ich traf van Vlissingen 2005 in seinem Schloss bei Utrecht, wenige
Monate vor seinem Tod. Er war kein Vertreter des Naturschutzes als
Festung, meinte aber, einige Regierungen, mit denen er zusammenar-
beitete, seien es. Im Jahr 2004 trat er in Verhandlungen mit der äthiopischen Regierung mit dem Ziel ein, den Nechisar-Nationalpark nahe der
Grenze zu Kenia zu übernehmen. Die Äthiopier wollten einen Natur-
park im kenianischen Stil schaffen, um eine Touristikindustrie wie in
Kenia zu bedienen, und betonten, ein echtes Safarierlebnis für die Besu-

cher aus dem Westen sei nur möglich, wenn die seit altersher dort lebenden Bewohner aus dem Park geworfen würden. Mit anderen Worten, sie
wollten eine Natur ohne Menschen. Der Park sollte von einem Elektrozaun umgeben sein, sodass die Einheimischen nicht einmal würden hin-
durchgehen können, um in die ohnehin schon einen Tagesmarsch entfernte nächste Stadt zu gelangen.

Van Vlissingen aber weigerte sich, die Bewohner zu vertreiben. So
eskortierten äthiopische Soldaten im Februar 2005, in den Wochen vor
seiner Übernahme, an die 5000 Angehörige des Volks der Kore aus ihren Strohhütten in weit entfernte Gebiete, die anderen ländlichen Gemeinschaften gehörten. Kein Entschädigung, nichts. Die Regierung bezeichnete diese Menschen als Landbesetzer. Und sie nahm auch eine
andere Gruppe, den Stamm der Guji und seine 20.000 Rinder, ins Visier
und setzte ihre Hütten in Brand. Der Zaun wurde errichtet, und Vlissingens Parkverwalter übernahmen.

Van Vlissingen sagte zu mir: »Wir erklärten, wir könnten auch arbeiten, wenn die Menschen blieben, aber sie sagten nein. Da wir uns nicht
an der Umsiedlung beteiligen wollten, setzte ich einen Passus in den Vertrag, wonach wir erst dann die Verantwortung für den Park übernehmen würden, wenn die Umsiedlungen abgeschlossen seien.« Wie sich
dann zeigte, kehrte nach van Vlissingens Tod eine Gruppe der Guji in
den Park zurück. Die Stiftung handelte mit ihnen ein Abkommen für die
gemeinsame Nutzung des Parks aus, wie es sich van Vlissingen ursprünglich vorgestellt hatte. Aber die Regierung weigerte sich, das Abkommen zu genehmigen. Schließlich zog sich die Stiftung 2007 aus dem
Projekt zurück.

Dass Naturschutz und Menschenrechte miteinander in Konflikt geraten,
überrascht kaum. Mehr als eine Milliarde Menschen leben in den 25
»Hotspots« der Artenvielfalt. In der Regel sind diese Menschen besonders arm und höchst gefährdet. Sie wurden an den Rand der Gesellschaft
gedrängt – in abgelegene Gebiete, wo die Natur überlebt, weil die
menschliche Infrastruktur kaum entwickelt ist. Und häufig handelt es
sich um indigene Völker. Etwa die Hälfte der Parks und anderen Areale,
die in den vergangenen 40 Jahren unter Naturschutz gestellt wurden,
überschneiden sich mit den Lebensräumen indigener Völker. In Latein-

amerika sind es sogar 86 Prozent. Viele wurden von ihrem Land vertrieben, um die Natur zu erhalten.

»Der Naturschutz«, sagt Marcus Colchester, Direktor des britischen Forest Peoples Programme, »hat das Leben indigener Völker in ganz Afrika unermesslich erschwert.« Er schätzt, dass die Waldbewohner und indigenen Völker durch grüne Landnahmen insgesamt etwa 1 Million Quadratkilometer auf dem Kontinent verloren haben – mehr als die vierfache Fläche Großbritanniens. Kai Schmidt-Soltau, Schweizer Sozialwissenschaftler beim International Network on Displacement and Resettlement in Tucson, Arizona, schätzt die Zahl der »Naturschutzflüchtlinge«, die in den letzten Jahrzehnten auf dem Globus ihren angestammten Lebensraum verloren, auf »über 120.000«.

Solche Angaben sind umstritten. Sie erregen den Zorn der Naturschutzgruppen, die die Beteiligung an Vertreibungen rundheraus von sich weisen. Laut Schmidt-Soltau wurden im Jahr 2002 14.000 Menschen aus 13 in Gabun geschaffenen Naturparks vertrieben, die dem Land heute die Möglichkeit geben, sich als grünes Touristenziel zu präsentieren. Aber laut der New Yorker Conservation Society (WCS) und dem WWF, die beide die Entstehung der Parks unterstützt haben, wurden bei der Festlegung der Grenzen bewohnte Areale bewusst umgangen. Bryan Curran vom WCS behauptete im Jahr 2009 kategorisch: »Nicht ein einziger Mensch ist aus einem der in den letzten zehn Jahren in Zentralafrika geschaffenen Naturschutzzonen gewaltsam entfernt worden.« Und er beschuldigt Schmidt-Soltau und eine »kleine, aber höchst aktive Forschergemeinde«, immer wieder Lügen zu verbreiten, indem sie behaupteten, es fänden weiterhin Vertreibungen statt.

Zum Teil ist dies ein Streit um Definitionen. Viele derer, die gewaltsam aus Naturparks und anderen Schutzgebieten vertrieben werden, sind für Regierungen und Naturschützer Landbesetzer, weil sie zwar traditionelle Rechte haben mögen, aber nicht über Landtitel verfügen. Dies war zum Beispiel bei den Kore und Guji im äthiopischen Nechisar-Nationalpark der Fall. Ähnlich schrieb Christine MacDonald in *Green Inc*, ihrem internen Arbeitsbericht für Conservation International, ihre Organisation habe die liberianische Regierung nach dem Bürgerkrieg aufgefordert, die im Sapo-Nationalpark lebenden Menschen zu verjagen, weil sie »Landbesetzer« seien.

Vertriebene Landbesetzer gelten nicht als Flüchtlinge. Und man beachte Currans Formulierung, es sei niemand »gewaltsam entfernt« worden. Sie schließt nicht aus, dass Menschen mit Anreizen dazu überredet wurden, ihr Land aufzugeben, oder dass sie weggingen, weil ihnen die Parkvorschriften die Jagd oder das Sammeln der Waldfrüchte untersagten. Viele internationale Flüchtlingsorganisationen aber würden sie als Naturschutzflüchtlinge bezeichnen. Ebenso die Menschen, die an Ort und Stelle blieben, denen jedoch ein Teil ihrer Lebensgrundlage genommen wurde, die auf der Nutzung der natürlichen Umwelt beruht.

So bestreitet WCS, dass es im Zusammenhang mit dem Lope-Nationalpark in Gabun Naturschutzflüchtlinge gegeben habe, da »zur Zeit der Entstehung des Parks in dem Areal keine Dörfer existierten«. Doch etwa 2000 Angehörige des Volks der Bongo, die außerhalb des Parks lebten, verloren ihr angestammtes Recht, die dortigen Ressourcen zu nutzen. Curran räumt ein, dass der Begriff Naturschutzflüchtling unterschiedlich definiert wird. Aber die Kritiker des Naturschutzes führten die Menschen dennoch in die Irre, meint er – insbesondere durch Berichte wie die von Schmidt-Soltau und anderen, die von »brutaler Vertreibung« sprächen.

Seit einigen Jahren versucht eine neue Generation von Naturschützern im WWF und anderen Organisationen, den Schaden für indigene Völker zu begrenzen, Vertreibungen auszuschließen und Möglichkeiten zu finden, wie diese Menschen unmittelbar vom Naturschutz profitieren können. Dies, so sagen sie, sei ein ethisches Konzept, das zugleich die Erfolgschancen für die Umwelt erhöhe. Das Ende der Herrschaft Ruperts im WWF förderte diese Entwicklung. Auch der »Erdgipfel« 1992, der eine neue Ära »nachhaltiger Entwicklung« einläutete, trug dazu bei. Aber sind die Worte auch in gelungene Projekte umgesetzt worden? Chris Sandbrook von der University of Cambridge stellte »einen verblüffenden Mangel an Daten« fest. Trotz aller Nachhaltigkeitsrhetorik machen sich nur sehr wenige Naturschutzorganisationen die Mühe, »die Bedeutung ihrer Arbeit für den Naturschutz oder im Hinblick auf den Abbau von Armut zu messen«. Curran räumt ein, »bislang [gebe] es nur wenige Langzeitstudien zur Wirksamkeit von Schutzgebieten auf die Erhaltung der Artenvielfalt oder zu ihrer Wirkung auf lokale

Gemeinschaften«. Angesichts der Milliarden Dollar, die über viele Jahrzehnte für Tausende Projekte zur Erhaltung der Artenvielfalt auf Millionen Hektar Land ausgegeben wurden und die das Leben von Millionen Menschen beeinträchtigten, ist dies ein alarmierendes Eingeständnis.

Aber Umweltschützer sind ungeduldig. »Manche Naturschützer haben den Eindruck, die Zeit reiche nicht, um über jede Intervention zu verhandeln«, sagte David Kaimowitz, Waldspezialist bei der Ford Foundation. »Zweifellos bedauern sie die Härten, die den Menschen vor Ort auferlegt werden, aber ihre Hauptsorge gilt der Erhaltung der Arten.« Zwanzig Jahre nach dem Erdgipfel stellt Kaimowitz einen Trend zum »reinen« Naturschutz fest. Einen Schritt zurück also zur Philosophie des »Naturschutzes als Festung«, wie ihn Rupert und Prinz Bernhard und vor ihnen Huxley und Grzimek vertraten. In Wahrheit wird das große Geld immer zu Projekten gelenkt, die die einheimischen Menschen im Namen des Naturschutzes ausschließen und auf die Höchstpreise schielen, die man mit dem Verkauf von Naturschauspielen verdienen kann. Daher die vielen riesigen privaten Naturparks und Schutzzonen überall auf der Welt. Von Patagonien bis Tansania.

Sich ein Stück vom Garten Eden zu kaufen ist zweifellos weltweit ein zunehmender Trend. Die American Prairies Foundation, eine Abspaltung des WWF, befindet sich derzeit auf Einkaufstour im amerikanischen Westen, um Bisonranches zu erwerben, und hat sich bereits eine große Fläche von Montana einverleibt. Der gebürtige Schwede Johan Eliasch, Chef des Sportartikelherstellers Head und Forstberater des ehemaligen britischen Premierministers Gordon Brown, hat 160.000 Hektar des Amazonas-Regenwalds gekauft. Virgin-Boss Richard Branson hat eins der Eilande im Steuerparadies Britische Jungferninseln, die ihm gehören, in einen Zoo für aus Madagaskar importierte Kattas, eine Lemurenart, verwandelt.

Und nirgendwo ist dieser Trend zur Privatisierung der Natur deutlicher zu sehen als in Ruperts altem Revier in Südafrika. Überall im Land geben große, meist weiße Rancher die Viehhaltung auf und verwandeln ihre Güter in Wildparks. Laut einer Studie von Dhoya Snijders von der VU University of Amsterdam sind bereits 17 Prozent der Wildreservate Südafrikas in privater Hand.

Mehr und mehr zieht das Land die Vermögenden dieser Welt an. Das 23.000 Hektar große Phinda-Wildreservat in KwaZulu-Natal, nördlich von Durban, gehört Tara und Jessica Getty, den Erbinnen des Getty-Nachlasses. Virgin-Boss Branson – ja, schon wieder er – ist der Besitzer des 10.000 Hektar großen Sabi Sands, eines der neun großen Wildreservate um den 2 Millionen Hektar großen Krüger-Nationalpark mit grenzüberschreitender Tierwelt. Nicky Oppenheimer, Vorsitzender des von Cecil Rhodes gegründeten Diamantenimperiums De Beers, dessen Traum einst eine afrikanische Landnahme vom Kap bis nach Kairo war, hat einen Teil seines 3 Milliarden-Dollar-Vermögens für das mit 100.000 Hektar größte südafrikanische Wildreservat Tswalu Kalahari im Norden des Landes hingeblättert. Und falls Sie dachten, wir könnten ein Kapitel ohne die Erwähnung eines Investors vom Golf hinter uns bringen: Das 25.000 Hektar große Wildreservat Shamwari, im Süden in der Nähe von Port Elizabeth gelegen, gehört Dubai World, dem Grundbesitz anhäufenden Arm der Regierung von Dubai, der außerdem Luxusresorts am Strand von Djibouti, Sansibar und des kleinen Inselstaats Union der Komoren im Indischen Ozean sein eigen nennt. Die Scheichs kauften Shamwari von Adrian Gardiner, dessen Mantis Group das Reservat aus ehemaligem Ackerland schuf und über ein Reich von 40 Wildreservaten und Luxushotels in ganz Afrika herrscht. Das ist grüne Landnahme.

21

AFRIKA

Der zweite Große Treck

Sie nennen es den zweiten Großen Treck. Vor nahezu zwei Jahrhunderten spannten die Nachkommen niederländischer Siedler in der britischen Kolonie am Kap der guten Hoffnung Ochsen vor ihre Wagen und machten sich auf den Weg ins Landesinnere. Dort riefen sie mit Transvaal und dem Freistaat Oranje neue Republiken aus, die schließlich das Kernland der Republik Südafrika wurden. Jetzt sind sie wieder unterwegs. Diesmal aber schwärmt der »weiße Stamm« über den ganzen afrikanischen Kontinent aus. Die schwarzen Nationen in seinem Norden heißen die burischen Farmer mit offenen Armen willkommen.

Auf meinen Recherchereisen durch Afrika traf ich immer wieder auf weiße Südafrikaner, die neue Plantagen verwalteten oder Bergwerke und touristische Einrichtungen leiteten. Oft sind sie die Techniker und Fußsoldaten der Landnahme in Afrika. Aber sie kaufen auch selbst. Seit dem Ende der weißen Herrschaft in Südafrika sind burische Farmer immer wieder nach Norden aufgebrochen. Einige fühlten sich in der Heimat nicht mehr gern gesehen. Andere verspürten den Reiz des Neuen. Die meisten führte es in Nachbarländer wie Mosambik, Botswana und das etwas entferntere Sambia. Doch jetzt findet – mit Billigung und Unterstützung der Regierungen beider Seiten – eine organisierte Migration weit über diese Länder hinaus statt.

Den Männern in Khaki-Shorts und mit der Kappe des Rugbyclubs Springbok werden Millionen Hektar Land angeboten, zum Teil »jungfräulicher Busch«, zum Teil bereits von Kleinbauern und staatlichen Farmen kultiviert oder von Viehhirten als Weiden genutzt. Man hofft, dass die landwirtschaftlichen Kenntnisse dieser Männer in ganz Afrika eine Agrarrevolution auslösen. Wie auch immer, auf jeden Fall ist das eine dramatische Umkehr der Ächtung, die die Buren nach dem Ende der Apartheid traf.

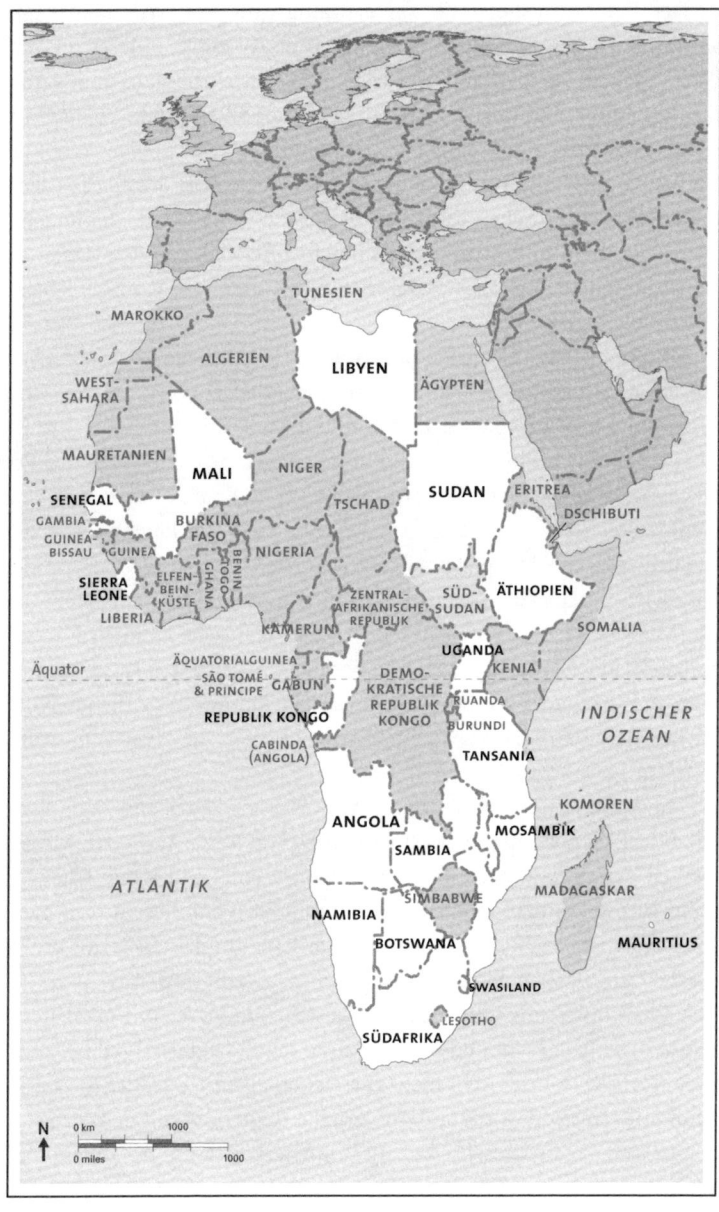

TUNESIEN
MAROKKO
ALGERIEN LIBYEN
WEST-
SAHARA ÄGYPTEN
MAURETANIEN
MALI NIGER
SENEGAL TSCHAD SUDAN ERITREA
GAMBIA DSCHIBUTI
GUINEA- BURKINA
BISSAU GUINEA FASO NIGERIA
SIERRA ELFEN- BENIN ZENTRAL- SÜD- ÄTHIOPIEN
LEONE BEIN- TOGO AFRIKANISCHE SUDAN
KÜSTE GHANA REPUBLIK
LIBERIA KAMERUN SOMALIA
UGANDA
Äquator ÄQUATORIALGUINEA KENIA
SÃO TOMÉ DEMO-
& PRINCIPE GABUN KRATISCHE RUANDA
REPUBLIK KONGO REPUBLIK BURUNDI INDISCHER
KONGO OZEAN
CABINDA TANSANIA
(ANGOLA)
KOMOREN
ANGOLA MOSAMBIK
SAMBIA
ATLANTIK MADAGASKAR
SIMBABWE
NAMIBIA
BOTSWANA MAURITIUS
SWASILAND
LESOTHO
SÜDAFRIKA

N
0 km 1000
0 miles 1000

Der Reiseveranstalter für diese Männer im Aufbruch heißt Agri South Africa (Agri SA) und ist die Nachfolgeorganisation des im Jahr 1904 gegründeten Verbands der weißen Landwirte namens South African Agricultural Union. Gegenwärtig hat Agri SA ungefähr 70.000 Mitglieder, darunter auch einige schwarze Farmer. Ihr stellvertretender Verbandspräsident Theo de Jaeger sagt, er habe von 22 Staaten aus allen Teilen des afrikanischen Kontinents Land für seine Mitglieder angeboten bekommen. Mitte 2011 gab es bereits offizielle, von den Regierungen abgesegnete Verträge mit der Republik Kongo und Mosambik. Weitere sollen folgen.

Die potenziellen Gastgeberländer bieten jede Menge Anreize. Neben kostenlosem Land sind das befristete Steuerbefreiungen, die Zusicherung neuer Straßen und Stromverbindungen sowie das Recht, ihre Erzeugnisse und Gewinne uneingeschränkt zu exportieren. Derartige Privilegien erregen oft den Ärger einheimischer Bauern, die nie in den Genuss solcher Vergünstigungen kamen. Auch die Regierung in der südafrikanischen Hauptstadt Pretoria fördert die Auswanderung der Landwirte und bietet konkrete Unterstützung an. Im Jahr 2010 stellte sie 450 Millionen Dollar für Beihilfen an südafrikanische Landwirte außerhalb der Landesgrenzen bereit – in Berücksichtigung der Tatsache, dass etwa 30 Prozent der von Weißen besessenen landwirtschaftlichen Nutzflächen in Südafrika bis 2014 an schwarze Landbesitzer verteilt werden müssen.

Die Landwirtschaftsministerin Tina Joemat-Pettersson sagte 2009 auf der jährlichen Mitgliederversammlung von Agri SA: »Wenn wir den weißen südafrikanischen Farmern in unserem Land keine Chancen mehr bieten können, müssen wir das anderswo auf diesem Kontinent tun.« Aber angesichts der Chinesen, Brasilianer und anderer, die afrikanische Agrarflächen derzeit in Besitz nehmen, sieht sie den zweiten Großen Treck auch unter strategischen Gesichtspunkten. 2011 erklärte sie: »Nahezu sechzig Prozent des fruchtbaren Landes auf der Welt befinden sich in Afrika, werden aber nicht ausreichend genutzt. Daher ist es dringend notwendig, dass die südafrikanische Regierung mit dem privaten Sektor und der Zivilgesellschaft zusammenarbeitet, um ihr außenpolitisches Programm auf dem ganzen Kontinent umzusetzen.« Wenn es Landnahmen gibt, dann sollte Südafrika nicht außen vor bleiben.

Das größte Angebot stammt bislang aus dem kleineren, nördlich gelegenen der beiden Kongo-Staaten, aus der Republik Kongo, oft auch Kongo-Brazzaville genannt. Seit Jahrzehnten von inneren Konflikten zerrissen, ist die holz- und ölreiche, aber von Korruption geplagte ehemalige französische Kolonie auf dem internationalen Parkett kaum in Erscheinung getreten. Für den bereits seit langem amtierenden Präsidenten Denis Sassou Nguesso, der in einem entlegenen Dorf im Norden des Landes geboren wurde, sind internationale Landgeschäfte kein Fremdwort. Er verfügt selbst über einen lukrativen Immobilienbesitz an der französischen Riviera. Und er ist ganz erpicht darauf, dass Südafrikaner einen Teil seines Heimatlands übernehmen: bis zu 10 Millionen Hektar, eine Fläche so groß wie der US-Bundesstaat Kentucky.

Sassou Nguessos Regierung sagt, das den Buren angebotene Land sei »leer«. Die ersten, die kommen, sollen eine riesige, einst staatliche Farm im fruchtbaren Niari-Tal bekommen. Sie liegt im dicht besiedelten Südwesten des Landes, an der Eisenbahnlinie, die die Hauptstadt Brazzaville und die Hafenstadt Pointe-Noire mit dem Nachbarland Gabun verbindet. Laut Jaeger wird die Farm seit über einem Jahrzehnt nicht mehr bewirtschaftet. »Ein Großteil des Anwesens ist nach wie vor in gutem Zustand. Die Landwirte werden die Häuser beziehen, die auf dem Gelände stehen.« Das hoffen sie zumindest. Denn seit die Farm vom Staat vor einem Jahrzehnt aufgegeben wurde, sind die früheren Bewohner des Landes zurückgekehrt und bauen dort Maniok und Erdnüsse an.

Ruth Hall und Gaynor Paradza vom Institute for Poverty, Land and Agrarian Studies an der südafrikanischen University of the Western Cape haben dieses »leere« Land im Jahr 2011 besucht, kurz bevor der erste Konvoi mit südafrikanischen Farmern eintraf. »Es leben Menschen dort« sagte mir Paradza nach ihrer Rückkehr. »Von dem Bodentransfer werden mindestens fünf Siedlungen betroffen sein. In einem der Dörfer, in Malolo 2, geschah etwas, das als Beratung durchgehen kann. Sie endete damit, dass einer der Ältesten symbolisch etwas Palmwein auf den Boden spuckte, was der Abgesandte des Ministeriums als Zustimmung der Gemeinschaft auffasste.« In einem anderen Dorf, in Dehese, aber sagte der Stammesführer, er sei überhaupt nicht konsultiert worden. Jetzt befürchte er das Schlimmste. Südafrikanische Farmer seien bereits im Dorf gewesen und hätten auf dem Schulhof und im Umkreis der Wasserquellen Holzpflöcke in den Boden gerammt.

Hall sagte, es gebe keinerlei offizielle Karten von den Gebieten, die an die Südafrikaner übertragen worden seien. »Ich habe mich persönlich mit dem Ministern für Landreform und Landwirtschaft getroffen, aber ihre Darstellungen wichen voneinander ab. Sie wussten nicht einmal, welche Dauer die Pachtverträge haben.«

Im März 2011 sagte der Landreformminister Pierre Mabiala, die Menschen erwarteten von den Kolonisten »Nahrungsmittel im Überfluss«. Agri SA hat seinen Gastgebern versprochen, dass die Neuankömmlinge zunächst Grundnahrungsmittel wie Mais anbauen würden. Und sie »werden den Menschen in Kongo ihr Wissen mitteilen und ihnen beibringen, wie sie selbst gute Farmer werden können«. In seiner Heimat aber hat de Jaeger zukünftigen Pionieren die Idee damit schmackhaft gemacht, dass sie dort weit profitablere Früchte wie Avocado und Bananen oder sogar Pflanzen für Biokraftstoff für den Export nach Europa anbauen könnten. Was immer den kongolesischen Ministern auch zugesichert wurde, de Jaeger meint, die Verträge gäben den Farmern das Recht zu erzeugen, was sie wollten, sie würden von der Steuer befreit, müssten keine Pacht zahlen und könnten ihre Profite in die Heimat rückführen.

An zweiter Stelle steht Mosambik, und was dort geschah, hört sich nicht gerade vielversprechend an. Im Jahr 1996 trafen der südafrikanische Präsident Nelson Mandela und sein mosambikischer Kollege Joaquim Chissano ein Abkommen, das südafrikanischen Farmern die Gelegenheit gab, die 50-jährigen Pachtverträge von ehemals portugiesischen, 200.000 Hektar großen Baumwollplantagen zu übernehmen. Sie lagen im Tal des Flusses Lugenda in der am dünnsten besiedelten und am dichtesten bewaldeten nördlichsten Provinz des Landes namens Niassa an der Grenze zu Tansania. Die Farmen erstreckten sich in der Nähe des Niassa-Nationalparks, einem der besten Löwenschutzgebiete Afrikas, entlang einer der wenigen durch die Provinz führenden Straßen.

Das Projekt erhielt den Namen »Verheißenes Land«, doch zugleich wurden die in Südafrika entwickelten Pläne von einer breiten Öffentlichkeit kritisiert, weil damit eine neue Apartheidgesellschaft geschaffen würde. Nicht selbst vor Ort lebende weiße Landherren würden, wie der südafrikanische Hochkommissar in Maputo es nannte, in ihrer Heimat »gezähmte Kaffern« zur Beaufsichtigung der in »ländlichen Townships« untergebrachten mosambikischen Arbeiter anstellen. Letztlich kam das Projekt jedoch nicht zustande. Der von Nelson Mandela für eine kontrollierte Migration gegründeten südafrikanischen Behörde Organisation Chamber for African Development gelang es nicht, für das »verheißene Land« auch die verheißenen Geldmittel aufzubringen. 1999 waren statt der erwarteten 500 nur 13 südafrikanische Farmer nach Mosambik gekommen, und bei der letzten Zählung waren es nur noch fünf.

Davon unbeirrt, hat die Regierung Mosambiks jetzt eine weitere Million Hektar angeboten. Und diesmal sieht der Deal tatsächlich verlockender aus. Die Farmen liegen in der südlichen Provinz Gaza, auf dem Landweg nicht einmal 500 Kilometer von Pretoria entfernt. Das Abkommen auf Regierungsebene wurde von dem weißen Landwirt Charl Senekal ausgehandelt, einem engen Mitstreiter des neuen südafrikanischen Präsidenten Jacob Zuma. Senekal war 2003 zum »Landwirt des Jahres« erklärt worden, weil er einen Betrieb mit 45 Hektar zu einem äußerst profitablen 18.000 Hektar großen Anwesen mit Zuckerrohr und eigenem Wildtierreservat ausgebaut hatte. Im Mai 2011 wurde das Abkommen mit einer Feier in den Räumen von Agri SA in Centurion nahe Pretoria unterzeichnet. Der Verband der Farmer nannte es »eine Plattform, um die Interessen der südafrikanischen kommerziellen Landwirtschaft in Mosambik zu stärken«. Mit den fruchtbaren Böden und dazu dem Wasser aus dem Limpopo wird Gaza zur künftigen Kornkammer Mosambiks werden, und man erwartet, dass Hunderte südafrikanische Farmer in das Gebiet übersiedeln werden.

Doch auch andere Länder winken den wandernden Burensöhnen der Erde mit Erleichterungen. Sambia möchte, dass sie auf zwei neuen Farmblöcken mit insgesamt 300.000 Hektar Mais anbauen. Der Sudan stellt Land und Wasserrechte in Aussicht, um an den Nilufern Zuckerrohr zu erzeugen. Das weite, weitgehend trockene Namibia, das sich erst 1988 von südafrikanischen Besatzern befreien konnte, ruft jetzt nach den Burensöhnen, damit sie an den Ufern der Flüsse Oranje und Kunene Felder bewässern. Angola hat zwei Plantagen mit insgesamt 140.000 Hektar angeboten und Uganda 170.000 Hektar. Und aufgrund eines Abkommens, das beim Verfassen dieses Buchs noch nicht unterzeichnet war, wird Libyen vielleicht erleben, dass Südafrikaner auf 35.000 Hektar Oliven und Wein anbauen.

Obwohl Agri SA den burischen Farmern neue Chancen in Afrika eröffnen konnte, ist ein weiterer Reiseveranstalter aufgetaucht, dem ein ganz anders gearteter Treck vorschwebt. Die ultrakonservative Transvaal Agricultural Union, die sich mit Südafrikas Abschied von der Apartheid nie abfinden konnte, vertritt bis heute fast ausschließlich weiße Farmer. Über die Angebote afrikanischer Regierungen kann sie nur die Nase rümpfen und favorisiert stattdessen den Vorschlag des – überwiegend weißen – postsowjetischen Staats Georgien. Kaukasier in den Kaukasus!

Anfang 2011 machten angehende burische Siedler eine Inspektionsreise. Die First Lady Georgiens gab für sie ein Bankett und plauderte als gebürtige Niederländerin angeblich mit ihren Gästen in der Sprache ihrer Vorfahren. Die Transvaal Agricultural Union hat eine georgische Webseite eingerichtet (www.boers.ge), die jede Menge Fotos idyllischer Bergregionen zeigt und Interessenten mit Seiten zum Verkauf stehender Farmen verlinkt. Als ich zuletzt nachschaute, waren 360 Hektar Bergwiesen in Dedoplistskaro im Weinbaugebiet im Osten des Landes das größte Angebot. Ziemlich klein nach afrikanischen Maßstäben und im Vergleich zu den freistehenden Flächen in Afrika mit 237 britischen Pfund pro Hektar auch ziemlich teuer.

Nicht nur die Regierungen unterstützen die südafrikanischen Farmer bereitwillig bei der Suche nach einem neuen Standort, sondern auch Banken und Investmentfonds. So erhält der neue Treck beispielsweise von der Standard Bank mit ihrer Zentrale in Johannesburg Hilfe, die sich inzwischen als »panafrikanische Bank« bezeichnet; von der privaten südafrikanischen Phatisa Group und von Emergent Asset Management, dem britisch-südafrikanischen Fonds des einstigen Goldman-Sachs-Investmentstars Susan Payne (siehe dazu auch Kapitel 8).

Aber nicht jeder beobachtet diese Entwicklung mit Freude. Der »Exodus« hat beunruhigende Schlagzeilen ausgelöst. »Die letzten weißen Farmer sind im Begriff, das Land zu verlassen, um zu grüneren Weiden aufzubrechen«, hieß es beispielsweise. Das ist natürlich Unsinn. Doch das Ganze hat einen politischen Subtext. Derartig alarmierende

Meldungen zielen darauf ab, in den ländlichen Gebieten des burischen Herzlands gegen die südafrikanische Landreform Stimmung zu machen, mit der lange nach Ende der politischen Apartheid nun auch die Agrar-Apartheid beendet werden soll. Ruth Hall sagt, in dem Treck manifestiere sich lediglich der Marktwert südafrikanischer Farmer in einer Zeit der Landnahmen. Viel aussagekräftiger sei, dass die meisten Farmer keineswegs aus Südafrika flüchteten, sondern meist ihre einheimischen Betriebe behielten, während sie anderswo arbeiteten; sie gingen also auf Nummer sicher, anstatt ihre Wurzeln zu kappen. »Es ist weder Flucht aus ethnischen Gründen noch südafrikanischer Imperialismus«, sagt Hall. »Es ist nicht so, dass sie entweder Südafrika oder ihre Gastgeberländer mit Nahrungsmitteln versorgen. Sie kommen dort einfach billig an Land, Wasser und Arbeitskräfte. Das ist globaler Kapitalismus.«

Wenn der globale Kapitalismus schon für die absprungbereiten Farmer Südafrikas verlockende Perspektiven bietet, so erst recht für Agrarunternehmen, die sich auf den Anbau von Zucker spezialisiert haben. Die stark gestiegene Nachfrage nach unserem liebsten Süßstoff sowie die erhöhte Produktion von Biokraftstoff haben den Zuckerpreis im Jahr 2011 auf ein Rekordniveau hochschnellen lassen. Die großen Zuckererzeuger kaufen Land, um den Bedarf befriedigen zu können.

Einer dieser Käufer ist Associated British Foods. Es gibt kaum ein Unternehmen, mit dessen Namen man weniger verbindet. Doch hinter der Fassade der Anonymität ist ABF – unter anderem seit der Übernahme von British Sugar – der zweitgrößte Zuckererzeuger der Welt. British Sugar ist in Großbritannien seit langem eine Institution, da es den 4000 britischen Zuckerrübenbauern ihre gesamte Ernte abnimmt. Seine Marke Silver Spoon gehört im Land zum täglichen Leben. Doch in letzter Zeit hat es sich durch seine Mehrheitsbeteiligung an dem rasch expandierenden südafrikanischen Zuckermoloch Illovo Sugar in Afrika ein völlig neues Imperium aufgebaut.

Dadurch wurden die Eigner von British Sugar und British Associated Foods – die kaum in Erscheinung tretende Familie Weston aus Kanada mit dem gegenwärtigen Firmenchef George Weston – zu den größten Landnehmern in Afrika. Ach, und natürlich nehmen sie auch Wasserrechte. Zuckerrohr verschlingt außerordentliche Mengen Wasser. Die Felder müssen in einem normalen Jahr einmal mehr als 2 Meter hoch geflutet werden. Damit verbraucht Zuckerrohr doppelt so viel wie andere wasserhungrige Pflanzen, etwa Reis oder Baumwolle. Weltweit leeren Zuckerrohrfelder unsere Flüsse und plündern unsere unterirdischen Wasservorräte.

Illovo Sugar entstand in den 1990er-Jahren aus einer Umstrukturierung einstiger südafrikanischer Unternehmen nach der Apartheidära. Längst ist es den Grenzen seines Ursprungslands entwachsen und hat in Malawi, Sambia, Tansania und Mosambik Plantagen erworben. Mittlerweile besitzt es nahezu 120.000 Hektar – Tendenz steigend. Der Rohstofffreibeuter Tiny Rowland hatte einst stark auf Zucker gesetzt, doch mehrere seiner Plantagen befinden sich heute im Besitz von Illovo Sugar. Seit Illovo von British Sugar aufgekauft wurde, hat es einen besseren Zugang zu den Märkten der Europäischen Union, denen es ein Drittel des Importzuckers liefert.

Für Leute mit einem großen Stück Land und Zugang zu Wasser eignet sich Afrika hervorragend, um Zuckerrohr anzubauen. Im Gegensatz zu vielen anderen Nutzpflanzen sind die Erträge afrikanischer Zuckerrohrfelder mindestens ebenso hoch wie die der Spitzenproduzenten der Welt in Indien, Brasilien, Thailand und Australien. Daher schiebt sich Illovo nach Norden vor und nimmt sich Land, so rasch es kann.

Eine seiner frühen Erwerbungen war Zambia Sugar. Dessen Hauptplantage, Nakambala Estate, erstreckt sich über 15.000 Hektar in einem riesigen, inzwischen entwässerten Feuchtgebiet am Fluss Kafue, einem der großen Nebenflüsse des Sambesi. Vor langer Zeit hatten weiße Siedler den ortsansässigen Bauern und Viehhirten das Land geraubt. Aufgrund der neuen Zäune konnten deren Rinder nicht zu ihren alten Weideflächen am Ufer des Kafue zurückkehren, die als die besten Sambias galten. Die inzwischen gebauten Stauseen für die Erzeugung von Wasserkraft und die Bewässerung von Nakambala Estate haben die Heimat Tausender Menschen unter Wasser gesetzt und das Habitat von Millionen Vögeln und Antilopen, darunter der seltenen Kafue-Letschwe, zerstört.

Nakambala Estate war nach Sambias Unabhängigkeit verstaatlicht worden. Dann aber wurde es wieder privatisiert und kam schließlich 2011 in den Besitz von Illovo Sugar – praktisch ein Rückfall in die Zeit der kolonisierenden Siedler. Das Unternehmen hat auch eine angrenzende 10.000 Hektar große Rinderranch gekauft. Südafrikas Staatspräsident Jacob Zuma reiste persönlich zur feierlichen Inbetriebnahme der neuen Zuckerrohrfelder an. Zusammengelegt bilden die beiden Farmen nun den größten Agrarbetrieb in Sambia und die zweitgrößte Zuckerplantage Afrikas. Illovo stellt ein Zehntel aller »offiziellen« Arbeitsplätze Sambias, davon etliche für Wanderarbeiter, die nur zum Schneiden des Zuckerrohrs hierherkommen. Doch die schrittweise, sich über Jahrzehnte vollziehende Annexion der Kafue-Auen und der große Wasserverbrauch des Unternehmens haben das Ökosystem geschädigt und die Lebensgrundlage Tausender kleiner Bauern und Viehzüchter zerstört. Es gab Proteste und Festnahmen, und gelegentlich wurden auch Zuckerrohrfelder in Brand gesetzt.

Der Große Treck führt Illovo Sugar inzwischen nach Mali, wo es 14.000 Hektar Zuckerrohrfelder bewässern will. Um dafür Platz zu schaffen, wird die Regierung Malis etwa 1600 Menschen vertreiben. Doch wie wir in Kapitel 25 sehen werden, liegt die weitaus größere Bedrohung für die einheimische Bevölkerung wohl im Wasserverbrauch. Illovo wird dem Niger, der Lebensader der Region, immerhin einen halben Kubikkilometer Wasser pro Jahr entnehmen.

Illovos Position als Afrikas Sugar-Daddy ist allerdings nicht unangefochten. Im westafrikanischen Senegal am Ufer des gleichnamigen Flusses rüsten sich zwei Herausforderer zum Kampf. Der gegenwärtige Zuckermonopolist des Landes ist der in der Schweiz lebende französische Bankier Jean-Claude Mimran. Sein Vater machte ein Vermögen mit Abholzungen in Elfenbeinküste und Madagaskar, doch Jean-Claude ist längst Besitzer der Compagnie Sucrière Sénégalaise, die auf etwa 8000 Hektar Zuckerrohr anbaut und gerade in die Biokraftstoffherstellung für den Export nach Europa expandiert.

Mimrans Monopol wird gegenwärtig vom nigerianischen Zucker- und Softdrinkbaron Aliko Dangote angegriffen. Dagote, in seiner Heimat ein einflussreicher Sponsor politischer Parteien, hat kürzlich den saudi-äthiopischen Landnehmer Scheich Mohammed Ali Al Amoudi als reichsten Mann afrikanischer Herkunft vom ersten Platz verdrängt. Im Jahr 2011 soll Dangote von der senegalesischen Regierung 40.000

Hektar erhalten haben, um seine Zuckerträume zu verwirklichen. Doch wenn am Ufer des Flusses Senegal mehrere dieser Zuckerrohrplantagen entstehen, verlieren die Viehzüchter ihre Weidegründe und die Kleinbauern das Wasser zum Bewässern ihrer Felder. Insbesondere angesichts ähnlicher Landnahmen arabischer Investoren für den Reisanbau (siehe Kapitel 3).

Die Welt liebt Süßes. Doch die Nachfrage nach Zucker wurde erst richtig angefacht, seit er als bester Rohstoff für die Erzeugung von Ethanol gilt, das als erneuerbarer Kraftstoff für Autos verwendet werden kann. Brasilien, schon seit den 1970er-Jahren Wegbereiter der Produktion von Ethanol aus Zuckerrohr, baut, oft mit ausländischem Kapital, seine ohnehin schon riesigen Zuckerrohrplantagen noch weiter aus. Die Amerikaner stehen in der Warteschleife, allen voran Investoren wie George Soros, Goldman Sachs, Merrill Lynch und Sun Microsystems. Desgleichen ausländische Energiekonzerne wie BP und Shell. Die brasilianischen Zuckererzeuger aber schielen nach Afrika, wo das Land billiger ist als in ihrer Heimat. Der drittgrößte Zuckerproduzent Brasiliens, Açùcar Guarani, hat erst kürzlich die mosambikische Firma Sena Holdings gekauft, die über 14.000 Hektar Zuckerrohrplantagen verfügt.

Zu ihnen gesellt sich Singapurs omnipräsenter Nahrungsmittelkonzern Olam, der 2011 verlauten ließ, er suche 10.000 Hektar Land in Afrika, um Zuckerrohr anzubauen. Die in der Schweiz ansässige Firma Addax Bioenergy hat sich im Landesinneren von Sierra Leone 10.000 Hektar Grassavanne für den Anbau von Zuckerrohr gesichert. »Eventuell wird man einige isolierte Gemeinden zur Umsiedlung bewegen müssen«, heißt es. Allerdings wird es kaum Arbeitsplätze für Zuckerrohrschneider geben, da sich die Firma für die maschinelle Ernte entschieden hat. Das Wasser wird sie dem nahegelegenen Fluss Rokel entnehmen.

Die größte Zuckerplantage der Welt aber bleibt immer noch Sudans Musterfarm Kenana. Sie nimmt an den Ufern des Weißen Nil, 250 Kilometer südlich von Khartum, 84.000 Hektar Wüstenland ein. Auf dem Flug nach oder von Ostafrika Richtung Europa ist sie von oben deutlich zu erkennen. Sie hat sogar eine eigene Wüstenstadt mit 60.000 Einwohnern, die sich um das Land kümmern.

Kenana geht auf eine Idee Tiny Rowlands in den 1970er-Jahren zurück. Heute sind die dominierenden Anteilseigner des Unternehmens allerdings die staatliche Kuwait Investment Authority und die Regierung von Saudi-Arabien. Die Plantage befriedigt den gesamten Zuckerbedarf im Sudan und exportiert darüber hinaus in den Nahen Osten, nach Nordafrika, Indien und Europa. Zur Bewässerung ihrer Felder in der Wüste verbraucht sie erschreckende 3 Kubikkilometer Wasser pro Jahr – grob gerechnet 4 Prozent des jährlichen Durchflusses des Nil, dem längsten Fluss der Welt. Wahrscheinlich schluckt kein Agrarunternehmen auf unserem Planeten mehr Wasser als Kenana. Und bald könnte sein Durst noch größer werden. Ein ägyptischer Private-Equity-Fonds mit Namen Beltone Financial, der während des Immobilienbooms in der Mubarak-Ära reich wurde, hat beschlossen, 1 Milliarde Dollar in Kenana zu investieren, weil Sudan seine Zuckerproduktion bis zum Jahr 2014 verdoppeln will.

Schon allein aufgrund solcher Dimensionen stellt die Zuckerrohrerzeugung oft eine Bedrohung für Gesellschaft und Umwelt dar. Im 18. Jahrhundert war der Anbau in der Karibik der wirtschaftlich treibende Faktor für den Sklavenhandel und verhalf den britischen Hafenstädten Bristol und Liverpool damit indirekt zu Wohlstand – auf dem Rücken der Afrikaner, die unter Anwendung von Gewalt über den Atlantik gebracht wurden, um auf Jamaika oder Barbados Zuckerrohr zu schneiden. Regenwälder, Feuchtgebiete und saftige Weiden wurden für diese Pflanze platt gemacht, Flüsse wurden geleert. In sieben Ländern bedeckten Zuckerrohrfelder einst mehr als die Hälfte der Staatsfläche. Heute ist die Rate nicht mehr so hoch, doch auf Mauritius sind es immer noch 40 Prozent.

Und nach wie vor sind die negativen Auswirkungen für die Gesellschaft groß. In Swasiland, einem kleinen Binnenstaat und Königreich im südlichen Afrika, stellt Zuckerrohr nahezu zwei Drittel aller landwirtschaftlichen Erzeugnisse. Pro Einwohner produziert das Land jährlich mehr als 4 Tonnen. Zucker generiert ein Fünftel von Swasilands schmalem Bruttoinlandsprodukt und schafft direkt oder indirekt den Großteil der Arbeitsplätze für die Erwachsenen des Landes. Doch der Zuckerrohranbau hat das Land und die Arbeit so fest im Griff, dass andere Wirtschaftszweige kaum eine Chance haben.

Illovo Sugar ist bereits mit ungefähr 8000 Hektar Zuckerrohrfeldern

vor Ort. Doch der wichtigste Erzeuger und Arbeitgeber des Landes ist
die Royal Swaziland Sugar Corporation. Sie ist persönliches Eigentum
von König Mswati III., Afrikas einzigem noch regierenden absoluten
Monarchen, ein Mann, der in Großbritannien zur Schule ging. Das Unternehmen ist außerdem quasi die Regierung des Landes – sie kauft Farmern ihre Erzeugnisse ab, betreibt die einzigen Schulen und Krankenhäuser des Landes, hat eine eigene Polizeitruppe und baut Straßen und
Stromleitungen. Der größte Teil des erzeugten Zuckers wird entweder
nach Südafrika oder zur Verarbeitung zu Tate & Lyle an der Themse-
mündung exportiert, der größten Zuckerraffinerie der Welt, die inzwischen American Sugar gehört.

Swasiland ist wirtschaftlich fest in der Hand des Zuckers und den
Launen seines absoluten Monarchen ausgeliefert – letztlich aber auch
denen der Eigner von Illovo Sugar, der äußerst diskreten Familie Weston aus Kanada.

22

MOSAMBIK

Die Biokraftstoff-Blase

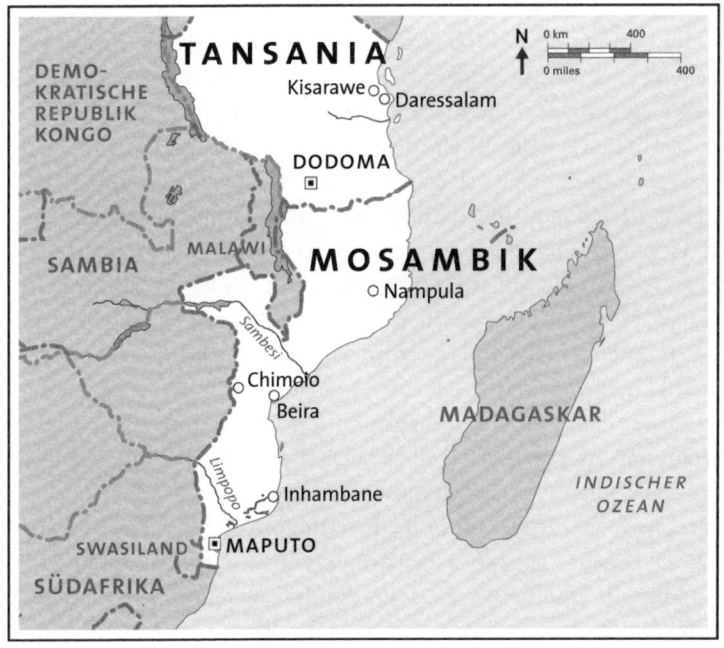

Mitte 2011 konnte sich Richard Morgan entspannt zurücklehnen. Nach vierjähriger Planung lieferte sein Unternehmen die erste Charge Öl aus einer giftigen afrikanischen Frucht namens Jatropha oder Purgiernuss, die auf einer ehemaligen Tabakplantage angebaut worden war. Sun Biofuels' erster Kunde war die Lufthansa. Morgan hatte stolze 9 Millionen Dollar investiert und auf seinen 3000 Hektar Land über 1000 Menschen angestellt, ehe er im Hafen von Beira ein Schiff mit seinen 30 Tonnen Öl beladen konnte. Es sah aus wie ein Durchbruch. Afrika könnte zum

Mittelpunkt der Erzeugung von umweltfreundlichem Biokraftstoff werden und damit unseren Planeten vor dem Klimawandel bewahren.

Die Lufthansa hatte vom Luftfahrtaufsichtsamt gerade die Erlaubnis bekommen, Kerosin zu verwenden, dem Jatropha-Öl beigemischt war. Vorerst sollte es auf Linienflügen von Frankfurt nach Hamburg zum Einsatz kommen, doch die Gesellschaft hat 700 Flugzeuge. »Allein die Lufthansa braucht 400 Millionen Liter Biokraftstoff pro Jahr«, erklärte Luis Gouveia, Morgans Firmenchef vor Ort, den aufgeregten Medienvertretern in Mosambik. Was für eine Geschichte! Doch drei Monate später war Sun Biofuels bankrott und wurde abgewickelt. Es war kein Geld mehr da. Die Investoren suchten schneller das Weite, als ein Flugzeug fliegen konnte, und Richard Morgan war abgetaucht.

Sun Biofuels hatte als einer der hellsten Sterne am Firmament des Biokraftstoff-Himmels geleuchtet. Hinter ihm standen einige große Namen der Londoner City, darunter der Boutique-Investor Simon Shaw und sein EEA Fund Management, ein Instrument zum Emissionsrechtehandel. Morgan erklärte mir 2011, er wolle bis zum Jahr 2015 auf 10.000 Hektar Jatropha anbauen und 20.000 Tonnen Öl im Jahr produzieren. Aber zunächst musste er, wie er zugab, noch eine ganze Menge technischer Dinge klären. Als ich Morgan in seinem bescheidenen Büro im dritten Stock eines Bürohauses in Kensington traf, telefonierte er gerade mit Mosambik und diskutierte leidenschaftlich die Vor- und Nachteile intensiven beziehungsweise behutsamen Beschneidens der Jatropha-Stöcke. Auch wenn die Investoren vorübergehend von einer wahren Begeisterungswelle für Jatropha ergriffen worden waren, so befand sich die erhoffte Wunderwaffe zur Erzeugung von Kraftstoff noch immer im Testanbau. Noch sei es eine Sache von Versuch und Irrtum, die besten Methoden herauszufinden.

Zudem musste sich Morgan mit den Angriffen einiger NGOs auseinandersetzen, die, wie er meinte, seinen Betrieb so schnell wie möglich schließen wollten. Ein Vorwurf lautete natürlich, er sei ein Landnehmer. Das empfand er als unfair. Schließlich setzte sich seine Plantage in Mosambik im Wesentlichen aus elf früheren Tabakfarmen zusammen, die sich im Gebiet westlich der Stadt Chimoio an der Straße nach Simbabwe aneinanderreihen. Alliance One Tobacco, ein in North Carolina ansässiger Händler, habe die Farmen aufgegeben. Eine in die Tausende gehende Arbeiterschaft sei zwei Jahre lang arbeitslos gewesen, bis Morgan mit dem Pflanzen begann. »Als wir ankamen, warteten am Tor schon siebenhundert Menschen«, erinnert er sich. »Sie waren in der Zwischenzeit wieder zu ihrer Subsistenzwirtschaft zurückgekehrt. Also eigentlich in den Busch.«

Die Plantage in Mosambik war Sun Biofuels Vorzeigeobjekt und wurde Anfang 2011 von Großbritanniens Staatsminister für internationale Entwicklung, Stephen O'Brien, besichtigt. Der Gouverneur der Provinz war über die Entwicklung so begeistert, dass er Morgan eine weitere einstige Tabakfarm anbot. Doch in anderen Bereichen gab es Probleme.

Als das Unternehmen im Jahr 2005 mit der Arbeit begann, nahm es sich zunächst Land in Äthiopien. Die dortige Regierung überließ ihm gemeinschaftlich genutztes Weideland in Benishangul Gumuz im abgelegenen Norden der Provinz Gambella, nahe der Grenze zum Sudan. Dort baute man eine Baumschule für Jatropha-Setzlinge auf und bepflanzte ungefähr 5000 Hektar. Da es eine Option auf weitere 80.000 Hektar gab und bereits davon gesprochen wurde, in Tigray und anderswo noch mehr hinzuzubekommen, schien sich die Sache zu einem großen Projekt auszuwachsen. Doch dann besann sich das Unternehmen eines Besseren und zog sich zurück. Zum einen mochte es an den Entfernungen in diesem hintersten Winkel Äthiopiens gelegen haben, doch vor allem schienen sich die Pflanzen nicht sonderlich gut zu entwickeln. Sun Biofuels verließ Äthiopien.

Als Nächstes ging es in den Bezirk Kisarawe im Herzen Tansanias, zu 8000 Hektar mit »ernsthaft degradiertem Küstenwald … geplündert von der Holzköhlern und Brennholzsammlern«, wie Sun Biofuels sagte. Von Anfang an gab es Konflikte mit den Einheimischen. Morgan nahm die Köhler nicht ernst, nannte sie Landbesetzer, die man loswerden müsse. Doch auf dem Areal der Plantage befanden sich auch mehrere Dörfer. Keiner der Bewohner bewirtschaftete das Land, doch sie nutzten es als Weidefläche und sammelten dort Früchte, Brennholz und anderes. »Wir haben zwei Jahre lang mit den Bewohnern geredet, insgesamt elftausend Menschen. Wir sprachen mit jedem, den wir finden konnten. Die Dorfbewohner haben entschieden, welches Land wir haben konnten, und wir haben ihnen dann dafür eine Entschädigung gezahlt.« Also

alles im grünen Bereich? Gewiss, fügte er hinzu, »manchmal wird das
Recht der kleinen Leute mit Füßen getreten«.

Ich schätzte seine Freimütigkeit. Das ging allerdings nicht allen so.
Die NGO Friends of the Earth schreibt 2010 in ihrem Bericht lediglich,
er habe »die Dorfbewohner betrogen, um an ihr Land zu kommen«. Das
machte ihn wütend. »Da sitzen sie in London an ihrem Schreibtisch,
ohne die Farm je gesehen zu haben, und werfen uns vor, wir würden den
Leuten das Land wegnehmen. Warum sind sie nicht froh, dass wir die
Wälder vor den Holzköhlern schützen?« Auch Oxfam habe sich eingeschaltet, aber wenigstens die Plantage besucht, sagte mir Morgan.
»Doch es war ein Trauerspiel. Sie sind nach Mtamba gefahren, einem
der fünf Dörfer, die kein Land beigesteuert hatten – und stellten fest,
dass niemand dort eine Entschädigung erhalten habe. Aber die Menschen, die Land verloren haben, wurde allesamt entschädigt, und das
Geld ging an jeden einzelnen Betroffenen. Die Bewohner von Mtamba
aber haben sich geärgert, weil wir ihr Land *nicht* genommen haben und
sie deshalb auch keine Entschädigung bekamen.«

Diese ersten Beutezüge fanden jedoch statt, ehe Morgan im Jahr 2007
dazustieß. Er fand dieses Erbe peinlich und gab zu, »die an der Gründung beteiligten Anteilseigner waren keine angenehmen Leute. Sie wollten schnelles Geld machen und sich dann wieder zurückziehen.« Offenbar hatten sie auf rasche Profite spekuliert. »Aber viele der früheren
Behauptungen sind inzwischen zurückgenommen worden.« Seiner
Meinung nach standen sie kurz vor dem Erfolg. »Wir können inzwischen viel besser beurteilen, was funktioniert und was nicht. Ich habe
früher für New Britain Palm Oil in Papua-Neuguinea gearbeitet. Dort
ging es zu wie in einem Militärlager. Wirklich effektiv. Und so wollen
wir auch werden.« Er meinte, seine Investoren hätten sich auf eine län-
gere Aufbauphase eingestellt und erwarteten keinen Profit vor 2015.
»Wir haben eine solide finanzielle Grundlage, und [Shaw] ist nach wie
vor bereit, Geld in die Hand zu nehmen. Außerdem sind wir besonnen
vorgegangen.«

Doch nur wenige Monate später war alles zusammengebrochen. Die
Firma sprach von einer Dürre in Tansania, die sich auf die Produktion
ausgewirkt habe. Wenn Morgan seine Investoren richtig eingeschätzt
hatte, hätte eine Dürre allerdings nichts ausmachen dürfen. In Wahrheit

hatten sie ebenso schnell kalte Füße bekommen wie ihre Vorgänger. Die Pachtverträge wurden weiterverkauft – im Fall von Mosambik an die britischen Hedgefonds-Manager bei Highbury Capital Advisors. Zumindest gegenwärtig überlassen sie die Plantagen sich selbst. Das ist eins der Probleme, die entstehen, wenn die Unternehmens- und Finanzwelt in die Welt der Bauern eingreift. Sobald es schiefläuft, können die Investoren weiterziehen und ihre Profite anderswo machen. Zurück lassen sie oft gebrochene Versprechen und wütende und enttäuschte Einheimische, die hinter ihnen die Scherben zusammenkehren müssen.

Sun Biofuels gehört inzwischen zu der immer weiter anwachsenden Liste von Unternehmen, die im ersten Jahrzehnt des 21. Jahrhunderts versuchten, aus der plötzlichen Begeisterung für Biokraftstoff Kapital zu schlagen, und dabei scheiterten. Einige hätten vielleicht Erfolg haben können. Andere erschienen wie Freibeuter auf unentwegtem Raubzug.

Energem war ein kanadisches Unternehmen, das dem Südafrikaner Tony Teixeira gehörte. Inzwischen ist gut dokumentiert, dass Teixeiras DiamondWorks, wie seine Firma früher hieß, Verbindungen zu Gestalten hatte, die mit »Blutdiamanten« aus Angola und Sierra Leone handelten. Außerdem stand Teixeira in Kontakt mit einer Londoner Söldnerfirma und beschäftigte eine Zeit lang Simon Mann, einen ehemaligen Offizier der britischen Spezialeinheit SAS, der später in Äquatorialguinea wegen Beteiligung an Putschplänen verurteilt wurde. Der Verdacht, dass Teixeira Waffenschmugglern half, an die von Südafrika unterstützten Kämpfer der UNITA in Angola zu liefern, führte dazu, dass ihn der Afrika-Beauftragte des britischen Außenministeriums Peter Hain im Jahr 2000 einen »Kaufmann des Todes« nannte.

Unter seinem neuen Namen Energem begrüßte das Unternehme das neue Jahrtausend mit Investitionen in Biokraftstoff und kaufte in der kenianischen Provinz Kisumu eine Anlage zur Erzeugung von Ethanol, die bis dahin der Familie des gegenwärtigen kenianischen Premierministers Raila Odinga gehört hatte. 2007 wurde es in das Listing des Alternative Investment Market an der Londoner Börse aufgenommen und konnte mit diesem Trumpf im Ärmel den Zuschlag für 60.000 Hektar Konzessionsgebiet zum Anbau von Jatropha auf Weideland in Mosambiks Provinz Gaza gewinnen. Es bepflanzte etwa 2000 Hektar. Doch Mitte 2010 stellte Energem auf der Farm plötzlich die Zahlung der Löhne ein, und

Anfang 2011 vermeldete der *Daily Telegraph*, dass die Firma Insolvenz angemeldet habe, »ohne es den Anteilseignern mitzuteilen«. Zu der Insolvenz sei es gekommen, berichtete das Blatt, »weil der Firma die vierundfünfzig Millionen Dollar fehlten, die ihr andere, mit dem stellvertretenden Vorstandschef (und Eigner) Tony Teixeira in Verbindung stehende Unternehmen schuldeten«. Das ist nicht verwunderlich. Die Schuldnerfirmen hatten dem Anschein nach hauptsächlich mit Teixeiras Rennsportunternehmen A1 Grand Prix zusammengearbeitet, das 2009 liquidiert worden war. Energem war in Afrika dadurch aufgefallen, dass es einem weiteren von Teixeira kontrollierten Unternehmen einen Firmenjet abgekauft hatte. Dieses Flugzeug brauche man, hieß es bei Energem damals, um die Firmenleitung »innerhalb kürzester Zeit an jeden gewünschten Ort in Afrika« zu bringen. Verständlich.

Auf dem Höhepunkt des Booms war Biokraftstoff auch bei Spekulanten im Mineraliengeschäft beliebt. Etwa 600 Kilometer südlich von Sun Biofuels' Plantage in Mosambik liegen die Trümmer, die andere Bergwerksunternehmer hinterlassen haben, als sie zu Biokraftstoff überwechselten. Ob sie nun, wie Morgan es ausgedrückt hatte, »angenehm« waren oder nicht, sie und ihre Investoren scheinen auf das »schnelle Geld« aus gewesen zu sein. Ihr Scheitern hat bei Tausenden Menschen in Mosambik einen schlechten Eindruck hinterlassen.

Viele, die weder mit Finanzgeschäften noch mit Biokraftstoff vertraut sind, werden den Namen eines der Beteiligten aber trotzdem schon einmal gehört haben. Es handelt sich um Phil Edmonds, einst ein Star unter den Cricketspielern Englands, der auf 51 Nationalspiele verweisen kann. Ich hatte ihn damals sehr bewundert. *Wisden*, Almanach und Bibel der Cricketfans, schrieb über den gewitzten und mutigen Spin-Werfer, »mit seinem aristokratischen Auftreten [sei er] eine Erscheinung wie aus einer früheren Zeit«.

Vielleicht waren ihm all die List, der Mut und das aristokratische Auftreten eine Hilfe, als er mit seiner Finanzierung von Minengeschäften, die jeden anderen abgeschreckt hätten, eine umstrittene Karriere ansteuerte. Vielleicht half es auch seinem Unternehmen ProCana, sich 30.000 Hektar in der Provinz Massingir in Mosambik nahe der Grenze zu Südafrika zu sichern.

Edmonds teilte sich den Besitz von ProCana mit einem Freund aus

Simbawe namens Andrew Groves und dem Südafrikaner Izak Holtz-
hausen. Sie versprachen, 500 Millionen Dollar aufzunehmen, um das
Land zu roden und Zuckerrohr zur Erzeugung von Ethanol anzubauen,
das in Südafrika verkauft werden sollte. Doch das Unternehmen geriet
bald in Konflikte. Zuerst erhoben die mosambikischen Organisationen,
die das Naturschutzgebiet Great Limpopo Transfrontier Park verwalteten – Anton Ruperts ersten »Peace Park« –, den Vorwurf, ProCanas
Konzession würde die Hälfte des Gebiets einnehmen, das für die Umsiedlung all der Menschen gedacht war, die durch das Naturschutzgebiet
heimatlos geworden waren. Dann behaupteten einheimische Bauern,
das Unternehmen habe bei den anfänglichen Rodungen einige ihrer Felder zerstört und ihnen ohne Not den Zugang zu den für sie lebenswichtigen Wasserquellen entlang des Elefant River versperrt. In Tihovene, einem der sechs betroffenen Dörfer, hieß es, ProCana habe sich ohne ihre
Zustimmung den Großteil ihrer Felder und Weideflächen genommen,
indessen das Land, das man ihnen angeboten habe, links liegen lassen.

Die drei Musketiere des Biokraftstoffs schienen selbstherrlich und
unfähig zugleich. Wie auch immer, sie konnten das Geld nicht aufbringen, schufen nur einen Bruchteil der versprochenen 7000 Arbeitsplätze,
rodeten lediglich 800 Hektar und zogen sich schließlich zurück, ohne
die Regierung Mosambiks auch nur zu informieren. Als sie es erfuhr,
hob sie den Pachtvertrag auf.

ProCana gibt es mittlerweile nicht mehr, und die drei sind wieder zu
ihren Minengeschäften zurückgekehrt. Seitdem haben sie 60 Prozent der
Schürfrechte auf 530 Quadratkilometern in den Kpo-Bergen in Liberia
erhalten und betätigen sich in Simbabwe und Botswana im Kohleberg-
bau. Allerdings haben sie sich nicht vollständig aus der Landwirtschaft
zurückgezogen. Edmonds und Groves sind mittlerweile Vorstandschef
beziehungsweise Geschäftsführer eines neuen Unternehmens namens
Agriterra, das in Mosambik eine 20.000 Hektar große Rinderranch auf-
baut. Die beiden versprechen ihren Investoren, dass im Jahr 2013 auf
ihren Weideflächen nahe der kleinen Stadt Dombe – die die Regierung
Mosambiks gerade erst von den Landminen und Tsetsefliegen befreit
hat – etwa 10.000 Rinder grasen werden. Zufälligerweise liegt das Gebiet
an derselben Straße wie die aufgegebenen Felder von Sun Biofuels.

Es gibt in Afrika einen ganze Reihe solcher Projekte zur Erzeugung von Biokraftstoff, die gescheitert sind. In Tansania musste eine 81.000 Hektar große niederländische Jatropha-Plantage namens Bioshape Insolvenz anmelden. Ebenso das Projekt eines alternativen schwedischen Energiebetriebs mit Namen Sekab. Andere retten sich irgendwie über die Runden. Wie etwa die Firma Flora EcoPower. Im Jahr 2007 tat sich das in München ansässige Unternehmen mit den israelischen Brüdern Alon und Ayal Hovev zusammen, um zwei riesige Konzessionsgebiete in Äthiopien und Madagaskar zu bewirtschaften. Sie hatten vor, dort Rizinus anzubauen, um daraus Biodiesel für Europa zu erzeugen.

Ihr äthiopischer Vertrag galt für eine Dauer von 50 Jahren und umfasste ein Pachtgebiet von 56.000 Hektar, eine Autostunde von der östlich von Addis Abeba gelegenen Stadt Harar entfernt, die für ihre Moscheen bekannt ist. Die von dem Unternehmen in Auftrag gegebenen Satellitenfotos legten nahe, dass es sich um unbewohntes Land handelte. Tatsächlich aber lebten dort Viehhirten. Und Umweltschützer äußerten den Vorwurf, der Wald, den sie rodeten, sei Heimat von Elefanten und Mähnenlöwen, einem Nationalsymbol Äthiopiens. Trotzdem setzte man die Arbeit fort und baute eine Ölraffinerie. Im Jahr 2008 wurde der erste Rizinussamen geerntet, und alles schien gut. Wie es heißt, plante das Unternehmen, weitere 72.000 Hektar hinzuzupachten und das Netz von Vertragsbauern zu vergrößern. Premierminister Meles Zenawi kam zu Besuch. Doch im April 2009 tauchten die Brüder Hovev plötzlich ab. Bei den Mitarbeitern stand der Lohn für fünf Monate Arbeit aus, die Banken blieben auf ihren Krediten sitzen.

Ähnliches ereignete sich fast gleichzeitig in dem angeschlossenen Projekt im Mangrare-Tal auf Madagaskar. Dort verfügte das Unternehmen über 40.000 Hektar und hatte 2008 mit dem Versuchsanbau begonnen. Laut dem madegassischen Wissenschaftler Barry Ferguson hatten sich »die Israelis im März 2009 davongemacht«. Er behauptet, dass sie »sämtliches Gerät, darunter ein paar Traktoren, wegschafften, ehe sie fortgingen«. Auch hier wurden die Angestellten nicht bezahlt. Einer von Fergusons Studenten, der dort ein Praktikum machte, saß auf der Plantage fest.

Flora EcoPowers Investoren änderten den Firmennamen in Acazis, bezahlten die ausstehenden Rechnungen und nahmen den Betrieb in Äthiopien wieder auf (jedoch nicht in Madagaskar), beantworteten jedoch keine meiner Fragen zu den Ereignissen in der Ära der Hovev-Brüder. Der neue Geschäftsführer in Äthiopien, Patrick Bigger, machte Ende 2010 die israelischen Manager für das Debakel verantwortlich. »Man fand heraus, dass sie gar keine Manager waren und nicht einmal Landwirte«, erklärte er in einem Interview mit einem einheimischen Journalisten. Als man zuletzt von ihnen hörte, waren die Hovevs in Tansania als Direktor und leitender Landwirt einer Gesellschaft namens Tendaji Agro tätig, die laut Selbstdarstellung versucht, das israelische Kibbuzsystem der kollektiven Landwirtschaft in Ostafrika einzuführen. Und die Plantage in Madagaskar lag Ende 2011 »im Tiefschlaf«, wie Ferguson es ausdrückte.

Wer ist als Nächstes an der Reihe? Das Delta des Tana-Flusses ist Kenias größtes Küstenfeuchtgebiet, Heimat zahlloser Wildtiere und von etwa 25.000 traditionellen Viehhirten. Ein kanadisches Unternehmen namens Bedford Biofuels unter Leitung des zupackenden kanadischen Geschäftsmanns David McClure hat dort einen auf 45 Jahre angelegten Pachtvertrag für 160.000 Hektar Land abgeschlossen. Die in Alberta ansässige Firma will Jatropha anbauen und behauptet, das »zu wenig genutzte Land« biete »so gute Voraussetzungen für Jatropha-Pflanzungen wie kaum ein anderes auf der Welt«. Bedford Biofuels plant, »in den ersten drei Jahren der Erschließung Tausende von Arbeitern zu beschäftigen«. Im Juli 2011 erklärte das Unternehmen, nach »drei Jahren der Kapitalaufnahme« sei es so weit, auf dem Land, das ihnen von den Viehhirten der Tana Orma verpachtet worden war, »einen Anfang zu machen«. Doch in dem Delta gibt es seit langem erbitterte Auseinandersetzungen. Die Hirten dort sagen, in Nairobi lebende Stammesvertreter hätten einen Ausverkauf ihrer Rechte betrieben. Aber sie wollen nicht aufgeben. Prominente Umweltgruppen wie Birdlife International haben sich auf die Seite der Menschen geschlagen, die eine Erschließung des Deltas verhindern wollen. Einige Schlachten haben sie schon gewonnen. Und sie könnten erneut siegen.

Auf der anderen Seite des Kontinents ist das westafrikanische Ghana zu einem bedeutenden Zentrum für den Jatropha-Anbau geworden. Mehr als 20 Unternehmen erhielten zu diesem Zweck mehr als 1 Million Hektar Land. Die in Stavanger registrierte Firma Scanfarm erzeugte eine Zeit lang Jatropha in der Nähe der Stadt Kusami auf dem Gebiet der

Agogo, einem zu den Ashanti gehörenden Volk. Doch weil die Ernten
nicht sonderlich gut ausfielen, baute sie auf einem Teil der 13.000 Hektar (und nicht 400.000, wie manchmal behauptet wird), die sie ergattert
hatte, größtenteils Mais an. Das italienische Unternehmen Agroils mit
seiner ghanesischen Tochterfirma Smart Oil hat in der Nähe des Volta-
Sees auf einem Teil ihrer 105.000 Hektar Jatropha-Büsche stehen. Galten Global Alternative Energy aus Israel verfügt über 10.000 Hektar in
der Nähe von Kadima, die kanadische Kimminic Corporation über
65.000 Hektar in Zentralghana.

Das britische Jatropha Africa hat seinen Sitz in einem Londoner Vor-
ort. Nach eigenen Angaben verfügt es über einen Pachtvertrag für
50.000 Hektar und hält eine Option auf 70.000 weitere. Doch obwohl die
Firma seit 2006 vor Ort ist, hat sie bis 2011 lediglich 100 Hektar bepflanzt und gerade mal 10 Tonnen Öl exportiert – an ein Biokraftstoff-
unternehmen in Japan. Sein CEO Clive Coker sagte mir: »Ein ausge-
dehntes Buschgebiet zur Verfügung zu haben ist eine Sache. Doch über
die Ressourcen zu verfügen, aus diesem Land eine Jatropha-Pflanzung
zu machen, ist etwas ganz anderes.«

Wenn man seinen eigenen Aussagen Glauben schenkt, ist der größte
Landnehmer in Ghana wohl Gold Star Farms, ein kleines amerikanisches Unternehmen, das Großes im Sinn hat und sich rühmt, in 15 Ländern aktiv zu sein. So behauptete es, die Zusicherung für 2 Millionen
Hektar zu haben, obwohl es nie enthüllt hat, wo das Gebiet liegt, und obwohl es bislang lediglich 5700 Hektar bepflanzt hat. Gold Stars Besitzer
Jack Holden, dessen ghanesische Tochterfirma auf den Namen seiner
ghanesischen Ehefrau Diana Holden eingetragen ist, teilt sich nach eigener Darstellung den Profit mit den Besitzern des Landes, beschäftigt
seine Arbeiter das ganze Jahr hinweg, zahlt gute Löhne und schließt eine
Krankenversicherung für sie ab.

Wie konnten all diese Verträge zustande kommen? In Ghana haben
die traditionellen Stammesvorsteher noch immer großen Einfluss. Aktivisten aus anderen Ländern betonen oft, wie wichtig eine solche lokal-
te Autorität ist, wenn man verhindern will, dass die Gemeinden übergangen werden, sobald Landnehmer bei der Regierung anklopfen. Doch
offenbar läuft es meist anders, wie das Beispiel Ghana zeigt. Der ghanesische Forstwissenschaftler Eric Nutakor und George Schoeneveld und

Laura German vom indonesischen Centre for International Forestry Research haben die dortigen Landverträge untersucht. Sie fanden heraus, dass weite Gebiete »leichtfertig und in direkten Verhandlungen mit den traditionellen Autoritäten, oft in undurchsichtigen, nur teilweise dokumentierten und ohne Zeugen stattfindenden Gesprächen an ausländische Unternehmen übertragen wurden ... wodurch der Bevölkerung der Zugang zu weiten Landstrichen für einen Zeitraum von bis zu 50 Jahren verwehrt wird«.

Stammesvorsteher gaben ihre Daumenabdrücke völlig unbedacht. Sie bekamen ein »Trinkgeld«, das von einigen Kritikern als Bestechung bezeichnet wird, jedoch ein üblicher, von der Regierung anerkannter Brauch ist. Doch letztlich spielt es keine Rolle, ob sie geschmiert, verwirrt oder einfach nur unwissend waren – für die Stammesvorsteher und ihr Volk, deren Lebensgrundlagen von diesen Entscheidungen abhingen, waren die Abkommen ein schlechtes Geschäft. Viele Haushalte bekamen nicht einmal eine Entschädigung für das verlorene Land. Die Forscher empfahlen eine bessere Aufsicht seitens der Regierung, um die Verhältnisse zu ändern. Denn es scheint, dass »nur eine kleine Minderheit ausländischer Unternehmen in Ghana mit den zuständigen Regierungsstellen in Verbindung trat«, ehe sie sich besagte Daumenabdrücke holten.

Im Jahr 2007 spielte der Markt für Biokraftstoff verrückt. Die Europäische Union traf die Entscheidung, allen Kraftstoffen für Fahrzeuge Biokraftstoff beizumischen, wodurch sich der Branche ein gesetzlich abgesicherter Markt öffnete. Staatsregierungen fühlten sich ermutigt, auf Biokraftstoff zu setzen, nachdem sich George W. Bush im Januar in seiner Rede an die Nation dafür eingesetzt hatte. Außerdem wurden Investoren in einer euphorischen Broschüre von Goldman Sachs zu Anlagen in Jatropha verführt. Sie stellte hohe Profite und gute Entwicklungsmöglichkeiten in Aussicht.

Zu dieser Zeit sprach die brasilianische Regierung davon, ein Zehntel der fossilen Kraftstoffe der Welt durch aus Zuckerrohr gewonnenes Ethanol ersetzen zu können. Malaysia und Indonesien erklärten, jeweils bis zu 40 Prozent der zukünftigen Palmölplantagen für Biodiesel zu reservieren. Selbst Ölgesellschaften machten mit. Chevron behauptete, 400.000 Hektar Land in den USA für Biokraftstoff vorzuhalten. West-

liche Unternehmer zogen nach Afrika und suchten sich günstiges Land,
um Pflanzenöl im alten Stil, Zuckerrohr für Ethanol oder die neue Wunderpflanze Jatropha anzubauen. NGOs zählten in 20 afrikanischen Ländern mehr als 100 Biokraftstoffprojekte, betrieben von 50 Unternehmen. Einer Schätzung aus dieser Zeit zufolge nahmen diese Projekte
sage und schreibe 11 Millionen Hektar Land in Anspruch.

Es war eine Blase. Ihr ist seitdem viel Luft ausgegangen, und das hat
verschiedene Gründe: praktische Probleme; die Erkenntnis, dass man
kaum mit raschem Profit rechnen konnte; Unmut über die katastrophalen Zustände, die einige der ersten Unternehmen hinterlassen hatten;
und eine mittlerweile realistischere Sicht der angeblichen ökologischen
Vorteile von Biokraftstoff. Der schlichte Glaube, seine Verbreitung führe automatisch zu einer Reduzierung des weltweiten CO_2-Austoßes,
wird inzwischen grundsätzlich infrage gestellt. Doch während sich diese
auf zweifelhaftem Wege gewonnene Erkenntnis allmählich durchsetzt,
wird Afrika noch Jahrzehnte mit den Folgen leben müssen.

Manche beklagen das Platzen der Blase und hoffen, dass es sich nur
um einen kurzfristigen Rückschlag handelt. Doch ehe wir uns von den
Vorzügen des Biokraftstoffs verlocken lassen, sollten wir uns fragen, was
sie im Endeffekt eigentlich bringen.

Anfangs ging es um ein konkretes Umweltanliegen. Wie jeder auf
Kohlenstoff basierende Kraftstoff setzt auch Biokraftstoff beim Verbrennen das Treibhausgas CO_2 frei, das in die Atmosphäre gelangt.
Doch wenn der Kraftstoff von einer Pflanze stammt, absorbiert sie beim
Wachsen ebenso viel Kohlendioxid, wie sie später beim Verbrennen erzeugt. CO_2 wird abgebaut und erzeugt. Es entsteht ein Zyklus, in dem
die neuen Pflanzen während ihres Wachstums die Emissionen neutralisieren. Die Logik klingt überzeugend, lässt jedoch zwei Faktoren außer
Acht. Erstens ist da der CO_2-»Fußabdruck«, den Anbau, Transport und
Verarbeitung der Pflanze hinterlassen. Und zweitens die Frage, was eigentlich sonst auf dem Land geschehen wäre und welchen Einfluss diese
Alternative auf den CO_2-Austoß gehabt hätte.

Das erste lässt sich berechnen. Danach wäre etwa der Anbau von
Mais zur Erzeugung von Ethanol ziemlich unvernünftig. Angesichts der
großen Energiemenge, die notwendig ist, um den von Mais benötigten
Dünger zu produzieren und dann den Mais zu Ethanol zu verarbeiten,

ist sogar der Verbrauch von regulären fossilen Kraftstoffen oft klima-
freundlicher. Andere Ethanolpflanzen wie Zuckerrohr schneiden besser
ab, weil sie weniger Dünger brauchen und sich leichter verarbeiten lassen. Ähnlich sieht es bei einem Großteil der als Kraftstoffersatz ver-
wendbaren Pflanzenöle aus, deren Verarbeitung recht einfach ist. Man
braucht sie nur zu pressen. Wenn er gute Wachstumsbedingungen hat,
kann der Jatropha-Strauch beispielsweise für eine Emissionsreduzie-
rung um zwei Drittel sorgen. Soja steht passabel da und Palmöl noch besser. Diese Berechnungen wurden zur Begründung der Erzeugung von
Biokraftstoff herangezogen, aber auch der EU-Vorschrift zum Beimi-
schen von Biokraftstoff zu regulären Kraftstoffen. Biokraftstoff, so heißt
es bei den Gesetzgebern, können die Emissionen zwar nicht verhindern,
sie aber reduzieren.

Aber was ist mit der zweiten Frage. Biokraftstoff braucht Land. Und
die obige Rechnung geht nur dann auf, wenn auf den betreffenden Böden nichts anderes angebaut würde. In der Regel ist das nur höchst selten der Fall. Außer vielleicht in der Wüste, aber dort gedeiht auch keine
Pflanze, aus der sich Biokraftstoff machen ließe. Doch wenn die benötigten Pflanzen etwas anderes ersetzen – sei es nun eine Nutzpflanze oder
die natürliche Vegetation –, muss das in die Rechnung einfließen. Das
dramatischste Bespiel ist die Ölpalme. Oft wird sie auf Böden angepflanzt, die zuvor von Regenwald oder von kohlestoffreichen Torfmoo-
ren bedeckt waren. Durch Rodung der Wälder oder Trockenlegung der
Moore gehen gewaltige CO_2-Speicher verloren. Kalkulieren wir dies ein,
ist der Fußabdruck von Biodiesel aus Palmöl oft größer als der von fossilen Kraftstoffen.

Weit öfter aber wird Biokraftstoff auf einstigen Weideflächen erzeugt, und in diesem Fall müssten wir anrechnen, wie viel Kohlendioxid
das Gras absorbiert hätte. Oder man benutzt Felder, die früher zum
Anbau von Nahrungsmitteln verwendet wurden. Wenn wir davon ausgehen, dass diese Nahrungsmittel nun auf anderen Flächen wachsen,
müssen wir wissen, wo und welchen CO_2-Fußabdruck die Pflanzen haben. Vielleicht hat jemand Bäume gefällt, damit die Leute etwas zu essen
haben. Oder auf einem seiner alten Felder mehr Dünger eingesetzt, um
eine bessere Ernte zu erzielen. Die Herstellung von Dünger ist eine äußerst energie- und emissionsintensive Angelegenheit.

Die Beantwortung all dieser Fragen wird zeigen, dass wir in vielen Fällen für Biokraftstoff einen höheren Preis in Form von Emissionen zahlen müssen als für die fossilen Brennstoffe, die er eigentlich ersetzen sollte. Das liegt mehr oder weniger auf der Hand. Man dürfte eigentlich annehmen, dass dies bei den Berechnungen der CO_2-Bilanz in Betracht gezogen worden wäre. Doch das ist nicht der Fall. Tim Searchinger von der Princeton University, der diese Fragen einer ganzen Reihe von Wissenschaftlern vorgelegt hat, sagt, die Landfrage werde bei den meisten Gesetzgebern, die den Weg zu niedrigeren CO_2-Emissionen ebnen wollen, auch weiterhin nicht in Betracht gezogen. Das stimmt. Die an der entsprechenden Gesetzgebung beteiligten Regierungsvertreter, mit denen ich sprechen konnte, räumten ein, die Landfrage ausgeklammert zu haben, weil Berechnungen hier sehr schwierig seien. Das stimmt sicher. Doch ehe dieser Fehler in den CO_2-Berechnungen nicht korrigiert ist, können sie wohl kaum mit Sicherheit sagen, ob und unter welchen Bedingungen Biokraftstoff seinen Preis auch wirklich wert ist.

23

SIMBABWE

Die beschleunigte Landreform

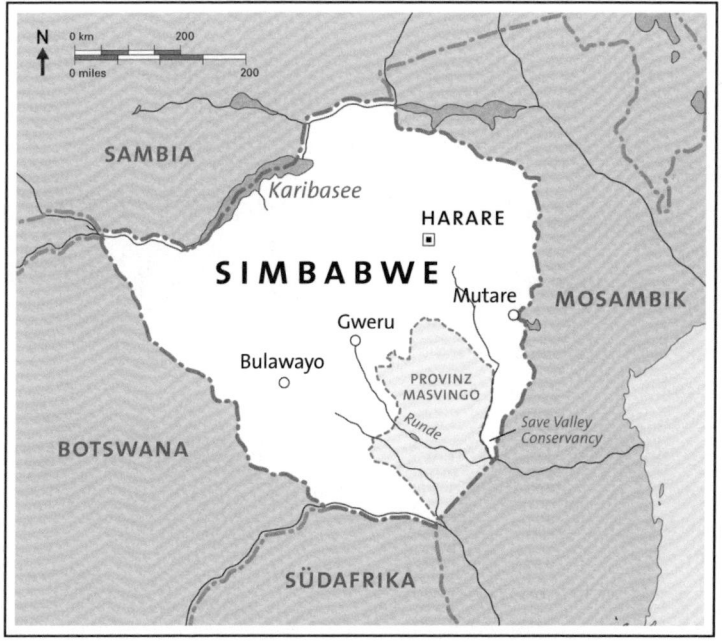

Eine der berüchtigtsten Landnahmen des neuen Jahrhunderts wurde weder durch ausländische Unternehmen noch durch Staatsfonds oder Spekulanten betrieben. Vielmehr handelte es sich um die altmodische Annexion eines Staates – durch Robert Mugabes Partei Zanu-PF (Zanu-Patriotische Front) und die Kriegsveteranen von Simbabwe. Viele der »Veteranen« waren zu jung, als dass sie in dem vorausgegangenen langen Krieg um die Befreiung Simbabwes von einer weißen rassistischen Regierung mitgekämpft hätten. Diese beherrschte das Land trotz der

Versuche der Briten, es in die Unabhängigkeit zu entlassen. Sie hingegen waren der Überzeugung, sie würden jenen Krieg erst wirklich zu seinem Ende bringen, wenn sie sich des Grund und Bodens der Weißen bemächtigten.

Die chaotische und oft gewaltsam durchgeführte Landreform – die der Oberste Gerichtshof des Landes zum großen Teil als illegal verurteilte – wurde vor zehn Jahren in einem Fernsehbericht anschaulich dargestellt. Der Film zeigte, dass die Folgen in vielen Fällen verheerend waren. Etliche der neuen Siedler verfügten weder über das Know-how noch über die Mittel, die Produktivität des Bodens aufrechtzuerhalten. Die Erträge der großen Farmen brachen ein, und es folgten eine Wirtschaftskrise, zunehmende Armut und Hunger. Aber, so Ian Scoones vom Institute of Development Studies an der University of Sussex, nicht alles war schlecht.

Scoones und ein Team simbabwischer Kollegen haben nach und nach zusammengetragen, was sich in den zehn Jahren nach der Reform in der südöstlich gelegenen Provinz Masvingo abspielte. Ihr Buch, *Zimbabwe's Land Reforms: Myths and Realities*, ist ein bemerkenswertes Beispiel kontinuierlicher Forschung vor Ort unter schwierigsten Bedingungen. Die Erkenntnisse der Autoren mögen nicht für das ganze Land gelten, aber sie zeichnen doch ein differenzierteres Bild als das, was uns normalerweise präsentiert wird. In manchen Gebieten, insbesondere dort, wo die vorherigen privaten Landbesitzer Ranches und Plantagen mit nur sehr wenigen Mitarbeitern betrieben hatten, waren die Vorteile der Neubesiedlung beträchtlich.

Es herrscht Einigkeit darüber, dass die Landreform notwendig war. Das Ausland, insbesondere die britische Regierung, hatte versprochen, sie zu finanzieren. Doch in den ersten 20 Jahren der Unabhängigkeit – bis 1999 – sperrte sich die alte Landbesitzerelite aus 6000 meist weißen kommerziellen Farmern und Organisationen wie etwa den Kirchen dagegen. Ihr Besitz war bislang nur geringfügig von insgesamt 15 Millionen auf 12 Millionen Hektar gesunken, und sie verfügten damit immer noch über 30 Prozent der Fläche des Landes. Die Fortschritte bei der Umverteilung verlangsamten sich noch, als die britischen und simbabwischen Behörden zu keinem Konsens über das Procedere und die strategischen Ziele der Umverteilung fanden. So konnte es nicht weitergehen.

In dieser Situation beschloss Mugabe, nicht länger zu warten oder sich um rechtliche Details zu kümmern. Ab 1999 wechselten im Zuge seiner »beschleunigten Landreform« 7 Millionen Hektar Boden die Besitzer – zum Teil aufgrund von Regierungserlassen, zum Teil durch Invasion von »Kriegsveteranen«, die auf eigene Faust handelten. Als die großen Farmen fielen, brachen die Märkte für wichtige Konsumgüter wie Weizen, Tabak und Kaffee zusammen. An die 150.000 Farmarbeiter verloren ihren Arbeitsplatz und oft auch ihr Heim, weil die Veteranen die Ländereien der Weißen überfielen. An dieser Stelle setzten die Untersuchungen von Scoones und seinen Kollegen ein. Wie sie herausfanden, bekamen die Kriegsveteranen und ihre Spezis in der Regierung zwar mehr als ihren gerechten Anteil am neu verteilten Land, aber es profitierten auch etwa 180.000 Kleinbauern, von denen einige zum ersten Mal über eigenen Boden verfügten. Mancherorts kehrten ältere Leute auf Ländereien zurück, auf denen sie aufgewachsen waren, bis sie von den Farmern vertrieben wurden.

Nicht nur die Großfarmen brachen zusammen, sondern auch ein wesentlicher Teil der Wirtschaft des Landes. Die vorwiegend für den Export produzierende Agrarindustrie war zerstört. Hinzu kam ein chronisches Versagen der Zentralregierung im Umgang mit der eskalierenden Krise: Das Anwerfen der Notenpresse führte zu einer Hyperinflation; schließlich hatten nur noch ausländische Währungen einen Wert. Angesichts leerer Geschäfte und der Tatsache, dass Handel fast unmöglich war, kehrten die Menschen zu Subsistenzwirtschaft und Gütertausch zurück. Aber es gab noch eine andere Seite. Als die Veteranen und andere Siedler Landparzellen der großen Farmen übernahmen, erlebten Produktion und informeller Handel mit landwirtschaftlichen Gütern einen Aufschwung. Halmgetreide wie Hirse, das traditionelle Produkt des afrikanischen Trockenfeldbaus, erwies sich als ertragreich. Dasselbe galt laut Scoones für Baumwolle, die ebenfalls von Kleinbauern produziert wurde. Trotz des Zusammenbruchs der großen Ranches gedieh das Vieh, und am Ende hatte das Land offenbar ebenso viele Rinder, Schweine und Schafe wie vor der Reform. Das Forschungsteam stellte fest, dass »die Hälfte der untersuchten Haushalte akkumulierte und investierte, in vielen Fällen Menschen beschäftigte und allmählich ihre landwirtschaftliche Tätigkeit ausweitete … Die Landwirtschaft brach nicht zusammen.«

Die offensichtlichsten Zuwächse, so Scoones, entstanden aus der Übernahme der großen Ranches, die im Besitz Weißer gewesen waren. Ein typisches Beispiel hierfür war die Rinderfarm Edenvale, die 18.000 Hektar umfasst, aber für die 4000 Rinder lediglich 40 Hirten beschäftigt hatte. Inzwischen leben 18 Dörfer mit jeweils mehreren Hundert Bewohnern von dem Land. Diese neu entstandenen Siedlungen lösten auch in der übrigen lokalen Wirtschaft Wachstum aus, und das zu einer Zeit, als die Regierung bankrott und von Korruption durchsetzt war und fast keine Hilfsorganisationen im Land operierten. Einige Kleinbauernhöfe erweiterten ihre Produktpalette und stellten Lehmziegel her, andere betrieben Handwerke, Fischfang und Einzelhandel. Seit der Stabilisierung der Wirtschaft im Jahr 2009 sind auf dem umverteilten Land neue kommerzielle Zentren entstanden.

Inzwischen aber ist die Landreform in eine neue und düstere Phase eingetreten und nähert sich den Landnahmen andernorts an. Mächtige Politiker, Militärs und ihre Freunde reißen Land für ihre eigenen Zwecke an sich. Meist greifen die neuen Eliten nicht zu den Farmen, die in die Hand vieler Kleinbauern übergegangen sind. Das wäre ein zu offensichtlicher Verrat an der Landreform. Die neuen Landnehmer fallen in die verbliebenen großen Güter von Weißen ein, die zufällig oder geplant die erste Phase der Landreform überlebt haben.

Zu den Übernahmen dieser Art zählen Zuckerplantagen wie Hippo Valley und Triangle und ein Netzwerk von Wildreservaten im Südosten des Landes. Mugabe und seine Frau besitzen angeblich 14 Farmen mit insgesamt 16.000 Hektar Land. Immer wieder auftauchende Behauptungen, treue Anhänger seiner Partei und führende Militärs und Politiker hätten sich insgesamt etwa 5 Millionen Hektar unter den Nagel gerissen, sind »stark übertrieben«, sagt Scoones. Dennoch besteht die Gefahr, dass eine alte Landbesitzerelite durch eine neue ersetzt wird.

Ein komplizierter Fall ist die 350.000 Hektar große Nuanetsi-Ranch in Masvingo. Sie gehörte der südafrikanischen Imperial Cold Storage Company, bis sie 1989 vom Development Trust of Zimbabwe aufgekauft wurde, einer Organisation, die der Vizepräsident Simbabwes, Joshua Nkomo, ins Leben gerufen hatte, ein berühmter und angesehener politischer Führer im Kampf um die Unabhängigkeit. Die Gewinne aus den zahlreichen kommerziellen Betätigungsfeldern des Trusts sollten für die wirtschaftliche Entwicklung von Matabeleland verwendet werden, der Region, aus der er stammte. Nkomo starb 1999, als die Landreform begann. Kurz darauf tauchte im Vorstand eine neue Figur auf – ein weißer simbabwischer Geschäftsmann namens Billy Rautenbach, der über gute Verbindungen zu Mugabe verfügte.

Es wird behauptet, Mugabes Minister hätten Rautenbach wesentliche Teile des Nkomo-Areals im Gegenzug zu finanzieller Unterstützung und anderen Gefälligkeiten an seine Partei gesichert. Die oppositionelle Bewegung für demokratischen Wandel (Movement for Democratic Change, MDC) beschuldigte Rautenbach, ihre Vertreter zu verfolgen. Rautenbach, der wegen seiner Verbindungen zu Mugabe seit 2008 in Großbritannien und den USA Einreiseverbot hat, war außerdem Geschäftspartner von Phil Edmonds bei der Metallausbeutung (siehe Kapitel 22). Unter Rautenbachs Einfluss schloss sich der Development Trust of Zimbabwe mit dem Unternehmen Bio-Energy zusammen, um, wie Letzteres sagt, ein milliardenschweres Entwicklungsprogramm auf dem Nkomo-Land durchzuführen, unter anderem durch den Anbau von Zuckerrohr, eine Krokodilfarm mit einer Viertelmillion Reptilien, Viehhaltung und ein Wildreservat für 1000 Büffel, die aus einem Nationalpark hierher gebracht werden sollen.

Das neue Big Business ist die natürliche Tierwelt. Bedeutender noch als die Produktion von Biokraftstoff.

Die großen Überlebenden der ersten Phase der Landreform waren die Wildranches im Lowveld im Süden Simbabwes. Die einstigen Viehfarmen schlossen sich in den 1990er-Jahren zusammen, um eine Reihe von durch Hochsicherheitszäune gesicherten Wild-»Schutzgebieten« zu schaffen. Diese erstrecken sich in einem Bogen von der Bubye Valley Conservancy im Westen über die Save Valley Conservancy bis zur Chipinge Safari Area an der Grenze zu Mosambik. Die Save Valley Conservancy behauptet von sich, mit ihren 340.000 Hektar das größte private Naturschutzgebiet der Welt zu sein. Es besteht aus 26 Ranches, deren Zentrum die riesige Devuli Ranch bildet. Sie ist ursprünglich das Produkt eines der größten Landnehmer des britischen Empire, Lucas Bridges. Er erwarb die Fläche 1919 von der British South Africa Company, einer Schöpfung des in Südafrika geborenen britischen Imperialisten Cecil Rhodes, der unter seinem eigenen Namen Rhodesien, das heutige

Simbabwe, gründete. (Wie wir in Kapitel 13 gesehen haben, gehörte auch die große Schaffarm Chacabuco in Patagonien, die später von den amerikanischen Naturschützern Doug und Kris Tompkins übernommen wurde, ursprünglich Bridges.)

Den Nilpferden gilt im Lowveld das Hauptinteresse, obwohl die Schutzreservate auch unherziehenden Löwen, Elefanten, Geparden, Wildhunden und Antilopen eine Heimat bieten. Die Nilpferdreservate waren seit jeher ausschließlich in der Hand von Weißen. Einer der Begründer der Reservatidee war der weiße simbabwische Naturschützer Raoul du Toit, der den Lowveld Rhino Trust aus der Taufe hob. Der Trust wurde von der Beit-Familienstiftung finanziert, die ein Jahrhundert zuvor von Alfred Beit, einem Freund von Rhodes, ins Leben gerufen worden war.

Aus der Sicht des Naturschutzes hat sich die Idee als erfolgreich erwiesen. Die Nilpferdreservate haben inzwischen eine Gesamtfläche von 500.000 Hektar und beherbergen 80 Prozent der noch in Simbabwe lebenden Nilpferde. Hinter den Zäunen sind die Tiere im Allgemeinen vor Wilderern sicher. In den 1990er-Jahren war geplant gewesen, dass die Touristen die Rechnung bezahlen sollten. Doch seitdem das Land im Chaos versank, sind Touristen dünn gesät. Dennoch stiegen einige reiche Unternehmer in das Geschäft ein. Der Wall-Street-Investor Paul Tudor Jones, Eigentümer des Wildreservats Grumeti in Tansanias Serengeti, erwarb das 43.000 Hektar große Malilangwe Wildlife Reserve. »Er ist eine große Hilfe für uns; mit seinem Geld können wir die Nilpferde von einem Ort zum anderen transportieren«, sagt du Toit.

Doch die Reservate erregen zunehmend das Interesse der politischen Elite des Landes. Führende Militärs und Funktionäre der Zanu-PF möchten die Übergabe des Grundbesitzes in die Hände von Schwarzen vollenden, indem sie sich selbst einen Anteil an zumindest potenziell hochprofitablen »Joint Ventures« unter den Nagel reißen. Sie brauchen noch nicht einmal Geld auf den Tisch zu legen: Sie tauchen einfach auf und verlangen ein Stück vom Kuchen. Mafiös, sagen die Nilpferdrancher.

Im Jahr 2009 zwang der Gouverneur von Masvingo, Titus Maluleke, angeblich die Safariveranstalter im Save Valley Conservancy, einige hohe Tiere des Landes als »indigene Partner« zu 50 Prozent an ihrem

Geschäft zu beteiligen. Manche Presseberichte sind zwar widersprüchlich, aber allem Anschein nach sind Generalmajor Engelbert Rugeje, Stabschef der Zimbabwe National Army, und der Zanu-PF-Abgeordnete des Distrikts Chiredzi, Ailess Baloyi, an der Humani Safari Ranch beteiligt. Johannes Tomana, Generalstaatsanwalt des Landes und getreuer Anhänger Mugabes, soll sich die Malingani-Ranch angeeignet haben, die Kenned Hood, einem Weißen, gehörte. Hood sagt, er sei von seiner Ranch »verjagt« worden, auf der auch zehn Giraffen, sechzig Antilopen, dreißig Büffel, fünf Löwen und zwei Geparden lebten. Paul Mangwana, ehemals Minister für Indigenisierung und die Förderung Schwarzer, hat angeblich die Wanezi-Blockhausranch einkassiert, während der einheimische Senator und frühere Gouverneur Josiah Hungwe die Mwenezi-Ranch übernahm. Von WikiLeaks veröffentlichte Telegramme von US-Diplomaten bestätigten viele dieser Behauptungen.

Anfang 2011 reichte die deutsche Regierung Beschwerde ein, weil einem Bürger ihres Landes sein Grundbesitz geraubt worden sei. Willy Papst war Eigentümer der Sango-Ranch in der Save Valley Conservancy. Berlin behauptete, Gouverneur Maluleke habe deutlich gemacht, dass er beteiligt werden wolle, ohne dafür zu bezahlen. In der Beschwerde hieß es, Papsts Eigentum falle unter das Investitionsschutz und -förderabkommen, das die beiden Länder 1995 geschlossen hätten. Die Zanu-PF aber erwiderte, die Regierung habe soeben das Abkommen aufgehoben, da »Ausländer nicht befugt sind, Ackerland in Simbabwe zu besitzen«.

Vitalis Chadenga, Generaldirektor der parastaatlichen Wildschutzbehörde Zimbabwe National Parks and Wildlife Management, bezeichnete diese Aneignung von Naturschutzarealen als eine »noch unvollendete Aufgabe des Landreformprogramms«. Aber es gab kaum Anzeichen dafür, dass die Ranches aufgeteilt und an Kleinbauern vergeben wurden. Naturschützer meinten, die neuen Bosse wollten Safariveranstaltern aus Südafrika und Botswana Jagdlizenzen verkaufen.

Vor diesem Hintergrund überrascht es wohl nicht, dass manche weißen Farmer aus Simbabwe woanders ihr Glück suchen. Sie sind nicht so beliebt wie die burischen Voortrekker, aber ihre unbestrittenen landwirtschaftlichen Kenntnisse sind durchaus gefragt. Im Jahr 2005 gingen einige dieser weißen Farmer nach Nigeria, wo sie freundlich aufgenommen wurden. Heute führen sie an den Ufern des Niger, nicht weit entfernt von der Stadt Shona, »eine Art Einsiedlerleben im Busch«, wie es der britische Geograf Michael Mortimore nach einem Besuch ausdrückte. »Bis zum nächsten Frisör müssen wir über eine Stunde fahren«, klagte eine der Frauen vor der Kamera eines BBC-Fernsehteams.

Die 13 Farmer erhielten vom Gouverneur des Bundesstaats Kwara jeweils 25-jährige Pachtverträge für 1000 Hektar. Aber dieses Land war nicht »leer« – der Gouverneur hatte es von den Bewohnern der 15 umliegenden Dörfer konfisziert. Es sei nicht durchgängig bewirtschaftet worden, meinte er. Richtig. Aber wie oft in Afrika widersprachen die Dorfbewohner: Es sei lebensnotwendig für ihre Viehhaltung und den Wanderfeldbau. Offenbar wurden sie jedoch durch Entschädigungszahlungen, neue Stromleitungen und die Asphaltierung ihrer Straßen ruhiggestellt. Inzwischen haben die Siedler aus Simbabwe als Unterstützung ein Schlachthaus für Hühner und Anlagen für die Milch- und Maniokverarbeitung erhalten.

Mortimore sagt, die Erfolge seien »spektakulär«. Dennoch fragt er sich, ob die weiße simbabwische Enklave mitten in Nigeria den Nachahmungseffekt hat, den sich der Gouverneur davon verspricht. Die Farmer selbst sagten zum BBC, bis jetzt hätten sie noch keinen Gewinn gemacht. Der Reisbauer John Sawyer erzählte, trotz der staatlichen Hilfe stehe er vor dem Bankrott. Das Projekt ist wohl doch kein so gutes Modell für die Ernährung Afrikas.

TEIL SECHS

DIE LETZTE EINHEGUNG

Die Gemeinschaftsgüter der Welt stehen unter Belagerung. Die begehrteste Trophäe für die Landnehmer sind uneingefriedete Wälder und Weiden – und viele Regierungen sind bereit, deren Bewohner preiszugeben. Es sieht so aus, als wäre dies die letzte Geiselnahme der Erde: die letzte Einhegung. Und zum Land kommt oft auch das Wasser – eine kostenlose Ressource, die privatisiert wird. Millionen Malier leiden, weil ihr Wasser für chinesische, südafrikanische und sogar libysche Bauern abgeschöpft wird. Im Namen der Entwicklung verlieren die Armen und Hungernden dieser Welt ihr Land und ihr Wasser. Ist das wirklich der richtige Weg zur Ernährung der Weltbevölkerung?

24

ZENTRALAFRIKA

Die Gesetze des Dschungels

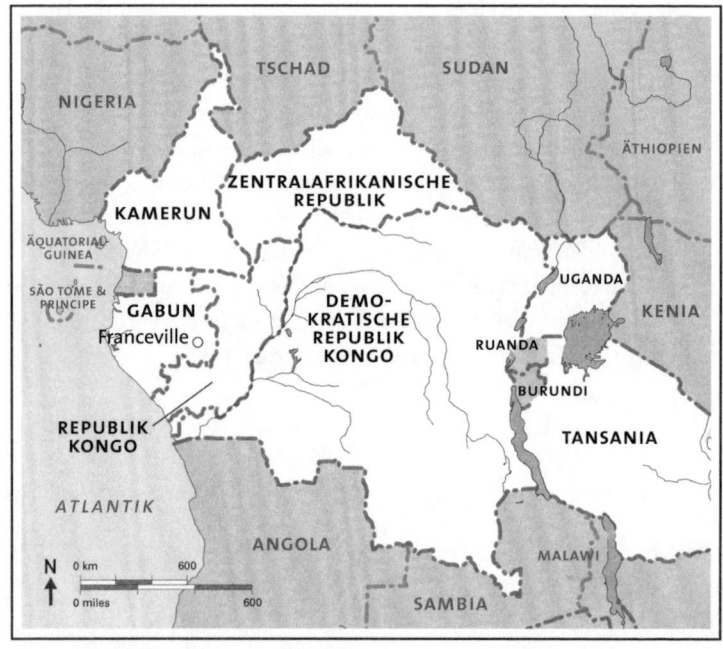

Vincent Bolloré ist ein Freund des früheren französischen Staatspräsidenten Nicolas Sarkozy und war lange Nachbar von dessen Frau Carla Bruni in der ruhigen Villa Montmorency. Bolloré verfügt über ein geschätztes persönliches Vermögen von 2 Milliarden Dollar. Seine Bolloré Group hat ebenso gute Verbindungen in die ehemaligen französischen Kolonien Zentralafrikas wie in die Pariser Salons. Denn aus Afrika kommt sein Reichtum. In den Hauptstädten jener Region gilt Vincent Bolloré als der »letzte Kaiser«.

Besonders dick im Geschäft ist Bolloré in Kamerun, wo sein Konzern den wichtigsten Hafen des Landes, Bonabéri in Douala, sowie die Eisenbahnlinien in die Nachbarländer betreibt, Speditionsfirmen und Pipelines besitzt, Palmöl anbaut, Zigaretten verkauft und Kautschuk zapft. Und dann sind da noch die Holzkonzessionen. Bolloré verfügt im Land über ein Drittel der Einschlagsrechte.

Sein Hauptrivale in der komplizierten Waldpolitik Kameruns ist Hazim Hazim Chehade, der langjährige Konsul Libanons. Seit den 1990er-Jahren kontrolliert Hazim etwa 150.000 Hektar der kamerunischen Wälder. Regierungsbehörden und Greenpeace haben sein Unternehmen, die Société Forestière Hazim, wiederholt illegaler Abholzungen sowohl auf seinem eigenen Konzessionsgebiet als auch auf anderen beschuldigt. Die beiden schillernden, aber auch ein wenig bedrohlich wirkenden Männer scheinen einem vor der Kulisse des Landes direkt einem Roman von Graham Greene entsprungen. Aber sie sind keineswegs allein.

In den feuchtwarmen Wäldern Zentralafrikas besitzen ausländische Holzfällerfirmen 40-mal mehr Land als die lokalen Waldgemeinschaften. Ein anderer französischer Waldunternehmer, Francis Rougier, verwaltet die 1 Million Hektar, die seine Familie in Kamerun und Gabun besitzt – ein Gebiet von der Größe Nordirlands. Ein Großteil von Rougiers Land in Gabun ist mit der Trans-Gabun-Eisenbahn (Transgabonais) zu erreichen. In den 1980er-Jahren gebaut, verläuft sie von der Hauptstadt Libreville an der Küste durch 700 Kilometer Dschungel tief ins Landesinnere bis nach Franceville, die Stadt, in der die Firma Rougier Gabon ihren Sitz hat. Wie die Familie Bolloré stehen auch die Rougiers Sarkozy nahe. Und sie waren zuvor auch enge Freunde der Präsidenten François Mitterand und Jacques Chirac. Anfang 2010 besuchte Sarkozy Franceville zusammen mit Rougier und Gabuns Präsident Ali Bongo. Man kneift sich in den Arm. Ist die Kolonialzeit nicht längst vorbei?

Hans-Joachim Danzer ist das Oberhaupt der schweizerisch-deutschen Familie Danzer. Seit einem halben Jahrhundert ist ihr Unternehmen auf die Produktion von Furnieren aus in der Republik Kongo und der Demokratischen Republik Kongo (DRC) geschlagenem Hartholz spezialisiert. Insgesamt haben sie in beiden Ländern Konzessionen für über 3,3 Millionen Hektar, ein Gebiet, das annähernd die Größe der Schweiz hat.

Die Demokratische Republik Kongo, das ehemalige Zaire, ist das zweitgrößte Land Afrikas und eine Goldgrube für Holzfäller. Die riesigen Dschungelflächen bilden das Herz des letzten großen Regenwalds der Erde. Diese Wälder wurden in den vergangenen Jahrzehnten durch Krieg und Chaos von Abholzungen verschont. Die Straßen sind wieder zu Busch geworden, die Kettensägen verstummt. Nur die simbabwische Armee drang hierher vor. Vor zehn Jahren schloss sie mit Kinshasa ein Abkommen und errichtete bewehrte Holzfällerlager, womit eine der größten und militarisiertesten Holzkonzessionen der Welt entstand. Die Generäle sollen auf 33 Millionen Hektar Wald um die Bergbauregion Katanga im Süden des Landes Holz geerntet haben.

Heute, wo sich das Land öffnet, haben sich die Simbabwer zurückgezogen, aber die Danzers sind noch da. Und ebenso eine amerikanische Dynastie aus Philadelphia. Daniel Blattners Clan fällt seit 50 Jahren Holz auf einem Konzessionsgebiet von über 1 Million Hektar um Kisangani, die Handelsstadt oberhalb der Stanleyfälle und Vorbild für Kurtz' »innere Station« in Joseph Conrads *Herz der Finsternis*.

Die Danzers und Rougiers, die Bollorés und Blattners sind die alte Garde in Zentralafrika, Familien, deren Konzessionen, kaum bemerkt von der Außenwelt, ein halbes Jahrhundert überdauert haben. Heute hingegen wechseln viele Konzessionen die Hände, und das Tempo der Abholzungen nimmt zu. Im Jahr 2007 veräußerte ein anderes französisches Familienunternehmen namens Thanry seine 600.000-Hektar-Konzession in Gabun an die Schweizer Gruppe Precious Woods, einen Nachbarn der Danzers in dem kleinen Kanton Zug. Im selben Jahr kaufte Precious Woods auch einen Minderheitsanteil an dem in Liechtenstein ansässigen Unternehmen Nordsudtimber, das vier Waldunternehmen in der Demokratischen Republik Kongo kontrolliert. Bei Precious Woods hieß es, man lege damit »den Grundstein« für ein umfassenderes Engagement in dem Land.

Heutzutage kommen jedoch die meisten Konzessionsinteressenten aus dem Osten. Thanry war mit Einschlagsrechten für 700.000 Hektar das größte Holzfällerunternehmen in Kamerun, bis es vor zehn Jahren alles an die in Hongkong ansässige Vicwood Group, einen Sperrholzspezialisten, verkaufte. Vicwood ist auch in der Republik Kongo und der Zentralfrikanischen Republik tätig. Die Gruppe verfügt über 7 Millionen Hektar Wald, der auf ihre Kettensägen wartet.

Herauszubekommen, wer der Besitzer von Congolaise Industrielle des Bois (CIB) in der Republik Kongo ist, erwies sich als schwierig. CIB ist der größte Arbeitgeber des Landes und verfügt über 1,4 Millionen Hektar im nördlichen Hochland. Unter den Pächtern befinden sich viele »Pygmäen« – Angehörige der zentralafrikanischen Waldvölker, Jäger und Sammler –, die früher gezwungen wurden, für das Unternehmen zu arbeiten. Ursprünglich war CIB in französischem Besitz. Im Jahr 1968 wurde es von der deutschen Familie Stoll übernommen. Diese verkaufte es 2006 an die dänische Dalhoff Larsen & Horneman Group (DLH), ein wenig in Erscheinung tretendes Unternehmen, das nur kurze Zeit in die Schlagzeilen geriet, weil es Holz von den Waffenhändlern bezog, die während des langen Bürgerkriegs in Liberia die Kontrolle über die Wälder des Landes übernommen hatten. Nachdem die Holzpreise in der weltweiten Finanzkrise von 2008 eingebrochen waren, verkaufte DLH 2011 an den rasch wachsenden Konzern Olam International, dessen breite Produktpalette von Palmöl bis zu Nutzholz reicht.

Olam sitzt in Singapur, seine Ursprünge liegen aber 20 Jahre zurück, als es noch ein Ableger der Kewalram Chanrai Group war, einer Gründung von in Nigeria lebenden Indern. Im Januar 2011 erwarb Olam eine weitere DLH-Konzession in Gabun, sodass der Konzern inzwischen insgesamt die Nutzungsrechte für 1,6 Millionen Hektar Hartholzwälder in den beiden Ländern hat. Rimbunan Hijau, das riesige malaysische Konglomerat, das Tiong Hiew King gehört, verfügt über eine halbe Million Hektar in Gabun.

Unterdessen verkaufte die französisch-deutsche Gruppe Isoroy 2009 die Nutzungsrechte für 550.000 Hektar Wald in Gabun an Honest Timber, eins von 15 privaten chinesischen Holzunternehmen, die in Gabun tätig sind, mit Konzessionen für 2,7 Millionen Hektar Wald, ein Zehntel des Landes. Sie liefern etwa 1 Million Tonnen hoch geschätztes Gabun-Mahagoni oder Okoumé an chinesische Hersteller von Holzfurnieren. In den letzten zehn Jahren war Gabun der bei weitem größte afrikanische Holzlieferant für China. Zusammengenommen sind die chinesischen Konzessionäre wahrscheinlich der größte Arbeitgeber des Landes.

Chinas außerordentlicher Erfolg beim Umwerben des Landes ist vor allem einem Mann zu verdanken: Jean Ping, Sohn eines chinesischen Händlers und der Tochter eines gabunischen Clanchefs. Als Außenminister Gabuns unterbrach Ping 1987 eine offizielle Chinareise, um Xu Gongde, einen verloren geglaubten Neffen und Holzhändler, einzuladen, in Gabun ein Holzunternehmen aufzubauen. Xu Gongde kam – und nach ihm viele andere.

Während die Holznutzungsrechte an den Osten gehen, kommt gleichzeitig eine neue Generation von Waldunternehmern aus dem Westen ins Land. Sie wollen Geld machen, indem sie Kohlenstoff speichern, entweder durch Anpflanzung neuer oder den »Schutz« natürlicher Wälder. Aufgrund internationaler Klimavereinbarungen können sie mit solchen Initiativen Emissionszertifikate im Wert von 10 bis 20 Dollar pro Tonne erwerben.

Das ist natürlich gut für die Erdatmosphäre. Aber wenn dabei nicht mit der notwendigen Umsicht vorgegangen wird, könnte es schlecht ausgehen für die Menschen, denen für solche Projekte Land genommen wird. Und die Unternehmen, seien ihre Motive altruistischer oder rein kommerzieller Natur, stehen womöglich dazwischen. Betrachten wir nur einmal den Fall von New Forests, einem Londoner Unternehmen, das Pachtverträge für 27.000 Hektar in Uganda, Tansania, Mosambik und Ruanda für die Anpflanzung von Wäldern hat. In Uganda hatte die Forstbehörde der Regierung vor der Übernahme die Bewohner von ihrem Land gewiesen. Ihre Höfe sollten Kiefern und Eukalyptus Platz machen. Das Unternehmen erhoffte sich durch den Verkauf von Emissionszertifikaten nach dem Kyoto-Protokoll Gewinne von bis zu 2 Millionen Dollar.

Die Hilfs- und Entwicklungsorganisation Oxfam errechnete, dass in Uganda für das Unternehmen etwa 20.000 Menschen vertrieben wurden, die meisten im Jahr 2010. Niemand erhebt große Einwände dagegen, und Regierung und Forstbehörde behaupten beharrlich, die Vertriebenen seien Landbesetzer gewesen und hätten nicht das Recht gehabt, dort zu leben. Das mag im streng juristischen Sinne stimmen, doch einige der

von Oxfam befragten früheren Bewohner sagten, das Land sei ihren Groß-
vätern geschenkt worden, weil sie im Zweiten Weltkrieg in Burma und
Ägypten aufseiten der britischen Armee gekämpft hätten. Die Art und
Weise, wie mit ihnen umgegangen wurde, dürfte dem wohl kaum gerecht geworden sein. Das Unternehmen erklärte, man habe ihm versichert, dass alle Räumungen »rechtmäßig, freiwillig und friedlich« vonstatten gingen. Mit Beweisen konfrontiert, dass die Dorfbewohner gewaltsam vertrieben und ihre Hütten und Häuser in Brand gesteckt worden waren, sagten Regierungsvertreter gegenüber der *New York Times*,
das könne vorgekommen sein. Aber hatten die Bewohner, auch unabhängig von der rechtlichen Situation, nicht Besseres verdient?

Nach dem Kyoto-Protokoll werden für das Anpflanzen von Bäumen
Emissionszertifikate vergeben. Das Nachfolgeabkommen wird solche
Zertifikate auch für den Schutz natürlicher Wälder vorsehen, die von
Zerstörung bedroht sind. Die unter dem Dach der Vereinten Nationen
geführten internationalen Klimaverhandlungen zur Reduzierung industrieller Kohlenstoffemissionen mögen seit dem Debakel in Kopen-
hagen 2009 zum Stillstand gekommen sein, aber bei einem anderem Prozess auf Weltebene gibt es bereits Fortschritte. Ich meine die Gespräche
über die Verringerung von Emissionen aus Entwaldung und zerstöreri-
scher Waldnutzung (Reduced Emissions from Deforestation and Forest
Degradation, REDD). Das Modell will Waldbesitzer dafür bezahlen,
dass sie durch den Schutz der Bäume den Kohlenstoff auf der Erde bin-
den. Das Geld hierfür soll von den Energieunternehmen und Industrie-
betrieben der reichen Welt kommen, deren Emissionen im eigenen
Land gesetzlichen Beschränkungen unterliegen. Auch ohne ein UN-Ab-
kommen wären damit die meisten großen Unternehmen in Europa
sowie einige in den USA, Australien und anderswo als Geldgeber einbezogen.

Umweltschützer sehen im REDD-Verfahren eine Möglichkeit, Milliarden Dollar sowohl für den Kampf gegen die Erderwärmung als auch
für den Erhalt der Regenwälder lockerzumachen. Selbstverständlich
sind sie darüber hocherfreut. Aber es erheben sich schwierige Fragen.
Wem genau gehören die Wälder? Und wo wird das Geld am Ende landen? Werden die Waldbewohner, die Regierungen oder eine neue Generation kommerzieller Zertifikathändler die Nutznießer sein?

In Brasilien gibt es Anzeichen dafür, dass Waldbewohner aufgrund ihrer unter großen Mühen erworbenen Landrechte in den Genuss internationaler Gelder kommen. In einem Teil des Waldschutzgebiets Juma am Amazonas hat jeder Haushalt von der Regierung ein Kreditkartenkonto erhalten, auf das der Staat jeden Monat 50 Dollar für die Gesunderhaltung des Waldes einzahlt. Das Volk der Surui im Bundesstaat Rondônia glaubt, auch ohne die Regierung als Mittler den Kohlenstoff, den die Bäume in ihrem Schutzgebiet speichern, »verkaufen« zu können.

Wenn allerdings Regierungen und große Unternehmen die Verhandlungen über die REDD-Regeln dominieren, besteht die Gefahr, dass der Großteil der Kompensationszahlungen in den Staatskassen, bei den Konzessionsinhabern und den Beratungsfirmen landen, die ihnen Hilfestellungen im Umgang mit den komplexen REDD-Regeln geben. Aus einer kürzlich veröffentlichten Studie geht hervor, dass sich die Kosten solcher Beratungen und externer Gutachten für ein einziges REDD-Pilotprojet im Durchschnitt auf etwa 30 Millionen Dollar belaufen, fast das Zehnfache dessen, was ursprünglich veranschlagt war. In Indonesien, das sich als REDD-Pionier versteht und aus der Speicherung von Kohlenstoff Milliarden Dollar im Jahr verspricht, kamen nur ein Fünftel der Einnahmen aus elf waldbezogenen Kohlenstoffkompensationsprojekten der Regierung bei den in den betreffenden Wäldern lebenden Gemeinschaften an.

Wie zu Beginn des Biokraftstoffbooms sind nun auch wieder Cowboys unterwegs, diesmal auf der Suche nach Möglichkeiten, die REDD-Kuh zu melken und mit Kohlenstoffhandel das schnelle Geld zu machen.

Im Jahr 2009 ging etwas furchtbar schief in Papua-Neuguinea, einem Land, das für seinen doppelzüngigen, oft von Korruption geprägten Umgang mit den Waldbewohnern ohnehin schon bekannt ist. Kirk Roberts, ein Vertreter des australischen Zertifizierungs- und Emissionshandelsunternehmens Carbon Planet, hatte mit echt aussehenden Emissionszertifikaten Waldgemeinschaften besucht und behauptet, er komme von REDD. Die Zertifikate schienen authentisch, da sie vom Leiter des Amts für Klimawandel (Office of Climate Change) in Papua-Neuguinea, Theo Yasause, unterzeichnet waren. Roberts schloss mit 40 Gemeinden Verträge ab und verkaufte die Zertifikate gegen das Recht, die den Wäldern dieser Gemeinden entsprechenden Emissionsrechte zu handeln.

Inzwischen musste der Direktor von Carbon Planet in Adelaide, Dave Sag, einräumen, dass die Zertifikate völlig wertlos seien. Den Dorfbewohnern bringen sie gar nichts. Doch wenn REDD ausgehandelt ist und umgesetzt wird, können die Emissionsrechte, die mit den »Zertifikaten« erworben wurden, äußerst wertvoll werden. Sowohl Yasause als auch Roberts, ein Pferdetrainer, dem die Lizenz entzogen wurde und der früher auf den Philippinen Hahnenkämpfe veranstaltete, mussten ihre Posten allerdings bald räumen. Im Jahr 2011 wurde Yasause wegen Mord an dem ehemaligen Star der Rugby-Nationalliga, Aquila Emil, nach einem Schusswechsel vor einem Nachtclub in Port Moresby angeklagt.

Die in REDD enthaltene Auflage, bedrohte Wälder zu schützen, könnte ein neuer Grund werden, Waldbewohner zu vertreiben. Das Argument wäre, sie zerstörten ihre Wälder und jemand von außen müsse sie schützen – und dafür mit Emissionsrechten bezahlt werden. Wanderfeldbauern sind die idealen Sündenböcke. In den herkömmlichen Walderhebungen wird ihnen die Zerstörung großer Areale vorgeworfen. Dabei ist es so, dass sich die kleinen Lichtungen, die sie bewirtschaften, rasch wieder erholen. Neuere Forschungen zeigen, dass die meisten im Wald lebenden Gemeinschaften alles andere als Dschungelgangster und Waldfrevler sind, sondern die besten Wächter des Landes, auf und von dem sie leben. Es sind die Fremden, die Schaden anrichten.

In einer detaillierten Studie über die Tropenländer haben die beiden Wissenschaftler Ashwini Chhatre von der University of Illinois und Arun Agarwal von der University of Michigan gezeigt, dass Wälder, die unter dem Schutz der Bewohner stehen, in der Regel mehr Kohlenstoff speichern als Staatswälder. Trotz ihrer Lippenbekenntnisse zu Natur- und Umweltschutz genehmigten die meisten Regierungen zerstörerische Abholzungen oder waren schlicht unfähig, die Wälder vor Eindringlingen zu schützen. Die Bewohner selbst hatten dagegen ein langfristiges Interesse daran, das Überleben ihrer Wälder zu sichern, und die meisten taten genau das. »Man könnte die Kohlenstoffbindung einfach dadurch steigern, dass man das Eigentumsrecht an den Wäldern vom Staat auf die Gemeinschaften überträgt«, schrieben die beiden Forscher.

Doch draußen in den Regenwäldern passiert meist das Gegenteil. »Es gibt starke Ängste, REDD könnte zur Enteignung lokaler Gemeinschaften führen, wenn Regierungen Anrechte auf Zertifikate für die Emissionsreduktion anmelden«, meinten Chhatre und Agarwal. »In den bestehenden REDD-Maßnahmeplänen der UN und der Weltbank werden die Gemeinschaften als wichtige Instrumente für die Kohlenstoffbindung in den Wäldern nicht einmal erwähnt. Stattdessen richtet sich der Fokus ausschließlich auf die nationalen Regierungen, womit sich die lange Geschichte der zentralisierten Macht über die Wälder wiederholt.«

Frances Seymour, Direktorin des Center for International Forestry Research im indonesischen Bogor, sagt, diese Studie decke sich mit den Erkenntnissen ihrer eigenen Wissenschaftler. »Menschen, die arm sind, sind in der Regel zu arm, um viel Schaden anzurichten.« Mit der Machete werde nur selten so viel Holz gefällt wie mit der Kettensäge. Statt die Wälder ihren Bewohnern unter dem Vorwand zu entreißen, sie zu »retten«, sollten wir besser gegen die eigentlichen Zerstörer vorgehen, sagt Seymour. Das aber bedeute, dass die Zellstoff- und Papierfabriken geschlossen und Pläne, Wälder in Palmölplantagen zu verwandeln, abgelehnt werden müssten.

Aber werden die Regierungen diesen Schritt machen? Seymour bezweifelt es. Sie wollen Zertifikate für die Emissionsreduktion und gleichzeitig weiterhin Holz aus den Wäldern holen und roden, um kommerzielle Landwirtschaft zu ermöglichen. Und deshalb werden sie auch weiterhin den Mythos verbreiten, die Bauern zerstörten die Wälder. Sie werden nicht aufhören, Waldbewohner zu vertreiben, und bald auch noch die REDD-Schecks für den »Schutz« der Wälder einkassieren. Die Verlierer werden die alteingesessenen Bewohner der Wälder sein – und die Wälder selbst. Das ist bislang die verheerendste Form der grünen Landnahme.

25

INNERES NIGERDELTA, MALI

Wasserraub in Westafrika

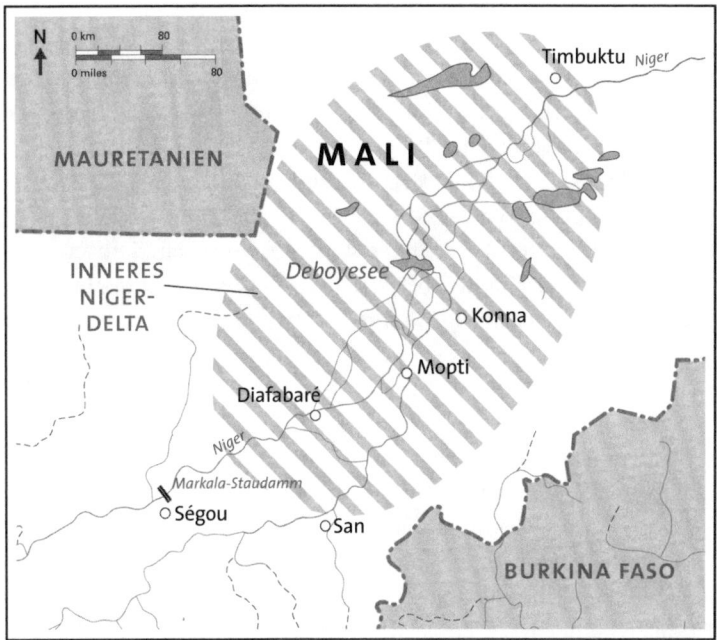

Daouda Sanankoua ist ein Wasserbürgermeister, und er ist stolz darauf. Der gewählte Bezirkschef von Deboye im westafrikanischen Staat Mali war mit einer Nachtfähre durch überflutete Wälder mit halb untergetauchten Ufern mit Hippogras zu unserem Treffen gekommen. In der Regenzeit ist der Großteil seines Bezirks überschwemmt. Zum Glück. »Je mehr Wasser, desto besser«, sagte er und winkte mit seiner eleganten, gepflegten Hand, wobei er seinen ausländischen Inquisitor über den Rand seiner Brille ansah. »Hier hängt alles vom Wasser ab, aber die Regierung nimmt es uns weg. Sie wollen es den ausländischen Farmern geben.«

Mali ist ein Binnenstaat am Rand der Sahara. Seine 15 Millionen Bewohner gehören zu den Ärmsten der Welt und leben vor allem von Bewässerungskulturen und vom Fischen. Man könnte auch sagen, vom Niger, der sich durch den bevölkerten Süden schlängelt. Die malische Regierung ist der Ansicht, die beste Möglichkeit, das Land reicher zu machen, sei es, Ausländer ins Land zu holen, um die Produktivität des Bodens durch Ausweitung der Bewässerungslandwirtschaft zu steigern. Und zu diesem Zweck findet eine riesige Landnahme statt. Aber in einer trockenen Region wie dieser ist Land ohne Wasser nahezu wertlos. Deshalb ist der gleichzeitige Wasserraub so wichtig – das neue Ackerland muss bewässert werden. Und genau das macht Daouda wütend.

Daoudas Bezirk befindet sich im Zentrum des inneren Nigerdeltas, einem Feuchtgebiet von der Größe Belgiens. Hier spreizt sich der große Strom in viele Arme, überflutet die Wüste in einem Labyrinth aus Seen, Wasserläufen und Sümpfen, bevor sich das Wasser wieder sammelt und weiter durch Niger und Nigeria zum Atlantik fließt. Das innere Delta ist ein riesiger grün-blauer Klecks am Rand der Sahara und Überwinterungsgebiet für Millionen Vögel, die von Europa hierherziehen. Während meiner Reise durch das Delta griff ich ständig zum Fernglas, um nach Eisvögeln, Rohrweihen, Kormoranen und Purpurreihern Ausschau zu halten. Irgendwo da draußen leben auch Nilpferde, afrikanische Manatis und hier und da Krokodile.

Ich unterhielt mich mit dem gelehrt wirkenden Bürgermeister Daouda in dem kleinen Schulhof im Dorf Akka, nur ein paar Meter von den plätschernden Wellen des Deboyesees im Herzen des Deltas entfernt. Frauen eilten geschäftig umher, legten Matten auf den Boden und brachten Schüsseln mit Reis und dann Fisch – alles Produkte des Sees. In jener Woche brachten die Schlagzeilen Nachrichten von Flutkatastrophen in Pakistan, Australien, Brasilien und Sri Lanka. Aber Daouda und die verschiedenen ethnischen Gruppen, die in dem Delta leben, waren dankbar für ihre Flut.

Das Gewässer nährt eine Fülle von Fischen für die Bozo. Sie sind wahrscheinlich die ursprünglichen Bewohner dieses Gebiets und staken, rudern und segeln mit ihren sechssitzigen Pirogen vom Morgengrauen bis zur Abenddämmerung auf den Seen und Wasserläufen, legen ihre Netze aus und fangen jedes Jahr an die 100.000 Tonnen Fisch. Wenn die Trockenzeit naht, hinterlassen die sich zurückziehenden Gewässer feuchte Böden, auf denen die Bambara, die Gründer des großen Mali-Reichs im 13. Jahrhundert, Hirse und Reis anbauen. Der Niger ernährt auch die ausgedehnten Wasser»weiden« mit dem Hippogras, das die Einheimischen *bourgo* nennen. Es ist das Futter für die Rinder und Ziegen, die nomadische Fulani-Hirten aus weiter Ferne hierherführen, manchmal sogar aus Mauretanien und Burkina Faso. Wenn es in dieser Region überall trocken ist und die Böden nichts mehr hergeben, finden sie im Delta immer noch üppige Weiden.

Ich war im Januar dort, als sich das Flutwasser zurückzuziehen begann, und konnte beobachten, wie die Fulani mit ihren Herden kamen und sich für ein paar Monate in ihren leicht erkennbaren rechteckigen Lehmhütten auf den Inseln des Deltas niederließen. Ich sprach mit den Fischerfamilien der Bozo, die ihren Hausrat zusammenpackten und Matten, Bettzeug, Säcke mit Reis und Süßkartoffeln, Brennholz, Kochtöpfe, Stereoanlagen, sogar Fernseher in ihre Boote luden, um an den tiefen Sammelbecken, in denen sich in den kommenden Wochen die Fische drängen würden, ihre Zelte aufzuschlagen. Dass die verschiedenen Volksgruppen im Delta Fische fangen, Getreide und andere Nutzpflanzen anbauen und Vieh weiden können, beruht auf uralten Gewohnheitsrechten und Übereinkünften, die jenseits seiner Grenzen weder bekannt sind noch anerkannt werden. Land und Wasser sind hier untrennbar miteinander verbunden. Ein besseres Nachhaltigkeitsmodell gibt es nicht.

Aber dieses fast einzigartige und außerordentlich produktive Ökosystem, Lebensgrundlage für eine Million Menschen, ist durch Wasserraub stromaufwärts einer beispiellosen Bedrohung ausgesetzt. Andere gieren nach diesem Wasser. Bei einem Abendessen im Schein einer Fackel mit Nilbarsch, Hirsebrei und Bananen – alles Früchte des Feuchtlands – sagte der Bürgermeister, wegen der Wasserentnahmen werde der Fluss teilweise umgeleitet. Sie führten zur Austrocknung der Felder, zerstörten die *Bourgou*-Weiden und gefährdeten die Fischbrut. Noch im selben Jahr drohte eine Umweltkatastrophe, als umfangreiche Wasserentnahmen für die Feldbewässerung bei einer gleichzeitgen Dürre stromaufwärts den Wasserpegel in dem Feuchtgebiet absinken ließen.

Viele gingen weg. Temporäre Abwanderung ist hier zwar eine traditionelle Bewältigungsstrategie bei Dürren, dennoch machte der Exodus die Fragilität dieser großen Oase in der Wüste deutlich.

Noch ist dies kein sterbendes Ökosystem. Aber die Menschen müssen sich Veränderungen anpassen. Bislang gelingt ihnen das auch ganz gut. Am nächsten Morgen ging ich mit einer großen Abordnung der 300 Frauen von Akka über verkrusteten, rissigen Boden, auf dem drei vereinzelte Esel grasten. Die Frauen hatten eine kleine Oase am Rand des Dorfs geschaffen, wo sie mit geringen Mengen Wasser aus dem See kleine Beete mit Zwiebeln, Chilis, Auberginen und Salat bewässern. Der Großteil der Ernte wird im Dorf selbst konsumiert, der Rest auf dem Markt in Youvarou auf der anderen Seite des Sees oder in Mopti, der Großstadt am Rande des Deltas, verkauft. Unterdessen halten die Männer im Delta Tiere in Pferchen, statt sie auf Weiden grasen zu lassen. Bürgermeister Daouda sagte, er mäste zu Hause in einem Pferch zehn Schafe mit *Bourgou.*

Bourgou ist hier lebenswichtig. Die Leute nennen es »Hungernahrung«. Sie essen es, wenn eine Hirseernte ausfällt. Es schmeckt ähnlich wie Couscous und ergibt, wenn man es gären lässt, ein beliebtes süßliches Bier. Da wildwachsendes *Bourgou* mit dem Schrumpfen des Deltas ebenfalls schwindet, haben sie hier begonnen, es zu kultivieren. Eine kurze Bootsfahrt von Akka entfernt sah ich ein 30 Hektar großes *Bourgou-*Feld, das die Fische anzieht. Und die Fische wiederum ziehen Vögel an. Tausende Kormorane und Pelikane hatten sich rundherum versammelt. Ich fragte die Dorfbewohner, ob sie keine Angst hätten, dass die Vögel ihnen die Ernte wegfressen. »Je mehr Vögel es gibt, desto mehr Fische fangen wir«, antwortete die stolze, tiefrot gekleidete Alpha Fofana, die das *Bourgou-*Projekt leitete.

An jenem Abend sahen sich die jungen Frauen von Akka bis spät in die Nacht Seifenopern auf dem einzigen Fernseher des Dorfs an, der mit Akkus betrieben wurde. Die Akkus wurden tagsüber über eine Photovoltaik-Anlage auf dem Schuldach wieder aufgeladen. Noch später fuhr ein einsamer Motorradfahrer stundenlang am Ufer auf und ab. Das Delta und seine Menschen verändern sich. Aber die Bewohner wissen noch, wie ihr Ökosystem funktioniert.

Am nächsten Morgen brach ich nach Kakagna auf, das man nach wenigen Stunden Fahrt über das Delta Richtung Süden erreicht. Das Dorf liegt auf einer kleinen Anhöhe und hat unzählige schmale Gassen, die zu kleinen Höfen und eindrucksvollen Moscheen aus Lehm führen. Am Landungssteg war das Ufer übersät mit den Produkten einer gutgehenden Töpferei – bunt bemalte Töpfe für Wasser und Weihrauch, für Öl und zum Kochen. Frauen führten mich zu den Hütten, in denen die Ware hergestellt wurde. Die Töpfe werden in Mulden auf dem Lehmboden mit der Hand gedreht und dann gebrannt, indem man sie mit Stroh bedeckt in ein Feuer stellt.

In Kakagna lebten hauptsächlich Frauen. Manche vom Fischervolk der Bozo, andere waren Fulani, die an den traditionellen Nasenringen und den von den Initiationsriten stammenden Narben auf den Wangen zu erkennen waren. Ich geriet ein wenig in Verlegenheit, weil beide Gruppen uns etwas aus ihren miteinander konkurrierenden Küchengärten brachten – und uns zum Abschied Geschenke wie Matten, Töpfe und kleine Holzboote mitgaben. Um die Fischausbeute aus dem See zu ergänzen, haben sie ein kleines Aquakultur-Projekt aufgezogen. Jedes Jahr, wenn die Trockenzeit naht, graben sie einen kleinen Kanal, um das noch vorhandene Wasser in Teiche zu leiten, in denen sie Fische halten. Die Frauen tragen die Töpferware und die überschüssigen Fische zum Markt in Mopti. Sie verkaufen auch Matten aus Sumpfgräsern sowie mit dem Netz gefangene Fische und Vögel. Die Geschäfte laufen noch gut. Der Fisch, den sie in Mopti verkaufen, wird geräuchert, getrocknet oder in Eis verpackt und in riesigen Behältern mit LKWs in alle Teile Malis und nach Burkina Faso, Ghana sowie nach Elfenbeinküste geliefert.

Doch trotz all dieser Bemühungen, das Delta weiterhin als Existenzgrundlage zu nutzen, war nicht zu übersehen, dass das Ökosystem unter Wasserentzug litt. Bürgermeister Daouda gab der Regierung die Schuld, insbesondere jener Behörde, die für die Bewässerungsprojekte stromaufwärts verantwortlich war: dem Office du Niger. »Wir hören nie etwas vom Office du Niger«, sagte er mit hartem Blick. »Sie machen unseren Fisch kaputt, aber sie kommen nicht her und sagen uns, was sie vorhaben, und sie hören uns nicht an. Unsere Sorgen interessieren die Regierung nicht.« Ich verließ das Delta, um mehr zu erfahren. Ermittlungen in Sachen Wasserraub.

*

Office du Niger ist sowohl der Name eines geografischen Gebiets als auch einer Behörde. Sie wurde 1932 von der französischen Verwaltung in einer dünn besiedelten Wüstenregion geschaffen, die stromaufwärts unmittelbar an das innere Nigerdelta angrenzt. Die Franzosen stauten den Fluss, hoben Bewässerungskanäle aus und siedelten Hunderttausende Bauern an, um den Boden zu bewirtschaften. Die Verwaltung war praktisch ein Staat im Staat, und seit der Unabhängigkeit 1960 muss sie sich nur gegenüber dem Präsidenten oder Premierminister verantworten.

An dieser Stelle eine Million Hektar Ackerland zu bewässern ist der große Traum der Regierung. Aber seine Umsetzung macht nur langsam Fortschritte. Der 816 Meter lange Markala-Staudamm mit seinen 488 Schleusen wurde 1947 fertiggestellt. Es ist ein beeindruckendes Bauwerk, das die Durchflussmenge des mächtigen Niger reguliert und sein Wasser über drei riesige Kanäle auf die Bewässerungszonen verteilt. Doch nach über einem halben Jahrhundert wird nur eine Fläche von 100.000 Hektar bewässert – ein Zehntel dessen, was ursprünglich geplant war. Am Ufer des Flusses, direkt an der Staumauer, befindet sich eine Gebietskarte des Office du Niger. Darauf sieht man ein paar kleine Flecken in grüner Farbe – die bewässerten Zonen – und ein riesiges gelbes Areal, das immer noch der Bewässerung harrt.

Die Nutzpflanzen, die die Regierung hier in der bewässerten Wüste anbauen lässt, sind allesamt wasserhungrig. Anfangs war es vor allem Baumwolle, seit 1970 steht Reis im Vordergrund, der kürzlich noch durch Zuckerrohr ergänzt wurde. Bislang wird das Land vorwiegend von Kleinbauern bewirtschaftet, die eine Pacht in Form von Gebühren für das Wasser bezahlen. Die Bewässerungsanlagen sind größtenteils in so vernachlässigtem Zustand, dass viel Wasser verloren geht. Die Wassermenge, die durch die Kanäle fließt, reicht aus, um jeden Hektar im Lauf eines Jahres bis zu 3 Meter Höhe zu fluten – mindestens das Doppelte dessen, was für den Reisanbau erforderlich ist. Die Folge sind vollgesogene Felder mit stehendem Wasser, das Malariafliegen und die Wurmkrankheit Bilharziose übertragende Schnecken anlockt und Cholera auslöst.

So begab sich Mali 2003 auf die Suche nach ausländischen Investoren, um das System zu sanieren und den Fortschritt bis zum angestrebten Ziel von 1 Million Hektar zu beschleunigen. Ich ging zur Zentrale des Office du Niger in der Stadt Ségou. Mit dem Porträt seines Präsidenten hinter ihm an der Wand, zwei Handys und der Nationalflagge auf dem Schreibtisch vor sich, wirkte der damalige Chef Kassoum Denon wie der Inbegriff des zuverlässigen Bürokraten. Er erklärte mir, seine Hauptaufgabe bestehe darin, die bewässerte Zone bis zum Jahr 2020 auf über 200.000 Hektar zu erweitern, »aber wenn private Investoren uns helfen können, das Tempo zu erhöhen, sind wir offen für eine Zusammenarbeit«. Auf den Straßen draußen war das Ergebnis solch ehrgeiziger Bestrebungen nicht zu übersehen. Fulani-Hirten, mit ihren Viehherden auf dem Weg zu den feuchten Weiden des Sumpflands, kämpften mit LKWs um Platz auf der Straße, die Baumaterial brachten und Reis wegfuhren.

Der Versuch, »das Tempo zu erhöhen« und die wirtschaftliche Entwicklung zu beschleunigen, folgt einem vertrauten Muster der Landnahme. Manche Landnehmer sind Einheimische, die es einfach mal versuchen. Modibo Keita, Chef von Grand Distributeur Céréalier du Mali, einem großen Getreideunternehmen, drangsalierte die Bewohner eines Dorfes, weil er auf den 7400 Hektar ihres Weidelands am Markala-Staudamm Weizen anbauen wollte. Als sie sich weder mit Geschenken – Fußbällen, Pullovern – noch mit Versprechungen, eine Schule, ein Krankenhaus, ja, sogar eine Windmühle zu bauen, dazu bewegen ließen, ihr Land aufzugeben, schickte er seine Ingenieure, um einen Kanal zu graben und den Schlamm auf ihre Hirsefelder zu kippen. Das Ganze endete mit einer offenen Schlacht zwischen knüppelschwingenden Polizisten und mit Hacken und Schaufeln bewaffneten Dorfbewohnern, bei der Kinder verprügelt wurden und in deren Folge zwei Frauen eine Fehlgeburt erlitten.

Doch den Großteil des Landes, welches das Office du Niger vergibt, geht in ausländische Hände. Vier der größten Brocken, insgesamt 156.000 Hektar, erwarben Landentwicklungsfirmen aus Libyen, Südafrika, China und den USA. Zurzeit wird das Land nicht bewässert, aber es gibt dort Viehweiden, ein paar Hirsefelder und Obstgärten, und es führen von Fulani-Hirten benutzte Viehwege über die Grundstücke. Die neuen Nutzer werden keine Pacht zahlen, vorausgesetzt, sie investieren.

Der Zuckerriese Illovo, in britischem Besitz, jedoch mit südafrikanischem Management (siehe Kapitel 22), strebt die Zusammenarbeit mit Regierungsbehörden an, um auf 14.000 Hektar Zuckerrohr anzubauen, die mit 210 riesigen Sprinkleranlagen bewässert werden sollen. Tausende Arbeitsplätze werden auf dem 550 Millionen Dollar schweren Markala-Zuckerprojekt entstehen – sagt Illovo. Aber laut Vertrag muss das Office du Niger zunächst dafür sorgen, dass die 1600 Menschen, die gegenwärtig das Land bewohnen, verschwinden und dass der Wasserbedarf des Projekts in vollem Umfang sichergestellt wird, bevor auch nur ein anderer, der an den Verteilungskanal angeschlossen ist, etwas bekommt.

Wenn denn überhaupt etwas übrig bleibt. Denn Zucker ist eine der wasserhungrigsten Pflanzen der Welt. Allein in der ersten Phase wird das Projekt 20 Kubikmeter Nigerwasser pro Sekunde verschlingen. Wenn die Option auf weitere 17.000 Hektar ausgeübt wird, darf das Projekt dem Fluss laut Vertrag 35 Kubikmeter pro Sekunde entnehmen. Da Zuckerrohr das ganze Jahr über Wasser braucht, summiert sich das auf 1 Milliarde Kubikmeter jährlich. Doch in einem Gutachten über die ökologischen und sozialen Folgen, erstellt vom African Development Fund, einem weiteren an dem Projekt beteiligten Partner, wird nicht einmal erwähnt, dass diese Entnahmen andere Nutzer flussabwärts beeinträchtigen könnten.

Ein zweites Projekt ganz in der Nähe ist die 20.000 Hektar große Zuckerplantage N'Sukala, an der der malische Staat zu 40 Prozent beteiligt ist. Die restlichen 60 Prozent gehören dem staatlichen chinesischen Unternehmen China Light Industrial Corporation for Foreign Economic and Technical Cooperation. In den Vertragsunterlagen ist nicht ausgeführt, wie viel Wasser benötigt wird. Dennoch enthalten auch sie die Klausel, dass der gesamte Wasserbedarf gedeckt sein muss, bevor den Bedürfnissen anderer Nutzer entsprochen wird. Wahrscheinlich wird das Unternehmen mindestens so viel Wasser benötigen wie das Markala-Projekt in der ersten Phase.

Die halbstaatliche amerikanische Millennium Challenge Corporation, die Wirtschaftswachstum stimulieren will, um die Millennium-Entwicklungsziele der Vereinten Nationen zu erreichen, hat 16.000 Hektar entlang des Canal du Sahel, dem größten Versorgungskanal am

Markala-Staudamm, übernommen. Im Rahmen ihres mit 230 Millionen Dollar veranschlagten Alatona-Projekts wird das Land der Reiskultivierung zugeführt. Tausende Viehhirten sollen jeweils 5 Hektar große Parzellen erhalten. Um ihnen den Einstieg in eine neue Existenz als Reisbauern zu erleichtern, werden sie außerdem Starthilfe in Form von Pflügen, Fuhrwerken, Dünger und Saatgut sowie Hilfe von Fachkräften des MCC-Partners ACDI/VOCA erhalten, einer gemeinnützigen amerikanischen Entwicklungsorganisation. ACDI/VOCA ist ein 1997 entstandener Zusammenschluss von Agricultural Cooperative Development International und Volunteers in Overseas Cooperative Assistance. Auf dem Programm von ACDI/VOCA für die Viehhirten stehen Themen wie »Praxis des Reisanbaus unter den Bedingungen der Sesshaftigkeit; Unterhaltung des Bewässerungssystems; Betriebsorganisation und Kreditmanagement«.

In Anwesenheit von Vertretern der US-Botschaft floss im Juni 2010 das erste Wasser zu den umgesiedelten ehemaligen Bewohnern von Beldenadji, des ersten von 33 Dörfern, denen »ein neuer Standort zugewiesen wird«, wie es bei ACDI/VOCA hieß. Wird es funktionieren? Können amerikanische Landwirtschaftsberater aus Viehhirten kapitalistisch denkende Reisbauern machen? Oder werden die Viehhirten, wie manche resigniert vermuten, am Ende das Land an größere Grundbesitzer verkaufen, vielleicht auch an ausländische Investoren, und zu ihren Rindern und Ziegen zurückkehren? Man wird sehen. Doch ob die Einheimischen Nutzen aus dem MCC-Projekt ziehen können oder nicht, es ist in jedem Fall ein weiterer Aderlass der Wasserressourcen des Flusses. Als Teil des Projekts ist auch die Vertiefung des Canal du Sahel vorgesehen. Seine gegenwärtige Kapazität von 100 Kubikmeter pro Sekunde wird auf 190 Kubikmeter pro Sekunde erhöht und damit nahezu verdoppelt.

Das größte und umstrittenste der vier ausländischen Projekte ist das libysche Vorhaben, 100.000 Hektar des Office du Niger zu bewirtschaften. Das Malibya-Projekt war Teil eines groß angelegten Plans des damaligen libyschen Staatschefs Oberst Muammar al-Gaddafi, seinen Wüstenstaat durch Landnutzungsverträge mit Nachbarstaaten von Nahrungsmittelimporten unabhängig zu machen. So unterzeichnete er ein Geheimabkommen mit dem damaligen Präsidenten Malis, Amadou

Toumani Touré, wonach die Libyer das Land 50 Jahre lang nutzen und dem Fluss nach Bedarf Wasser entnehmen konnten. Im Gegenzug würde Libyen aus seinem staatlichen Investmentfonds, dem Libya Africa Portfolio Fund for Investment, Geld in das Projekt stecken.

Die Einzelheiten sind unklar, und das ganze Projekt hing wegen des Sturzes von Gaddafis Regime in der Schwebe, während ich dieses Buch schrieb. Doch wenn es weiterverfolgt wird, baut man hier höchstwahrscheinlich Reis an, der dann mit LKWs durch die Sahara nach Libyen transportiert wird. Eine Bewertung der sozialen und ökologischen Auswirkungen wurde bislang nicht veröffentlicht. Fest steht hingegen, dass das Libyen zur Bewirtschaftung überlassene Land von Bewohnern frei sein muss. Es ist alles andere als klar, wie viele Familien ihr Land verlieren, wenn das Projekt durchgeführt wird, aber das Office du Niger muss für die Bauern dann neues Land finden. Unterdessen könnte das Projekt mehr Wasser benötigen als alle drei anderen ausländischen Vorhaben zusammen.

Mit dem Projekt war vor dem Sturz Gaddafis bereits begonnen worden. Vertragsfirmen der staatlichen chinesischen China Geo-Engineering Corporation bauten über die 40 Kilometer lange Strecke zwischen dem Fluss und dem Projektgebiet einen großen Kanal und eine Straße. Gärten und Felder wurden bereits dem Erdboden gleichgemacht, Dörfer auseinandergerissen. Als ich die Straße entlangfuhr, sah ich eine Familie, die auf einem schmalen Feld zwischen der Autotrasse und dem Kanal arbeitete. Sie bauten dort Zwiebeln für den Verkauf auf dem Dorfmarkt an. Kinder bewässerten die kostbaren Pflänzchen in der Wüstenhitze, indem sie unermüdlich Flaschen und Schüsseln mit Flusswasser füllten und herbeischleppten. »Wegen dem Malibya-Kanal haben wir alle unsere Hirsefelder verloren«, sagte mir einer der Männer. »Wir haben eine Entschädigung dafür bekommen, dass sie unser Haus abgerissen haben, aber für das Land, das sie uns genommen haben, haben sie uns nichts gegeben. Deshalb sind wir jetzt hier.« Mein Begleiter vom örtlichen Büro des Office du Niger runzelte die Stirn. Er war für die Entschädigungszahlungen verantwortlich.

Der Malibya-Kanal ist ein Monster. Der Einlass hat eine Kapazität von 210 Kubikmetern Wasser pro Sekunde, womit der Kanal potenziell mehr als das Doppelte der Menge aus dem Fluss aufnehmen könnte, die bis jetzt für die Bewässerung benötigt wird. Der Generaldirektor von Malibya, Abdalilah Youssef, brüstete sich 2008, sein neuer Kanal könne seinem Projekt bis zu 4 Kubikkilometer Wasser pro Jahr zuführen. Warum hatte Touré so etwas unterzeichnet? Einheimische Projektgegner sagen, Mali sei von Libyen abhängig und habe kaum eine andere Wahl gehabt. Viele Beamte des Landes arbeiten in Büros, die Libyen gebaut hat. Besucher aus dem Ausland übernachten in von Libyen errichteten Hotels. Außerdem »ist die Regierung so darauf fixiert, Investoren für die Landwirtschaft zu finden, dass sie gar nicht wahrnimmt, wenn solche Investitionen der Landbevölkerung mehr schaden als nützen. Sie wird aus unseren Bauern Landarbeiter machen«, sagte Lamine Coulibaly, der Pressechef der Kleinbauernvereinigung CNOP, in einem der libyschen Hotels.

Während meines Besuchs sah ich an den Straßen Hunderte Werbetafeln, auf denen stand: »Malibya Agriculture: Projet des 100,000 hectares à Macina«. Ein paar Wochen später atmete man im Delta erleichtert auf, als wegen des Bürgerkriegs in Libyen kein Geld mehr floss und die Bulldozer stehen blieben. Vielleicht wird nichts aus Malibya. Aber während ich dies schreibe, ist das alles andere als klar. Die neue Regierung in Tripolis beschließt vielleicht, das Projekt wiederzubeleben, um das libysche Volk zu ernähren.

Aufgrund des Bewässerungssystems werden im Office du Niger jährlich über 300.000 Tonnen Reis erzeugt, 40 Prozent dessen, was im Land konsumiert wird. Es verschafft angeblich 280.000 Menschen ein Einkommen. Das sollte man nicht einfach abtun. Das Problem ist nur, dass auf jeden Gewinner in den Reisfeldern vier Verlierer im Delta stromabärts kommen. Gegenwärtig leiten alle Bewässerungsprojekte im Office du Niger zusammengenommen jährlich 2,7 Kubikkilometer aus dem Fluss ab, das sind laut Bericht des Office du Niger gut 8 Prozent des mittleren Durchflusses des Niger pro Jahr. In manchen Jahren ist der Prozentsatz auch wesentlich höher. In der Trockenzeit kann es vorkommen, dass die Bewässerungskanäle 70 Prozent des Durchflusses ableiten.

Die Ingenieure vom Markala-Staudamm haben die Aufgabe, sowohl den Durchfluss stromabwärts zum Delta als auch die Ableitung in die Bewässerungskanäle aufrechtzuerhalten. Sie entscheiden, wie viel Wasser dem Niger entnommen wird. Ich fragte sie, nach welchen Regeln sie vorgingen. »Das offiziell festgelegte Durchflussminimum durch den Damm ist 40 Kubikmeter«, sagte Lansana Keita, als wir dasaßen und zuschauten, wie das Wasser durch die Schleusen lief. »Wir tun unser Bestes, uns daran zu halten, aber die Bewässerung hat Vorrang. Letztes Jahr lag das reale Minimum bei 38 Kubikmeter.«

Laut den Statistiken des Office du Niger hat der Staudamm seit 2006 jedes Jahr zwischen Januar und Mai das offizielle Durchflussminimum unterschritten. Es ist einfach nicht mehr genügend Wasser vorhanden. Dabei soll die abgeleitete Menge noch verdreifacht werden. Allein schon die vier ausländischen Projekte hätten, wenn sie fertiggestellt würden, die Kapazität, an die 6 Kubikkilometer Nigerwasser pro Jahr abzuzapfen. Aber was bedeutet das für das innere Delta? Werden die Viehhirten, Fischer und Bauern dort einfach auf dem Trockenen sitzen gelassen?

Leo Zwarts, Hydrologe beim niederländischen Ministerium für Transport, öffentliche Arbeiten und Wassermanagement, schätzt, dass die gegenwärtigen Entnahmen für die Feldbewässerung am Markala-Staudamm die überflutete Deltafläche durchschnittlich um 600 Quadratkilometer oder zwischen 3 und 7 Prozent verringern. Sie und die Auswirkungen von Dürren sowie die Verminderung des Niger-Durchflusses durch die Wasserkraftanlage Sélingué weiter stromaufwärts haben dazu geführt, dass mehrere früher regelmäßig überflutete Wälder und mindestens die Hälfte der *Bourgou*-Flächen zerstört wurden, die für das Weidevieh von entscheidender Bedeutung sind. Und zweifellos hat auch bereits die Fischereiwirtschaft Einbußen erlitten. Ein von Zwarts erstelltes Kurvendiagramm zeigt deutlich, wie im Jahr zuvor die auf dem Markt von Mopti verkaufte Fischmenge mit der Überflutung im Delta stieg oder sank. Seit ein paar Jahren verlaufen beide Kurven auf einem niedrigeren Niveau. Die Wasserstände korrelieren sogar mit der Brutpopulation der Purpurreiher im fernen Europa.

Die Ingenieure geben sich alle erdenkliche Mühe, die drei Kanäle, die von der Staumauer abgehen, zu vergrößern, um zu gewährleisten, dass die Landnahmeprojekte das Wasser bekommen, das sie benötigen. Der Canal du Sahel entzieht dem Niger gegenwärtig 100 Kubikmeter pro Sekunde, aber die Menge soll, wie bereits erwähnt, nahezu verdoppelt werden. Der kleinere Canal Costes-Ingoiba hatte jahrelang einen Durchfluss von 13 Kubikmeter pro Sekunde. Doch als ich dort war, hatte man die Menge kurz zuvor auf 45 Meter pro Sekunde erhöht, um das neue chinesische Zuckerprojekt N'Sukala zu versorgen. Die größte Steigerung hat beim Canal du Macina stattgefunden. Bis vor kurzem nahm er bis 75 Kubikmeter Wasser pro Sekunde aus dem Niger auf. Aber aufgrund eines riesigen neuen Einlasses hat er jetzt die Kapazität für 210 Kubikmeter pro Sekunde.

Daher ist geplant, das Maximum dessen, was diese drei Kanäle dem Fluss entziehen können, von 188 auf 445 Kubimeter pro Sekunde zu erhöhen. Im Moment ist das noch nicht möglich. Der kurze Verbindungskanal zwischen dem Fluss und der Stelle, wo die drei Versorgungskanäle beginnen, ist dafür nicht groß genug. Derzeit wird er so weit ausgebaggert, dass 300 Kubikmeter pro Sekunde hindurchfließen können. Dem Niger wird immer mehr Wasser entnommen.

Die Folgen liegen auf der Hand. Wenn all das so weitergeht, werden an die 20 Prozent des Feuchtgebiets austrocknen. In der Trockenzeit wird es praktisch keinen Durchfluss mehr geben. Die *Bourgou*-Weiden und die Überschwemmungswälder könnten gänzlich verschwinden. Und im ganzen Delta käme es zu drastischen Verlusten in der Fischereiwirtschaft. Vielleicht wird Mali bald von Reis überschwemmt sein und an Fischmangel leiden.

Land, auf das das ganze Jahr die Sonne scheint und auf dem es gleichzeitig Wasser für die Feldbewässerung gibt, ist ein zunehmend wertvoller Rohstoff auf der ganzen Welt. Darum sind Libyer, Chinesen und Südafrikaner in Mali. Ein Viertel der Felder weltweit kann wegen Wassermangel nur eingeschränkt genutzt werden. Doch in der Regierung von Mali fand ich niemanden, der ernsthaft darüber nachdachte, dass der Faktor Wasser nur eine begrenzte Entwicklung ermöglicht. Als ich den damaligen Direktor des Office du Niger, Kassoum Denon, in seinem Büro in Ségou aufsuchte, erzählte er mir stolz, der Präsident habe seiner Behörde soeben weitere 100.000 Hektar zur Urbarmachung zugesichert – vermutlich als Ausgleich für die 100.000 Hektar, die durch den Malibya-Deal seiner Befugnis entzogen worden waren. Das bedeutet, dass die Fläche, die theoretisch als bewässerte Landwirtschaftsfläche genutzt werden kann, inzwischen 1,1 Millionen Hektar umfasst. Was stellt sich die Regierung vor, woher das ganze Wasser kommen soll?

Kassoum und sein Präsident messen Fortschritt an dem, wie viel in Bewässerungsanlagen investiert wird, sowie an der Reisproduktion. Für sie ist die Bewahrung des Feuchtgebiets ein ökologischer Luxus, durch den sie sich nicht von ihrer Hauptaufgabe ablenken lassen wollen. Aber draußen im Delta, im wirtschaftlichen Alltag, geht es um Fisch, Vieh, *Bourgou*, Bananen, Brennholz und Hirse. »Bei den meisten Bewässerungsprojekten in Mali werden mehr Menschen verlieren als gewinnen«, sagt Jane Madgwick, CEO von Wetlands International, einer gemeinnützigen Organisation, die ihre Zentrale in den Niederlanden hat. Jane begleitete mich bei meinen Reisen durch das Delta. »Diese Projekte werden die Ernährungssicherheit in Mali beeinträchtigen, weil sie denen die Lebensgrundlage entziehen, die am schutzlosesten sind. Was dort im Augenblick geschieht, entbehrt jeder Vernunft, weil es einfach nicht genügend Wasser gibt.«

Natürlich braucht Mali Entwicklung. Das Land verändert sich, und somit verändern sich auch die Wünsche und Bedürfnisse der Menschen. Im Delta gibt es mittlerweile bereits hier und da Schulen und Krankenhäuser. Alle Fischercamps verfügen über Fernsehantennen. Ab und an stößt man auf einen Mobilfunksendemasten. Ich konnte mehrere Rundfunksender einstellen. In Kakagna durchbrachen junge Männer die Stille der Feuchtlandnacht mit Rap-Musik aus einer Anlage, für die der Strom aus einer Autobatterie kam. Die Fischernetze waren inzwischen aus Nylon und made in China. Die Jugendlichen tragen Obama-T-Shirts und Klamotten mit den Logos von Fußballmannschaften wie FC Chelsea und FC Barcelona. Motorräder ersetzen Esel als Fortbewegungsmittel Nummer eins – obwohl manche auf den Motorrädern sitzen wie auf einem Esel: ganz hinten, den Lenker wie Zügel haltend.

Auch verschwimmen mehr und mehr die Grenzen zwischen den Ethnien und Existenzformen. Ich sah Fulani-Hirten, die zum Fischen gingen, Bozo-Fischer, die Getreide ernteten, und Bambara-Hirsebauern, die Ziegen hüteten. Trotz alledem: Die Fruchtbarkeit des Deltas bleibt die Grundlage ihres Überlebens in einem der ärmsten Länder der Erde. Und die wertvollste Ressource hier, am Rande der Wüste, ist nicht mit einem Preisschild versehen und taucht nicht in den Geschäftsbüchern auf. Es ist ein Gemeinschaftsgut und eine lebenswichtige Ressource: das Wasser des Niger.

Als wir das Feuchtland verließen, lief unser Boot immer wieder auf Grund. Makaken lachten, als wir durch das flache Gewässer wateten, bis wir wieder an eine Stelle kamen, wo es tief genug war, um unsere Reise fortzusetzen. Der niedrige Wasserstand war lediglich ein Zeichen des Jahreszeitenwechsels, aber ich hatte das Gefühl, er sei ein Omen für das Delta.

26

BADIA, JORDANIEN

Gemeinschaftsland

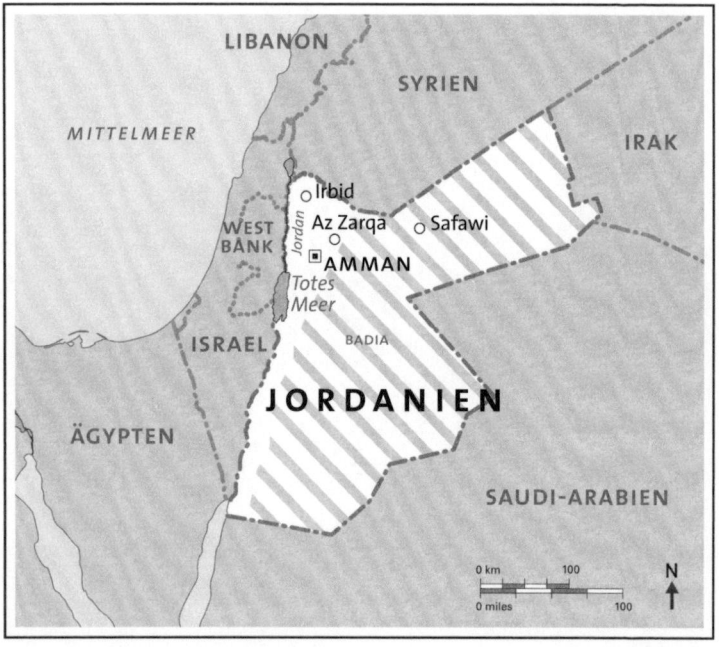

Mohammed ist ein moderner Beduine aus der Badia, dem trockenen Hinterland im Osten Jordaniens. Seine Kamele hatte er vor einigen Jahren gegen einen LKW und einen großen Tankwagen eingetauscht. Den größten Teil des Jahres lebt er gemütlich in seinem Dorf im Bezirk Tafila im Süden Jordaniens. Seine Schafe, die gelagertes Futter bekommen, hält er immer in seiner Nähe. Doch im Frühjahr ruft er seine Freunde an und erkundigt sich, wo Regen gefallen und das Gras grün ist. Dann lädt er seine Herde auf Laster, füllt seinen Tankwagen und macht sich auf zu fernen Weidegründen. Seine Lebensweise, das Halbnomadentum, steht im Zentrum einer Debatte, die vielleicht über die Zukunft sowohl der Beduinen als auch der Badia entscheidet. Und sie könnte ausschlaggebend sein für das Schicksal von Viehhirten wie Mohammed auf der ganzen Welt.

Vor einer Generation zogen die Beduinen und ihre Kamele ungehindert durch die Wüsten des Nahen Ostens. Und doch bewegten sie sich nicht in einem rechtsfreien Raum. Besitz- und Durchzugsrechte wurden sorgfältig ausgehandelt und auf ihre Einhaltung geachtet. Aber Zäune, formelle Gesetze und Landesgrenzen gab es nicht. Mohammeds Vorfahren, Angehörige des Stamms der Anizzah, zogen zwischen den Flüssen Eufrat und Jordan 1000 Kilometer durch die Wüste und im Süden bis nach Arabien. Sie lebten im Wesentlichen als autarke Nomaden. Heute hindern sie die Staatsgrenzen Jordaniens, Syriens, Iraks, Israels und Saudi-Arabiens. Kamele sieht man kaum noch. In der nördlichen Badia besitzt nicht mal mehr 1 Prozent aller Haushalte Kamele, die früher bei den Beduinen als Zeichen des Adels galten. Dafür halten 99 Prozent wegen des Geldes, das sie für Fleisch, Wolle und Milch bekommen, Schafe.

Die Beduinen arrangieren sich mit einem weniger noblen, dafür profitableren Dasein. Die meisten haben in irgendeinem Dorf ein Haus für ihre Familie. Die Kinder gehen zur Schule und steuern später Berufe in der Wirtschaft oder beim Staat an. Nur noch eine Minderheit der Familien lebt hauptsächlich von der Viehhaltung, und viele stellen jemanden ein, der sich den Großteil des Jahres um ihre Herden kümmert. Trotzdem zieht ein Viertel aller Familien aus der Badia noch immer einmal im Jahr Hunderte von Kilometern durch das Land, um Weideflächen zu finden. Mohammed kann zwar nicht mehr ungehindert in die Nachbarländer einreisen, seine Schafe hingegen schon. Viele Beduinen verkaufen ihre Tiere daher für eine Saison an einen Stammeskollegen auf der anderen Seite der Grenze und kaufen sie später wieder zurück.

Die Badia ist Jordaniens Hinterhof und nach wie vor seine wichtigste Region für Tierhaltung. Oft wirkt es bizarr, wenn das traditionelle Leben und die Neuzeit aufeinandertreffen. Wüstenzelte aus dichtem Wollstoff werden mit alten Düngersäcken geflickt. Laster holpern durch die Badia und bringen Fässer mit Wasser. Schäfer folgen ihren Herden auf Eseln und fahren dann nach Safawi, wo es an der Straße nach Irak einen LKW-Rastplatz gibt, um zu hören, was es Neues gibt. Farmen, neue Siedlungen, Straßen und andere Infrastruktur dringen auf die Weideflächen vor. In den Dörfern wächst unter Plastikplanen Gemüse. Die Badia ist zur Gemüsegärtnerei für die Hauptstadt Amman und für den Export geworden.

Die jordanische Regierung hätte gern mehr feste Siedlungen und mehr Landwirtschaft. Viele sagen, Leute wie Mohammed würden durch Überweidung das anfällige Grasland schädigen und so einer neuen Wüste Vorschub leisten. Doch man sieht kaum Hinweise auf eine anhaltende ökologische Zerstörung. Viele Ökologen meinen, die Badia sei intakt und in der Obhut der Beduinen in guten Händen, und dass im Gegenteil die Entwicklungspläne sie gefährden. Wenn das stimmt, dann haben wir in Mohammed mit seinen verschiedenen Futterplätzen und den Telefonanrufen ganz unerwartet einen ökologischen Helden der Badia vor uns. Vielleicht sind Jordaniens Halbnomaden und Viehhirten ja weise.

Was in der Badia geschieht, ist an den verschiedensten Orten auf der ganzen Welt zu beobachten. Viehhirten sind dort, wo man ihnen die Gelegenheit dazu gibt, meist erfolgreich. Es gibt Hunderte Millionen von ihnen und vielleicht eine weitere Milliarde Menschen, die beides betreiben: Landwirtschaft und zusätzlich Weidewirtschaft auf der Allmende, also auf dem Boden der Gemeinschaft. Einige Schätzungen gehen davon aus, dass Viehhirten 45 Prozent der Landfläche des Planeten benutzen – annähernd des Vierfache der Bauern, die den Boden pflügen.

Das Gras ist vielleicht nicht immer grün, dennoch ist Weidewirtschaft produktiv. Mit Viehhaltung wird in der Mongolei ein Drittel des dortigen Bruttoinlandsprodukts erzeugt. In Marokko sind es 25 Prozent. In Sudan und Senegal stammen 80 Prozent der landwirtschaftlichen Erzeugnisse aus der Viehhaltung. Alpaka-, Vikunja-, Lama- und Guanako-Herden in den Anden versorgen die Bewohner mit Nahrungsmitteln, Brennstoff, Kleidung und Transportmöglichkeiten. Kaschmirziegen sind die Goldesel Tibets. Im ländlichen Indien ist Kuhdung der wichtigste Dünger und Brennstoff. Yaks ernähren in Asien Millionen. Auf dem Weltmarkt für Kuhmilch werden 10 Milliarden

Dollar umgesetzt. Und während sie ihre Tiere hüten, versorgen die Hirten Bäume zur Erzeugung von Gummiarabikum, das sich in den verschiedensten Produkten von Coca Cola bis zu Farbe findet. Sie sammeln Tausende Tonnen Heilpflanzen und Tankwagen voller Honig, sie führen Touristen durch die Wüsten und bewachen das Wild. Ach, und sie erzeugen Fleisch, das begehrteste Nahrungsmittel auf unserem Planeten.

Doch ihr öffentliches Image ist katastrophal. Berichte von Überweidungen und »Versteppungen« verbreiten sich weltweit. Oft gehen sie auf Farmer zurück, die ein Auge auf das Land der Viehhirten geworfen haben. Viehhirten sind die Bösewichter, glaubt man einer Lieblingserzählung der Umweltschützer mit dem Titel »The Tragedy of the Commons« (Die Tragik der Allmende), in der der amerikanische Wissenschaftler Garrett Hardin die Meinung vertritt, dass gemeinschaftlich genutzter Besitz als Konzept nicht funktioniert. Denn bei der gemeinsamen Nutzung von Weideflächen, so Hardin, werden die Besitzer der größten Herden auch den größten Profit machen, während die anderen, ganz gleich wie groß die Zahl ihrer Tiere, mit ihnen unter der Überweidung zu leiden haben. Die einzige vernünftige Reaktion darauf sei, so viel Vieh wie möglich auf die Weiden zu treiben, bis auf ihnen gar nichts mehr wächst. Die Lösung: Privatisierung des Lands. Die »Tragik der Allmende« als Freibrief für Landnehmer.

Die Theorie klingt logisch, aber die Faktenlage ist erbärmlich. Erstens haben die Hirten eine lange Tradition der gemeinschaftlichen Verwaltung ihrer Weiden. Auch wenn es für einen Außenseiter nicht so aussehen mag, hat niemand wirklich uneingeschränkte Rechte. Und zweitens sehen die Ökologen mittlerweile ein, dass die Berichte über die Versteppung stark übertrieben waren. Fast überall sind Rinder und andere Tiere, die das Gras abweiden und sich durch den Busch fressen, wie es in einem jüngeren Bericht der International Union for the Conservation of Nature heißt, »lebenswichtig für die Gesundheit und Produktivität des Ökosystems«. Weit entfernt davon, das Land zu schädigen, bewahren Hirten und ihr Vieh seit Jahrtausenden die Biodiversität, gebieten der Wüste Einhalt, speichern Kohlenstoff und verhindern Bodenerosionen. Viehhaltung ist der beste Weg, um die schwierigen Wetterbedingungen der trockenen Savannen Afrikas und anderswo zu nut-

zen. Und falls das Klima in Zukunft unzuverlässiger und womöglich trockener wird, werden die Fähigkeiten und das Wissen der Viehhirten
noch wertvoller sein.

An Orten wie der Badia ist der immer größere Einsatz des Pflugs –
besonders in Händen von Fremden – die eigentliche Bedrohung, weil er
das natürlich gewachsene Grasland zerstört und die Rinder- und Schafhirten in ihrer Bewegungsfreiheit einschränkt. Viehhirten müssen ebenso flexibel auf die Gegebenheiten reagieren können wie das Ökosystem,
in dem sie sich bewegen. Veränderte Umstände erfordern rasches Handeln, etwa indem man die Größe der Herde anpasst oder in Gebiete
zieht, wo die Vegetation in dem betreffenden Jahr am besten gedeiht,
ohne von den Regeln des individuellen Landbesitzes beeinträchtigt oder
von Staatsgrenzen behindert zu werden.

Äthiopien ist nur eins der Länder, in denen die Viehhirten systematisch an den Rand gedrängt und zu Umweltzerstörern dämonisiert werden, während ihr wirtschaftlicher Beitrag weitgehend unbeachtet bleibt.
Zehn Prozent von Äthiopiens Bevölkerung sind Viehhirten, und sie nutzen bis heute ein Drittel seiner Landfläche, in ihren Augen das Land ihrer Vorfahren. Dafür halten sie 40 Prozent aller Rinder Äthiopiens, 75
Prozent seiner Ziegen, ein Viertel der Schafe und alle Kamele. Lederprodukte sind der zweitwichtigste Devisenbringer des Landes und stammen weitgehend von den Herden auf Gemeinschaftsgrund. Doch die
Hirten erleben einen beschleunigten Verlust ihrer Ländereien – an den
Pflug und manchmal an fehlgeleitete Umweltprojekte.

Wie im Fall der Oromo, mit etwa 30 Millionen Angehörigen die
größte Volksgruppe Äthiopiens. Ihre wichtigsten Weidegebiete östlich
der Hauptstadt Addis Abeba sind ständigen Angriffen ausgesetzt. Im
Jahr 1961 hat die Regierung ungefähr 75.000 Hektar davon abgetrennt,
um den Awash-Nationalpark zu gründen. Dann übernahm ein holländisches Unternehmen 15.000 Hektar und machte daraus die Metehara-
Zuckerrohrplantage. Anschließend kamen große Farmen und nahmen
weitere 34.000 Hektar in Anspruch. »Die Gemeinschaft, die eigentlichen
Besitzer des Landes, wurden nicht konsultiert, als man ihnen ohne
Rechtsgrundlage das Land wegnahm«, sagt Eyasu Elias vom Ethiopian
Institute of Agricultural Research an der niederländischen Universität
Wageningen. »Stattdessen erhebt man hohe Gebühren, wenn sie bei län-

geren Dürreperioden ihre Rinder auf das Gebiet der Farmen treiben wollen.«

Erst kürzlich, im Jahr 2008, gab die äthiopische Regierung im Gegenzug zu indischen Investitionen in eine Zuckerraffinerie 22.000 Hektar in der Verwaltungsregion Oromia an ein indisches Unternehmen mit Namen Chadha Agro, das dort noch mehr Zuckerrohr anbauen will. Die neue Zuckerplantage »eignete sich einige der in der Trockenzeit besten Weidegebiete am Awash-Fluss an«, sagt Elias. Nach bewaffneten Protesten der Oromo verstaatlichte die Regierung die Plantage und schickte Soldaten, um sie zu bewachen.

Insgesamt haben die Oromo 60 Prozent ihres Landes verloren. In der Folge kam es auf den ihnen verbliebenen Flächen tatsächlich zu Überweidungen. Außerdem gab es Landstreitigkeiten mit dem Volk der Afar, das auf der anderen Seite des Awash-Nationalparks lebt. In ihrer Verzweiflung haben einige Oromo die Viehhaltung aufgegeben und ernähren sich von Landwirtschaft, Köhlerei und Schmuggel. Andere ziehen nach Addis Abeba, das nicht einmal drei Busstunden entfernt ist. Aber nicht alle. Während ich dies schreibe, berichtet die Presseagentur Reuters, dass die äthiopische Polizei 29 Personen festgenommen hat, die »einen Bombenanschlag geplant haben« sollen. Sie alle hatten angeblich »Verbindungen zur Oromo-Befreiungsfront, einer Autarkiebewegung, die von Addis Abeba im vergangenen Jahr auf die Liste terroristischer Vereinigungen gesetzt wurde«.

Die Rache der Viehhirten scheint von Afghanistan bis nach Westafrika zu einem bedeutenden politischen Faktor zu werden. Wenn wir uns von Oromia Richtung Westen nach Niger und Mali wenden, treffen wir auf Mitglieder des Stamms der Tuareg, die ihre Weideflächen im Lauf der Zeit an landwirtschaftliche Betriebe verloren haben. Einige haben sich al-Qaida angeschlossen, andere, die in der Sahelzone von Mauretanien bis nach Burkina Faso leben, verschleppen und ermorden Ausländer. In Mali wurden 2011 die Reisen zum berühmten Hochland der Dogon wegen der Entführungen eingestellt. In Mopti sprach ich mit Vertretern von Hilfsorganisationen, die, wie sie mir erklärten, wegen bewaffneter Autoentführungen nicht mehr nach Timbuktu fuhren. Wenn wir die Viehhirten ignorieren, müssen wir womöglich einen hohen Preis zahlen.

Um über all diese Dinge zu sprechen, flog ich nach Kenia und traf mich im »Village Market« mit Liz Alden Wily. Trotz seines Namens »Dorfmarkt« ist der Village Market ein großes Einkaufszentrum im Norden Nairobis – eine Anlage, wo sich das neue Kenia als alt herausputzt. Die einzigen Maasai, die man dort trifft, hocken in Läden und verkaufen Schmuck. Wir saßen stundenlang bei Kaffee, während Liz über Afrika sprach, über die überlieferten Landrechte und die Zukunft der Viehhirten. Als Expertin für Landreform ist die Volkswirtin Liz Alden Wily auf der ganzen Welt gefragt. Und sie erzählt die selten gehörte Geschichte dieser am stärksten an den Rand gedrängten und verfolgten Menschen der Welt. Eine Volksgruppe, die oft auch die alten Afrika-Kenner übersehen – bis sie vielleicht mit Kalaschnikows oder einem Raketenwerfer im Anschlag in die Schlagzeilen kommt.

Viehhirten leben ebenso wie die Waldvölker oft auf den letzten noch vorhandenen Gemeinschaftsflächen unseres Planeten. Diejenigen, die ihre traditionelle Lebensweise beibehalten haben, verbringen ihre Tage meist weitab der Städte und sogar Straßen und fühlen sich nicht an die Gesetze eines Landes oder gar an Staatsgrenzen gebunden. Die meisten afrikanischen Politiker, die ich traf, sind unter solchen Bedingungen aufgewachsen. Doch die meisten von ihnen haben auch den Eifer der neu in die Städte Zugezogenen entwickelt. Sie halten die auf Gemeinschaftsgrund lebenden Menschen für Relikte aus der Vergangenheit, für Wilde, die gezähmt und sesshaft gemacht, an Gesetze und Verhaltensnormen gewöhnt werden müssen. In ihrem eigenen Interesse und in unserem. Sie sollen im Village Market einkaufen, nicht auf dem Dorfmarkt.

Für Alden Wily ist das gefährlicher Unsinn.

Fast überall gibt es Gemeinschaftsgrund. Dessen Umfang reicht vom englischen Dorfanger bis zum größten Regenwald der Welt. Doch nur in Afrika befindet sich die Mehrheit der Flächen in der einen oder anderen Form in Gemeinschaftsbesitz. Für ungefähr vier Fünftel seiner 2,4 Milliarden Hektar gibt es keinen anderen offiziellen Besitzer als den jeweiligen Staat. Und auch wenn sie keine Landtitel haben, betrachten die ländlichen Bewohner dieser Flächen das Land als ihres. Liz Alden Wily beginnt einen ihrer pointierten Artikel zu diesem Thema daher auch mit den Worten: »Ob es vom statutarischen Gesetz nun anerkannt ist oder nicht, ländliche Gemeinschaften in Afrika sehen sich nicht nur als die traditionellen Besitzer von Haus und Hof, sondern auch des Waldes, der Weiden und aller anderen kollektiv genutzten natürlichen Ressourcen, die sich in ihrem Einzugsbereich befinden.«

Da liegt der Hund begraben. Denn wovon wir hier sprechen, ist das, was die Weltbank »die letzte große Reserve an nicht voll genutztem Land auf der Welt« nennt: die vermeintlich leeren Ebenen Afrikas, die die Regierungen im Interesse der wirtschaftlichen Entwicklung an Landnehmer übertragen wollen. Eben gerade hat Mosambik 6 Millionen Hektar dieses »leeren« Landes mit einem 50-jährigen Pachtvertrag und für 23 Dollar pro Hektar und Jahr an ausländische Investoren übergeben, und aus dem ebenfalls portugiesisch sprechenden Brasilien machen sich 40 Sojafarmer auf den Weg, um sich die Sache anzusehen.

Doch unkultiviertes Land mit ungenutztem oder besitzlosem Land gleichzusetzen, ist ein fataler Fehler, sagt Alden Wily. »Tatsächlich wird jeder Zoll dieses Kontinents nach überlieferten Normen besessen und auf traditionelle Weise genutzt, sei es für den Wanderfeldbau, als Weideland, für die Jagd, zum Gewinnen von Holz, Früchten und Kräutern oder als Reserve, um die Landwirtschaft nötigenfalls ausweiten zu können.« Gemeinschaftsgrund ist außerdem jenes Land, auf dem domestiziertes Vieh und Wildtiere seit Tausenden von Jahren in Koexistenz lebten. Es ist die »pleistozäne Landschaft« der Umweltschützer.

Afrika ist ein letztes großes Bollwerk des Gemeinschaftsgrunds, obwohl die mit ihm verbundenen überlieferten Rechte oft neben den formalen Gesetzen existieren oder sogar in Widerspruch zu ihnen stehen. Von europäischen Kolonialherren wurden sie nie anerkannt, obwohl diese die Hirtenvölker meist sich selbst überließen. Nach der Unabhängigkeit haben afrikanische Staaten die überlieferten Rechte entweder ausgelöscht oder sich über sie hinweggesetzt, indem sie gemeinschaftlich genutzte Weideflächen und Wälder im Namen des Sozialismus verstaatlichten. Doch Sozialismus ist heute nicht mehr gefragt. Stattdessen hat der große Ausverkauf im Namen der wirtschaftlichen Entwicklung begonnen. Parzelliere das Land, und alles wird gut.

Liz Alden Wily möchte weder staatliche Kontrolle noch Privatisierung. Sie wünscht sich vielmehr eine Renaissance der überlieferten Besitzansprüche, eingebettet in die Landesgesetze. Das ist sicher kein Allheilmittel. Wie wir in Ghana gesehen haben, können Stammeschefs ebenso käuflich sein wie ein Staatsminister, wenn Ausländer mit einem dicken Scheckbuch anklopfen. Doch wenn wir uns nicht besinnen und die Gemeinschaften mit Bodenrechten ausstatten, sieht Alden Wily für einen Großteil des Gemeinschaftsgrunds schwarz. »Eine halbe Milliarde Afrikaner sind dann weiterhin Pächter eines Staates, der ihnen mit voller Rückendeckung der Gesetze ihre Höfe oder ihren Gemeindegrund unter den Füßen weg weiterverpachten oder verkaufen kann.«

Von Gambella über Mosambik und Südsudan bis nach Liberia sind die weiten Weideflächen und Wälder die einzigen Gebiete unseres Planeten, auf denen wir heute noch »die Dimensionen von zusammenhängenden und intakten Landflächen finden können, die Großinvestoren suchen«. Das ist der Grund, weshalb sie heute auch in diesem Maße bedroht sind. Der gegenwärtige Landrausch, sagt Alden Wily, »ist ein entscheidender Kipppunkt beim Eindringen von Kapital in die Agrargesellschaften«. Vielleicht sind wir Zeugen der letzten Einhegung freien Lands auf unserem Planeten und damit auch des »endgültigen Verschwindens überlieferter Landrechte«.

Es muss nicht so kommen. In reicheren Ländern haben sich einige indigene Kulturen in abgelegenen Regionen gewehrt und erfolgreich das Recht erkämpft, weite Landstriche behalten und sie nach eigenen Traditionen verwalten zu können – die Inuit in Kanada, die Samen in Skandinavien, die Aborigines in Australien und die Ureinwohner Amerikas in ihren Reservaten. Liz Alden Wily wird, wie sie sagt, »nicht ruhen, ehe die vier Milliarden Hektar traditionell genutzten Landes nicht nach allen Regeln des Gesetzes in die Hände ihrer rechtmäßigen Besitzer übergegangen sind, also der zwei Milliarden bäuerlichen Armen«.

Tapfere Worte. Für Hunderte Millionen von Menschen auf der Welt – von Omot auf seiner Wasserbüffelhaut in Gambella bis zu Mohammed mit seinem Wassertanker in der jordanischen Bahia – entscheidet sich am Erfolg ihres Engagements, wie sich ihre Lebensbedingungen und die zukünftiger Generationen gestalten werden. Es wird im 21. Jahrhundert nur wenige Fragen geben, die wichtiger sind als das Schicksal des Gemeindelands.

27

LONDON, ENGLAND

Nahrung für die Welt

Wieder einmal geht das Gespenst einer malthusianischen Katastrophe um in der Welt. John Beddington, leitender wissenschaftlicher Berater der britischen Regierung, sieht einen »perfect storm« heraufziehen, wie man im englischen Sprachgebrauch das schlimmstmögliche, aus verschiedenen Komponenten zusammengesetzte Szenario nennt – in diesem Fall das Aufeinandertreffen von Klimawandel und wachsender Weltbevölkerung, der Kollaps der Ökosysteme sowie Land- und Wassermangel. Der Sturm werde, sagt er, eine weltweite Nahrungsmittelkrise auslösen, bei der Hunderte von Millionen verhungern könnten. »Wir befinden uns an einem einzigartigen Punkt in unserer Geschichte«, meint er. »Wir haben zwanzig Jahre Zeit, um vierzig Prozent mehr Nahrungsmittel zu produzieren … es ist also wirklich dringend.«

Wer wird uns diese Nahrungsmittel liefern? Beddington sieht die Lösung im Agribusiness. »Kleinbetriebe machen die Welt nicht satt.« Er reiht sich ein in den Chor westlicher Experten, die meinen, nur wenn wir das Ackerland in die Hände von Landnehmern geben, können wir die Welternährung sichern. Der frühere Leiter des wissenschaftlichen Beraterstabs der Weltbank, Paul Collier, Verfasser von so einflussreichen Büchern wie *Die unterste Milliarde* und *Der hungrige Planet*, sagt, »bäuerliche Landwirtschaft lässt sich mit Innovationen und Investitionen nicht vereinbaren«, und die »realistischste Methode« zur Senkung der Nahrungsmittelpreise auf dem Weltmarkt bestehe darin, »das brasilianische Modell großer mechanisierter Agrarbetriebe auf dem neuesten Entwicklungsstand zu übernehmen«. Es gebe, sagt er, »noch viele Gebiete auf der Welt – darunter breite Landstriche in Afrika – mit gutem Boden, die weit produktiver genutzt werden könnten, wenn sie von großen Unternehmen richtig bewirtschaftet würden«.

Die Investoren sind begeistert. Der »perfect storm« bietet Landneh-

mern ideale Möglichkeiten, sagt Richard Ferguson, Leiter der Welt-
agrarabteilung bei der Investmentbank Renaissance Capital und Verfechter einer mechanisierten, globalisierten Landwirtschaft in riesigen
Dimensionen. »Wir erleben gerade den letzten großen Industrialisie-
rungsprozess. Die Farmen werden immer größer und industrieller werden«, meint er. »Ein freier Markt mit transparenter Preisentwicklung,
durchsetzbaren Besitzrechten und einem liberalisierten Handel würde
praktisch jedes landwirtschaftliche Problem unter der Sonne lösen.«
Seiner Voraussage nach werden »industrialisierte Farmen mit 1 Million
Hektar« Afrika und seine Nahrungsmittelzukunft grundlegend verändern.

Doch schauen wir uns die Dinge einmal im Einzelnen an und beginnen
wir mit Beddingtons Gefahrenszenario für den Planeten. Die Gefahren
sind real, müssen aber in die richtige Perspektive gerückt werden. Die
tatsächlichen Auswirkungen des Klimawandels lassen sich in keiner
Weise voraussagen. Es könnte Mitte dieses Jahrhunderts in Teilen Afrikas zu einem Ernterückgang um 50 Prozent und in Südasien zu Mon-
sunausfällen kommen. Doch in anderen Gebieten, besonders in der
nördlichen Hemisphäre jenseits der Tropen, könnten die Erträge steigen. Viel wird auch davon abhängen, wie klug die Bauern auf die ver-
änderten Klimabedingungen reagieren, indem sie etwa andere Feldfrüchte anbauen, und in welchem Maß es der Wissenschaft gelingt,
hitze- und dürreresistentere Varianten zu entwickeln. Die Weltbevölkerung wird sich wahrscheinlich bis Mitte des Jahrhunderts bei etwa 9 Milliarden Menschen einpendeln. Das sind immer noch 2 Milliarden mehr
als heute, und es kann sein, dass sich die Bevölkerungszahlen im subsaharischen Afrika verdoppeln. Doch in vielen Ländern außerhalb Afrikas, darunter fast überall in Europa und in einem Großteil Asiens in-
klusive China, wird man wahrscheinlich einen Bevölkerungsrückgang
verzeichnen.

   Die Wasserknappheit verschärft sich. Das meiste Wasser wird, gerade in trockeneren Regionen, von Landwirtschaftsbetrieben verbraucht,
und viele Flüsse, denen Wasser für die Landwirtschaft entnommen
wird, trocknen aus. Auch der Bedarf in den Städten steigt. Am gierigen
Griff nach dem Wasser könnten sich Kriege entzünden. Andererseits

sind das Potenzial effizienterer Wassernutzung und die Möglichkeiten, städtisches Abwasser zur Bewässerung von Feldern zu recyceln, gewaltig und noch längst nicht ausgeschöpft. Ökosysteme, insbesondere Wälder, stützen die Landwirtschaft, indem sie das Klima, die Flüsse, die Böden und die Küstenlinien erhalten und für eher verborgene Prozesse wie etwa die Staubbesamung durch Insekten sorgen. Welche Auswirkung lokale Schäden in diesen Bereichen haben werden, lässt sich nur schwer voraussagen.

Schließlich ist in manchen Ländern guter neuer Boden, der sich für den Pflug eignet, rar. Aber das Land wird uns nicht »ausgehen«. Nur 12 Prozent der Landfläche weltweit werden gegenwärtig für die Landwirtschaft genutzt, zum Teil mit niedrigen Erträgen. Die meisten werden der Aussage zustimmen, dass wir Wälder und Feuchtgebiete vor Beeinträchtigungen jeglicher Art schützen müssen. Bleibt die kritische Frage, wie viel wir von unseren offen zugänglichen und der Gemeinschaft gehörenden Grasland- und Weideflächen opfern wollen oder wie viel wir aufgeben dürfen, ohne dass daraus eine Gefahr erwächst. Die Beantwortung dieser Frage hat natürlich enorme Folgen für die Debatte über die Landnahmen, wie wir im vorigen Kapitel gesehen haben. Aber es gibt Wahlmöglichkeiten. Für was sollen wir uns entscheiden? Müssen wir diese Gemeinschaftsflächen und Millionen bewirtschaftete Kleinflächen dem Agribusiness überlassen, um die Weltbevölkerung ernähren zu können? Oder ist das bloß ein Teil des Mythos, der hinter vielen Landnahmen steckt?

Nach Ansicht von Fortschrittsfanatikern wie Collier und Beddington brauchen wir dringend eine Revolution der Nahrungsmittelproduktion, wenn wir eine Bevölkerung von 9 Milliarden Menschen oder mehr versorgen wollen. Eine Revolution, die sich, vor allem in Afrika, die westlichen Märkte und Technologien zunutze macht. Das Zauberwort heißt Effizienz – in der Produktion wie beim Handel.

Wenden wir uns zunächst einmal dem Handel zu. »Am meisten ist der Nahrungsmittelsicherung mit fairen und gut funktionierenden Märkten gedient«, schrieb Beddington in dem Bericht *The Future of Food and Farming*, den die Expertenkommission der britischen Regierung 2011 herausgab. Zu dem plötzlichen Anstieg der Nahrungsmittelpreise im Jahr 2008 sei es gekommen, weil die Produzenten dem Export

zu viele Beschränkungen auferlegt hätten. Daher »müssen den internationalen Institutionen größere Befugnisse gegeben werden, um in Kri-
senzeiten Handelsschranken zu verhindern«. In einer Randbemerkung
räumte er ein, die »empirischen Befunde« erlaubten ihm keine Aussage
darüber, inwieweit Marktspekulanten in jenen heiklen Monaten zu den
Preisspitzen beigetragen hätten. Aber er spricht sie ohnehin frei: »Ver-
besserungen in der Mechanik der Rohstoffmärkte können jenes Ele-
ment der Volatilität auf ein Minimum reduzieren, das nicht auf markt-
wirtschaftlichen Grundlagen beruht.«

Wie wir in Kapitel 2 gesehen haben, gibt es auf den Finanzmärkten
nicht viele, die dem Professor in seiner optimistischen Einschätzung folgen, dass mehr und freierer Handel zu größerer Preisstabilität und Nahrungsmittelsicherheit beiträgt. Manche brachten das auch in ihrer Antwort auf Beddingtons Bericht zum Ausdruck: »In der Realität führen
offene Märkte auf dem Nahrungsmittelsektor nicht unbedingt auch zu
bezahlbaren Preisen und einer ausgewogenen Verteilung«, schreibt
Nick Tapp, Leiter der Abteilung für Agrarwirtschaft bei dem in London
ansässigen Makler für internationale Anlageimmobilien Bidwells. »Die
raschen Preisschwankungen Anfang 2011 deuten auf einen tendenziell
eher volatilen Markt, da die Marktpreise in immer stärkerem Maße auf
Tagesereignisse und von den Newstickern verbreitete Stimmungen reagieren.« Eine engere Anbindung des Nahrungsmittelsektors an die globalen Finanzmärkte werde, wie in den Jahren 2008 und 2011 geschehen,
Preisausschläge fördern und die Nahrungsmittelsicherheit vermindern.
»Zeiten der Knappheit und damit des Hungers sind typische Zeichen
eines ungeregelten Marktes«, fügte er hinzu.

Die Begeisterung der Fortschrittsfanatiker für uneingeschränkte
Marktfreiheit scheint also eine fragwürdige Angelegenheit zu sein.
Schauen wir uns deshalb an, welches jeweils die Vorteile von bäuerlichen Kleinbetrieben und industrieller Landwirtschaft sind. Müssen wir
unabhängige Kleinbauern so schnell wie möglich zu Landarbeitern machen? Viele Experten widersprechen heftig dem düsteren Bild, das Collier und andere vom Potenzial bäuerlicher Kleinbetriebe zeichnen. »Es
gibt ein kulturelles Vorurteil gegenüber Bauern«, sagt Olivier De Schutter, Sonderbeauftragter der UNO für das Recht auf Ernährung: »Man
sieht sie als zurückgeblieben und nicht als gleichwertige Partner. Und da

es ein Vorurteil ist, bestätigt es sich immer wieder selbst.« Einer von Beddingtons Koautoren erzählte mir, die von seinem Chefwissenschaftler anvisierte Revolution könne dazu führen, dass die Armen noch ärmer würden. Landwirtschaftliche Großbetriebe und Großinvestitionen bergen die Gefahr, Entwicklungen, die schon heute vielen Menschen Hunger bringen, noch zu verstärken. Es könnte sein, dass wir dann mehr Nahrungsmittel, aber auch mehr Hungersnöte bekommen.

Ähnlich sieht es offenbar auch Bob Watson, früher leitender wissenschaftlicher Berater bei der Weltbank. Dort muss es zwischen ihm und Collier zu einigen interessanten Debatten gekommen sein. Im Jahr 2008 wurde unter Watsons Leitung eine Studie über die Zukunft der weltweiten Landwirtschaft erstellt. Der 2500 Seiten starke Bericht des International Assessment of Agricultural Knowledge, Science and Technology for Development (IAASTD) kam zu deutlich anderen Schlussfolgerungen als Beddington und Collier. In dem Bericht wurde vorgeschlagen, »Nahrungsmittelsicherheit dadurch zu erhöhen«, dass man »den Sektor der bäuerlichen Kleinbetriebe profitabler macht«, anstatt ihn zu zerstören. Watson war alles andere als ein Anhäger entfesselter Märkte und warnte, die »Öffnung nationaler Agrarmärkte für den internationalen Wettbewerb … kann den Landwirtschaftssektor unterminieren und sich langfristig negativ auf Armut, Nahrungsmittelsicherheit und die Umwelt auswirken«. Die Macht der Märkte und des Agribusiness zu stärken, meint Watson, »bedeutet, dass die Besitzenden und die Besitzlosen der Erde noch weiter auseinanderdriften«.

Einige werden einwenden, Beddington und Collier seien nüchterne Realisten, Watson und De Schutter hingegen verwirrte Opfer der politischen Korrektheit. Collier meint, Letztere machen sich des »Rückzugs in die Romantik« schuldig. Doch welche Medizin man verabreicht, hängt von der Diagnose ab.

Für Beddington und Collier ist die Frage der Ernährung der Welt im Großen und Ganzen nur eine Sache der Erzeugung von mehr Nahrungsmitteln. Um diese sicherzustellen, müssten wir der kommerziellen Landwirtschaft nur freie Hand lassen, dann würde sie die Getreidespeicher schon füllen und Cargills Gewinne steigern. Daher setzen sie sich dafür ein, dass Afrikas Weideflächen umgepflügt und Millionen von Kleinbauern ihr Land fortgenommen wird, um große und »effizientere«

Farmen zu schaffen. Für Watson hingegen bestehen die größten Probleme in Armut, mangelnder Entwicklung und der ungleichen Verteilung von Nahrungsmitteln. Schließlich, so betont er, erzeugen wir ja ausreichende Mengen, um die Welt ernähren zu können, und trotzdem müssten noch immer 1 Milliarde Menschen hungern. Das Agribusiness, sagt er, könnte dem Patienten den Todesstoß versetzen.

Die Hälfte der unterernährten Menschen der Welt und drei Viertel der unterernährten Kinder Afrikas leben in bäuerlichen Kleinbetrieben. Nach Watsons Meinung lässt sich ihre Nahrungsmittelsituation am ehesten bessern, wenn man ihnen und ihrer Gemeinschaft Hilfe zur Selbsthilfe gibt, wenn man also die »Kleinbauern stärkt«. Beddington möchte ihnen das Land fortnehmen, um »die Landwirtschaft effizienter zu machen«. Watson aber fragt: effizienter für wen? Ist uns eher an einem effizienten Einsatz von Kapital oder von Arbeit gelegen? An der effizienten Nahrungsmittelversorgung der Märkte oder der der Armen? An gesunden Bilanzen oder an gesunden Kindern? Je nach Antwort sind unterschiedliche Vorgehensweisen erforderlich – und damit sind Beddingtons effiziente Farmen vielleicht doch keine so gute Lösung für die Probleme, wie er hofft.

Zweifellos befindet sich die kleinbäuerliche Landwirtschaft – vor allem in Afrika – häufig in einem desolaten Zustand. Die Pro-Kopf-Produktion in Afrika ist gerade kürzlich wieder auf den Stand der frühen 1960er-Jahre angestiegen, während sie sich in Asien verdoppelt und in Lateinamerika um 60 Prozent erhöht hat. Die Umwandlung der brasilianischen Cerrados in Hightech-Monokulturen war für die Investoren ein ungeheurer Erfolg. Doch eine Wiederholung auf dem afrikanischen Kontinent mag zwar im Interesse derer sein, die unbedingt von Afrikas neuem Ruf als »last frontier« profitieren möchten; im Interesse der Afrikaner ist sie ganz sicher nicht. Raj Patel von der University of California in Berkeley schrieb in einem in *Foreign Policy* veröffentlichten Artikel: »Landwirtschaftliche Großbetriebe arbeiten meist am lukrativsten auf großflächigen Plantagen und Betriebseinheiten, auf denen Kleinbauern nur noch ein Hindernis darstellen.«

Es gilt aber noch etwas ganz anderes zu berücksichtigen, was gegen Beddingtons Vorstellung von »Effizienz«, Colliers Traum von einem zweiten Brasilien und Fergusons Gigantismus spricht. Die Entwurzelung einer halben Milliarde Bauern, die 90 Prozent der Nahrungsmittel des Kontinents erzeugen, käme einer global-kapitalistischen Variante der verheerenden sozialistischen Experimente Stalins, Maos und Pol Pots gleich. Bäuerliche Mischbetriebe, wie sie von den meisten Kleinbauern der Welt betrieben werden, haben jedoch mindestens ebenso viel produktives Potenzial wie die landwirtschaftlichen Großbetriebe mit ihren Monokulturen. »Wenn uns daran gelegen ist, den Ärmsten der Welt zu einem besseren Leben zu verhelfen«, sagt Patel, »sind wir gut beraten, in ihre Betriebe zu investieren … anstatt sie zum Umzug in die Städte zu drängen.«

Der simple Vergleich von Ertrag pro Hektar mag uns zu der Annahme verleiten, Großbetriebe seien die Lösung. Kleinbauern leisten aber über diese gemessenen Erträge hinaus noch viele andere. In offiziellen Statistiken wird oft nicht zur Kenntnis genommen, dass sie jeden Flecken ihres Grunds nutzen und einen Küchengarten auf dem Areal anlegen, auf dem Großbetriebe ihre Maschinen parken. Sie sammeln Früchte in den Hecken an Feldrändern und halten Hühner auf ihrem Hof. Sie füttern Tiere mit Lebensmittelabfällen und düngen die Felder mit deren Kot. Und auf überfluteten Reisfeldern züchten sie Fische. Große Farmen haben besseren Zugang zu Kapital. Doch das ist auch ihr Daseinszweck: für dieses Kapital eine Rendite zu generieren und die Investoren zufriedenzustellen, anstatt eine Familie zu ernähren.

»In Afrika wäre eine grüne Revolution durchaus möglich«, sagte Gordon Conway, früher Vorstand der Rockefeller-Stiftung, als er 2010 seinen Montpellier Panel Report zur afrikanischen Landwirtschaft vorstellte. »Doch sie wird von Kleinbauern vorangetrieben werden – von den 33 Millionen bäuerlicher Kleinbetriebe mit weniger als zwei Hektar. Von den Menschen, die dem Kontinent 90 Prozent seiner Nahrungsmittel liefern. Wir müssen dafür sorgen, dass sie ihre Produktivität steigern können.«

Bei Durchsicht der Literatur können wir feststellen, dass diese Ansicht von vielen Agrarexperten geteilt wird, selbst wenn sie bei Organisationen beschäftigt sind, die eher für einen Hauruck-Kapitalismus stehen. Der Weltentwicklungsbericht der Weltbank des Jahres 2008 kam zu dem Schluss, dass Investitionen in kleinbäuerliche Landwirtschaft der effizienteste und effektivste Weg sind, um eine Bevölkerung aus der

Armut zu führen. Ihr Bericht des Jahres 2009 zum »Erwecken des schlafenden Riesen Afrika« gilt gemeinhin als Manifest für landwirtschaftliche Großbetriebe und Landnahme. Doch selbst bei flüchtigem Lesen gewinnt man einen anderen Eindruck. Beispielsweise stellt der Bericht fest, »trotz jüngster Bemühungen, hauptsächlich durch ausländische Investoren, in Afrika Agribusiness-Betriebe im großen Stil einzuführen, deutet nur wenig darauf hin, dass das Konzept großflächiger Landwirtschaft in Afrika angebracht oder gar sonderlich vielversprechend ist«.

Asiens Agrarrevolution wird oft als Sieg des Agribusiness bezeichnet. Doch die von Diana Hunt und Michael Lipton 2011 für das Chatham House in London herausgegebene Untersuchung *Green Revolution for sub-Saharian Africa?* zeigt, was Afrika wirklich von Asien lernen könnte, nämlich dass »beschäftigungsintensive kleinbäuerliche Landwirtschaft effizienter ist und den Armen mehr nützt«. Vietnam, ein Land mit boomender Wirtschaft und rasch steigender Bevölkerungszahl, hat sich aus dem andauernden Nahrungsmitteldefizit befreien können, indem es sich durch Investitionen in bäuerliche Kleinbetriebe zu einem Nahrungsmittelexporteur entwickelte.

Große Agrarbetriebe höhlen Gemeinschaften aus, während die Investition in kleine Landwirtschaftsbetriebe Gemeinschaften erhält und stärkt, heißt es in einer Untersuchung des in Washington ansässigen International Food Policy Research Institute (IFPRI) von 2007. »Wenn die Haushalte bäuerlicher Kleinbetriebe Geld ausgeben, verwenden sie es in der Regel für lokale Waren und Dienstleistungen. Auf diese Weise beleben sie die ländliche, nicht agrarbezogene Wirtschaft und schaffen zusätzliche Arbeitsplätze«, sagt Peter Hazell von IFPRI. Kleine Farmbetriebe fördern außerdem das landwirtschaftliche Know-how, Netzwerke zur Vermarktung und andere Kompetenzen. Dieses »Sozialkapital« bietet eine gute Basis für weitergehende Entwicklungen. Es könnte jedoch nie entstehen, wenn Kleinbauern zu Arbeitern bei Farmgesellschaften degradiert würden. »Solange die Entscheidungsträger in der Politik nicht eine positivere Haltung gegenüber landwirtschaftlichen Kleinbetrieben einnehmen, wächst das Risiko der Verarmung ländlicher Gebiete dramatisch an«, meint Hazell.

Die Annahme, kommerzielle landwirtschaftliche Großbetriebe könnten die Ernährung der Weltbevölkerung sichern – wenn es denn überhaupt ihr Ziel wäre –, ist gefährlich, stellt ein 2010 veröffentlichter Bericht des International Livestock Research Institute in Nairobi fest. »Es sind nicht die großen effizienten Farmen auf höchst ertragreichen Böden, sondern eine Milliarde kleiner landwirtschaftlicher Familienbetriebe, die sich um Reisfelder kümmern, Mais und Bohnen anbauen, dabei ein paar Hühner und Schweine, eine Herde Ziegen und ein oder zwei Kühe halten ..., die heute einen Großteil der Armen dieser Welt ernähren«, schreiben Susan MacMillan und Carlos Seré in *Back to the Future*. Kleine Farmen sind außerdem gut für unseren Planeten. »Sie bilden das größte und in bezug auf die Umwelt nachhaltigste Agrarsystem der Welt.« Und davon bräuchten wir mehr, denn »genau diese Gruppe wird höchstwahrscheinlich in den kommenden Jahrzehnten die wichtigste Rolle bei der Nahrungssicherung der Welt spielen ... Regierungen und Wissenschaftler gehen in die Irre, wenn sie als Antwort auf den Hunger der Welt weiterhin nur nach den ertragreichsten Böden suchen und auf Farmen setzen, die einen einzigen Rohstoff erzeugen.« Dem kann ich nur beipflichten.

Aber wir dürfen die Bauern dabei nicht allein lassen. Vor allem in vielen Teilen Afrikas hat sich an der Situation bäuerlicher Kleinbetriebe vor allem deshalb nichts verbessert, weil sie nicht einmal mehr die grundlegendsten Staatshilfen bekommen. Der Zusammenbruch staatlicher Unterstützungssysteme für die Kleinbauern Afrikas ist eine kontinentweite Tragödie. Es ist aber auch eine Schande für die Welt, weil es oft im Namen freier Märkte geschah und im Rahmen von Strukturanpassungsprogrammen gefordert wurde.

Jahrzehntelang haben afrikanische Regierungen die ländlichen Gebiete ignoriert und Haushaltsgelder in Fluglinien, Industrieunternehmen und städtische Infrastruktur investiert, während es den Kleinbauern an Saatgut und Dünger mangelte. Die staatlichen Vermarktungsgesellschaften, einst Stützpfeiler der lokalen Wirtschaft, weil sie zu stabilen Preisen die Feldfrüchte aufkauften, wurden abgeschafft. Beratungsdienste, die früher über die besten Anbaumethoden informierten, sind kaum noch zu finden. Forschungsetats wurden zusammengestrichen. Und in vielen ländlichen Regionen haben die Straßen mehr Schlaglöcher als Teerbelag.

Im Jahr 2003 verpflichteten sich afrikanische Staatsführer, statt wie bisher nur durchschnittlich 3,5 Prozent des Staatshaushalts nunmehr 10 Prozent für die Landwirtschaft zu verwenden. Da in der Regel zwei Drittel des Bruttoinlandsprodukts dieser Länder von der Landwirtschaft erzeugt werden, ist das noch immer eine verschwindend kleine Summe. Doch nur sieben Staaten mit einer Bevölkerung von gerade mal 15 Prozent der einen Milliarde des Kontinents haben dieses Ziel bis jetzt erreicht. Die Regierungen geben für einen Bewohner ländlicher Gebiete im Durchschnitt noch immer weniger als 20 Dollar jährlich aus. Was für ein Gegensatz zu den gewaltigen Subventionen, den Zuschüssen und Steuerbefreiungen – ganz zu schweigen von kostenlosem Land – für ausländische Investoren! Ausländische Hilfen an die Landwirtschaft haben ebenfalls abgenommen: Sie wurden im Zeitraum von Mitte der 1980er-Jahre bis zur Jahrtausendwende um die Hälfte zusammengestrichen und erreichten mit 3,4 Prozent der Gesamthilfe ihre Talsohle. Erst in den letzten Jahren steigen sie wieder an.

Höhere finanzielle Beihilfen sind natürlich nur dann sinnvoll, wenn sie sinnvollen Maßnahmen dienen. Glücklicherweise aber gibt es zahllose Beispiele, wie so etwas aussehen könnte. Das jüngste Paradebeispiel ist ein Projekt in Malawi, ein kleines Land im Süden Afrikas, das seine Maisproduktion seit 2005 deutlich steigern konnte. Dies gelang, indem man an die Bauern Gutscheine für günstigen Dünger und Saatgut für Mais ausgab. Davon haben schon mehr als 1,5 Millionen Bauern in Malawi profitiert. Diese Subventionen kosten Malawi mehr als 6 Prozent seines Bruttoinlandsprodukts und verschlingen 60 Prozent des Budgets des Landwirtschaftsministeriums. Doch vor Beginn des Projekts musste Malawi Lebensmittel importieren, inzwischen führt man sie aus. Die Wirtschaft wächst, und es gibt mehr Arbeitsplätze.

Natürlich ist das System nicht fehlerfrei. In einigen Teilen Malawis gibt es zu bestimmten Jahreszeiten noch immer nicht genug zu essen; drei Viertel der Gutscheine gelangen in den Besitz von Männern, obwohl die Landarbeit hauptsächlich von Frauen verrichtet wird; und Umweltschützer kritisieren, die Konzentration auf durch chemischen Dünger geförderten Maisanbau könnte langfristig Malawis Böden auslaugen. Trotzdem wird das Modell von anderen Ländern, etwa Sambia, kopiert. Der Entwicklungsexperte Jeffrey Sachs von der Columbia University ist der Meinung, für 10 Milliarden Dollar ließe sich das malawische Modell auf ganz Afrika ausweiten.

Doch man kann noch weit mehr tun, als einfach nur Dünger auf den Kontinent regnen zu lassen. Auf meinen Reisen habe ich eine Vielzahl unterschiedlichster Erfolgsmodelle gesehen. Ich besuchte eine Forschungsstation an den moskitogeplagten Ufern des Viktoriasees in Kenia, wo man eine einfache Methode entwickelt hat, sich ohne teure chemische Mittel vor dem Stängelbohrer zu schützen, einem verbreiteten und bösartigen Maisschädling. Zehntausende Maisbauern in Ostafrika lassen jetzt an ihren Feldrändern ein ganz gewöhnliches Schilf namens Napiergras wachsen, das den Stängelbohrer anzieht, der somit ihren Mais verschont. Man nennt dies Push-pull-Technologie. Zudem haben die Bauern herausgefunden, dass sie das Napiergras auch an ihr Milchvieh verfüttern können.

In Mali, am Rand der Sahara, sah ich Bauern, die Bäume pflanzten, um den Boden vor Erosion zu schützen und ihre Erträge zu steigern. Es stand im Gegensatz zu den Ratschlägen ausländischer Agronomen, die gesagt hatten, Bäume wirkten sich negativ auf die Ernte aus und müssten gefällt werden. Die neue Methode stammte aus dem Nachbarland Niger und hatte sich rasch verbreitet. Chris Reij, ein niederländischer Geograf, dem dieser Trend als Erstem auffiel, vermutet, dass dort inzwischen 200 Millionen Bäume in einer im Wesentlichen unbemerkt gebliebenen »Aufforstungsaktion« der Sahelzone angepflanzt worden waren.

Noch überraschender, weil es ein paar Umweltmythen entlarvt und Vorurteilen gegenüber bäuerlicher Landwirtschaft den Boden entziehen könnte, ist die Geschichte des Volks der Kamba im kenianischen Machakos. Vor einem halben Jahrhundert wurde die »überbevölkerte« und entwaldete Provinz von der Kolonialverwaltung aufgegeben. Sie sei in der Versteppung begriffen, und den Kamba bleibe nur ein Leben in Armut. Doch seither haben die Kamba-Bauern ihre Erträge verfünffacht, die Bodenerosion vermindert und den Baumbestand verdichtet – und dabei ihre Bevölkerungszahl verdreifacht. Die Versteppung wurde umgekehrt. Und Malthus auf den Kopf gestellt. All dies geschah ohne äußere Hilfe. Dabei hatten sie einen relativ einfachen Kunstgriff angewendet und zur besseren Nutzung ihres Landes die Abhänge terrassiert, Regenwasser gesammelt und Bäume gepflanzt. Und sie haben sich für ihre hochwertigen Erzeugnisse neue Märkte gesucht. Die Kamba arbeiten nach wie vor auf kleinen Familienparzellen, verkaufen ihr Gemüse und ihre Milch jedoch in Nairobi, ihre Mangos und Orangen in den Nahen Osten, ihre Avocados nach Frankreich und ihre Bohnen nach Großbritannien. Wissenschaftler nennen es das »Wunder von Machakos«.

Ich besuchte auch die staubigen Ausläufer der Wüste im nördlichen Nigeria im Umkreis der alten Karawanenstadt Kano. Das Gebiet ist so dicht bevölkert wie Belgien. Die Regenfälle haben nachgelassen. Eine inkompetente Regierung ist nicht in der Lage, einen Vorrat von Düngemitteln bereitzuhalten. Nur die reichsten Bauern können sich ertragreiche Getreidesorten oder künstliche Bewässerung leisten. Die Armen schlagen sich damit durch, dass sie jeden Flecken sandigen Bodens bepflanzen, den sie finden. Da müsste man doch annehmen, dass diese Felder allmählich zur Steppe werden. Und trotzdem finden sich zwischen den dicht beieinander liegenden Dörfern an den Straßenrändern jede Menge Stände mit Obst und Gemüse, und auf den Feldern dahinter wurden in Fruchtfolge verschiedene Getreidesorten und Kuhbohnen angebaut.

Ich lernte Ado kennen, der vor den Toren des Dorfes Badume, 50 Kilometer nordwestlich von Kano, ein 2 Hektar großes Stück Land bewirtschaftete. Er lud mich auf seinen kleinen Hof ein. Im inneren Bezirk hinter hohen Lehmmauern käute ein Dutzend Schafe das wildwuchernde Gras wieder, das er auf seinen Feldern geschnitten hatte. Ado sammelte ihren Dung, um ihn als Dünger wieder auf die Felder zu bringen. Mit dieser schlichten Nährstoffkette hat er seine Erbsenernte verdreifachen können. Und da die Erbse eine Hülsenfrucht ist, führt sie dem Boden mehr Stickstoff zu, was auch seiner Hirse- und Sorghumernte zugute kommt. Die Überschüsse, die er erzeugt, haben Ados Leben verändert. »Jetzt kann ich meine drei Kinder zur Schule schicken«, sagt er. »Die Jungs werden Bauern, aber meine Tochter soll Ärztin werden.«

Sein Nachbar Galadima machte es ähnlich. »Mit dem Dung wachsen die Pflanzen besser«, sagte er zu mir. »Chemischen Dünger verwende ich jetzt gar nicht mehr.« Seine zwei Frauen und 18 Kinder kamen aus dem Haus gelaufen und stellten sich für ein Familienfoto auf. »Wir können die Erträge hier ohne Weiteres verdoppeln und zugleich etwas Gutes für die Umwelt tun«, sagte mir der Agrarwissenschaftler B. B.

Singh vom International Institute of Tropical Agriculture, der die Farmer als Leiter des Institutsbüros in Kano beraten hatte. »Und es ist nichts Außergewöhnliches. Das Gleiche könnte in ganz Afrika geschehen.« Einfach, aber effektiv.

Vielerorts helfen den Kleinbauern auch die neuen Kommunikationstechnologien. Das Mobiltelefon mit der Möglichkeit, ihnen Zugang zu Märkten zu verschaffen und sich über Preise zu informieren, bedeutet für sie eine Revolution. Im Rahmen eines Vertragsanbauprogramms für frisches Gemüse nehmen die Farmer übers Telefon Bestellungen für die täglichen Lieferungen auf, während sie noch auf dem Feld arbeiten. Etwas Ähnliches sah ich in Machakos, wo ein Betrieb namens Homegrown per Luftfracht nach Großbritannien lieferte.

Die Afrikaner können sich gegenseitig viel beibringen, aber auch von anderen lernen. Gut organisierte Milchvermarktung ist noch immer eine Seltenheit auf dem afrikanischen Kontinent. Indien befand sich mit seiner Milchproduktion einst an 78. Stelle der Weltrangliste, konnte sich jedoch auf den ersten Platz vorarbeiten – und das allein aufgrund von Milchkooperativen, die den Bauern selbst gehörten. Zu wissen, dass am Morgen im heimischen Dorf ein Laster kommt und die Milch abholt, hat die Produktivität selbst des kleinsten indischen Kleinbauern erstaunlich steigern können. Ich traf Jitbhai Chowdhury, der im Dorf Kushkal im nördlichen Gujarat mittels Bewässerung auf 2 Hektar Luzerne anbaut. Die verfüttert er an seine sechs Kühe. Nach dem morgendlichen Melken bringt er zwei große Kannen mit 25 Litern zur Sammelstelle des Dorfes. Der Milchtanker fährt sie von dort zu der modernen Molkerei Amul in Anand, Gujarat, die ganz Indien mit Milchprodukten beliefert. Gegenwärtig sind 10 Millionen indische Bauern in mehr als 80.000 Dörfern in Kooperativen organisiert.

Die städtischen Märkte eröffnen Kleinbauern neue Möglichkeiten. So sind die Verbraucher in Nairobi in beträchtlichem Maße am Wunder von Machakos beteiligt. In Äthiopiens Hauptstadt Addis Abeba stammt ein Großteil der angebotenen Milch und des Honigs nicht von großen Wirtschaftsbetrieben, sondern von den Straßenmärkten mit den Erzeugnissen der Kleinbauern. Doch auch Stadtbewohner bauen Lebensmittel an – und nicht gerade wenig.

Immerhin ein Zehntel der Nahrungsmittel der Welt wächst in Städten. Meist kommen sie von kleinen Betrieben – sogar Mikrofarmen –, die Straßenränder, Brachland, Dächer, Militärstützpunkte, Abfallplätze, Parks, Gärten und Gewächshäuser, Eisenbahnhöfe, Universitätsgelände, Areale unter Brücken oder an Kanälen bewirtschaften. Aus städtischer Landwirtschaft stammt ein Großteil der Blattgemüse. In Haiti ziehen die Menschen Gemüse in alten Autoreifen und sogar in Kesseln. Städter versorgen sich auch selbst mit Fleisch. Im peruanischen Lima züchten sie in den wild gebauten Stadtrandsiedlungen Meerschweinchen. In Nairobi füttert man Hühner, die in an den Hauswänden befestigten Käfigen leben. In der armenischen Hauptstadt Eriwan grasen an den Straßenrändern Schafe.

Urbane Landwirtschaft ist gewöhnlich äußerst ertragsintensiv. Wie Jac Smit, der verstorbene Präsident des Urban Agriculture Network des UN-Entwicklungsprogramms, erklärte, wird in der Stadt beim Anbau von Gemüse im Verhältnis zur mechanisierten Landwirtschaft normalerweise nur ein Fünftel des Wassers und nur ein Sechstel des Landes benötigt. Hunderte Millionen Städter beziehen aus der städtischen Landwirtschaft einen Teil ihrer Nahrungsmittel und einen Teil ihres Einkommens – Berufstätige ebenso wie Landlose und mindestens ebenso viele Frauen wie Männer. In der heutigen Zeit, wo immer mehr von uns in Städten leben, werden wir auch immer häufiger unsere Nahrungsmittel in den Städten produzieren. Wenn die Supermarktregale leer sind oder das Geld nicht mehr reicht, wenn Dürren oder Konflikte hereinbrechen, könnten sich die Städte selbst ernähren.

Natürlich wird die urbane Landwirtschaft immer nur ein Randbereich bleiben. Doch besonders in Afrika ist sie ein Beispiel für die Energie und den Erfindungsgeist, die Kleinbauern entwickeln können, wenn sie nur die richtigen Bedingungen antreffen und einen Markt für ihre Produkte finden. Was immer Collier auch meint, oft sind sie die wahren Wegbereiter. »Es gibt in Afrika vieles, was gut funktioniert, oft weit besser, als manch einer einsehen will«, sagt Jules Pretty von der University of Essex, Mitglied in Beddingtons Expertenteam. Bäuerliche Kleinbetriebe seien nicht das Problem, sondern die Lösung, fährt er fort, eine schlummernde Erfolgsgeschichte. Sie hätten großes Potenzial, ihre Erträge zu steigern – aber auch das Einkommen, die Lebensbedingungen und die Kenntnisse ihrer Besitzer.

Nur wenige Kleinbauern in Afrika sind in der Lage, die Subsistenzwirtschaft aufzugeben. Aber das sollen sie auch gar nicht. Denn durch den erfolgreichen Anbau von Erzeugnissen für den Verkauf kann sich ein bäuerlicher Kleinbetrieb in Afrika von einer »Beschäftigung für alte Männer« in ein zukunftsfähiges Unternehmen verwandeln, das für junge Erwachsene attraktiver ist, als fortzugehen und in Fabriken oder Büros zu arbeiten. Vielleicht ist das die größte Herausforderung überhaupt. Ben White von der Erasmus-Universität in Rotterdam, ein unerschütterlicher Verfechter der bäuerlichen Kleinbetriebe, bringt es auf den Punkt: Wenn die Jugend nicht bereit ist, das Land zu bestellen, dann »haben wir kein Argument mehr dagegen, dass Großunternehmen die Nahrungsmittel der Welt erzeugen müssen. Weil es sonst niemand macht.«

ZU DEN QUELLEN

Die folgende Liste der für dieses Buch verwendeten Quellen ist keineswegs vollständig. Viele der Artikel, auf die ich zurückgegriffen habe, fand ich über die Website http://farm landgrab.org, die von der Nichtregierungsorganisation GRAIN unterhalten wird. Zu meinen wissenschaftlichen Quellen gehören auch Vorträge, die bei der International Conference on Global Land Grabbing in Brighton, England, im April 2011 gehalten wurden – in den Quellen kurz »Brighton-Konferenz« –, die auf http://www. futureagricultures.org einzusehen sind.

Die meisten von mir verwendeten Quellen stehen im Internet zur Verfügung. Gern gebe ich auf Wunsch auch weitere Hinweise. Zu diesem Zweck können Sie unter pearcefred 1@hot mail.co.uk Kontakt mit mir aufnehmen.

Einleitung

Die Zitate von Siggs sind seinem Beitrag »Can Africa be the world's bread basket?« beim Agriculture Investment Summit Europe in London im Juni 2011 entnommen: http:// www.feronia.com/investors/news-and-events/feronia-presents-at-the-agriculture-invest ment-summit-eu rope-2011. Davies hielt einen Vortrag bei der Brighton-Konferenz.

1: Gambella, Äthiopien

Ich besuchte Gambella im Februar 2011. Ich danke Omot Agwa Okway und anderen für ihre Gastfreundschaft. Zu der Gemeinschaft der Anyuak zog ich Medienberichte und anderes Online-Material der Seite http://www.anyuakmedia.com heran. Die Umsiedlungspläne sind unter http://www.anuakjustice.org/downloads/VillagizationProgramAction-Plan(2003).pdf zu finden. Shiferaws Aussagen stammen aus »Ministry says ongoing resettlement in Gambella state key to improving livelihoods« auf http://www.anyuakme-dia.com.

Zu Karuturi siehe »Karuturi Global eyes East African markets«, 2010, auf http://www. bloomberg.com und »Karuturi and the conquest of the African mind space«, 2011, auf http://www.financialexpress.com. Über Saudi Star berichtet »Saudi billionaire's company will invest $2.5 billion in Ethiopia rice farm«, 2011, auf http://search1.bloomberg.com und »Silence over Ethiopian landgrabs broken« auf http://farmlandgrab.org/post/view/18184. Die Vertragsbedingungen lassen sich auf http://www.anyuakmedia. com/Obang_SMNE_ 11_5_11.html und http://www.solidaritymovement.org/110510EthiopianAgricultural Portal.php nachlesen.

Die Erwiderungen der Regierung Zenawis sind zu finden in »Land deals in Ethiopia bring food self-sufficiency and prosperity«, 2011, auf http://www.guardian.co.uk und in »Come and farm our virgin lands, Ethiopia tells India«, 2011, auf http://www.thehindu. com. Siehe auch »Targeting the Anuak«, 2005, auf http://www.hrw.org und die UNICEF-Studie »Livelihoods & Vulnerabilities Study: Gambella region of Ethiopia«, 2006, auf http://www.genocidewatch.org sowie »Gambella Journal: A river washes away Ethiopia's tensions for a moment«, 2004, unter http://www/nytimes.com.

Mit der Ressourcenpolitik befasst sich Dereje Feyissa in der Zeitschrift *Africa Develop-*

ment, Bd. XXXI, S. 243–60, http://www.codesria. org/IMG/pdf/10_feyissa.pdf sowie in dem Buch *Playing Different Games*, Berghahn Books 2011. Zur Tierwelt siehe meinen Artikel »Agribusiness boom threatens key African wildlife migration«, 2011, auf http://e360.yale.edu. Ich zitiere aus Cherie Enawgaws Bericht »Recent survey results and status of potential wildlife sites in Gambella national park« der Ethiopian Wildlife Conservation Authority vom Dezember 2010.

2: Chicago, USA

Ich besuchte die Börse von Chicago im Sommer 2010. Kaufmans Artikel, der 2010 in *Harper's* erschien, steht auf seiner Webseite http://frederickkaufman.typepad.com. Zur globalen Lebensmittelkrise des Jahres 2008 siehe vor allem die Berichterstattung des *Guardian*, insbesondere http://www.guardian.co.uk/environment/series/global-food-crisis? Außerdem »Food price rises threaten global security – UN«, »Food prices could swing future UK elections« und »Poor go hungry while rich fill their tanks«, alles auf http://www.guardian.co.uk.

Das Zitat von Sheeran ist entnommen aus »Food crisis sparking conflict«, 2008, http://www.opendemocracy.net. Masters Aussage vor dem Senat ist auf http://hsgac.senate.gov/public/_files/052008Masters.pdf zu finden. Die Warnungen amerikanischer Wirtschaftswissenschaftler erschien als »Economists support regulation of commodities futures markets in the reconciliation of the Financial Reform Bill« auf http://ourfinancialsecurity.org. De Schutters Untersuchungen zu »Food commodities speculation and food price crises« sind zu finden unter http://www.srfood.org/index.php/en/component/content/article/894-food-commodities-speculation-and-food-price-crises. Die NGO World Development Movement verweist auf die Spekulationen in »The great hunger lottery«, 2010. Goldman Sachs wird unter anderem auf http: //www.thomhartmann.com zitiert, und Soros 2008 in »We are in the midst of the worst financial crisis in 30 years« auf http://wefind.stern. de/suche?query=soros&simpleQuery=soros&pageIndex=1. Goshs Aussagen stammen aus dem unter http://www.pacificfreepress.com/news/1/6154-a-global-food-bubble.pdf zu findenden Interview. Munden und Fischler sprachen bei Versammlungen, die ich im Jahr 2011 besuchte. Der Bericht der UNCTAD hat den Titel »Price formation in financialized commodity markets« und ist auf http://www.unctad.org zu finden. Die Angaben zur Preisentwicklung 2011 bezog ich aus »High food prices are here to stay – and here's why« auf http://www.guardian.co.uk.

3: Saudi-Arabien

Ich besuchte Saudi-Arabien anlässlich des Saudi Water and Power Forum im Jahr 2009. Zur Al-Safi-Farm siehe »Creature comforts help dairy cows thrive in the desert«, 2003, auf http://www.worldvet.org. Ein Porträt von McGuckian findet sich in »Dairy tycoon brings music to our ears«, 2005, auf http://business.timesonline.co.uk. Zum Thema Wasser siehe »Camels don't fly, deserts don't bloom«, 2004, www.soas.ac.uk/water/publications/papers/file38391.pdf, sowie mein Buch *Wenn die Flüsse versiegen* (München, Kunstmann 2007).

Saudische Landnahmen werden erörtert in »Kingdom plans agriculture investment in 27 countries«, 2011, auf http://arabnews.com; »Transnational land deals in Mindanao«, Vortrag bei der Brighton-Konferenz; »Indonesia sees rice crop up, seeks Gulf farm investment« auf http://farmlandgrab.org/13670; »Saudi-based partners launch Africa rice farming plan«, 2010, auf http://af.reuters.com; und »Saudi investors poised to take control of rice production in Senegal and Mali?«, 2010, auf http://www.grain.org. Al-Rajhis Geschichte lässt sich verfolgen von »Green grow the deserts O« (*The Economist*, 6. April 1985) über »Saudi farms turn soil for seeds of change«, 2009, bis zu »New Saudi company leases Asia land for rice«, 2010, beide unter http://www.ft.com.

Zur Landwirtschaftspolitik der Golfstaaten siehe »Bridging the food gap« von NCB Capital, 2010, auf http://farmlandgrab.org und »$53b food basket«, 2011, auf http://www.zawya.com. Zu den Landkäufen der VAE in Pakistan siehe »Foreign land deals and human rights«, auf http://www.chrgj.org. König Abdullah bekommt seine Medaille auf http://www.fao.org/news/story/en/item/45133/icode.

Zu Katars Londoner Holdings siehe »Qataris enjoy rich pickings in London property«, 2011, http://www.guardian.co.uk. »Qatar in talks to buy Argentina, Ukraine farmland« und »Hassad to buy sugar project in Brazil«, beide 2010, unter http://af.reuters.com. Zu Sarawaks Deal siehe »Tanjung Manis eyes investments worth RM 650 million from Mideast«, 2011, auf http://www.bernama.com. Zu Katars Ambitionen in Australien siehe »Nation feeds Gulf's appetite for ownership«, 2011, auf http://www.smh.com.au und »Qatar plans 70 per cent food self-sufficiency by 2023«, 2011, auf http://farmlandgrab.org/post/view/19016.

Woertz erörtert »Potential for GCC Agro-Investments in Africa and Central Asia«, 2008, unter http://www.grc.ae. Über die Pläne von Agrisol sprach ich mit einem PR-Mann von Burson-Marsteller. Siehe auch »Iowan Rastetter leads Tanzanian ag project«, 2011, auf http://farmland grab.org/post/view/18802 sowie »Understanding Land Investment Deals in Africa«, 2011, unter http://media.oaklandinstitute.org.

Zu den Nahrungsmittelpreisen und zum Arabischen Frühling siehe »Egypt and Tunisia: rocked by the global food crisis«, 2011, auf http://www.newscientist.com und »Global warming and Arab spring« 2011, in *Survival* (Bd. 53, S. 11–17), auf http://www.iiss.org.

4: Südsudan

Den Webauftritt von Jarch finden Sie unter http://www.jarchcapital. com. Zu Heilberg siehe »Will global warming, overpopulation, floods, droughts and food riots make this man rich?« in *Rolling Stone*, 2010, auf http://news.haverford.edu/blogs/ourschool/files/2010/ 06/Ca pitalists-of- Chaos-Mckenzie-Funk.pdf. Siehe auch sein Zitat in *Fortune*, »Betting the Farm«, Juni 2009, und »South Sudan looking into US land deal«, 2009, auf http://af. reuters.com. Zu den chaotischen Zuständen in Mayom siehe »Bul Community in Diaspora Challenge the Wisdom of Abysmal SPLM Leadership in Unity State«, 2011, auf http://allafrica.com. Siehe auch »The scramble for the South«, *Africa Confidential* (Bd. 52, Nr. 7, S. 8).

Über Nile Trading sprach ich mit Eugene Douglas, zitiert habe ich außerdem aus seiner unveröffentlichten Korrespondenz mit Oxfam und anderen. Sein Team können Sie auf http://kinyeti.com kennenlernen. Siehe auch »Mokaya Payam leaders reject 600,000 ha land lease«, 2011, auf http://www.gurtong.net. Auch mit David Deng sprach ich persönlich; er ist Autor von »The New Frontier« auf http://www.npaid.org, siehe auch seinen Vortrag »Land belongs to the community: demystifying the global land grab in Southern Sudan« auf der Brighton-Konferenz. Hören Sie außerdem den BBC-Bericht 2011 unter http://audiopro spector.appspot.com/programme/poohn7l1.

Auf das mysteriöse Boma-Unternehmen der Firma Al Ain National Wildlife stieß ich durch »An odd deal over land«, 2009, auf http:// www.economist.com. Siehe auch »Al Ain zoo makes room for luxury«, 2010, auf http://www.thenational.ae. Zur kanadischen Hilfsorganisation siehe http://www.cedas.org; zu Green Resources siehe http://www.green resources.no und zu Citadel Capital siehe »Egyptian companies look beyond borders«, 2010, auf http://www.ft.com.

5: Der Yala-Sumpf, Kenia

Ich besuchte die Dominion-Farm und ihre Nachbarorte im Februar 2011 und führte mit Burgess vor und nach meinem Besuch Telefoninterviews durch. Ich danke ihm und auch Leonard Orario und Chris Owalla für ihre Offenheit. Siehe http://www.dominion-farms.org und http://dominionfarmskenya.blogspot.com. NGOs befassen sich mit dem Thema in »Report of a mapping exercise« auf http://www.kituochasheria.or.ke/index2. php?option=com_docman&task=doc_view&gd=51&Itemid=92 sowie in »Yala swamp – a living museum of biodiversity«, http://www.culturalsurvival.org. Siehe auch »Land-grabbing in Kenya and Mozambique«, 2010, auf http://www.fian.org. Der Bericht des Kenya Wetlands Forum aus dem Jahr 2006 »Rapid assessment of the Yala swamp wetlands« ist unter http://www.kenyawetlandsforum.org nachzulesen und der Entwurf der Darwin Initiative eines Rettungsplans »Yala Swamp Important Bird Area Conservation Management Plan« unter http://darwin.defra.gov.uk/documents/EIDPO029/21535/EIDPO029%20AR1%20 Ann18-%20Draft%20Yala%20Swamp%20IBA%20Management%20plan%20_v1_.pdf.

Siehe auch »Dominion farms chief fears for his life«, 2011, auf http://www.menafn. com und »Obasanjo leads prospective American investors to Taraba« auf http://www.van guardngr.com.

6: Liberia

Ich besuchte Liberia im November 2010. Die NGO Global Witness veröffentlichte 2005 »Timber, Taylor, Soldier, Spy« auf http://www.globalwitness.org. Siehe auch die Naturschutzorganisation SAMFU Foundation mit dem Artikel »Plunder: the silent destruction of Liberia's rainforest«, 2000, auf http://www.forestsmonitor.org, »Conflict timber and Liberia's war«, 2005, auf http://www.etfrn.org/etfrn/newsletter/news4344/ articles/2_2_ Blundell.pdf und »How a tyrant's logs of war bring terror to West Africa«, 2001, auf http://www.guardian.co.uk. Mehr zu Mr. Gus unter »New trial for Dutch ›arms smuggler‹«, 2010, auf http://news.bbc.co.uk.

Time schrieb über Liberias Wiederaufbau »Rebuilding Liberia« im Jahr 2009 unter http://www.time.com. Zu Liberias Abkommen mit der EU von 2011 siehe http://www.efi. int/files/attachments/euflegt/efi_liberia_press_release_-_en_-_final.pdf. Probleme mit neuen Abholzungslizenzen erörtert »The Hunter's whistle«, 2009, unter http://www.il legal-logging.info.

Der Internetauftritt von Firestone ist zu finden unter http://www.firestone naturalrub ber.com, einige seiner Kritiker unter http://www. stopfirestone.org/history.shtml. Mehr dazu in »The Heavy Load«, 2009, auf http://www.laborrights.org und Tarnue Johnson, *A Critical Examination of Firestone's Operations in Liberia*, AuthorHouse 2010. Goll's Town wird in »Understanding Diversity: a study of livelihoods and forest landscapes in Liberia«, 2009, auf http://iucn.org beschrieben. Die Geschichte der Liberian Agriculture Company beschreibt »Human rights in Liberia's rubber plantations: tapping into the future«, 2006, auf http://unmil.org. Die Internetadresse von Buchanan Renewables ist http://www.bu chananrenewables.com.

Das Projekt in Gbalin wird beschrieben in »Building business as a way out of poverty for women in Liberia« auf http://www.oxfam.org.uk. Zu den Libyern mehr in »Libyan funded agriculture project vanished«, 2010, auf http://www.liberiawebs.com. Die Green Advocates haben die Homepage http://www.greenadvocates.org und Brownells Artikel »Land-grabbing and land reform in the new Liberia«, 2007, findet sich auf http://www.pac web.org. Siehe auch »Whose Land Is It?«, 2008, von Liz Alden Wily auf http://www.rights andresources.org.

7: Palm Bay, Liberia

Ich besuchte EPO in Palm Bay im November 2010. Siehe ferner http://www.epoil.co.uk. Zu den Schwierigkeiten von Sime Darby siehe »Grim prospects for Sime Darby in Bomi«, 2011, auf http://www.liberianobserver.com sowie »Halt Sime Darby plantation expansion«, 2011, auf http://allafrica.com. Siehe »Recycling the past: rehabilitation of Congo's colonial palm and rubber plantations«, 2006, auf http://news.mon gabay.com sowie »Oil palm in Africa: past, present and future scenarios«, 2010, auf http: //wrm.org.uy.

Die Blattners finden Sie auf http://www.gbedrc.com und in »Kinshasa Journal: Getting rich in Zaire: an American, 33, tells how«, 1989, auf http://www.nytimes.com. Der Roundtable on Sustainable Palm Oil präsentiert sich auf http://www.rspo.org. Zu den Neuankömmlingen in Afrika siehe »Olam invests US$1.5b in Gabon«, 2010, auf http://www.channelnewsasia.com; »The plunder of Africa continues«, 2010, auf http://www.wrm.org.uy/bulletin/158/Africa.html; »Congo: un agro-industriel malaisien va investir 300 millions de dollars«, 2010, auf http: //www.afp.com; »Chinese agribusiness company in DR Congo to offer thousands of jobs for locals«, 2009, auf http://www.xinhuanet.com; sowie »A huge oil palm plantation puts African rainforests at risk«, 2011, auf http://e360.yale. edu. Zu Sierra Leones Angebot an Investoren im Jahr 2010 siehe http://www.slideshare.net/ki zuki/sl-sugar-investment-opportunity-150210-compatibility-mode. Der Webauftritt von Feronia findet sich unter http://www.feronia.com.

8: London, England

Emergent wurde vom Oakland Institute in dem Artikel »Understanding Land Investment Deals in Africa«, 2011, kritisiert: http://media.oakland institute.org. Siehe auch http:// www.emvest.com und http://www.emer gentasset.com. Zu Paynes Kondratjew-Zyklus siehe »African Land Fund: Breaking new ground in Africa«, eine ihrer Präsentationen am 3. Dezember 2009. Siehe auch die Website des Unternehmens and Murrins Buch *Breaking the Code of History*, Apollo Analysis 2011.

Zu McKinsey siehe »McKinsey on Africa: a continent on the move«, 2010, auf http://www.mckinseyonsociety.com. Ein Porträt Rothschilds findet sich in »Lunch with the FT: Jacob Rothschild«, 2010, auf http: //www.ft.com. Bramdeans Webauftritt ist zu finden unter http://www. bramdean.com; siehe auch »Horlick and Tchenguiz do battle«, 2009, auf http://www.guardian.co.uk. Der Artikel in *The Wall Street Journal* über Private-Equity-Unternehmen von 2010 ist zu finden auf http://farmlandgrab.org/16790. Der Webauftritt von Greenleaf ist zu finden unter http://www.greenleaf-global.com; Agricapital macht Versprechungen auf http://www.agricapital.info und die Webadresse von GreenWorld lautet http://www.greenworldbvi.com.

Nigel Woodhouse sprach persönlich mit mir über das Farmland in Guinea. Siehe auch »Investment in Farm Lands of Guinea Inc«, auf http://investegate.info sowie die Unternehmensporträts auf http:// www.hotstocked.com/8-k/–356410.html. Siehe auch »Pension funds: key players in the global farmland grab«, 2011, auf http://www.grain. org; die Investitionen von TIAA-CREF wurden 2011 analysiert auf http://farmlandgrab.org/14063. Der Webauftritt von SilverStreet findet sich unter http://www.silverstreetcapital.com; siehe ferner »SilverStreet raises $198m from PKA and OPIC«, 2010, auf http://www.pri vateequi tyafrica.com.

Der Bericht der Standard Bank »Financing Land Investment in Africa« stammt vom 8. April 2011, eine Zusammenfassung findet sich auf http://www.afribiz.info/content/inves tors-musttread-carefully-in-new-rush-for-land-in-africa-warns-standard-bank-press-rel ease. Zum »Erdnussplan« siehe http://de.wikipedia.org/wiki/Tanganyika_Groundnut_ Scheme.

9: Ukraine

Über Spinks berichtete das *Wall Street Journal* in »Richard Spinks of Landkom snaps up Ukraine plots to cash in on high crop prices«, 2008, der Artikel ist zu finden unter http: //farmlandgrab.org/2360, dazu auch *Farmers' Weekly* in »Farming in Ukraine«, 2007, http: //www.fwi.co.uk. Landkoms Webseite heißt http://www.landkom.net; über seine Krise im Jahr 2011 berichtet »Poor rapeseed crop sends Landkom shares plunging« auf http://www. agrimoney.com.

Mark Rachkevych schreibt für die *Kyiv Post*, z.B. »Agribusiness giants may become kings of farming«, 2011, nachzulesen auf http://www.farmlandgrab.org/13655 und »Investing in Ukraine: Top 10 picks of 2010«, auf http://www.farmlandgrab.org/13940. Mehr über Beigbeider in »Agrogeneration exploitera plus de 100.000 hectares de terre d'ici 2012«, 2010, auf http://www.farmlandgrab.org/13368. Über den Maharishi berichtet »Organic Agriculture venture set decades backward by Pinchuk's Fund« auf http://www.in vestukraine.net.

In »Land-grabbing in post-Soviet Eurasia«, *Journal of Peasant Studies*, Bd. 38, 2011, S. 299–323, untersuchen Oane Visser und Max Spoor die Landnahmen. TrigonAgri hat die Homepage http://www.trigonagri.com. Über Greenfields Pläne mit radioaktivem Biokraftstoff schrieb ich in »Biofuels could clean up Chernobyl badlands«, 2009, http://www.newscientist.com. Zu Mettetal siehe »Ukraine, Russia grain export curbs deter investors«, 2011, auf http://www.usubc.org; zu Tleubajew siehe »The new gold rush«, 2008, auf http://farmindustrynews.com und zu Rosinow siehe »Ivolga puts world's biggest farm up for sale«, 2011, auf http://www.telegraph.co.uk.

Der Internetauftritt von Black Earth Farming ist zu finden unter http://blackearth farming.com. Siehe auch Richard Fergusons Site http://farmlandgrab.org/wp-content/uploads/2009/05/20081027-agriculture-richard-ferguson.pdf. Zu Orlov siehe »Russia's collective farms: hot capitalist property«, 2008, auf http://www.nytimes.com und »Agriculture: the battle to bring more land into production«, 2008, auf http://www.ft.com. Alpcot Agro stellt sich vor unter http://www.alpcotagro.com.

10: West-Bahia, Brasilien

Ich besuchte West-Bahia im März 2011 mit der Nichtregierungsorganisation Conservation International. Mein Dank gilt Gabriela Michelotti und ihren Kollegen.

Zum Agribusiness in den Cerrados siehe http://www.agbrazil.com und http://farmland grab.org/wp-content/uploads/2009/05/20081027-agriculture-richard-ferguson.pdf. Zu Soja, Cargill und der Rettung des Amazonas mehr in »Eating up the Amazon«, 2006, auf http://www. greenpeace.org. Siehe auch den Vortrag von Sergio Sauer »Agrarian structure, foreign land ownership and land value in Brazil« auf der Brighton-Konferenz; sowie »The great Brazilian landgrab«, 2005, auf http://www.forbes.com; »The miracle of the cerrado«, 2010, auf http://www.economist.com; »Paving the Amazon with soy«, 2004, auf http://www.corpwatch.org und »How Brazil outfarmed the American farmer«, 2008, auf http://money.cnn.com. Laura Grahams Text aus dem Jahr 2009 »The tractor invasion« findet sich unter http://www.culturalsurvi val.org; Maggi wird zitiert in »Relentless Foe of the Amazon Jungle: Soybeans«, 2003, auf http://www.nytimes.com.

Der Internetauftritt von Agrifirma ist zu finden auf http://agrifirma-brazil.com. Siehe auch »Soros-backed Adecoagro raises $314 Million in IPO«, 2010, auf http://www.bloom berg.com; außerdem http://www. adecoagro.com.br sowie http://www.slcagricola.com.br. Die Praktiken von Levinsohn analysiert »Farm Bang collects labor and environmental crimes« auf http://www.reporterbrasil.com.br. Siehe auch »Conservation in Brazil: The forgotten ecosystem«, 2005, auf http://www.nature.com und »Brazil loosens restrictions on Amazon land use«, 2011, auf http://www.guardian.co.uk.

Die Internetadresse von Mitsui lautet http://www.mitsui.com; siehe auch »Mitsui to boost Brazil soya exports«, 2011, auf http://www.bloomberg.com. Der Artikel »Chongqing Grain Group to Build an Industrial Complex in Brazil«, 2011, ist zu finden unter http://www.investin.com.cn und »China will invest USD 10 billion in soybean production in Brazil«, 2011, auf http://en.mercopress.com.

11: Der Chaco, Paraguay

Ich besuchte Paraguay im März 2011 zusammen mit Roger Wilson vom World Land Trust (http://www.worldlandtrust.org) und den Mitarbeitern von Guyra Paraguay (http://www.guyra.org.py). 2011 schrieb ich den Artikel »Battle of the Chaco: who will win the wilderness?«, zu finden auf http://www.newscientist.com. Zu den Mennoniten in Paraguay siehe »The green hell becomes home: Mennonites in Paraguay« auf http://www.anabaptistwiki.org/mediawiki/images/6/69/Mqr2002oct-reimer%2C_Klassen%27s_writings -.pdf; zum Museum von Filadelfia siehe http://www.faunaparaguay.com/jakobunger. html; siehe ferner »Paraguay Mennonites find success a mixed blessing«, 2003, auf http://www.nytimes.com.

Zu den Ayoreo siehe »The case of the Ayoreo«, 2010, auf http://www.iwgia.org. Zur New Tribes Mission siehe http://usa.ntm.org. Zu den Landansprüchen siehe »Chaco 2010 Programme Report« auf http:// www.cwslac.org. Über Yaguarete Porã schrieb ich in »Brazilian beef barons are greenwashing to preserve their place on your plate«, 2010, auf http://www.guardian.co.uk. Siehe auch »Ranchers caught red-handed from space«, 2011, auf http://www.survivalinternational.org.

Zu den Moonies siehe »What are the Moonies up to?« auf http://www.thetablet.co.uk und »Paraguay and the Moonies – a town owned by a cult seeks liberation«, 2005, auf http://www.economist.com. Scimitar Oryx ist zu finden auf http://www.scimitarpartners.com; zur Geschichte von Alberto Vojtěch Frič siehe »Alberto Vojtěch Frič – Part I – The story of a Czech adventurer & ethnologist who brought a South American Indian to Prague«, 2010, auf http://www.radio.cz; Casaccias berichtete über »Deforestation in the Paraguayan Chaco« in London, auf http//www.sas.ac.uk/750.html.

12: Lateinamerika

Zur Niederlage der Vestey Group siehe »Lord Spam to lose Venezuelan farm«, 2010, auf http://www.telegraph.co.uk. Die Geschichte von United Fruit ist nachzulesen in Peter Chapman, *Jungle Capitalists* (Canongate, 2006) sowie auf http://www. unitedfruit.org. Der Bericht des US-Außenministeriums über Guatemala von 2010 ist zu finden auf http:// www.state.gov/documents/organization/137411.pdf. Siehe auch »Ranchers and Drug Barons Threaten Rain Forest«, 2010, auf http://www.ny times.com.

Auf http://www.landcoalition.org findet sich der Artikel »The process of land concentration in Peru« von 2011. Zu Boliviens Problem in Santa Cruz siehe den Vortrag von Mackey »Legitimating foreignization in Bolivia« auf der Brighton-Konferenz sowie »Bolivia: Un millón de hectáreas de tierra en manos de extranjeros, según Tierra«, 2011, zu finden auf http://farmlandgrab.org. Siehe Ballvés Vortrag »Territory by dispossession: decentralization, statehood and the narco land-grab in Colombia« auf der Brighton-Konferenz sowie seinen Artikel »The dark side of Plan Colombia«, 2009, auf http://www.thenation. com. Siehe auch »Multinational invades sovereign Afro-Colombian territory«, 2011, auf http://colombiareports.com.

13: Patagonien

Über Doug Thompkins berichten »Welcome to my world«, 2009, http://www.guardian. co.uk und »Back to nature in Patagonia«, 2010, auf http://www.ft.com. Die Trusts der Tompkins haben die Homepages http://www.theconservationlandtrust.org und http:// www.conservacionpatagonica.org. Mehr über ihren Vulkan in »Eruption in the back yard« auf http://www.thecleanestline.com. Siehe den Bericht der NGOFARN »FARN Report: Benetton – Mapuche case«, 2006, auf http:// www.farn.org.ar und Benettons Erwiderung aus dem Jahr 2010 auf http://press.benettongroup.com/ben_en/about/ facts/fact2. Siehe auch »Leleque museum: Even Mapuche history appropriated by Benetton« auf http://www.mapuche-nation.org.

Umfassend berichten über Patagonien »The end of the world is for sale«, 2010, auf http://www.atimes.com und »Mapuche: inhabitable land dwindles«, 2007, auf http://www.un po.org. Siehe auch »Warren Adams: Searching for profits and saving Patagonia« auf http://manage ment.fortune.cnn.com und die Homepage von Adams http://patagoniasur.

com. Zur Paulson-Geschichte siehe »Treasury nominee Hank Paulson needs to answer some questions«, 2006, auf http://www.human events.com.

14: Australien

Zum Verkauf AACs siehe »Iffco's investment Down Under shows vision«, 2009, auf http://farmlandgrab.org/2914 und »Cowboys won't beef up their stake in AACo«, 2011, auf http://www.theaustralian.com.au. Zu Packers Tod siehe »Kerry Packer: the Times obituary«, 2005, und zu seinem Erbe http://www.terrafirma.com/cpc.html. Siehe »MP Evans stokes Australia-US rivalry in beef«, 2010, auf http://www.agrimoney.com und http:// www.mpevans.co.uk sowie »Nicole Kidman's family revealed to be one of the world's largest landowners«, 2011, auf http://www.dai lymail.co.uk. Mehr zu Sara Henderson auf http://www.bulloriver.com.

Aus »Pastoral holdings remain a family affair«, 2010, auf http://farm landgrab.org/16856 wurde »Australia should look to its foods security«, 2010, auf http://www.smh.com.au und »Foreign ownership of Aussie land: the peril of selling the farm«, 2011, auf http://www.cri key.com.au. Über Hassad berichtet »Qatar landgrab angers bush« auf http://www.the age.com.au. Siehe auch »Investments pour in from far and wide«, 2011, auf http://www. smh.com.au; »That's what you call trying on a new hat« auf http://www.businessweek.com und »Chinese company push for Western Australia farmland«, 2011, auf http://fw.farm online.com. au. In Neuseeland erschien 2011 »Crafar farm decision drags on«, auf http:// www.stuff. co.nz. Zu Greentree und Nicoletti siehe »Grain barons eye paddock to plate«, 2009, auf http://www.countryman.com.au.

15: Sumatra, Indonesien

Sumatra besuchte ich Ende 2007; siehe meinen Artikel »Bog barons: Indonesia's carbon catastrophe« auf http://www.newscientist.com. Meine Gastgeber waren Yumiko Uryu vom WWF, Afdhal Mahyuddin von Eyes on the Forest und Neil Franklin von APRIL. Der Internetauftritt von APRIL ist zu finden unter http://www.aprilasia.com, der von APP unter http://www.asiapulppaper.com.

Zu Widjaja siehe »Eka Tjipta Widjaja, Indonesia's Richest Man«, 2011, auf http://www. thejakartaglobe.com; die Strategie von APP wird analysiert in »A forest falls in Cambodia«, 2005, auf http://www.atim es.com. Sein Rivale Tanoto ist zu finden auf http://www.sukan totanoto.net; siehe auch http://en.wikipedia.org/wiki/Sukanto_Tanoto. Zu Arara Abadi siehe »Without Remedy: human rights abuse and Indonesia's pulp and paper industry«, 2003, auf http://www.hrw.org sowie »Indonesia: Investigate forcible destruction of homes by the police in Riau«, 2008, auf http://www.amnesty.org.

Siehe »The financing of the Riau pulp producers« von Jan Willem van Gelder, 2005, auf http://www.jikalahari.or.id und William Sunderlin, »Between danger and opportunity: Indonesia's forests in an era of economic crisis and political change«, 1999, auf http://www. cgiar.org/cifor. Der Artikel von Christopher Barr »Bob Hasan, the rise of Apkindo, and the shifting dynamics of control in Indonesia's timber sector«, 1998, ist zu finden auf http: //www.jstor.org/pss/3351402.

Der WWF fasst die Verluste an Wald zusammen in »Sumatra's forests, their wildlife and climate«, 2010, auf http://assets.wwfid.panda. org. Zu Suhartos korruptem Regime siehe die Zeitschrift *Tempo*, »Road to Ruin«, 17. September 2007, auf http://www.tempoin teractive.com sowie »How a $115b illegal logging probe was felled«, 2011, auf http://www. thejakartaglobe.com. Zur Trockenlegung der Sümpfe auf Kampar siehe »EoF calls on SMG/APP and APRIL to keep their promises«, 2010, auf http://eyesontheforest.or.id. Die unveröffentlichte, von APRIL in Auftrag gegebene Beraterstudie wurde von dem britischen Unternehmen ProForest angefertigt. Siehe auch »Indonesia: Communities reject APRIL's REDD plans on the Kampar Peninsula«, 2009, auf http://www.redd-monitor.

org. Mein Bericht über APPs »Greenwashing«, »The deflowering of the EU's green logo«, ist zu finden unter http://www.guardian.co.uk. Siehe auch »Officeworks paper found to contain almost pure Indonesian Rainforest«, 2011, auf http://www.marketsforchange.org. Das Zitat von Verchot stammt aus »Ban on new forest concessions in Indonesia is good news for climate change, but many challenges remain«, 2011, auf http://www.ci for.org.

16: Papua-Neuguinea

Zur Entwaldung in Papua-Neuguinea siehe »Logging, Legality and Livelihoods in Papua New Guinea«, 2006, auf http://www.forest-trends.org; »Bulldozing progress: Human rights abuses and corruption in Papua New Guinea's large-scale logging industry«, auf http://www.acfid.asn.au; sowie »PNG: farewell to the forests«, 2004, auf http://www.the age.com.au. Rimbunan Hijau wurde angegriffen in »The untouchables«, 2004, auf http://www.greenpeace.org. Siehe auch http://www.rhpng. com.pg.

Filer hielt bei der Brighton-Konferenz den Vortrag »The political construction of a land grab in Papua New Guinea« und veröffentlichte »The new land grab in Papua New Guinea: A case study from New Ireland province«, 2011, auf http://ips.cap.anu.edu.au. Siehe auch »Lands department accused of corruption, negligence in Western province«, 2010, auf http://malumnalu.blogspot.com; »Controversy in land sales cited«, 2011, auf http://www.postcourier.com.pg; sowie »Papua New Guinea suspects controversial grants«, 2011, auf http://news.mongabay. com.

17: Kambodscha

Ich bereiste Kambodscha im März 2011 in Begleitung von David Pred von der NGO Bridges Across Borders Cambodia. Seine Untersuchungen zu Ly Yong Phat erschienen 2010 unter dem Titel »Bittersweet: A Briefing Paper on Industrial Sugar Production, Trade and Human Rights in Cambodia« auf http://babcambodia.org.

Der Internetauftritt von LYP ist zu finden unter http://www.lyp group.com. Siehe auch »Who is Ly Yong Phat?«, 2010, auf http://austra lianetworknews.com. »Eviction and land-grabbing surges across Cambodia«, 2010, und »Land-grabbing and poverty in Cambodia: the myth of development«, 2009, finden sich beide auf http://www.licadho-cam bodia.org.

Zur Vergabe von Landrechten siehe »Economic Land Concessions in Cambodia: a human rights perspective«, 2007, auf http://cambodia. ohchr.org und »World Bank land alert«, 2010, auf http://farmland grab.org/15387. Der Internetauftritt von HLH ist zu finden unter http:// www.hlh.com.sg. Siehe auch »The end of the Suy people?« in »The rights of indigenous people in Cambodia« 2010, auf http://www.iwgia.org. Außerdem »Chinese firm continues with evictions of Koh Kong villagers« und »K Speu villager opposing land sale to stand trial«, beide am 25. März 2011 in The Cambodian Daily.

Zu Mitr Phol siehe die Homepage http://www.mitrphol.com, zu Khon Kaen Sugar siehe http://www.kslsugar.com/en. Mehr zu »Alles außer Waffen« auf http://ec.europa.eu/trade/wider-agenda/development/generalised-system-of-preferences/everything-but-arms. Über Cecilia Wikstrom siehe »Cambodian blood sugar condemned by EU parliament member«, 2011, auf http://www.dw-world.de.

18: Südostasien

Grey schrieb 2009 »China appropriates foreign and domestic land to build its rubber empire« auf http://farmlandgrab.org/post/view/2676. Die Naturschutzorganisation IUCN zur Kautschukinvasion in Laos in »Rubber investments and market linkages in Lao PDR«, 2009, auf http:// cmsdata.iucn.org. Siehe auch »Territorial affairs: turning battlefields into marketplaces in postwar Laos«, 2010, auf http://erg.berkeley.edu/people/Student_Spotlight/Mike_Dwyer.shtml. Ziegler veröffentlicht 2009 »The rubber juggernaut« auf http://www.sciencemag.org. Siehe dazu auch »China rubber demand stretches Laos«, 2007, auf

http://www.atimes.com und »Rubber: costs or benefits to the Lao PDR«, 2009, auf http://
www.sumernet.org. Mehr über Doan Nguyen Duc in »Condo boss«, 2009, auf http://
www.forbes.com.

Zu Landnahmen Chinas siehe den Vortrag »Farmlandgrabs by urban sprawl and their
impacts on peasants' livelihood in China«, auf der Brighton-Konferenz. Complants Geschäfte in Jamaika schildert »Gov't seals sugar deal with Complant«, 2011, auf http://www.
jamaicaobserver.com. Zu Beidahuangs Expansion siehe »China ups Argentine farmland
purchases«, 2011, auf http://www.lab.org.uk; »China land deal causes unease in Argentina«, 2011, auf http://www.guardian.co.uk und »New agricultural agreement in Argentina:
a landgrabbers' instruction manual«, 2011, auf http://www.grain.org. »Goldman Sachs
Buys Chinese Poultry Farms« erschien 2008 auf http://www.thepoultrysite.com. Zu Chinas Staatsfarmen siehe »China, Africa forge farming ties«, 2010, auf http://www.china
daily. com.cn; zu Sino Cam Iko siehe »Chinese in Cameroon: an agricultural misunder-
standing«, 2009, auf http://www.afronline.org/?p=2908. Buckley hielt den Vortrag »Eating
bitter to taste sweet: an ethnographic sketch of a Chinese agricultural project in Senegal«
auf der Brighton-Konferenz. Siehe auch http://www.chinaafricareal story.com.

Mehr zu den Plänen Koreas mit Daewoo in »Daewoo's African dream«, 2009, auf http:
//koreatimes.co.kr; zu deren Scheitern siehe »Madagascar scraps Daewoo farm deal«,
2009, auf http://www.ft.com. Über Hyundai in Russland berichtet »Hyundai Heavy Ind
tests Russian investment«, 2009, auf http://www.oilandgaseurasia.com. Der Artikel
»South Korea food security alarm«, 2011, ist zu finden unter http://www. asiasentinel.com.
Zu Lee Woo-chang siehe »Maize on the Cambodian cob suits Korean farmer«, 2011, auf
http:// cambodia-business.blogspot. com.

19: Maasailand, Tansania

Zur Serengeti siehe »Solitude in the Serengeti«, 2007, auf http://www.telegraph.co.uk; siehe auch http://www.grumeti.com. Zu Grumeti and Loliondo siehe »In the shadow of the
Serengeti« auf http://www.theinvestigativefund.org. Siehe »The brigadier's shooting party«, 1993, auf http://www.nytimes.com. Anayas Studie »United Republic of Tanzania: Al-
leged forced removal of pastoralists«, 2010, ist zu finden auf http://unsr.jamesanaya.org.
Zu Brittingham Tanzania Adventures siehe http: //www.tanzaniaquest.com; siehe Cathe-
rine Blampieds »Tanzanian pastoralists struggle for their rights« auf http://www.global-
politics.co.uk.

Der Artikel »Tourism is a curse to us«, 2009, befasst sich mit dem Loliondo Wildkontrollgebiet und Thomsons Enashiva Nature Refuge auf http://www/guardian.co.uk. Mara
Goldmans Artikel »Strangers in their own land: Maasai and wildlife conservation in northern Tanzania«, 2011, ist zu finden auf http://www.conservationandsociety.org. Siehe
auch http://www.manyararanch.com.

Zu den Bewohnern von Laikipia siehe »The aristocratic class that owns huge tracts of
land in Kenya«, 2004, auf http://www.africafiles.org sowie »The genesis of land deals in Kenya and its implication on pastoralist livelihoods«, Vortrag bei der Brighton-Konferenz.
Siehe http:// www.olpejetaconservancy.org; http://www.sosian.com; der Nachruf auf Wildenstein findet sich auf http://www.telegraph.co.uk; das Interview mit Cholmondeley findet sich in »Curse of happy valley«, 2007, auf http://www.timesonline.co.uk. Siehe auch
http://www.lewa.org. Interessant ist auch »Sustainable inequalities: the case of Il Ngwesi
group ranch«, 2004, Ameyali Ramos Castillos Doktorarbeit an der School of Geography
der University of Oxford.

20: Südafrika

Im Jahr 2004 schrieb ich eine kurze offizielle Geschichte des WWF, *Treading Lightly*. Dieses Kapitel beruht zum Teil auf demselben Material. Die Beziehung zwischen Rupert und Prinz Bernhard wird dargelegt in »Conservation philanthropists, royalty and business elites in nature conservation in southern Africa«, *Antipode*, Bd. 42, 2010, S. 647–70. Zu Peter Scott siehe Elspeth Huxley *Peter Scott: painter and naturalist*, Faber 1994. Über Garamba schrieb ich in »Rumble in the jungle«, 1998, auf http://www.newscientist.com. Der Bericht der Rights and Resources Initiative mit dem Titel »From needs to rights«, 2009, ist zu finden unter http://www.care.dk. Das Zitat von Holly Dublin stammt aus meiner Reportage »Inventing Africa«, 2000, auf http://www.newscientist.com. Siehe »Batwa land rights in Rwanda«, 2003, auf http://www.minority rights.org.

Mein Interview mit Vlissingen findet sich in »Laird of Africa«, 2005, auf http://www.newscientist.com. Zur Africa Parks Foundation (jetzt Network) siehe http://africanparks.org. Eine Studie über die Peace Parks Foundation findet sich auf http://www.geogra phie.hu-berlin.de. Siehe auch »Breaking down the barricades«, 1999, auf http://www.dur.ac.uk/resources/ibru/publications/full/bsb7-3_warburton.pdf. Schmidt-Soltaus Artikel »Evictions from DRC's protected areas« findet sich auf http://www.fmreview.org/DRCongo/23.pdf. Zur Auseinandersetzung zwischen Curran und Schmidt-Soltau siehe »Are Central Africa's protected areas displacing hundreds of thousands of rural poor?« und »Is the displacement of people from parks only purported, or is it real?«, 2009, auf http://www. conservationandsociety.org. Siehe auch Dan Brickington u.a., *Nature Unbound: conservation, capitalism and the future of protected areas*, Earthscan 2008. Christine MacDonalds interner Bericht *Green Inc* erschien bei Lyons Press, 2008. Das Zitat von Kaimowitz ist entnommen aus seinem Artikel »Conserving What and for Whom? Why Conservation Should Help Meet Basic Human Needs in the Tropics«, *Biotropica*, Bd. 39, Nr. 5, September 2007, S. 567–574. Sandbrook zum Datenmangel siehe »Linking conservation and poverty alleviation: the case of great apes«, 2010, auf http://www.povertyandconservation. info. Und schließlich http://www.phinda.com, http://www.tswalu.com sowie http://www. mantiscollection.com.

21: Afrika

Ruth Hall sprach über »The next great trek? South African commercial farmers move north« bei der Brighton-Konferenz; siehe auch http://www.agrisa.co.za. Joemat-Pettersons Vortrag bei Agri SA »Government drive to set up white SA farmers in Africa«, 2009, ist zu finden unter http://www.businessday.co.za.

Siehe »Congo-Brazzaville: The South Africa-Congo Concession – exploitation or salvation?«, 2010, http://allafrica.com. Das Projekt in Mosambik wird geschildert auf http://www.agriallafrica.com/agrisamoz. html. Zu Georgien siehe den Artikel »Georgia – and Congo – on South African farmers' minds«, 2011, auf http://mg.co.za. Siehe auch http://boers.ge.

Zum Internetauftritt von Illovo siehe http://www.illovo.co.za. Ben Richardson geht der Frage nach »Sugar cane in southern Africa: is it a sweet deal for the rural poor?«, 2010, auf http://www.sucre-ethique.org. Mehr zu Mimran versus Dangote in »Expansion of sugar production in Africa«, 2011, auf http://www.afriqueavenir.org. Zu Addax siehe die Homepage http://www.addax-oryx.com. Zu Kenana siehe »Beltone to launch $1bln Sudan agriculture fund«, 2010, auf http://www.reuters. com sowie »Sudan: securing its future in sugar«, 2005, auf http://www. new-ag.info. Zu Swasiland siehe http://www.rssc.co.sz.

22: Mosambik

Sun Biofuel hat inzwischen Insolvenz angemeldet, die Homepage ist geschlossen. Zu dem Geschäft mit Lufthansa siehe »Mozambique sells its first biofuels export to Lufthansa« auf http://www.defenceweb.co.za. Oxfam schreibt über Kisarawe »Another inconvenient truth«, 2008, auf http://www.oxfam.org.uk. Siehe auch »Kisarawe villagers regret after leasing land to Sun Biofuels«, 2010, auf http://allafrica.com und »Jatropha: money doesn't grow on trees«, 2010, auf http://www.foei.org.

»Biofuels, land access and rural livelihoods in Tanzania«, 2009, http://pubs.iied.org befasst sich mit beiden Unternehmen, Sun Biofuels und Procana; ihre Schwierigkeiten schildert »Biofuels and land rights in Mozambique – the Procana case«, 2009, http://pubs.iied.org/pdfs/12556IIED.pdf sowie »Mozambique: investors decided to pull out of Procana months ago«, 2009, auf http://allafrica.com. Siehe auch http://www.agriterra-ltd. com und »Energem goes into bankruptcy without telling shareholders«, 2011, auf http://www.tele graph.co.uk.

Mehr zu Flora EcoPower in »Ethiopia: German biofuel company fails as employees abscond with assets«, 2010, auf http://www.afrik-news.com; zur weiteren Entwicklung siehe »Flora EcoPower resumes« biofuel farm activities«, 2010, auf http://www.capitalethiopia.com; dann fand der Namenswechsel statt: http://www.acazis.com.

Bedford Biofuels Internetauftritt siehe http://www.bedfordbiofuels.com. Umweltschützer erheben Einwände in »Tana River Delta« auf http://www.rspb.org.uk. Siehe auch »Biofuel land-grabbing in Northern Ghana« auf http://biofuelwatch.org.uk. Mit Scanfuel befasst sich kritisch die NGO Spire in »Norwegian landgrabbers in Ghana – the case of ScanFuel«, 2009, zu finden auf http://www.ecologyandsociety.org/vol16/iss 4/art10/. Siehe auch den Artikel von Nukator und German »Towards sustainable biofuel development: assessing the local impacts of large-scale foreign land acquisitions in Ghana« auf http://siteresources. worldbank.org. Searchinger bezieht Position in »Fixing a critical climate accounting error«, 2009, auf http://www.sciencemag.org.

Kapitel 23: Simbabwe

Das Material zu diesem Artikel stammt zum Großteil aus Ian Scoones u. a., *Zimbabwe's Land Reform: myths and realities,* James Currey 2011, sowie aus Gesprächen mit Scoones. Siehe auch »Don't condemn Zimbabwe«, 2011, auf http://www.guardian.co.uk sowie die neuen Informationen dazu auf http://www.zimbabweland.net.

Zum Development Trust of Zimbabwe siehe http://www.zwnews.com/issuefull.cfm? ArticleID=85. Zu Nuanetsi und Rautenbach siehe »Party bigwigs locked in Nuanetsi ranch turf war«, 2009, auf http://all africa.com; »Zimbabwe bio energy sets the record straight regarding Nuanetsi ranch«, 2010, auf http://www.newstimeafrica.com; sowie »Large-scale investment projects and land grabs in Zimbabwe: the case of Nuanetsi ranch biodiesel project«, Vortrag auf der Brighton-Konferenz. Raoul du Toit interviewte ich 2011 in London. Siehe auch http:// goldmanprize.org/2011/africa sowie http:/savevalleyconservancy.org. Die Landnahmen durch Maluleke sind dokumentiert in »Safari operators enraged as Zanu-PF rewards the faithful«, 2009, auf http:// www.independent.co.uk; »Zanu mafia in Lowveld land grab«, 2009, auf http://www.thezimbabwean.co.uk; »New land reforms – the death of wildlife tourism in Zimbabwe?« 2011, auf http://wildlife.co.uk; sowie »New Zanu PF land-grab exposed«, 2011, auf http://www.thestandard. co.zw. Zur Beschwerde der deutschen Regierung siehe »Zim, Germany argue over conservancy«, 2011, auf http:// www.financialgazette.co.zw. Die US-Telegramme sind zu finden unter http://dazzlepod. com/cable/ 04HARARE2051. Ich interviewte Mortimore auf der Brighton-Konferenz, wo er den Vortrag »Land deals and commercial agriculture in Nigeria« hielt. Siehe auch »Zimbabwean farmers working Nigerian land«, 2011, auf http://www.bbc.co.uk.

24: Zentralafrika

Ein Großteil der Informationen über die europäischen Holzfirmen stammt aus nicht veröffentlichten WWF-Studien. Zu den Holzeinschlägen der simbabwischen Armee in der

Demokratischen Republik Kongo siehe »Branching out«, 2002, auf http://www.globalwit ness.org. Zu Blattners Clan siehe »The fight to save Congo's forests«, 2007, auf http:// www.thenation.com sowie »Sold down the river«, 2007, auf http://www.guardian.co.uk. Zu chinesischen Holzunternehmen siehe »Chinese trade and investment and the forests of the Congo basin«, 2011, auf http://www.cifor.org. Siehe auch »From exclusion to ownership«, 2008, auf http://www.rightsandresources.org sowie »Large acquisitions of rights on forest lands for tropical timber concessions«, 2011, auf http://www.landcoaliti on.org. Zu New Forests siehe »The New Forest Company and its Uganda plantations«, 2011, auf http://www.ox fam.org und »In scramble for land, group says, company pushed Ugandans out«, 2011, auf http://www.nytimes.com. Siehe auch http://www.newforests. net. Zu REDD siehe meinen Artikel »Save the climate by saving the trees«, 2008. Ashwini Chhatre, »Trade-offs and synergies between carbon storage and livelihood benefits from forest commons« ist zu finden auf http://www.pnas.org. Zum Skandal bei Carbon Planet siehe »Australian firm linked to PNG's $100 million carbon trading scandal«, 2009, auf http://www.smh.com. Seymour interviewte ich 2011 in London.

25: Inneres Nigerdelta, Mali

Ich besuchte Mali im Januar 2011 zusammen mit Jane Madgwick und Bakary Kone von Wetlands International. Zu Modibo Keita siehe »Don't touch my land! Peasant resistance to land grabs in Mali«, 2011, auf http://www.foodfirst.org. »Assessing the contractual arrangements of large-scale land acquisitions in Mali with special attention to water rights«, 2011, auf http://www.oicrf.org; das Markala-Projekt von Illovo wird geschildert in »Markala sugar project: appraisal report«, 2010, auf http://www.afdb.org. Siehe Millennium Challenge Corporation in »Turning African farmland over to big business«, 2010, auf http: //www.grain.org und auf http://www.acdivoca.org/site/ID/maliMCA-ASDA/. Zum Mali bya-Kanal siehe »Libyan land grab of Mali's riceproducing Land«, 2009, auf http://www. viacampesina.org; »Au Mali, des paysans réclament leurs terres vendues à Kadhafi«, auf http://farmlandgrab.org; http://media.oaklandinstitute.org; sowie http://www.maliweb. net/cate gory.php?NID=37605. Zwarts' hydrologische Schätzungen finden sich in »The Niger, a lifeline«, 2005, auf http://www.altwym.nl sowie »Will the inner Niger delta shrivel up due to climate change and water use downstream?« 2009, http://www.wetlands.org.

Kapitel 26: Badia, Jordanien

Ich besuchte die jordanische Badia im Jahr 1995 und berichtete darüber in dem Artikel »Shepherds & wise men« auf http://www.newscientist.com. Siehe auch »Livestock, livelihoods and the environment: understanding the trade-offs«, 2009, auf http://zerocarbon farm.com. Garretts Hardins Aufsatz »The tragedy of the commons« aus dem Jahr 1968 findet sich auf http://www.sciencemag.org. Mehr von der International Union for Conservation of Nature zu Weideland in »Global review of the economics of pastoralism«, 2006, auf http://cmsdata.iucn.org.

Über Oromia berichtet »Putting pastoralists on the policy agenda: land alienation in southern Ethiopia«, 2010, auf http://pubs.iied.org; »Pastoralists in southern Ethiopia«, 2008, auf http://www.drylands-group.org und »Indian company given Oromia land twice the size of Singapore«, 2011, auf http://www.jimmatimes.com.

Liz Alden Wilys Zitate stammen u.a. aus »The Law is to Blame: The Vulnerable Status of Common Property Rights in Sub-Saharan Africa«, *Development and Change*, Bd 42, S. 733–757, auch auf http://onlinelibrary.wiley.com, und aus »Whose land are we giving away, Mr President?«, 2010, auf http://siteresources.worldbank.org sowie aus ihrem Vortrag »Nothing new under the sun or a new battle joined? The political economy of African dispossession in the current global land rush« auf der Brighton-Konferenz. Siehe auch

»Mozambique offers Brazilian farmers land to plant«, 2011, auf http://farmlandgrab.org/post/view/ 19081.

Kapitel 27: London, England

Beddington wird zitiert nach »Report: Urgent action needed to avert global hunger quotes«, 2011, auf http://www.bbc.co.uk. Siehe auch seinen Artikel »Foresight project on global food and farming futures« auf http://www.bis.gov.uk. Collier schrieb »Food shortages: think big«, 2008, auf http://www.timesonline.co.uk; Fergusons Bericht 2008 ist zu finden unter http://farmlandgrab.org/wp-content/uploads/2009/05/20081027-agriculture-rich ard-ferguson.pdf. Tapps Erwiderungen zu Beddington sind nachzulesen unter http://www.bidwells.co.uk und Watsons Artikel »International assessment of agricultural knowledge, science and technology for development« auf http://www.agassessment.org.

Colliers Vorwürfe erschienen 2008 in seinem Artikel »The politics of hunger« auf http://www.foreignaffairs.com. Raj Patel schreibt »Can the world feed 10 billion people?«, 2011, gleichfalls auf http://www.foreign policy.com. Die Einschätzung der Weltbank »Awaking Africa's sleeping giant«, 2009, ist nachzulesen auf http://siteresources.worldbank.org und Hunt und Liptons »Green revolutions for sub-Saharan Africa?«, 2011, auf http://www.chathamhouse.org. Hazells »The future of small farms for poverty reduction and growth«, 2007, findet sich auf http://www.ifpri.org und der Bericht des International Livestock Research Institute »Back to the Future« von 2020 auf http://mahider.ilri.org.

Zum Projekt in Malawi siehe »The Malawi Agricultural Inputs Subsidy Programme, 2005/6 to 2008/9«, 2011, auf http://siteresources. worldbank.org und »The Malawi fertilizer programme: politics and pragmatism«, 2008, auf http://www.future-agricultures.org.

Mehr zur »Push-pull technology: a conservation agriculture approach for integrated management of insect pests, weeds and soil health in Africa« im *International Journal of Agricultural Sustainability*, 2011, auf http://www.earthscan.co.uk/journals/ijas. Reijs Bericht über das neue Pflanzenwachstum in der Sahara erschien auf http://africa-regreen ing.blogspot.com.

Mortimore, Tiffen und Gichuki haben ihr Buch *More People, Less Erosion: Environmental Recovery in Kenya,* John Wiley 1994, auf der Homepage http://www.drylandsre search.org.uk aktualisiert. Ich schrieb darüber in »Out of the Demographic Trap: Hope for Feeding the World«, 2010, auf http://e360.yale.edu und in »Desert harvest«, 2001, auf http://www.newscientist.com. Über Jitbhai Chowdhury berichtete ich in »Earth: the parched planet«, 2006, auf http://www.newscientist. com und in meinem Buch *Wenn die Flüsse versiegen* (München, Kunstmann 2007). Smit befasst sich mit urbaner Landwirtschaft auf http:// www.jacsmit.com; Pretty schrieb über »Sustainable intensification in Africa« in *International Journal of Agricultural Sustainability,* 2011, auf http://www.earthscan.co. uk/journals/ijas.

REGISTER

© der deutschen Ausgabe: Verlag Antje Kunstmann GmbH, München 2012
© der Originalausgabe: Fred Pearce 2012
Die Originalausgabe erschien unter dem Titel *The Land Grabbers*
bei Beacon Press, Boston 2012
Umschlaggestaltung: Michel Keller, München,
Typografie, Satz, Karten: www.frese-werkstatt.de
Druck und Bindung: Freiburger Graphische Betriebe
ISBN 978-3-88897-783-1
1 2 3 4 5 6 • 15 14 13 12